上冊

國史大綱

錢穆 著

本書繁體字版經由商務印書館有限公司授權出版發行。

國史大綱（全二冊）

作　　者：錢穆

責任編輯：吳一帆

裝幀設計：涂慧

排　　版：周榮

校　　對：趙會明

出　　版：商務印書館（香港）有限公司
　　　　　香港筲箕灣耀興道三號東滙廣場八樓
　　　　　http://www.commercialpress.com.hk

發　　行：香港聯合書刊物流有限公司
　　　　　香港新界荃灣德士古道二二〇至二四八號荃灣工業中心十六樓

印　　刷：美雅印刷製本有限公司
　　　　　九龍觀塘榮業街六號海濱工業大廈四樓A室

版　　次：二〇二一年一月第一版第一次印刷
　　　　　© 2021 商務印書館（香港）有限公司
　　　　　ISBN 978 962 07 5867 6
　　　　　Printed in Hong Kong

凡讀本書請先具下列諸信念

一、當信任何一國之國民，尤其是自稱知識在水平線以上之國民，對其本國已往歷史，應該略有所知。_{否則最多只算一有知識的人，不能算一有知識的國民。}

二、所謂對其本國已往歷史略有所知者，尤必附隨一種對其本國已往歷史之溫情與敬意。_{否則只算知道了一些外國史，不得云對本國史有知識。}

三、所謂對其本國已往歷史有一種溫情與敬意者，至少不會對其本國已往歷史抱一種偏激的虛無主義，_{即視本國已往歷史為無一點有價值，亦無一處足以使彼滿意。}亦至少不會感到現在我們是站在已往歷史最高之頂點，_{此乃一種淺薄狂妄的進化觀。}而將我們當身種種罪惡與弱點，一切諉卸於古人。_{此乃一種似是而非之文化自譴。}

四、當信每一國家必待其國民備具上列諸條件者比數漸多，其國家乃再有向前發展之希望。_{否則其所改進，等於一個被征服國或次殖民地之改進，對其國家自身不發生關係。換言之，此種改進，無異是一種變相的文化征服，乃其文化自身之萎縮與消滅，並非其文化自身之轉變與發皇。}

引　論

一

中國為世界上歷史最完備之國家，舉其特點有三。一者「悠久」。從黃帝傳說以來約得四千六百餘年。從古竹書紀年載夏以來，約得三千七百餘年。夏四七二，殷四九六，周武王至幽王二五七，自此以下至民國紀元二六八一。

二者「無間斷」。自周共和行政以下，明白有年可稽。史記十二諸侯年表從此始，下至民國紀元二七五二。自魯隱公元年以下，明白有月日可詳。春秋編年從此始，下至民國紀元二六三三。魯哀公卒，左傳終，中間六十五年，史文稍殘缺。自周威烈王二十三年資治通鑑託始，至民國紀元凡二三一四年。

三者「詳密」。此指史書體裁言。要別有三：一曰編年，此本春秋。二曰紀傳，此稱正史，本史記。三曰紀事本末。此本袁樞書。其他不勝備舉。可看四庫書目史部之分類。又中國史所包地域最廣大，所含民族分子最複雜，因此益形成其繁富。若一民族文化之評價，與其歷史之悠久博大成正比，則我華夏文化，於並世固當首屈一指。

然中國最近，乃為其國民最缺乏國史智識之國家。何言之？「歷史智識」與「歷史材料」不同。我民族國家已往全部之活動，是為歷史。其經記載流傳以迄於今者，只可謂是歷史的材料，而非吾儕今日所需歷史的智識。材料累積而愈多，智識則與時以俱新。歷史智識，隨時變遷，應與當身現代種種問題，有親切之聯絡。歷史智識，貴能鑒古而知今。至於歷史材料，

則爲前人所記錄，前人不知後事，故其所記，未必一一有當於後人之所欲知。然後人欲求歷史智識，必從前人所傳史料中覓取。若蔑棄前人史料而空談史識，則所謂「史」者非史，而所謂「識」者無識，生乎今而臆古，無當於「鑒於古而知今」之任也。

今人率言「革新」，然革新固當知舊。不識病象，何施刀藥？僅爲一種憑空抽象之理想，蠻幹強爲，求其實現，鹵莽滅裂，於現狀有破壞無改進。凡對於已往歷史抱一種革命的蔑視者，此皆一切眞正進步之勁敵也。惟藉過去乃可認識現在，亦惟對於現在有眞實之認識，乃能對現在有眞實之改進。故所貴於歷史智識者，又不僅於鑒於古而知今，乃將爲未來精神盡其一部分孕育與嚮導之責也。

且人類常情，必先「認識」乃生「情感」。人最親者父母，其次兄弟、夫婦乃至朋友。凡其所愛，必其所知。人惟愛其所愛而奮鬭犧牲。人之敬事上帝，必先使知有上帝之存在，不啻當面觀體焉，又必使熟知上帝之所以爲上帝者，而後其敬事上帝之心油然而生。人之於國家民族亦然。惟人事上帝本乎信仰，愛國家民族則由乎知識，此其異耳。人之父母，不必爲世界最崇高之人物；人之所愛，不必爲世界最美之典型，而無害其爲父母，爲所愛者。惟知之深，故愛之切。若一民族對其已往歷史無所了知，此必爲無文化之民族。此民族中之分子，對其民族，必無甚深之愛，必不能爲其民族眞

奮鬪而犧牲，此民族終將無爭存於並世之力量。今國人方蔑棄其本國已往之歷史，以爲無足重視；既已對其民族已往文化，懵無所知，而猶空呼愛國。此其爲愛，僅當於一種商業之愛，如農人之愛其牛。彼僅知彼之身家地位有所賴於是，彼豈復於其國家有逾此以往之深愛乎！凡今之斷脰決胸而不顧，以效死於前敵者，彼則尚於其國家民族已往歷史，有其一段眞誠之深愛；彼固以爲我神州華裔之生存食息於天壤之間，實自有其不可侮者在也。

故欲其國民對國家有深厚之愛情，必先使其國民對國家已往歷史有深厚的認識。欲其國民對國家當前有眞實之改進，必先使其國民對國家已往歷史有眞實之了解。我人今日所需之歷史智識，其要在此。

二

略論中國近世史學，可分三派述之。一曰傳統派，<small>亦可謂「記誦派」。</small>二曰革新派，<small>亦可謂「宣傳派」。</small>三曰科學派，<small>亦可謂「考訂派」。</small>「傳統派」主於記誦，熟諳典章制度，多識前言往行，亦間爲校勘輯補。此派乃承前清中葉以來西洋勢力未入中國時之舊規模者也。其次曰「革新派」，則起於清之季世，爲有志功業、急於革新之士所提倡。最後曰「科學派」，乃承「以科學方法整理國故」之潮流而起。此派與傳統派，同偏於歷史材料方面，路徑較近；博洽有所不逮，而精密時或過之。二派

之治，同於缺乏系統，無意義，乃純爲一種書本文字之學，與當身現實無預。無寧以「記誦」一派，猶因熟諳典章制度，多識前言往行，博洽史實，稍近人事；縱若無補於世，亦將有益於己。至「考訂派」則震於「科學方法」之美名，往往割裂史實，爲局部窄狹之追究。以活的人事，換爲死的材料。治史譬如治岩礦，治電力，既無以見前人整段之活動，亦於先民文化精神，漠然無所用其情。彼惟尚實證，夸創獲，號客觀，既無意於成體之全史，亦不論自己民族國家之文化成績也。

惟「革新」一派，其治史爲有意義，能具系統，能努力使史學與當身現實相結合，能求把握全史，能時時注意及於自己民族國家已往文化成績之評價。故革新派之治史，其言論意見，多能不脛而走，風靡全國。今國人對於國史稍有觀感，皆出數十年中此派史學之賜。雖然，「革新派」之於史也，急於求智識，而怠於問材料。其甚者，對於二、三千年來積存之歷史材料，亦以革新現實之態度對付之，幾若謂此汗牛充棟者，曾無一顧盼之價值矣。因此其於史，既不能如「記誦派」所知之廣，亦不能如「考訂派」所獲之精。彼於史實，往往一無所知。彼之所謂系統，不啻爲空中之樓閣。彼治史之意義，轉成無意義。彼之把握全史，特把握其胸中所臆測之全史。彼對於國家民族已往文化之評價，特激發於其一時之熱情，而非有外在之根據。彼非能眞切沉浸於已往之歷史，特借歷史口號爲其宣傳改革現實之工具。彼之所縚合歷史於現實也，特借歷史口號爲其宣傳改革現實之工具。彼非能眞切沉浸於已往之歷

史智識中，而透露出改革現實之方案。彼等乃急於事功而僞造智識者，智識旣不眞，事功亦有限。今我國人乃惟乞靈於此派史學之口吻，以獲得對於國史之認識，故今日國人對於國史，乃最爲無識也。

三

所謂「革新派」之史學，亦隨時遞變。約言之，亦可分爲三期。其先當前淸末葉。當時，有志功業之士所渴欲改革者，厥在「政體」。故彼輩論史，則曰：「中國自秦以來二千年，皆以『專制黑暗政體之歷史也。」彼輩謂：「『二十四史乃帝王之家譜。』」彼輩於一切史實，皆以「專制黑暗」一語抹殺。彼輩對當前病證，一切歸罪於二千年來之專制。然自專制政體一旦推翻，則此等議論，亦功成身退，爲明日之黃花矣。繼「政治革命」而起者，有「文化革命」。彼輩之目光，漸從「政治」轉移而及「學術思想」，於是其對國史之論鋒，亦轉集於「學術思想」之一途。故彼輩論史，則曰：「中國自秦以來二千年，思想停滯無進步，而一切事態，因亦相隨停滯不進。」彼輩或則謂：「二千年來思想，皆爲孔學所掩脅。」或則謂：「二千年來思想，皆爲老學所麻醉。」故或則以當前病態歸罪孔子，或則歸罪於老子。或謂：「二千年來之思想界，莫不與專制政體相協應。」或則謂：「此二千年來之思想，相當於歐洲史之所謂『中古時期』。」

要之如一邱之貉，非現代之所需。」或則謂：「思想限制於文字，欲一掃中國自秦以來二千

思想之沈痼積痒，莫如並廢文字，創爲羅馬拼音，庶乎有瘳。」然待此等宣傳成功，則此等

見識，亦將爲良弓之藏。繼「文化革命」而起者，有「經濟革命」。彼輩謂：「無論『政治』與

『學術』，其後面常爲『社會形態』所規定。故欲切實革新政治機構、學術內容，其先應從事於

『社會經濟形態』之改造。」彼輩對於當前事態之意見，影響及於論史，則曰：「中國自秦以來

二千年，皆一『封建時期』也。二千年來之政治，二千年來之學術，莫不與此二千年來之社會

經濟形態，所謂『封建時期』者相協應。」正惟經濟改革未有成功，故此輩議論，猶足以動國

人之視聽。有治史者旁睨而噓曰：「國史浩如煙海，我知就我力之所及，爲博洽諦當之記誦而

已，爲精細綿密之考訂，亦非此放言高論爲！」雖然，國人之所求於國史略有知，乃非此

枝節煩瑣之考訂，何事此繁重龐雜之記誦，特欲於國家民族已往歷史文化有大體之瞭解，以相

應於其當身現實之所需知也。有告之者曰：「中國自秦以來二千年，皆專制黑暗之歷史也。」

則彼固已爲共和政體下之自由民矣，無怪其掉頭而不肯顧。或告之曰：「中國自秦以來二千

年，皆孔子、老子中古時期思想所支配下之歷史也。」則彼固已呼吸於二十世紀新空氣之仙

圍，於孔、老之爲人與其所言，固久已鄙薄而弗覯，闇習而無知，何願更爲陳死人辨此宿案，

亦無怪其奮步而不肯留。或告之曰：「我中國自秦以來二千年，皆封建社會之歷史耳，雖至今

猶然，一切病痛盡在是矣。」於是有志於當身現實之革新，而求知國史已往之大體者，莫不動色稱道，雖牽鼻而從，有勿悔矣。然竟使此派論者有躊躇滿志之一日，則我國史仍將束高閣、覆醬瓿，而我國人仍將爲無國史智識之民族也。

四

前一時代所積存之歷史材料，既無當於後一時期所需要之歷史智識，故歷史遂不斷隨時代之遷移而變動改寫。就前史言之，尚書爲最初之史書，然書缺有間，此見其時中國文化尚未到達需要編年史之程度。其次有春秋，爲最初之編年史。又其次有左傳，以網羅詳備言，爲編年史之進步。然其時則「國之大事，在祀與戎」。祭祀乃常事，常事可以不書，兵戎非常事，故左傳所載，乃以列國之會盟與戰爭爲主，後人譏之爲「相斫書」焉。又其次爲史記，乃爲以人物爲中心之新史，徵其時人物個性之活動，已漸漸擺脫古代封建、宗法社會之團體性而嶄然露頭角也。又其次爲漢書，爲斷代作史之開始，此乃全國統一的中央政府，其政權已臻穩固後之新需要。自此遂形成中國列代之所謂「正史」，繼此而復生「通史」之新要求。於是而有杜佑通典，此爲「政書」之創作，爲以制度爲骨幹之新史，非政體沿革到達相當程度，不能有此。又繼而有通鑑，爲編年之新通史。又次而有各史紀事本末，爲以事件爲中心之新史之再

現。然如袁氏通鑑紀事本末，取材只限於通鑑，則貌變而實未變也。於是而有鄭樵通志之所謂二十略，其歷史史眼光，乃超出於政治人物、人事、年月之外。其他如方志，如家譜，如學案，形形色色，乘一時代之新需要而創造新體裁者，不勝縷舉。要之自尚書下逮通志，此皆有志於全史整面之敍述。今觀其相互間體裁之不同，與夫內容之差別，可知中國舊史，固不斷在改寫之中矣。

自南宋以來，又七百年，乃獨無繼續改寫之新史書出現。此因元、清兩代皆以異族入主，不願國人之治史。明廁其間，光輝乍闢，翳霾復興，遂亦不能有所修造。今則為中國有史以來未有的變動劇烈之時代，其需要新史之創寫尤亟。而適承七百年來史學衰微之末運，因此國人對於國史之認識，乃愈昏昧無準則。前述記誦、考訂、宣傳諸派，乃亦無一能發願為國史撰一新新本者，則甚矣史學之不振也。

今日所需要之國史新本，將為自尚書以來下至通志一類之一種新通史。此新通史應簡單而扼要，而又必具備兩條件：一者必能將我國家民族已往文化演進之眞相，明白示人，為一般有志認識中國已往政治、社會、文化、思想種種演變者所必要之智識；二者應能於舊史統貫中映照出現中國種種複雜難解之問題，為一般有志革新現實者所必備之參考。前者在積極的求出國家民族永久生命之泉源，為全部歷史所由推動之精神所寄；後者在消極的指出國家民

族最近病痛之證候，為改進當前之方案所本。此種新通史，其最主要之任務，尤在將國史真態，傳播於國人之前，使曉然了解於我先民對於國家民族所已盡之責任，而油然興其慨想，奮發愛惜保護之摯意也。

此種通史，無疑的將以記誦、考訂派之工夫，而達宣傳革新派之目的。彼必將從積存的歷史材料中出頭，將於極艱苦之準備下，呈露其極平易之面相。將以專家畢生盡氣之精力所萃，而為國人月日瀏覽之所能通貫。則編造國史新本之工作，其為難於勝任而愉快，亦可由此想見矣。

五

「一部二十四史，從何說起？」今將為國史寫一簡單扼要而有系統之新本，首必感有此苦。其將效記誦、考訂派之所為乎？則必泛濫而無歸。其將效宣傳革新派之所為乎？又必空洞而無物。凡近代革新派所注意者有三事：首則曰政治制度，次則曰學術思想，又次則曰社會經濟。此三者，「社會經濟」為其最下層之基礎，「政治制度」為其最上層之結頂，而「學術思想」則為其中層之幹柱。大體言之，歷史事態，要不出此三者之外。今將輕重先後，分主客取捨於其間乎？抑兼羅並包，平等而同視之乎？

日，姑捨此。能近取譬，試設一淺喻。今人若為一運動家作一年譜或小傳，則必與為一音樂家所作者，其取材詳略存滅迴別矣。何以故？以音樂家之「個性」與「環境」與「事業」之發展，與運動家不同故；以網球家之個性與環境與事業之發展，又與足球家不同故；一人如此，一民族、一國家亦然。寫國史者，必確切曉瞭其國家民族文化發展「個性」之所在，而後能把握其特殊之「環境」與「事業」，而寫出其特殊之「精神」與「面相」。然反言之，亦惟於其特殊之環境與事業中，乃可識其個性之特殊點。如此則循環反覆，欲認識一國家、一民族特殊個性之所在，乃並不如認識一網球家或足球家之單純而簡易。要之必於其自身內部求其精神、面相之特殊個性，則一也。

何以知網球家之個性？以其忽然投入於網球家之環境，而從事於網球之活動故。其他一切飲食、起居、嗜好、信仰，可以無所異於人。若為網球家作年譜，而鈔襲某音樂家已成年譜之材料與局套，則某年音樂大會，其人既無預；某年歌曲比賽，其人又不列。其人者，乃於音樂史上絕無一面。不僅了不異人，抑且有不如無。不知其人之活動與事業乃在網球不在音樂。網球家之生命，不能於音樂史之過程中求取。乃不幸今日之治國史者，竟蹈此弊。以言政治，求一屢爭不捨、僅而後得之代表民意機關，如英倫之「大憲章」與「國會」之

創興而無有也。又求一轟轟烈烈，明白痛快，如法國「人權大革命」之爆發，而更無有也。則無怪於謂「自秦以來二千年，皆專制黑暗之歷史」矣。以言思想，求一如「文藝復興運動」以來，各國學者蓬勃四起，各為其國家民族創造其特有新興之文學而無有也。又求一如馬丁路德，明揭「信仰自由」之旗幟，以與羅馬教皇力抗，軒然興起全歐「宗教革命」之巨波，而更無有也。則無怪於謂：「自秦以來二千年，皆束縛於一家思想之下」矣。以言經濟，求一如噶馬、如哥倫布鑿空海外，發現新殖民地之偉跡而渺不可得；求如今日歐、美社會之光怪陸離，窮富極華之景象，而更不可得。則無怪於謂「自秦以來二千年，皆沉眠於封建社會之下，長夜漫漫，永無旦日」矣。凡最近數十年來有志革新之士，莫不謳歌歐、美，力求步趨，其心神之所嚮往在是，其耳目之所聞覩亦在是。於是中國自秦以來二千年，乃若一多蟄之蟲，生凡彼之所盛自張揚而誇道者，我乃一無有。迷於彼而忘其我，拘於貌而忽其情。反觀祖國，氣未絕，活動全失。彼方目眹神炫於網球場中四圍之采聲，乃不知別有一管弦競奏、歌聲洋溢之境也則宜。故曰：治國史之第一任務，在能於國家民族之內部自身，求得其獨特精神之所在。

凡治史有兩端：一曰求其「異」，二曰求其「同」。何謂求其異？凡某一時代之狀態，有與其先、後時代突然不同者，此即所由劃分一時代之「特性」。從兩「狀態」之相異，即兩個「特性」之啣接，而劃分為兩時代。從兩時代之劃分，而看出歷史之「變」。從「變」之傾向，而看出其整個文化之動態。從其動態之暢遂與夭閼，而衡論其文化之為進退。此一法也。何謂求其同？從各不同之時代狀態中，求出其各「基相」。此各基相相啣接、相連貫而成一整面，而顯出各分部之「變」。於諸異中見一同，即於一同中出諸異。全史之不斷變動，其中宛然有一進程。自其推動向前而言，是謂其民族生命之泉源。自其到達前程而言，是謂其民族之動態。以各段之「變」，形成一全程之「動」，而顯出各分部之「變」。於諸異中見一同，即於一同中出諸異。全史之不斷變動，其中宛然有一進程。自其推動向前而言，是謂其民族生命之泉源。自其到達前程而言，是謂其民族之「文化」，為其民族文化發展所積累之成績。此謂求其同。此又一法也。

故治國史不必先存一揄揚夸大之私，亦不必先抱一門戶立場之見。仍當於客觀中求實證，通覽全史而覓取其動態。若某一時代之變動在「學術思想」，例如戰國先秦。我即著眼於當時之學術思想而看其如何為變。若某一時代之變動在「政治制度」，例如秦漢。我即著眼於當時之政治制度而看其如何為變。若某一時代之變動在「社會經濟」，例如三國魏晉。我即著眼於當時之社會經濟而看其如

何為變。「變」之所在，即歷史精神之所在，亦即民族文化評價之所繫。而所謂「變」者，即某種事態在前一時期所未有，而在後一時期中突然出現。此有明白事證，與人共見，而我不能一絲一毫容私於其間。故曰：仍當於客觀中求實證也。革新派言史，每曰「中國自秦以來二千年歷史無精神、民族無文化也」云云，是無異謂中國自秦以來二千年無變，即不啻謂中國自秦以來二千年歷史無精神、民族無文化也。其然，豈其然？

七

今於國史，若細心籀其動態，則有一至可注意之事象，即我民族文化常於「和平」中得進展是也。歐洲史每常於「鬥爭」中著精神。如火如荼，可歌可泣。劃界線的時期，常在驚心動魄之震盪中產生。若以此意態來看中國史，則中國常如昏騰騰地沒有長進。中國史上，亦有大規模從社會下層掀起的鬥爭，不幸此等常為紛亂犧牲，而非有意義的劃界線之進步。秦末劉、項之亂，可謂例外。明祖堀起，掃除胡塵，光復故土，亦可謂一個上進的轉變。其他如漢末黃巾，乃至黃巢、張獻忠、李自成，全是混亂破壞，只見倒退，無上進。近人治史，頗推洪、楊。夫洪、楊為近世中國民族革命之先鋒，此固然矣。然洪、楊十餘年擾亂，除與國家社會以莫大之創傷外，成就何在？建設何在？此中國史上大規模從社會下層掀起的鬥爭，常不為民族文化

進展之一好例也。然中國史非無進展，中國史之進展，乃常在和平形態下，以舒齊步驟得之。

若空洞設譬，中國史如一首詩，西洋史如一本劇。一本劇之各幕，均有其截然不同之變換。詩則只在和諧節奏中轉移到新階段，令人不可劃分。所以詩代表中國文學之最美部分，而劇曲之在中國，不佔地位。西洋則以作劇爲文學家之聖境。即以人物作證，蘇格拉底死於一杯毒藥，耶穌死於十字架，孔子則夢奠於兩楹之間，晨起扶杖消遙，詠歌自輓。三位民族聖人之死去，其景象不同如此，正足反映民族精神之全部。再以前舉音樂家與網球家之例喩之，西洋史正如幾幕精采的硬地網球賽，中國史則直是一片琴韻悠揚也。

八

姑試略言中國史之進展。就政治上言之，秦、漢大一統政府之創建，已爲國史闢一奇蹟。

近人好以羅馬帝國與漢代相擬，然二者立國基本精神已不同。羅馬乃以一中心而伸展其勢力於四圍。歐、亞、非三洲之疆土，特爲一中心強力所征服而被統治。僅此中心，尚復有貴族、平民之別。一旦此中心上層貴族漸趨腐化，蠻族侵入，如以利刃刺其心窩，而帝國全部，即告瓦解。此羅馬立國形態也。秦、漢統一政府，並不以一中心地點之勢力，征服四圍，實乃由四圍之優秀力量，共同參加，以造成一中央。且此四圍，亦更無階級之分。所謂優秀力量者，乃

常從社會整體中，自由透露，活潑轉換。因此其建國工作，在中央之締構，而非四圍之征服。羅馬如於一室中懸巨燈，光耀四壁；秦、漢則室之四周，遍懸諸燈，交射互映；故羅馬碎其巨燈，全室即暗，秦、漢則燈不俱壞光不全絕。因此羅馬民族震鑠於一時，而中國文化則輝映於千古。我中國此種立國規模，乃經我先民數百年慘澹經營，艱難締構，僅而得之。以近世科學發達，交通便利，美人立國，乃與我差似。如英、法諸邦，則領土雖廣，惟以武力貫徹，猶惴惴懼不終日。此皆羅馬之遺式，非中國之成規也。

談者好以專制政體爲中國政治詬病，不知中國自秦以來，立國規模，廣土眾民，乃非一姓一家之力所能專制。故秦始皇始一海內，而李斯、蒙恬之屬，皆以游士擅政，秦之子弟宗戚，一無預焉。漢初若稍稍欲返古貴族分割宰制之遺意，然卒無奈潮流之趨勢何！故公孫弘以布衣爲相封侯，遂破以軍功封侯拜相之成例，而變相之貴族擅權制，終以告歇。博士弟子，補郎、補吏，爲入仕正軌，而世襲任蔭之恩亦替。自此以往，入仕得官，遂有一公開客觀之標準。「王室」與「政府」逐步分離，而「民眾」與「政府」則逐步接近。政權逐步解放，而國家疆域亦逐步擴大，社會文化亦逐步普及。總觀國史，政制演進，約得三級：由封建而躋統一，一也。此自西漢中葉以下，迄於東漢完成之。由宗室、外戚、軍人所組之政府，漸變而爲士人政府，二也。此在秦、漢完成之。門第再變而爲科舉競選，三也。此在隋、唐兩代完成之。惟其如此，「考試」與「銓選」，遂爲維持中國歷代

政府綱紀之兩大骨幹。全國政事付之官吏，而官吏之選拔與任用，則一惟禮部之考試與吏部之

銓選是問。此二者，皆有客觀之法規，爲公開的準繩，有皇帝_{王室代表。}所不能搖，宰相_{政府首領。}所

不能動者。若於此等政制後面推尋其意義，此即禮運所謂「天下爲公，選賢與能」之旨。就全

國民眾施以一種合理的教育，復於此種教育下選拔人才，以服務於國家；再就其服務成績，而

定官職之崇卑與大小。此正戰國晚周諸子所極論深覬，而秦、漢以下政制，即向此演進。特以

國史進程，每於和平中得伸展，昧者不察，遂妄疑中國歷來政制，惟有專制黑暗，不悟政制後

面，別自有一種理性精神爲之指導也。

談者又疑中國政制無民權，無憲法。然民權亦各自有其所以表達之方式與機構，能遵循

此種方式而保全其機構，此即立國之大憲大法，不必泥以求也。中國自秦以來，既爲一廣土眾

民之大邦，如歐西近代所行民選代議士制度，乃爲吾先民所弗能操縱。然誠使國家能歷年舉行

考試，平均選拔各地優秀平民，使得有參政之機會；又立一客觀的服務成績規程，以爲官位進

退之準則，則下情上達，本非無路。晚清革命派，以民權憲法爲推翻滿清政府之一種宣傳，固

有效矣。若遂認此爲中國歷史眞相，謂自秦以來，中國惟有專制黑暗，若謂「民無權，國無法」

者已二千年之久，則顯爲不情不實之談。民國以來，所謂民選代議之新制度，終以不切國情，

一時未能切實推行。而歷古相傳「考試」與「銓選」之制度，爲維持政府紀綱之兩大骨幹者，

乃亦隨專制黑暗之惡名而俱滅。於是一切官場之腐敗混亂，胥乘而起，至今爲屬。此不明國史

眞相，妄肆破壞，輕言改革所應食之惡果也。

中國政制所由表達民權之方式與機構，既與近代歐人所演出者不同。故欲爭取民權，而

保育長養之，亦復自有其道。何者？彼我立國規模既別，演進淵源又不同。甲族甲國之所宜，

推之乙族乙國而見窒礙者，其例實夥。凡於中國而輕言民衆革命，往往發動既難，收拾亦不

易，所得不如其所期，而破壞遠過於建設。所以國史常於和平中得進展，而於變亂中見倒退

者，此由中國立國規模所限，亦正我先民所貽政制，以求適合於我國情，而爲今日吾人所應深

切認識之一事。若復不明國史眞相，妄肆破壞，輕言改革，則又必有其所應食之惡果在矣。

九

其次請言學術思想。談者率好以中國秦以後學術，擬之歐洲之「中古時期」。然其間有難

相比並者。歐洲中古時期之思想，以「宗教」爲主腦，而中國學術界，則早脫宗教之羈絆。姑

以史學言，古者學術統於王官，而史官尤握古代學術之全權。「史」者，乃宗廟職司之一員，

故宗教、貴族、學術三者，常相合而不相離。孔子始以平民作新史而成春秋，「其事則齊桓、

晉文」，皆政治社會實事，不語怪力亂神，故曰：「知我者其惟春秋乎？罪我者其惟春秋乎？」

自有孔子，而史學乃始與宗教、貴族二者脫離。然西漢司馬氏尚謂：「文史星曆，近乎卜祝之間，主上以倡優畜之。」此非憤辭，乃實語。漢代太史屬於太常，則爲宗廟職司之一員。太樂、太祝、太宰、太卜、太醫與太史，同爲太常屬下之六令丞。太樂之下，自有倡優。宗廟祭祠，太史與倡優同有其供奉之職。則史學仍統於皇帝、宗廟、鬼神之下。然司馬氏不以此自限，發憤爲史記，自負以續孔子之春秋；卽對當朝帝王卿相種種政制事態，質實而書，無所掩飾。司馬氏不以得罪。及東漢班氏，以非史官，爲史下獄，然尋得釋，所草懸爲國史。自此以往，中國史學，已完全由皇帝、宗廟下脫出，而爲民間自由製作之一業焉。

且王官之學，流而爲百家，於是「史官」之外，復有「博士」。此二官者，同爲當時政治組織下專掌學術之官吏。「史官」爲古代王官學之傳統，而「博士官」則爲後世新興百家學之代表。博士亦屬太常，是學術仍統於宗廟也。然太史僅與星曆卜祝爲伍，而博士得預聞朝政，出席廷議而見諮詢，則社會新興百家學，已駕古代王官學而上之矣。然自秦以來，占夢、求仙之術，皆得爲博士，猶在帝王所好。及漢武聽董仲舒議，罷黜百家，專立五經博士，於是博士性質，大見澄清；乃始於方技神怪旁門雜流中解放，而純化爲專治歷史與政治之學者，所謂「通經致用」，卽是會通古代歷史知識，在現實政治下應用。又同時兼負國家教育之責。而博士弟子，遂爲入仕惟一正途。於是學術不僅從「宗教」勢力下脫離，並復於「政治」勢力下獨立。自此以往，學術地位，常超然於政治勢力之

外，而享有其自由，亦復常盡其指導政治之責任。而政治亦早與宗教分離，故當時中國人所希冀者，乃爲地上之王國，而非空中之天國也。孔子成春秋，前耶穌降生四百八十年。馬遷爲史記，亦前耶穌降生一百年。其時中國政治社會，正向一合理的方向進行，人生之倫理教育，即其「宗教」，無所仰於渺茫之靈界；而羅馬則於貴族與軍人之對外侵略與對內奢縱下覆滅。耶教之推行，正因當時歐人無力建造合理之新國家，地上之幸福既渺不可望，乃折而歸嚮上帝。政治之或可說大部分。

故西洋中古時期之宗教，特承續當時政治組織之空隙而起，同時又替代一部分。

任務。若必以中國史相擬，惟三國魏晉之際，統一政府覆亡，社會紛亂，佛教輸入，差爲近之。然東晉南北朝政府規模，以及立國之理論，仍沿兩漢而來。當時帝王卿相，誠心皈依佛教者，非無其人；要之，僧人與佛經，特爲人生一旁趨，始終未能篡奪中國傳統政治社會之人生倫理教育而與爲代興。隋唐統一政府復建，其精神淵源，明爲孔子、董仲舒一脈相傳之文治思想，而佛教在政治上，則無其指導之地位。西洋所謂「國家建築於宗教之上」之觀感，在中國則絕無其事。繼隋唐統一之盛運而起者，有禪宗思想之盛行。禪宗教理，與馬丁路德之宗教改革，其態度路徑，正有相似處。然西洋宗教革命，引起長期間慘酷的普遍相互屠殺，而中國則無之者，以中國佛教已保其原來一種超世間的宗教之本色，不如西洋耶教已深染世法，包攬政治、經濟種種俗世權利於一身，因此由其教理上之改革，不得不牽連發生世態之擾動

也。中國佛教雖盛極一時，而猶始終保全其原來超世間的本色者，則因中國政治社會一切世事，雖有漢末以及五胡之一段擾亂，而根本精神依然存在。東晉南北朝以迄隋唐，仍從此源頭上演進，與西洋之自羅馬帝國解紐以後，政治社會卽陷入黑暗狀態者不同也。何以西洋自羅馬帝國覆亡，卽陷入一黑暗時期之慘運，而中國漢亡以後幸不然？則以羅馬建國，本與漢代精神不同。羅馬乃以貴族與軍人之向外征服立國，及貴族、軍人腐敗墮落，則其建國精神已根本不存在。北方蠻族，在先旣受不到羅馬文化之薰陶，及其踏破羅馬以後，所得者乃歷史上一個羅馬帝國軀殼之虛影，至於如何創建新國家之新精神，則須在其自身另自產生。要之，北方蠻族之與羅馬帝國，乃屬兩個生命，前者已老死，後者未長成，故中間有此一段黑暗。至於漢代統一政府之創興，並非以一族一系之武力征服四圍而起，乃由當時全中國之文化演進所醞釀、所締構而成此境界。換言之，秦、漢統一，乃晚周先秦平民學術思想盛興後，伸展於現實所應有之現象；並不如西洋史上希臘文化已衰，羅馬民族崛起，仍是兩個生命，不相銜接也。漢代之覆亡，特一時王室與上層政府之腐敗；而所由締構此政府、推戴此王室之整個民族與文化，則仍自有其生命與力量。故漢末變亂，特如江上風起，水面波興，而此滔滔江流，不爲廢絕。且當時五胡諸蠻族，中國延之入內地者，自始卽與以中國傳統文化之薰陶，故彼輩雖乘機騷動，而彼輩固已同飲此文化之洪流，以澆溉其生機，而浸潤其生命。彼輩之紛起迭

興，其事乃僅等於中國社會內部自身之一種波動。惟所缺者，在其於中國文化洪流中，究竟澆漑未透、浸潤未深而已。然隋唐統一盛運，仍襲北朝漢化之復興而起。如此言之，則淵源於晚周先秦，遞衍至於秦漢、隋唐，此一脈相沿之學術思想，不能與羅馬覆亡後西洋史上之所謂「中古時期」之教會思想相比，斷斷然矣。

北宋學術之興起，一面承禪宗對於佛教教理之革新，一面又承魏晉以迄隋唐社會上世族門第之破壞，實爲先秦以後，第二次平民社會學術思想自由活潑之一種新氣象也。若以此派學術與西洋中古時期之教會相比，更爲不倫。元明以下，雖懸程朱經說爲取士功令，然不得即目程朱爲當時之宗教。明代極多遵陸王而反抗程朱者，清代尤盛以訓詁考據而批駁程朱者。社會學術思想之自由，並未爲政治所嚴格束縛，宗教則更不論矣。

若謂中國學術，尚未演進達於西洋現代科學之階段，故以與西洋中古時期相比論；此亦不然。中國文化演進，別有其自身之途轍，其政治組織乃受一種相應於中國之天然地理環境的學術思想之指導，而早走上和平的大一統之境界。此種和平的大一統，使中國民族得繼續爲合理的文化生活之遞嬗。因此空中天國之宗教思想，在中國乃不感需要。亦正惟如此，中國政制常偏重於中央之凝合，而不重於四圍之吞併。其精神亦常偏於和平，而不重於富強；常偏於已有之完整，而略於未有之侵獲；對外則曰「昭文德以來之」，對內則曰「不患寡而患不均」。故

其為學，常重於人事之協調，而不重於物力之利用。故西洋近代科學，正如西洋中古時期之宗教，同樣無在中國自己產生之機緣。中國在已往政治失其統一，社會秩序崩潰，人民精神無可寄託之際，既可接受外來之「宗教」，如魏、晉以下，迄隋、唐初期。中國在今日列強紛爭，專仗富強以圖存之時代，何嘗不可接受外來之「科學」？惟科學植根應有一最低限度之條件，即政治稍上軌道，社會稍有秩序，人心稍得安寧是也。此與宗教輸入之條件恰相反。而我國自晚清以來，政治驟失常軌，社會秩序，人民心理，長在極度搖兀不安之動盪中。此時雖謀科學之發達，而科學乃無發達餘地。論者又倒果為因，謂科學不發達，則政治、社會終無出路。又輕以中國自來之文化演進，妄比之於西洋之中古時期，乃謂非連根剷除中國以往學術思想之舊傳統，即無以萌現代科學之新芽。彼乃自居為「文藝復興」、「宗教改革」之健者，而不悟史實並不如是。此又不明國史真相，肆意破壞，輕言改革，仍自有其應食之惡果也。

十

請再言社會組織。近人率好言中國為「封建社會」，不知其意何居？以政制言，中國自秦以下，即為中央統一之局，其下郡、縣相遞轉，更無世襲之封君，此不足以言「封建」。以學術言，自先秦儒、墨唱始，學術流於民間，既不為貴族世家所獨擅，又不為宗教寺廟所專有。

平民社會傳播學術之機會，既易且廣，而學業即爲從政之階梯，白衣卿相，自秦以來即爾。既無特殊之貴族階級，是亦不足以言「封建」。若就經濟情況而論，中國雖稱以農立國，然工商業之發展，戰國、秦、漢以來，已有可觀。惟在上者不斷加以節制，不使有甚貧、甚富之判。又政府既獎勵學術，重用士人，西漢之季，遂有「遺子黃金滿籯，不如一經」之語。於是前漢貨殖、游俠中人，後漢多走入儒林、獨行傳中去。所以家庭溫飽，即從師問學，而一登仕宦，則束身禮義之中。厚積爲富，其勢不長，然亦非有世襲之貴人也。井田制既廢，民間田畝得自由賣買，於是而有兼幷。然即如前漢封君，亦僅於衣租食稅而止。其封邑與封戶之統治，仍由國家特派官法辦。以國家法律而論，封君之與封戶，實同爲國家之公民。後世如佃戶欠租，田主亦惟送官法辦，則佃戶之賣田納租於田主，亦一種經濟契約之關係，不得目田主爲貴族、爲封君，目佃戶爲農奴、爲私屬。土地既非采邑，即難以「封建」相擬。然若謂中國乃資本主義之社會，則又未是。以中國傳統政治觀念，即不許資本勢力之成長也。

西洋史家有謂其歷史演變，乃自「封建貴族」之社會，轉而爲「工商資本」之社會者。治中國史者，以爲中國社會必居於此二之一，既不爲「工商資本」之社會，是必爲「貴族封建」之社會無疑。此猶論政制者，謂國體有君主與民主，政體有專制與立憲。此特往時西國學者，自本其已往歷史演變言之。吾人反治國史，見中國有君主，無立憲，以謂是必「君主專制」無疑。

不知人類政制，固有可以出於此類之外者。即如近來德、意、俄諸國，即非此等分類可包。然則中國已往政制，儘可有君主，無立憲，而非專制。中國已往社會，亦儘可非封建，非工商，而自成一格。何以必削足適履，謂人類歷史演變，萬逃不出西洋學者此等分類之外？不知此等分類，在彼亦僅為一時流行之說而已。國人懶於尋國史之真，勇於據他人之說，別有存心藉為宣傳，可以勿論；若因而信之，謂國史真相在是，因而肆意破壞，輕言改革，則仍自有其應食之惡果在矣。

十一

然則中國社會，自秦以下，其進步何在？曰：亦在於經濟地域之逐次擴大，文化傳播之逐次普及，與夫政治機會之逐次平等而已。其進程之遲速不論，而其朝此方向演進，則明白無可疑者。若謂其無清楚界線可指，此即我所謂國史於和平中得進展，實與我先民立國規模相副相稱，亦即我民族文化特徵所在也。

嘗謂世界羣族，其文化演進，主要者不越兩型：一者環地中海之四周，自埃及、巴比侖、愛琴、波斯、希臘、羅馬以漸次波及於歐羅巴之全部，此西方之一型也。一者沿黃河兩岸，以達於海濱，我華夏民族，自虞、夏、商、周以來，漸次展擴以及於長江、遼河、珠江諸流域，

並及於朝鮮、日本、蒙古、西域、青海、西藏、安南、暹邏諸境，此東方之一型也。此二型者，

其先限於地勢，東西各不相聞接。西方之一型，於整塊中爲團聚，爲相協，故常務於「情」的融和，而

鬥爭，而競爲四圍之鬥。東方之一型，於破碎中爲分立，爲並存，故常務於「力」的

專爲中心之翕。一則務於國強爲併包，一則務於謀安爲縣延。故西方型文化之進展，其特色在

轉換，而東方型文化之進展，其特色則在擴大。轉換者，如後浪之覆前浪，波瀾層疊，後一波

湧架於前一波之上，而前一波即歸消失。西洋史之演進，自埃及、巴比崙、波斯以逮希臘、羅

馬，翻翻滾滾，其吞嚙捲滅於洪濤駭浪、波瀾層疊之下者，已不知其幾國幾族矣。擴大者，如

大山聚，羣峯奔湊，蜿蜒繚繞，此一帶山脈包裹於又一帶山脈之外，層層圍拱，層層簇聚，而

諸峯映帶，共爲一體。故中國史之演進，不僅自兩漢而隋、唐，一脈相沿，繩繩不

絕；即環我族而處者，或與我相融和而同化，如遼、金、蒙古、滿洲、西藏、新疆諸族；亦有

接受我文化，與我終古相依，如梁甫之與泰山然，則朝鮮、日本、安南之類是也。朝鮮、安南久屬中國而猶得自存，此尤明受中國文化之賜。

將西洋史逐層分析，則見其莫非一種「力」的支撐，亦莫非一種「力」的轉換。此力代彼力而起，而社會遂爲變形。其文化進展之層次明析者在此，其使人常有一種強力之感覺

者亦在此。東方與西方，有絕然不同之態：西方於同一世界中，常有各國並立；東方則每每有

即以一國當一世界之感。故西方常求其力之向外爲鬥爭；而東方則惟求其力之於內部自消融，

因此每一種力量之存在，常不使其僵化以與他種力量相衝突，而相率投入於更大之同情圈中，卒於溶解消散而不見其存在。我所謂國史於和平中見進展者在此。故西方史常表見為「力量」，而東方史則常表見為「情感」。西方史之頓挫，在其某種力量之解體；其發皇，則在某一種新力量之產生。中國史之隆污升降，則常在其維繫國家社會內部的情感之麻木與覺醒。此等情感一旦陷於麻木，則國家社會內部失所維繫，而大混亂隨之。中國史上之大混亂，亦與西方史上之「革命」不同。西方史上之革命，多為一種新力量與舊力量之衝突。革命成功，即新力量登臺，社會亦隨之入一新階段。中國史上之混亂，則如江河決隄，洪水泛濫。泛濫愈廣，力量愈薄，有破壞，無長進。必待復歸故槽，然後再有流力。中國社會，自秦以下，大體即向「力」的解消之途演進。迄於近世，社會各方平流緩進，流量日大，而流速日減。以治西史之眼光衡之，常覺我民族之嚶緩無力者在此。然我民族國家精神命脈所繫，固不在一種力之向外衝擊，而在一種情之內在融和也。蓋西方制為列國爭存之局，東方常抱天下一統之想。自東、西兩方相接觸，彼之所務於力之為爭存者，正可繼續益厲；而我之所蘄於情之為融和者，至是乃不得不卷而藏之，而追隨於彼我角力爭勝之場；此已為東方之不得不遜於西方者矣。抑我之所以為國家社會內部一統情感之融和者，方其時，又適值麻痺墮退之際，自清中葉乾、嘉以來，川、楚、兩粵大亂迭起，洪流四泛之象已成，中國社會本苦無力，又繼之以追隨西方角力

爭勝之勢，既不足以對外，乃轉鋒而內向。終於「情」的融和，常此麻木，「力」的長成，遙遙無期。不斷決隄放壩，使水流不斷泛濫，洪水遍於中國，而國人仍復有沉酣於憑藉某力推翻某力之好夢者。此又不明國史眞相，應食惡果之一至可痛心之例也。

十二

一民族一國家歷史之演進，有其生力焉，亦有其病態焉。生力者，卽其民族與國家歷史所由推進之根本動力也。病態者，卽其歷史演進途中所時時不免遭遇之頓挫與波折也。人類歷史之演進，常如曲線形之波浪，而不能成一直線以前向。若以兩民族兩國家之歷史相比並觀，則常見此時或彼升而我降，他時或彼降而我升。祇橫切一點論之，萬難得其眞相。今日治國史者，適見我之驟落，並値彼之突進，意迷神惑，以爲我有必落，彼有必進，並以一時之進落爲彼、我全部歷史之評價，故雖一切毀我就人而不惜，惟求盡廢故常，以希近似於他人之萬一。不知所變者我，能變者亦我，變而成者依然爲我。譬之病人，染病者爲我，耐病者亦我，脫病而復起者仍我也。一切可變，而「我」不可變。若已無我，誰爲變者？變而非我，亦何希於變？必有生力，乃可去病。病有其起因，而非生力之謂。若醫者謂：「君病之起，起於君之有生，君當另換一無病之生」，此爲何等醫耶！諱疾拒醫固不當，亦未有因人之病而從頭絕其

生命以爲醫者。故治史者，必明生力，明病態。生力自古以長存，病態隨時而忽起。今日之中國，顯爲有病，病且殆矣，萬不容諱。然猶有所希冀者，其人雖病，尚有內部自身生力可以爲抗。若如今人論史，一切好歸罪古人，不啻謂今日之病，已原於其人受氣墮地之日，非自頂至踵脫胎換骨不可。則此乃僅婉言之，直捷而道，惟有早日絕其生命之一法而已。凡此皆指「生原」爲「病原」之妄說也。

「生原」者，見於全部潛在之本力，而「病原」則發於一時外感之事變。故求一民族國家歷史之生原者，貴能探其本而攬其全；而論當前之病態者，則必辨於近而審其變。國史綿歷，既四、五千年於茲，其病象之見於各時期者，推原尋因，不能全同。有沾染稍久者，亦有僅起於當前者。要而言之，國史自隋唐以來，科舉制既興，士族門第之地位消融漸盡，而社會走上平鋪散漫之境，此中國輓近世一大變也。逆溯中國當前病象，推之最遠，至於中唐安史之亂以來而極。究生力必窮之最先，診病況必詳之最後。西人論史，盛誇其文明光昌，而淵源所自，必遠本之於希臘、羅馬。國人捧心效顰，方務於自譴責，而亦一一歸罪古人，斷獄於唐虞三代之上，貌是而神非，甚矣其不知學也。

中唐以來之社會，既成一平鋪散漫之社會，而其政治，仍爲一和平的大一統之政治。故一「王室」高高在上，而「社會」與「政府」之間，堂陛益遠，常易招致「王室」與「政府」之驕

縱與專擅，一也。社會無豪強巨富，雖曰趨於平等之境，然貧無賑，弱無保，其事不能全仰之於政府，而民間之所賴以溝通者，曰惟「科舉」，然科舉既懸仕宦爲鵠的，則從事於投選者，往往忘其義命而徒志於身家之富貴與溫飽，三也。此三者，厥爲中唐以來中國政治、社會走入一新境後所易犯之病徵。宋儒講學，即針對此病態而發。然而宋之爲病，尚不止於此。宋人不能自解救，而招致蒙古之入主，一切政制，爲急劇之退轉，益與後世中國以莫大之創傷。明祖崛起草澤，懲元政廢弛，罷宰相，尊君權，不知善爲藥療，而轉益其病。清人入關，盜憎主人，箝束猜防，無所不用其極，仍襲明制而加厲。故中國政制之廢宰相，統「政府」於「王室」之下，真不免爲獨夫專制之黑暗所籠罩者，其事乃起於明而完成於清，則相沿亦已六百年之久。明儒尚承兩宋遺緒，王室專制於上，而士大夫抗爭彌縫於下，君臣常若水火，而世途猶賴有所匡繫。故明之亡而民間之講學之風遂熄。於是士大夫怵於焚坑之酷，上之爲訓詁、考據，自藏於故紙堆中以避禍，下之爲八股、小楷，惟利祿是趨。於是政府與民間所賴以溝貫之橋樑逐腐斷，所賴以流通之血脈遂枯絕。中國之幸免於亂者，亦惟滿清諸豪酋猜防壓制、誘脅愚弄之力。此稍讀康、雍、乾三朝史略，可以知之。故使世運益敗壞於冥冥漠漠之中，而姑以博一時之安寧。此乃斲喪我民族永久之元氣，而以換造彼目前之榮

華者也。逮滿族統治之力既衰，而中國政治、社會之百病，遂全部暴露。論者每謂自嘉、道以來，東西勢力相接觸，東方乃相形見絀；此似是而未盡之說也。縱使嘉、道以往，長得閉關自守，海道之局不開，滿洲之治權，仍必顛覆，中國仍必大亂。其病先已深中於自身之內部，而外邪乘之，其病象遂益錯出。因使庸醫操峻劑，更奏迭前，茫昧而雜投，以互期於一逞，則幾何其病之不日殆也。

十三

晚清之季，談者率自稱我民族國家曰「睡獅」，曰「病夫」，此又不知別白之說也。夫「睡」與「病」不同。睡者精力未虧，蹶然興起，猶可及人；病者不然。晚清之季則病也，非睡也。且其病又入膏肓，非輕易所能拔除。異族統治垂三百年，其對我國家、社會、文化生機之束縛與損害，固已甚矣。然中國以二千年廣土眾民大一統之局，「王室」為其客觀之最高機關，歷史沿襲既久，則驟變為難。又況自明以來六百年，政府無宰相，「王室」久握獨裁之權，則激變又難。清廷不能不去，王室不能復建，逼使中國不得不為一激劇之變動，以試驗一無準備、無基礎之新政體，而不能更於其間選擇一較緩進、較漸變之路，此為晚清革命之難局，一矣。

日本明治維新在此點較中國多獲便宜。天皇一統，於日本歷史及民眾觀念上，並無十分劇變，得漸次引上憲政軌轍。中國政制之劇變，雖幸得冒險渡過，然所嘗苦痛實深。洪憲之稱帝，宣統之復辟，幾許曲折，消損中國前進之精力與元氣者，良不少也。

且滿清政府，自咸、同以後，其情況視前已大變。各省督、撫，擅權自專，中央無力駕馭，漸成分裂割據之局。又處五洲棣通新形勢之下，政府雖腐敗，猶得憑藉其地位，借外債，買軍火，練新兵，整理交通，加強管轄。遂使腐敗之政權，黑暗之勢力，既得外力之助，又因外患之顧忌，迄未得徹底澄清之機會。革命勢力之起，亦不得不與舊政府下之黑暗勢力相妥協，以順利其進行。革命之結果，僅爲舊政權之潰爛解體而非其消滅。於是民國以來，武人弄權，地方割據，日轉增長。此猶人身變病，未先驅解，早服補劑，病根纏綿不去，生機奄息不復。此又爲民國以來締構中央統一政權之難局，二矣。

尤難者，不在武人割據之不可剷滅，而在政治中心勢力之不易產生。滿清末葉，政治中心早已逐步沒落。革命以還，所揭藥號召者，曰「民主共和」，而實際則去民主之階程尚遠。新中國建設之大業，一時難望於民衆之仔肩。獨裁王室既倒，而不幸當時之中層階級，始從二百餘年長期異族統制下抬頭，八股小楷之素養，升官發財之習氣，淘汰未淨。而革命黨人，則只挾外來「平等」、「自由」、「民權」諸新名詞，一旦於和平處境下加入政府，乃如洪鑪之點雪，名號猶是，實質遽化。其名猶日政黨民權，其實則爲結黨爭權。一時中層智識分子，無新無舊，分途依附於地方武人割據勢力之下而互爲利用。此輩於前清末葉，既力阻開新之運，又

於民國初年，加倍搗亂之功。此蓋滿清長期部族統治之智識階級，日愚日腐，而驟遇政治中心

大動搖之後所應有之紛擾。然此特一時病態，不得謂此乃代表我民族國家數千年文化正統而

爲其最後之結晶。若果如是，則中國文化亦萬不能綿歷此數千年之久，而早當於過去歷史中煙

消灰滅，先昔人之枯骨而腐朽矣。此又民國以來，社會中堅勢力未能形成之難局，三也。此一

點，日本明治維新較中國又佔幾許便宜。日本政權遞禪，自藩府還之天皇，既不如中國變動之劇。而日本在藩府統治下之封建道德，如武士道之忠君敬上、守信立節，移之於尊王攘夷，其道爲順。中國士大夫立身處世之綱領節目，久已在長期部族統治之猜防壓制、誘脅愚弄下變色，久成滿清末年官場乃至儒林之風氣。一旦政體更革，名爲「民主」，實則全須士大夫從政者良心自負責任，而中國士大夫無此素養。既昧心禍國，又以「民權」之說諉罪卸責。此其病乃深中於士大夫之良心，固非睡獅之喻所得擬也。

凡此皆輓近中國之病，而尤莫病於士大夫之無識。士大夫無識，乃不見其爲病，急於強

起急走以效人之所爲。跳踉叫噪，踴躍憤興，而病乃日滋。於是轉而疑及於我全民族數千年

文化本源，而惟求全變故常以爲快。不知今日中國所患，不在於變動之不劇，而在於暫安之難

獲。必使國家有暫安之局，而後社會始可以有更生之變。所謂更生之變者，非徒於外面爲塗飾

模擬、矯揉造作之謂，乃國家民族內部自身一種新生命力之發舒與成長。而牖啓此種力量之

發舒與成長者，「自覺」之精神，較之效法他人之誠摯爲尤要。不幸此數十年來，國人士大夫，

乃悍於求變，而忽於謀安；果於爲率導，而怠於務研尋。又復屢以私心，鼓以戾氣，其趨勢至

於最近，乃繼續有加益甚而靡已。藥不對病，乃又爲最近百病纏縛之一種根本病也。

十四

雖然，無傷也。病則深矣重矣，抑病之漸起，遠者在百年、數百年之間，病之劇發，近者在數年、數十年之內。而我民族國家文化潛力之悠久淵深，則遠在四、五千年以上。生機之軋塞鬱勃，終必有其發皇暢遂之一日。而果也，近者以敵國外患之深侵，而國內漸臻於統一。以一年半之艱苦抗戰，而國人逐漸知「自力更生」之爲何事。蓋今日者，數十年乃至數百年社會之積病，與夫數千年來民族文化之潛力，乃同時展開於我國人之眼前。值此創鉅痛深之際，國人試一繙我先民五千年來慘澹創建之史跡，一棒一條痕，一摑一掌血，必有淵然而思，憬然而悟，愀然而悲，奮然而起者。要之我國家民族之復興，必將有待於吾國人對我先民國史略有知。此則吾言可懸國門，百世以俟而不惑也。

茫茫員興，芸芸衆生，我不知其已歷幾何世矣！抑有始終未躋於搏成「民族」之境者；有雖搏成爲一民族，而未達創建「國家」之域者；有雖搏成一民族，創建一國家，而俯仰已成陳跡，徒供後世史家爲鈎稽憑弔之資者；則何歟？曰：惟視其「文化」。民族之搏成，國家之創建，胥皆「文化」演進中之一階程也。故民族與國家者，皆人類文化之產物也。舉世民族、國

家之形形色色，皆代表其背後文化之形形色色，如影隨形，莫能違者。人類苟負有某一種文化演進之使命，則必摶成一民族焉，創建一國家焉，夫而後其背後之文化，始得有所憑依而發揚光大。若其所負文化演進之使命既中輟，則國家可以消失，民族可以離散。故非國家、民族不永命之可慮，而其民族、國家所由產生之「文化」之息絕爲可悲。世未有其民族文化尚燦爛光輝，而遽喪其國家者；亦未有其民族文化已衰息斷絕，而其國家之生命猶得長存者。環顧斯世，我民族命運之悠久，我國家規模之偉大，可謂絕出寡儔，獨步於古今矣。此我先民所負文化使命價值之眞憑實據也。以數千年民族、國家悠久偉大之憑藉，至於今而始言建國焉，又必以抗戰而始可言建國焉，此何故？曰：惟我今日國人之不肖，文化之墮落故。以我國人今日之不肖，文化之墮落，而猶可以言抗戰，猶可以言建國，則以我先民文化傳統猶未全息絕故。一民族文化之傳統，皆由其民族自身遞傳數世、數十世、數百世血液所澆灌，精肉所培壅，而始得開此民族文化之花，結此民族文化之果，非可以自外巧取偸竊而得。若不然，自古可以無亡國滅種之禍，而倖生之族，偸存之國，將充塞於天壤間也。我國人不自承其爲不肖，不自承其爲墮落，而謂我先民文化所貽，固不足以爭存於斯世。是既疑我先民久爲倖生、偸存，而我當前之所爲抗戰與建國者，是不膚仍將效法我先民繼爲此倖生而偸存也。非然者，我民族國家之前途，仍將於我先民文化所貽自身內部獲得其生機。我所謂必於我先民國史略有知者，卽謂

此。是則我言仍可懸國門，百世以俟而不惑也。

十五

雖然，我之此書，抑不足以任此。昔有宋司馬光，以名世傑出之才，當神宗、王安石銳

意變法之際，獨愀然以爲未當，退而著史，既獲劉、范諸君子相從扶翼，又得政府之資助，晏

居洛陽，設局從事，先後垂二十年而書成，以爲可以「資治」，故名曰資治通鑑。其書衣被沾

漑於後世，至今不能廢。稍知從事於國史者，恣漁獵焉。自孔子、史公而下，以通史建大業，

推司馬氏，豈不偉歟！今去司馬氏又千年，史料之累積，又十、百倍於司馬氏之時，而世局之

紛紜錯綜，則更非司馬氏當時所能相提並論。又加之以人不悅學，士方蔑古，競言「革新」者，

謂可以絕無資於鑑往知古之勞；而治史者亦務爲割裂穿鑿，以逃世笑。竊不自揆，避地來滇

南，深慚傭生無補國難，獨奮私臆，竊教課之餘暇，閉居一室，妄自落筆，歷時一載，成此區

區五十萬字。又復敝帚燕石，妄自珍惜，謂散亡之無日，保藏之難周，朝脫稿，暮付印。欲於

我先民以往五千年慘澹經營之史迹，幸有當於其萬分之一二。以視往者司馬氏之鄭重其事，古

今人度量相越，豈不足以愧殺人耶！抑余又懼世之鄙斥國史與夫爲割裂穿鑿之業者，必將執吾

書之瑕疵，以苟其指摘，嚴其申斥，則吾書反將以張譏國史、薄通業者之燄，而爲國史前途之

罪人。抑思之又思之，斷斷無一國之人相率鄙棄其一國之史，而其國其族猶可以長存於天地之間者。亦未有專務於割裂穿鑿，而謂從此可以得我先民國史之大體者。繼自今，國運方新，天相我華，國史必有重光之一日，以爲我民族國家復興前途之所託命。則必有司馬氏其人者出，又必有劉、范諸君子者扶翼之，又必有賢有力者獎成之。而此書雖無當，終亦必有憫其意，悲其遇，知人論世，恕其力之所不逮，許其心之所欲赴。有開必先，若使此書得爲將來新國史之馬前一卒，擁篲而前驅，其爲榮又何如耶！因不辭誚笑而卒布之，並申述其著作之大意焉。

民國二十八年一月錢穆屬稿於宜良西山之岩泉下寺

書成自記

民國二十二年秋，余始於國立北京大學任「中國通史」講席。是課每週四小時，一年而畢。自念講通史，非委悉周備之難，而簡要明當之尤難也。若求委悉周備，則二十五史、十通以及充棟塞屋者，其書具在，學者昕夕從事焉，斯委悉周備矣，然非一週四小時、一年之功所能赴也。欲求簡要明當，則於繁重之國史，先必有所取捨。又必先有一系統之觀點，以為其取捨之標準。必先立一「體」，乃能有所取裁。凡所裁之寬狹長短，一視與其「體」之相副相稱以為度。然而言何容易？此固古人所謂專門名家之業也。否則左右采獲，牽引拼湊，可以至於無窮。於其牽引拼湊之中，而調和斟酌焉，以求其分量篇幅之略相當，此僅似於一種狹義之類書，非史業也。大抵余於此課，以兩小時為一講，以一講畢一題，一年凡四十餘講。共畢四十餘題。欲求於此四十餘題中，敍述我先民國史大體，約略明備，則每講之標題，為尤所盡心焉。越一年，二十二年秋至二十三年夏。學者苦於聽受，羣要余為講義。余曰：通史大業，殊不敢輕率為之。

無已，姑約余所講爲綱要，聊備諸生筆記之一助，可也。自是每一講，必編一綱要，僅具倫脊，悉削游辭，取便總攬。然又恐諸生久習於此，則事近策括，以謂治史可以空腹也。乃別選一參考材料以副之。凡與余所講綱要相牽涉者，採摘前史陳文或昔人考訂論著爲參考，以便學者之自相闡證。綱要編至東漢，自嫌太簡，遂未繼續。並謂講堂大義，學者自可筆記，乃獨發參考材料。

如是者一年，覺參考材料，雜碎零亂，無綱要以貫通之，則如散錢無串，學者得此，華離斑斕，若可喜而未必可用也。遂又改計，另編國史讀本，供學者課堂外之閱讀。並詔諸生，治通史必貴有「系統」，然系統必本諸「事實」。見仁見智，系統可以相異，而大本大原，事實終歸一致。不先通曉事實，驟求系統，如無錢而握空串，亦復失其爲串之意。大學課重，即如司馬氏通鑑，學者已苦不能終卷，而中學教課，風氣所趨，亦競爲條貫，不詳實事。至大學治通史，更不能反而專講一件件的事實。如是則學者所得惟系統、條貫，而無史實。卒之所謂系統、條貫者，皆空談，皆私見。空談私見可以萬異，而歷史事實只有一眞。因再約通鑑及續通鑑、明提要鈎玄，編爲讀本，以補學者進治通史之預備工夫。如是者又一年，

自秦迄明，讀本凡得百萬字。凡讀本所取裁，一以與課堂講述相副相應爲主，其詳略輕重之間，視袁氏紀事本末諸書，有大相逕庭者。以謂學者於課堂外先治此書，不僅可藥高心空

腹之病，並可由此啓途，進窺史籍之原本也。

又越年，又嫌學者於本國文字素養太淺，讀本雖簡要，然皆摘錄史籍原文，學者驟覩，如入異國，轉不如其讀西書之怡悅相熟。其於文義眞際，已難領憬，至於史籍中人名、地名、官名、典章制度、文物故實，種種茫然，更屬所苦。乃擬就讀本中擇其凡爲史籍專名及義有旁及者，一一加以注釋。然注釋之事多涉考訂，又求與學者領憬之學力相應，其事乃大不易。課繁力絀，卒未有成。如是則已四越年矣。

二十六年秋，蘆溝橋倭難猝發，學校南遷，余藏平日講通史筆記底稿數冊於衣箱內，挾以俱行。取道香港，轉長沙，至南嶽。又隨校遷滇，路出廣西，借道越南，至昆明。文學院暫設蒙自，至是輾轉流徙，稍得停蹤，則二十七年之四月也。自念萬里逃生，無所靖獻，復爲諸生講國史，倍增感慨。學校於播遷流離之餘，圖書無多，諸生聽余講述，頗有興發，而苦於課外無書可讀，僅憑口耳，爲憾滋深。因復有意重續前三年之綱要，聊助課堂講述之需。是年五月間，乃自魏晉以下，絡續起稿，諸生有志者相與傳鈔。秋後，學校又遷回昆明，余以是稿未畢，滯留蒙自，冀得清閒，可以構思。而九月間空襲之警報頻來，所居與航空學校隔垣，每晨抱此稿出曠野，逾午乃返，大以爲苦。乃又轉地至宜良，居城外西山岩泉下寺，續竟我業。而學校開課之期已至。昆明塵囂居隘，不得已，乃往來兩地間。每週課畢，得來山中三日，籀繹

其未竟之緒。既乏參考書籍，又僕僕道塗，不能有四天以上之寧定。余嘗致書友人，謂：「此書雖垂成，而非意所愜。何者？細針密縷，既苦書籍之未備，大刀闊斧，又恨精神之不屬。」蓋此書屬稿中之實況也。逮魏晉以下全稿粗具，還讀三年前東漢以前舊稿，又嫌體例、文氣、詳略之間，均有不類，乃重復改為。直至今年之六月，而全稿始竣，則先後亦十有三閱月矣。

然此書雖草略，其所以為此書之意，則頗有當為國人告者，因別為引論一篇。辭繁不殺，讀者哀其意可也。至於引論所希，此書未必副，讀者當分別觀之。此書一本所攜筆記，綴集而成，而筆記隨時摘錄，頗多疏忽。大率未注出處，忘記篇卷。此書因一律削之，不更標舉；偶載來歷，轉成例外。其時賢文字，近人新得，多所采獲，亦不備詳，義取一律，非敢掠美。書成倉促，相知惟湯君錫予，時時讀其一、二篇，有所商討。平生撰述，每不敢輕易發布。自問以迂愚之姿，而抱孤往之見，不如久久藏之，自待其意見之定。雖不足有所淑世，亦自寬其神明之內疚。至於此書，獨有不然。若自祕藏，雖待之十年終不能定。而暴寇肆虐，空襲相隨，又時時有焚如之慮，因率爾刊布。讀此書者，無論大端小節，凡此書疏漏謬誤處，若蒙貽書相告，一字之與百章，皆吾師也。敢不虛衷拜嘉，謹誠心以禱祝之。

民國二十八年六月十二日錢穆記於宜良西山之岩泉下寺

目錄

第一編

上古三代之部

第一章　中原華夏文化之發祥　中國史之開

始虞夏時代

上古史爲全部歷史之起點，應須求一明瞭之知解，然人類歷史總可推溯到無人可說之一境，則上古史之探索，終不免於只成爲一種比較近理之測想。

一　近代對上古史之探索

近代對上古史之探索，可分兩途述說：一、史前遺物之發掘。二、傳說神話之審訂。史前遺物發掘，可分三部分述之：

一、舊石器時代遺址之發現。

此事始於民國九年，在甘肅慶陽爲首次。此後陸續發現甚多。

（一）早期舊石器時代

民國十八年在河北房山周口店發現古代猿人之完整頭骨，考古學者名之曰「北京人」。

其年代距今約五十萬年，中華民族當爲其直屬後裔。其時北京人已知用火，當早於歐洲人用火三十萬年以上。其他遺物，周口店發現亦甚豐。其後在陝西藍田陳家窩，發現藍田猿人，與北京猿人時期相同。又有山西芮城匼河與西侯度村等十三處。其中芮城兩址時代更早。後有廣東曲江馬壩村發現「馬壩人」，時代稍後於「北京人」與「藍田人」。則是在遠古時代，吾中華民族之祖先，殆已遍布華南、北。

（二）中期舊石器時代

在華北發現者，多在山西、陝、甘高原一帶。自汾水流域北至河套，南緣橫山山脈。甘肅慶陽所發現，亦屬此期。華南有湖北長陽出土「長陽人」。

（三）晚期舊石器時代

此期距今約不過一萬年。遺址發現，遍及南北。惟黃河、長江下游各地，則尚未發現有此等遺址。

二、新石器時代遺址之發現。

（一）黃河中下游

一爲民國十年在河南澠池縣仰韶村所發現，稱爲「彩陶文化」。其分布地區，以豫西、晉南及渭水中下游爲中心，西至渭水上游，東至豫中，南至漢水中上游，北達河套。遺址發現，多在河流兩岸之台地，分布極稠密，已發現者約達千處以上。其中如西安半坡最早遺址，據測定，距今可達六千年。陝縣廟底溝早期遺址，距今亦逾五千年。其時已知經營原始鋤耕農業，兼事漁獵。

二爲龍山「黑灰陶文化」。分布地區較「仰韶文化」爲廣。西起陝西，東至海濱，東北至遼東半島，東南至江蘇，發現遺址三百餘處。此一期之文化，乃自仰韶文化發展進步而來。又可分較早「形成期」與較晚「典型期」之兩期。如河南陝縣廟底溝，即在仰韶文化之上層。安陽後岡則在殷墟之下層。此皆屬「龍山文化」之較早形成期。如山東歷城龍山鎮城子崖及日照西城鎮諸地，是爲「龍山文化」之較後典型期。此時期之文化，鋤耕農業已甚進步。陶器開始採用輪製，並以精造黑色光薄的蛋殼陶爲其特色。並已有城堡建築，以牛、羊、豬之肩胛骨爲卜。

（二）長江中下游

有湖北京山縣屈家嶺之發現。其分布範圍，為以長江及武當山、桐柏山、大別山所環繞之江漢地區。其時期晚於仰韶，而早於龍山。其中如淅川遺址，據測定距今可達四千至五千年。此一地區之文化，已普種水稻。狩獵、紡織均相當發達，有豐富多彩的繪畫藝術。

（三）其他

如黃河上游，川、滇西南地區，東南沿海，塞北草原及東北地區，西北高原，青藏高原各處，皆有新石器時代遺址之發現，在此不備及。

由於此等發現，遂使國人古史觀念，漸漸脫離了三皇五帝之舊傳說，轉移到有物可稽之新研尋，此不可不謂是近六十年來吾國人古史知識上一大進步。

國人此六十年來之發掘考古工作，因於材料陸續發現，遂使因之而起之推論亦陸續改變。如仰韶、龍山兩期文化，以前認為其各自獨立發展，今已遭一致之否定。至西方學者早有中國民族與中國文化西來之臆測。民國十年發現仰韶彩陶上繪幾何花紋，西方學者仍認其與中亞、南歐一帶有關係，但今亦無人置信。據最近考古學家一般之意見，綜

合舊石器、新石器兩時代遺址之發現，大體認爲中國文化最早開始，應在山、陝一帶之黃土高原。東至太行山脈，南至秦嶺山脈，東南至河南西北山地，西北至河套地區。自此逐步向東南發展。及至新石器時代，當轉以渭水盆地及黃河大平原爲中心。由仰韶彩陶文化向東發展，形成龍山文化。向西傳播，乃至黃河上游以抵西北高原。在此六十年之發現中，尚不見西北地區有舊石器時代之遺址，則中國民族中國文化西來之說，可以不攻而自破。

三、殷墟之發現。

遠在清末，已有人在河南安陽發掘殷代所用龜甲占卜文字，而發現其地爲古代之殷墟。此一遺址之年代，已遠在有文字記載之歷史以後。在此遺址所得器物，已遠後於石器時代，而代表了很進步的青銅器時代。其間有一部分遺物，可證其直接因襲於龍山文化而來者，如卜骨、如黑陶皆是。在殷墟之後岡，上層有白陶，今稱之曰「小屯文化」。中層黑陶，即代表「龍山文化」。下層彩陶，乃代表「仰韶文化」。是其地乃不斷有陶文化。

目前關於考古發掘之成績，大略可言者止此。

史前遺物

器 石 舊		
早期 ○		
中期 ●		
新 石 器		
彩陶文化 △		
黑陶文化 ⌂		

傳說神話之審訂，近人爲之尤力。如顧頡剛等所編集之古史辨。

然中國民族本爲一歷史的民族，中國古史早已歷經古人不斷努力，有一番卓越謹嚴而合

理的編訂。

最著者莫如孔子之作春秋，與司馬遷之爲史記。子不語怪力亂神，春秋「其文則史，其

事則齊桓、晉文」，已爲一部極謹嚴的編年史，歷史觀念至是已絕對超出「神話」之範圍

而獨立。司馬遷爲史記，謂：「學者載籍極博，猶考信於六藝」，自負以史記繼春秋之後。

五帝首黃帝，三皇傳說早未列人。至史記所載五帝帝系，後人亦多駁辨。如三國時秦宓、北宋時歐陽修等。

故三皇五帝之舊傳說，在中國歷來史學界，本未嚴格信守。

今求創建新的古史觀，則對近人極端之懷疑論，亦應稍加修正。

從一方面看，古史若經後人層累地造成；惟據另一方面看，則古史實經後人層累地遺失

而淘汰。層累造成之僞古史固應破壞，層累遺失的眞古史，尤待探索。此其一。各民族

最先歷史無不從追記而來，故其中斷難脫離「傳說」與帶有「神話」之部分。若嚴格排斥

傳說，則古史即無從說起。即後代史亦強半由傳說追記，未必皆出歷史事變時人當身之記載。此其二。且神話有起於傳說之後者，

如先有關羽之傳說，而漸變成神話，（如因看三國演義而懷疑及於陳壽三國志。）不能因神話而抹殺傳說。此其三。假造亦與傳說不同，如後起史書整段的記載與描寫，或可出於假造，（以可成於一手也。如尚書之堯典、禹貢等。以其流傳普遍，如舜與禹其人也。）其散見各書之零文短語，則多係往古傳說，非出後世一人或一派所偽造。此其四。欲排斥某項傳說，應提出與此傳說相反之確據。否則此傳說即不能斷其必偽或必無有。亦有驟視若兩傳說確切相反，不能並立，如謂某人某日在北平，而另一說則謂見其某日在南京。（如知某人乃以是日乘飛機自北平往南京也。）而經一番新的編排與新的解釋，而得其新鮮之意義與地位者。此其五。

而且中國古代歷史傳說，極富理性，切近事實，與並世其他民族追述古史之充滿神話氣味者大不相同。如有巢氏代表巢居時期，燧人氏代表熟食時期，庖犧氏代表畜牧時期，神農氏代表耕稼時期。此等名號，本非古所本有，乃屬後人想像稱述，乃與人類歷史文化演進階程，先後符合。此見我中華民族之先民，早於人文演進，有其清明之觀點與合理的想法。

大體上研究古史，應有其相當之限度，凡及年歷、人物、制度、學術等等，過細推求，往往難得真相。

一因古代文化演進尚淺，不夠按年逐月推求。後世如劉歆〈三統曆〉以下迄於皇甫謐〈帝王世

紀、邵雍皇極經世等書，無論其推算不可信，即謂推算無誤，亦往往歷數十百年無一事可考，豈不於研治古史仍屬徒勞。二則因古代文化演進尚淺，人物個性活動之事業尚少，若專從人物言行上研求古史，則仍是黃帝、堯、舜、禹、湯、文、武、周公一套舊觀念，不免多帶有神話與教訓之意味，亦不得古史眞相。三則因古代文化演進尚淺，並不如後代有種種政治制度、學術思想等之並起，若從此方面研尋古史，則不脫漢代經學家「三代質文相禪」種種假想之範圍，所謂儒者託古改制，亦不能得古史之眞相。

然古史並非不可講，從散見各古書的傳說中去找尋，仍可得一個古代中國民族活動情形之大概。此種活動情形，主要的是文化狀態與地理區域。

凡古書傳說中某王某國起某地、都某城，與某國某君戰於某地，某氏族來自某方等，實爲研尋古史地理之較有線索者；然亦有須經審細考訂處。如史記言黃帝：「東至海，西至空桐，南至江，登熊湘，北逐葷粥，合符釜山，而邑於涿鹿之阿。」後人遂疑其行蹤之超遠，近於神話。不知崆峒本在河南境，莊子所言襄城、具茨、大隗、廣成、地望皆近。熊湘 即熊耳山。與崆峒同在一省。釜山者，覆釜山，一名荊山，見唐書地理志。與華潼爲近，所謂黃帝「采首山銅，鑄鼎荊山」是也。黃帝又與神農「戰於阪泉之野」，阪泉在山西解縣鹽池上源，相近有蚩尤城、蚩尤

村及濁澤，一名涿澤，卽涿鹿矣。然則黃帝故事，最先傳說只在河南、山西兩省，黃河西部一限之圈子裏，與舜、禹故事相差不遠。司馬遷自以秦漢大一統以後之目光視之，遂若黃帝足跡遍天下耳。此就黃帝傳說在地理方面加以一新解釋，而其神話之成分遂減少，較可信之意義遂增添。將來若能與各地域發掘之古器物相互間得一聯絡，從此推尋我民族古代文化活動之大概，實爲探索古史一較有把握之方向。

二　中原華夏文化之發祥

現在講比較可靠的古史，姑從虞、夏起。尚書始於堯、舜，論語道古亦僅及堯、舜，史記乃上溯黃帝。此從孔子與六經，實不失爲謹嚴之態度。唐、虞時代的情形，決不能如尚書堯典所記之美盛。

堯典虞廷九官，上有百揆，卽宰相。禹爲司空，主治水而司內政。棄后稷，政。司農契司徒，化。司教皐陶爲士，主司法與軍事。共工，司工務。益掌虞，司山澤。伯夷爲秩宗，司郊廟祭祀。夔典樂，司詩歌音樂助祭。龍納言，司出納詔命，如周之內史、漢之尙書。較之秦、漢九卿，意義深長遠矣。此正見爲儒者之託古改制。否則唐、虞時中國政制已如此完美，何以二千年後至秦、漢之際，轉倒退乃爾。

尚書始於堯、舜，論語道古亦僅及堯、舜，史記乃上溯黃帝。此從孔子與六經，實不失爲謹嚴之態度。

大抵堯、舜、禹之禪讓，只是古代一種君位推選制，經後人之傳述而理想化。

唐、虞當爲今山西南部之兩部落。

陶唐氏殆爲今山西南部[堯都平陽。]。一精於燒窯的氏族，[「陶」、「唐」、「堯」皆指燒窯事業言。] 有虞氏則爲一山澤漁獵

的氏族，[「虞人」掌山澤獵事。] 而與陶唐氏居地略相近。[舜都蒲阪，相近有虞鄉縣。]

而夏人則起於今河南省中部，正是所謂中原華夏之地。

鯀與禹又別爲一族，其居地始起於河南嵩山山脈中。曰「有崇伯鯀」，崇即嵩也。山海

經「南望禪渚，禹父之所化」。禪渚在河南陸渾。禹都陽城，[世本。又有言禹都陽翟者。陽翟，今禹縣，出入數百里間，游牧之民習於移徙，古人都邑，同時有兩三處，不足異。] 陽城在嵩山下。華夏連稱者，嵩山山脈亦得華名。國語「前華

後河，右洛左濟」，華在洛東，即今嵩山。又史記魏有華陽，司馬彪曰：「華陽，亭名，

在密縣。」周禮職方豫州「其山鎮華。」皆其證。即舜之故事，其先亦起於與夏氏族相

近之地。世本「舜居嬀汭」，在漢中西城縣。舜二女爲湘神，湘即襄水，乃今漢水也。四

岳、三塗齊稱，亦皆在嵩山山脈。夏氏族自此北向移動，河南、陝西、山西三省相交環

黃河西部之一隈，[謂「西部」者，對此下稱「東部」而言。] 有幾許天然之渡口，殆爲古代虞、夏氏族活動之區。史

記虞、夏皆顓頊後，明其血統相近。少康奔虞，虞思妻之以二姚。虞、夏或如姬、姜。

當時尚未有國家之組織，各部落間互推一酋長爲諸部落之共主。即尚書所謂「岳牧咸薦」也。

此如烏桓、鮮卑、契丹、蒙古，其君主皆由推選漸變而爲世襲，唐、虞時代之禪讓，正此猶契丹之有耶律阿保機。蒙古自成

可用此看法。

禹之後有啓，蓋至是而始進於君位世襲之時代，則已儼然有國家之規模矣。吉思汗後，大汗之位，雖非成吉思汗之子孫莫屬，然而忽必烈仍由合辭推戴，至仁宗始自建儲。

啓以後因君位世襲之制既定，遂有夏朝之建立。

三 夏代帝系及年歷

史記夏本紀載夏帝王名及系次，而無年數。大戴禮記少閒篇：「禹崩十七世，有末孫桀。」國語周語：「孔甲亂夏，四世而隕。」皆與史記合。

大體夏代年歷在四百、五百年之間。

史記僅謂：自禹至桀，十七君，十四世。此見司馬氏成書之謹嚴。若非有據，此十七君、十四世之名字系次，何從憑空撰出？憑空撰之，又有何意義耶？劉

歆三統歷見漢書律歷志引。則謂夏四百三十二年。竹書紀年史記集解引。謂夏四百七十二年。今按：史記商

夏代帝系表

一 禹

二 啓
滅有扈氏，天下咸朝。

三 太康
失國，兄弟五人須於洛汭，作五子之歌。

四 仲康

五 相

六 少康
中興。（左傳）

七 杼
滅澆於戈。

八 槐

九 芒

一〇 泄

一一 不降

一二 扃

一三 厪

一四 孔甲
好方鬼神，夏后氏德亂。

一五 皋

一六 發

一七 履癸（桀）
自孔甲以來諸侯多畔。湯放桀鳴條而死。

本紀所載商代帝王已有殷墟所得甲文爲證，知其不虛。商本紀諸帝王可信，夏本紀諸帝王即不必不可信。自湯以前商代先王先公，正與自禹以下年世相當。史記所載商先王先公已有甲文爲證，史記載夏事，自可不必證而信。以三十年一世計之，則十四世、十七君，四百七十餘年，亦約略近似。孟子云：「由堯舜至於湯，五百有餘歲」是也。

四　虞夏大事

虞、夏大事最要者，厥爲舜、禹與苗族之鬪爭。

舜、禹征三苗，屢見尚書、堯典、皋陶謨、禹貢、呂刑皆言之。戰國策、秦策一見，魏策二見。墨子、二見。荀子、二見韓非子、賈子新書、淮南子、三見。鹽鐵論、說苑諸書，必爲古代一大事。舊說三苗爲九黎蚩尤氏之後。尙書呂刑及楚語。又謂三苗、九黎皆顓頊之後。山海經大荒北經。若然，則三苗與虞、夏爲同族相爭矣。史記謂：昌意取蜀山氏女而生顓頊。蜀山殆即涿鹿之山，涿鹿又即蚩尤故國，然則虞、夏與三苗之爭，正猶黃帝與蚩尤之爭，皆近在今河南西境北及山西兩省黃河中游之兩岸也。魏策吳起之言曰：「昔三苗之居，左彭蠡之波，右洞庭之水，汶山在其南，衡山在其北。」後世誤謂在湖湘之間。惟洞庭、彭蠡地位既左右互易，又古衡山

不指湖南，且不當在三苗北。古河域亦有名彭蠡者。見呂氏春秋愛類、江北漢水流域亦有名

洞庭者。楚辭所詠洞庭是也。淮南人間訓。春秋河東有茅戎，又有陸渾蠻氏，亦稱戎蠻子。杜注云：「在河南新

城縣。」苗與茅、蠻同聲。古三苗疆域大率南北以此爲度，正與虞、夏壤地雜處。舜、

禹驅逼苗民，漸遷而西，所謂「竄三苗於三危，以變西戎」也。若三苗在湖湘間，不應驅

至今甘肅境。舊說又謂：三苗，姜姓之別。尚書呂刑言及苗民制刑，呂國河南南陽，正

范氏後漢書西羌傳：「西羌之本出自三苗，姜姓之別，其國近南岳。」漢人多指南陽衡山爲南岳也。古代四岳姜姓居地，本古昔苗土，故引以爲誡耳。

又有禹、啟與有扈之戰事。

啟伐有扈，見尚書甘誓、呂覽先己諸篇。鄭玄以爲在魏。大戰於甘，即左氏王子帶邑

也。見僖二十四年。地在今洛陽東南。尚書甘誓，墨子引作禹誓，莊子人間世亦云：「禹攻有

扈。」呂覽召類云：「禹攻曹魏、屈驁、有扈以行其教。」是禹時勢力東侵已及於扈。

漢書地理志：右扶風鄠縣，古有扈國。特以同音說之，恐不如鄭玄以爲在東者爲信。高誘注：「有扈乃夏啟庶兄，以堯、舜舉賢，禹獨與子，故伐啟。」則與墨子、莊子均不合，恐出後人臆說。

是舜、禹、啟以來，虞、夏氏族驅逐苗民以固

西陲，又攻略有扈以擴東土也。

大抵夏人先起今河南嵩山山脈中，在伊、洛上流，其勢力逐次沿伊、洛向東北下游而移殖。一方自河南省西部北渡黃河而達今山西省之南部，東及太行山南端盡頭之迤西。故其地皆稱大夏。史記言：「禹鑿龍門，通大夏。」又云：「齊桓公伐大夏。」左傳祝佗曰：「唐叔封於夏墟。」昔人又謂禹都安邑，皆指山西南部中條山以南沿河一帶言之。又一方則沿河南岸東下，漸次達於今山東、河北境，遂與東方黃河下游諸民族勢力相接觸。

此可以后羿、寒浞與少康中興之事說之。（此事見左傳襄公四年、哀公元年。）后羿本國在鉏，（史記正義引括地志：「故鉏城在滑州衞城縣東十里。」即今滑縣東十五里之鉏城。）入為夏朝之卿士而遷有窮。（史記正義引地記：「河南有窮谷，本有窮氏所遷。」左傳定公七年：「單武公、劉桓公敗尹氏於窮谷」，文選洛神賦注引華延洛陽記：「城南五十里有通谷」，即其地。後人因「窮」名不美而易之。）因太康之敗於洛表，（竹書紀年：「太康居斟尋，羿亦居之，桀又居之。」左傳（昭二十三年）：「郊、尋潰」，杜注：「鞏縣西南有地名鄩中。」張儀列傳正義引括地志：「鞏縣西南五十八里故鄩城。」水內為汭，外為表。洛表，洛之南。）拒太康而入居斟尋。后羿居之。（杜預云：「斟尋在河南。」今山東濰縣東北五十里。）又為其臣寒浞所滅。（寒國名，本在東方。「北海平壽縣東有寒亭。」左傳（哀元年疏引賈逵說。））浞既代羿，又代夏為王，又滅夏之斟灌。（「斟灌」始即「武觀」，夏后相（太康子）為羿所逼，出依斟灌，故亦曰「觀津」。為斟姓之墟，故曰「斟觀」。在今山東曹縣西故觀城。其時夏都蓋自斟尋東北退至斟灌。）使其二子澆處過，豷處戈。（「斟灌」或作「斟戈」，則「戈」即「灌」也。則「過」或即是「鄩」。蓋寒浞滅此二邑而分使二子處之。）而夏后相

夏氏族活動區域圖

大抵夏人先起於
今河南嵩山脈中，
在伊洛上流其勢力
逐漸沿伊洛向東
北下游移動：

(一)
一方自河南西部
北渡黃河而達
山西南部東及
太行山南部盡
頭之迂曲。

(二)
又一方則沿河南
岸東下漸次達
於今山東河北
境。

(三)

之子少康出奔有虞，在河南。左傳杜注：「梁國虞有綸城。」漢書續志：「梁國有綸城，少康邑。」在今歸德。夏臣伯靡自有鬲氏西。水經注：「大河故瀆西流經平原鬲縣故城西。」地理志曰：「鬲津，故有窮后羿國。」殺

寒浞，而少康自綸城。復國。少康滅澆於過，至其子杼滅豷於戈，寒氏遂亡。又滅豷於戈，寒氏遂亡。此一事見夏代國家規模

已頗擴大。有共主、屬邑、分國、敵國等等關係，不得僅以游牧部落看待。而其間自太

康失國迄於少康復國，綿歷數十年，戰爭蔓延及於大河南北兩岸，誠古代一大事也。此事

夏本紀失載，而旁見於吳世家。又楚辭離騷、天問亦言之。又有夏人與東夷之交涉。見後漢書東夷傳引竹書紀年。夏之放武觀，見竹書紀年及逸周書。滅

寒浞，逐東夷，皆見其勢力之逐步東伸。

商民族亦在東方，初似服屬於夏人勢力之下，繼則起而革命，遂代夏爲當時之王朝而稱

商代。古史已難詳論，然夏、商兩代就文化大體言之，似是一系相承，並無甚大顯著之不同，則夏、商殆我漢民族之兩支，而非兩民族也。惟嚴格言，中國民族之搏成，當在春秋乃至先秦。若言夏國、商國，則此時政治組織尚未臻十分凝定。若言夏氏族、商氏族，或夏部族、商部族，則似含義又過狹小。姑以民族稱之，以指當時之兩種結集，如云「夏人」、「殷人」，可勿以嚴正的異民族視之。（下言周民族亦然。）若以虞夏時代爲中

國上古史之第一期，以其始建君位世襲之王朝。則殷商可謂中國上古史之第二期。以其在近代已有直接史料發見，較虞、夏之純爲傳說追記者更進一層。

第二章　黃河下游之新王朝　殷商時代

夏王朝建築在黃河上游，爲高地居民所建之王朝，而商王朝則建築在黃河之下流，爲低地居民所建之王朝。

商王朝繼夏王朝而起，最近有關於該時代直接史料之發見，對於中國古代史之可信價值，有甚大之貢獻。

關於殷商一代新發現的直接史料，其主要者爲殷墟甲骨文字。其發見在清光緒戊戌、己亥間，出於河南安陽西北五里之小屯。地在洹水南，洹水三面環之，正合史記項羽本紀所謂「洹水南殷墟上」也。此等甲骨，大體乃殷代帝王盤庚以後。用以命卜之辭，刻於龜甲及牛骨之上者。

一　殷代帝系及年歷

史記載殷帝王有名字世次，無年數，略如夏代。

商代（湯以下）帝系表

史記殷本紀：自契至湯，十四世，湯至紂三十一帝，除太丁為三十帝。

國語周語：「玄王勤商，十四世而興。」荀子成相：「契玄王，生昭明，居於砥石，遷於商。十有四世，乃有天乙，是成湯。」皆與史記合。

湯至紂三十一帝，除太丁為三十帝。三代世表、古今人表均作十六世。

大戴記少閒篇：「成湯卒崩，二十二世，武丁即位；卒崩，九世，末孫紂即位。」國語周語：「帝甲亂之，七世而亡。」與史記皆合。晉語謂：「商之享國，三十一世。」或數太丁，或數武庚，不可知。孟子云：「由湯至於武丁，賢聖之君六、七作。」亦與史記合。

伊尹放太甲於桐宮，攝政三年，復迎復位。

伊陟為相，巫咸治王家。殷復興，諸侯歸之。

殷道衰。諸侯或不至。

（三代世表作太庚弟。）

居相。殷復衰。

遷隞。

（古今人表作太戊弟。）

遷邢。巫賢任職。殷復興。

據甲文當為河亶甲弟。

（古今人表作河亶甲子。）

帝系（右至左、上至下）

- 一 湯
  - （太丁）（太丁為太宗之父）
    - 四 太甲（太宗）
      - 五 沃丁
      - 六 太庚
        - 七 小甲
        - 八 雍己
        - 九 太戊（中宗）
          - 一〇 中丁
          - 一一 外壬
          - 一二 河亶甲
            - 一三 祖乙
              - 一四 祖辛
                - 一六 祖丁
                  - 一七 南庚
              - 一五 沃甲
  - 二 外丙
  - 三 中壬

一八 陽甲 殷衰，中丁以來九世衰，諸侯莫朝。

一九 盤庚 始遷殷。殷道復興。

二〇 小辛 殷道復衰。（古今人表作盤庚子。）

二一 小乙

二二 武丁（高宗） 傅説為相。殷大治，復興。

二三 祖庚

二四 祖甲 殷復衰。

二五 廩辛

二六 庚丁

二七 武乙 無道。獵於河、渭之間，暴雷震死。

二八 太丁（紀年又作文丁，甲文同。）

二九 帝乙 殷益衰。

三〇 帝辛（紂）

大體論之，殷商一代年歷，應在五百年左右。

劉歆三統曆殷代六百二十九年，竹書紀年（史記殷本紀集解所引。）則謂湯滅夏至紂二十九王，四百九十六年。今以三十年一世推之，商十七世，踰五百年，亦非大遠情實。（左宣三年，王孫滿言：「商祀六百。」孟子謂：「由湯至於文王，五百有餘歲。」是也。）

最要者，史記所記載，乃爲最近新發見之殷墟甲骨文字所證實。

首爲此項工作者，爲王國維氏之殷卜辭中所見先公先王考及續考。（見觀堂集林卷九。）其最要之發見如次：

一、推證殷人出自帝嚳之說。據此則史記殷本紀、世本、山海經、左傳、魯語、皇甫謐帝王世紀種種傳說可以參證連貫，均因卜辭之發見而重新估定此等書籍在古代史料上之價值。（可見中國古代書籍記載，不僅如史記等見稱爲謹嚴之史書者有其可信之價值，之書如山海經等，其中亦有可信之史料。而近人乃轉謂除直接發見之物證外，即素目爲荒誕不經上古流傳文字記載，皆不可信，豈不顛倒之甚！）

又據此知五帝之系統雖出戰國後人之編造，而五帝之個別傳說，則各有淵源，決非出後人所捏造。如殷商之帝嚳，即其一例。虞、夏出顓頊，殷商出帝嚳，本屬東、西兩系統，此後中國漸趨統一，乃謂雙方皆出黃帝。今殷商出帝嚳之說，既有甲骨卜辭爲之證實，則夏本紀謂夏人出自顓頊，司馬遷亦應自有其根據，不得因吾儕未發見此等直接材料，而遂疑其不可信。古史之新系統，隨時代精神之新需要而轉變。

二、發見卜辭有王亥，即史記中之振。「振」乃「亥」字之譌。據此則山海經、竹書紀年、呂氏春秋、楚辭、天問、世本、管子、漢書古今人表種種傳說記載，盡可參證連貫。

三、又自王亥而發見王恆。此爲史記、世本、竹書紀年所不詳。以卜辭證天問，可以補古史之缺。

且所證者均在成湯之前，因此史記所載夏代古史，亦同樣提高其可信之地位。

史記自契至湯十四世，而夏代自禹至桀，亦十四世。桀與湯同時，則禹與契亦略同時。史記所載殷代湯以前事，既有甲骨文爲之證明，則史記載夏代桀以前事，雖此時尚無同樣直接之史料爲之作證，而史記之非嚮壁虛造，則不證自明矣。（尚書堯典說禹與契同在虞廷，史記五帝本紀說夏、殷同出黃帝，史記本紀年、世次，乾燥無味，未必亦出後人之僞造。史記此等說法可出後人僞造。然史記載夏、殷歷世帝王名字、世次，乾燥無味，未必亦出後人之僞造。史記可以有漏脫，有譌誤（例如前舉），而大體則可信。此即前節所辨，「傳說」有來歷，與憑空假造不同也。）

至成湯以下之世系大略，史記與卜辭亦可相證。

繼王氏研治殷墟甲文以證論古史者有郭沫若氏。郭氏疑王氏之考證不可信，其說有三：一謂自盤庚遷殷至紂，殷本紀凡八世十二君，而竹書言有七百七十三年，推算不合。二謂卜辭中有多數人名疑如帝王，如祖丙、祖戊、小丁、小癸等，均爲殷本紀所無。三謂盤庚以下世系年數既可疑，以前更不敢遽信。此三點中，最要在第一點。史記

見郭氏中國古代社會研究。

國史大綱

一二二

殷本紀集解引竹書紀年云：「湯滅夏至受四百九十六年。」惟又一條則云：「自盤庚至紂七百七十三年。」此兩條自相矛盾，知其中必有誤字。（朱右曾竹書紀年存真，徑自改盤庚至受爲「二百七十三年」，並無根據，而殊近情理。）郭氏據此一條（有誤字的）而推翻王氏之證論，實嫌論據不充分。第二點則根據第一點而來，王氏於此已有解說。謂殷人王位兄終弟及，故諸兄弟雖早世未踐君位，而祭時亦與君同祀，其推想殊近情理。第三點又根據第一、第二點而來，前兩項既有解答，第三疑自難成立。據此史記載殷代帝王世系實大致可信，即無從推翻夏代的，謂是全不可信也。除非有相反的確證發見。

二　殷人居地之推測

殷人居地，大率似在東方。自湯以前，大體皆在今河南省大河南岸商邱（所謂「宋」。）之附近。

帝嚳居亳，（史記五帝本紀集解引皇覽：「帝嚳冢在東郡濮陽頓邱城南亳陰野中。」）與湯居之亳，（漢書地理志臣瓚注：「山陽郡薄縣，湯所都。」）均即宋地。契居蕃，（見世本。）即漢書地理志之魯國蕃縣。史記殷本紀謂「契封於商」，則宋國商邱也。（邱，商虛也。）契居邱，即商墟也。相土居商邱，顓頊之虛，又謂帝邱，即春秋之衞。左傳（定公四年）祝鮀曰：「取於相土之東都，以會王之東蒐」是也。舊說湯以前八遷，大率皆東方地（史記六國表謂「湯起亳，在西方」，後頗有主之者。緯書）

（商頌正義引雒予命，又藝文類聚引尙書中候。）有「天乙」卽（湯）在亳，東觀於洛。」之說。然緯書後起不可信。鄭玄云：「契封商，在太華之陽。」（卽戰國之商於地，今陝西商縣。）然古本竹書紀年謂：「秦封衛鞅於鄔，改名曰商。」（水經濁漳水引。）則陝西商地，其名後起。孟子：「伊尹耕於有莘之野。」東方宋地亦有莘。然則謂殷起西方，惟史記一說，孤證難立。

至河亶甲居相，祖乙遷耿，乃至大河之北岸。

亶甲城在安陽縣西北五里洹水南岸，帝王世紀。又呂覽音初篇：「殷整甲徙宅西河。」此西河在衛地，整甲卽亶甲也。亦在河北，今河南省溫縣東二十里。史言紂「廣沙丘苑臺」，沙丘、邢丘，是自河亶甲、祖乙、盤自是殷人始北遷。耿

至盤庚徙殷， 卽漢書項羽傳所謂「洹水南殷墟」，今甲骨出土地也。史記則謂：盤庚重遷河南，居亳，至武乙始遷殷。此據竹書紀年。 **至紂更不遷都。** 盤庚至帝辛，七世十二帝，此一期大率當過二百年。

自湯至盤庚，十世十八帝。自盤庚至帝辛，七世十二帝，此一期大率當過二百年。故至商紂時，商邑日大，南距朝歌，北據邯鄲及沙丘，皆爲離宮別館。此據竹書紀年。聚衆百萬，左飲淇水竭，右飲洹水不流，此據戰國策。國策。其盛況可想。

古代黃河自河南東部卽折而北向，經今之漳河流域而至今河北之滄州境入海。商民族則正居此河南、山東、河北三省相交黃河下游一隅之四圍，恰與夏民族之居於河南、陝西、

山西三省相交黃河上游一隈之四圍者東西遙遙相對。春秋伯陽父曰：「昔伊、洛竭而夏亡，河竭而商亡。」見夏、商根據地之東西相對峙。大

抵下游低地，氣候土壤均較惡，生活文化較低，而居民較強武，勝於軍事與政治方面之團結。上流

高地，氣候土壤均較佳，生活文化較優，而居民較文弱，亦易陷於奢侈淫佚。夏

人勢力逐次東移，漸漸往下，征服下游居民，而漸漸習染其驕侈淫佚之習氣，如太康之游敗

人自商湯滅夏，漸次形成規模較更像樣之國家，至周人則又起於西方，

仍循夏人形勢，東侵征服殷人，而漸次移殖於大河下流一帶之平原。如此則黃河上下游

於是下游民族，乘機顛覆此統治者而別自建立新王朝。同為漢民族之兩支，則夏、商以前中國

之荒淫皆是。殷人自商湯滅夏，如后羿、寒浞與商湯皆是。夏、商既忘歸，以及夏桀

民族最先居地應何在，此亦難詳論。

相互縛結而造成中國古代更完備、更像樣之王國，是為周代。

漢人傳說「夏尚忠，商尚鬼，周尚文」，此論三代文化特點，雖屬想像之說，然以古人言

古史，畢竟有幾分依據。大抵尚忠、尚文，全是就政治、社會實際事務方面言之，所謂

「忠信為質而文之以禮樂」，周人之「文」，只就夏人之「忠」加上一些禮樂文飾，為歷史

文化演進應有之步驟。其實西方兩民族皆是一種尚力行的民族，其風格精神頗相近似。

商人尚「鬼」，則近於宗教玄想，與夏、周兩族之崇重實際者迥異。故虞書言禹為司空治

水，棄后稷司稼穡，而契為司徒主教化。禹、稷皆象徵一種刻苦篤實力行的人物，而商

人之祖先獨務於教育者，仍見其為東方平原一個文化優美耽於理想的民族之事業也。厥

後至春秋、戰國時，宋人猶每有不顧事實騖於理想者。惟孔子以宋人而祖世居魯，一面

抱有偉大高遠之理想，而一面又深受周文化之陶冶，極慕周公以來之政制，切於實際，

可見之於行事，遂成中國古代集文化思想大成之聖人焉。

> 又按：中國古代文化孕育於北溫帶黃河兩岸之大平原，以農業為主要之生活，因此其文化特別具有「著實」與「團結」與「和平」之三要素，不如印度之耽於玄想，亦不如波斯、希臘、羅馬之趨於「流動」與「鬥爭」與「分裂」。吾人若一遊西安、洛陽、安陽、商邱以及濟南、曲阜諸平野，溯大河，歷廣土，茫茫乎，蒼蒼乎，徘徊俯仰之間，必能想像我民族先民偉大創基之精神於依稀彷彿中也。

三　殷人文化之推測

根據殷墟甲骨文字，知商代耕稼、種植、牧畜、建造，關於人類生事各方面之文化程度，已頗像樣。

關於耕稼方面，甲文中有田、疇、禾、穡、黍、粟、來、麥等字，又有酒、鬯等字，祭鬯至百卣，見其時釀酒之盛。種樹方面，有囿、果、樹、桑、栗、絲、帛等字，知其時已有養蠶業。牧畜方面，有馬、牛、羊、犬、豕、豚、雞、豗等，家畜、家禽之名稱極夥，知其時畜事亦甚盛。建造方面，有宮、室、宅、家、舟、車等字，知其時家屋建築與交

通工具皆已相當進展。卜辭中行獵次數特多，此因卜、獵本屬相關，同爲屬於祭祀下之一種典禮。古代貴族以行獵爲典禮，亦即以爲娛樂，此直到春秋乃至西漢仍然。不能據此謂其時「正從漁獵初進爲農耕」。卜文小不及黍米，甲骨至堅，契刀必極鋒利，則其時鍊金術必已經相當之演進，不能說商代「正在從石器進至金器」。

至謂商代方在一「母系中心的氏族社會」，此據商代帝王「兄終弟及」之制度以推論漢中葉之社會文化？「木耕手耨」之事，豈可據此源於此種社會，不能便謂仍是此種社會也。且商代三十一帝十七世，直接傳子者亦十一、二、三，幾佔半數。春秋時吳通上國，其王位繼承亦仍是兄終弟及，豈得謂其亦爲母系中心時代？又如以卜辭有「諸父」、「諸母」之稱，而認其時爲羣婚制，則此種稱呼至春秋猶然，豈得謂春秋亦羣婚時代乎？

又謂其乃一「原始共產制的氏族社會」云云，更屬無據臆測。至其時尚有用石器者，則自屬事實。鹽鐵論載漢武帝以後有此皆郭氏中國古代社會研究一書中語。只就商代所表現於政治規模之進步論之，即知此種說法之無稽也。

根據商代傳世鐘鼎彝器之多與精，更見其時文化程度之高。

據殷文存一書所收殷器銘文在七百種以上，惟一因有周器濫入，二因有器、蓋不分，恐無此數。要之已甚爲可觀。

若以殷代文化與周初相較，則頗見其有一脈相承之迹。

周代銅器款識，與殷墟文字同出一原，一也。殷墟有骨笄、骨梳，知商人已有束髮之俗，

二也。甲骨文及銅器中畫人坐作卩形，則席地乃殷、周同俗，三也。尊、罍、瓢、爵、

鼎、鬲諸器，殷、周皆同其形制，四也。兵器戈、矛、弓、矢、刀等，甲文與銅器無殊。

殷墟所得弓、矛亦與周器大同，五也。周代冊字，甲文作冊冊等，同有編簡之制，六也。

殷、周同用貝為貨幣，「貝」字常見於甲文及銅器中，七也。

蓋古代此黃河東、西兩隈之交通，早已殷繁，故於商人中亦時見舜、禹故事之流傳。夏、

殷兩代文化已見交融，更何論於後起之殷、周。

四　殷周關係

周人滅殷前，兩國在政治上早已發生關係，並非為不相聞問之兩個民族。謂殷、周之先本無關係者，乃崔述豐鎬考信錄說。

據傳說，周王季曾命為殷牧師，後漢西羌傳注引竹書紀年。其後文丁殺季歷。呂覽首時、晉書束晢傳、劉知幾史通疑古、雜說兩篇。西伯

與九侯、文王世子：「西方有九國焉。」禮記明堂位作「鬼侯」。詩：「我征徂西，至於艽野。」鬼方正在西方也。鄂侯史記晉世家集解引世本：「叔虞居鄂。」即大夏。左隱六年：「翼嘉父逆

晉侯於隨，納諸鄂。」此在晉南。三公皆在殷西。又為紂三公，而西伯見囚於羑里。左傳襄二十一年、趙策、韓非子、尚書大傳、史記、褚先生補史記龜策列傳等書。則

殷、周關係已夙有之。或武乙之暴雷震死於河、渭之間，殆如周昭王之南征而不復也。據此則殷之忌周已甚，而周之蓄志覊商亦已久矣。文王死未葬，武王奉文王木主以伐紂，蓋以乘紂之不備。及周人得志，並其先世事皆諱之，若伐紂盡出弔民伐罪之公，並無一毫私意存於其間。此猶滿清初以告天七大恨興師叛明，及入關後亦諱不復道也。

而且殷、周之關係，已顯如後代中央共主與四方侯國之關係。

此證之周人之自述。詩大雅：「摯仲氏任，自彼殷商，來嫁於周，曰嬪于京。乃及王季，維德之行。」此見王季時與殷畿諸侯通婚姻也。尚書召誥語召公稱「大國殷」，多士語周公稱「天邑商」，大誥語成王稱「小邦周」，顧命語康王稱「大邦殷」。此皆周人已滅商後之文告。可見以前殷、周國際上地位名分確有尊卑，決非敵體之國，為並世所共認，故周人亦不能自諱也。

更據周人所稱述，知當時之殷、周，乃略如以前之夏、商、夏、商、周三代之觀念，起源甚早。

召誥云：「皇天上帝，改厥元子，茲大國殷之命，惟王受命。相古先民有夏，今時既墜厥命。今相有殷，今時既墜厥命。今王嗣受厥命，我亦惟茲二國命。」

在夏時已有所謂中央共主與四方侯國之國際關係，此種政治上名分之成立與維持，爲考論中國古史文化演進一極端重要之問題，不可忽視。及至

殷末周初，此等共主與侯國之政治演進至少已有七、八百年以上之歷史。而且殷在安陽，若以安陽爲中心，安陽至豐、鎬之距離爲半徑，畫一圓周，約略可以想像殷王室政治勢力圈之大概。今殷墟發掘所得海濱居民之器物甚多，知殷人與東方海岸之關係，必甚密

周在豐鎬，相去千里外，政治上能有此名分上之維繫與分別，只據此點，即可推想當時切。商亡，有箕子避至朝鮮之傳說，或殷王室勢力本自及於朝鮮半島也。

一般文化之程度。實則此層與上論史記列載夏、殷帝王名字世次一節，只是一事之兩面。自禹、啓以來，中國古史上已有中央共主傳世相承千年之久，雖王朝有夏、商之別，政治演進，則仍是一脈相沿。治古史者每忽略此點，好將中國古代文化壓低，好將古代年歷縮短，遂至周代有突飛猛進，不知其所從來之感。

第三章　封建帝國之創興　西周興亡

周人起於西方。

此所謂西方，亦比較而言。文王處岐，卽在畢程岐周，當咸陽之東北數里而遙。則所謂太王去邠，蹊梁山邑於岐山之下者，卽文王之岐。後世又謂岐豐之地。周人祖先之活動區域，亦在大河西部一隈之四圍，稍後乃誤以鳳翔岐山說之。<small>所謂周平王賜秦襄公以岐西之地者，此岐自決不在鳳翔。竊疑邠在山西汾城，蹊梁山乃西避，非東遷。</small>

較之夏、商似爲後起。

史記言周文王以前世系，不如殷商之詳。惟周語太子晉謂：「自后稷始基，十五王而文始平之。」衞彪傒謂：「后稷勤周，十有五世而興。」皆與史記合。今自文王上推十五世，僅與商湯略同時，則史記謂周先后稷子不窋適當夏后氏政衰者近是，謂后稷在陶唐、虞、夏之際則非矣。似周乃文化後起之族，而強上推其先世至虞代以與夏、商並比耳。<small>又據史記周本</small>

紀所引太誓及逸周書世俘解諸篇觀之，知其時殷王室已極奢靡淫佚，而周人則似有文化初啓，尚不遠邊鄙獷野剛果之風。

武王滅殷，把黃河東、西兩部更緊密的結合起來，造成中國古史上更燦爛、更偉大的王朝，是為西周。

一　西周帝系及年歷

西周史有詩、書可徵，史料較殷更備。然史記尚不詳其年歷，其帝王世次如下：

一　武王
滅殷。

二　成王
周公攝政，東征誅武庚。

三　康王
西周全盛期。

四　昭王
南征沒於漢。周中衰。

五　穆王
征犬戎。遠遊。周室復振。

西周十一世十二君，其年歷大約不出三百年。

史記十二諸侯年表自共和元年起，迄幽王末共七十一年，以上周年無考。然魯世家載魯諸君年自伯禽以下迄共和前一年，共一百五十七年，惟缺伯禽一代。若以劉歆三統曆伯禽四十六年補之，共二百七十四年。自周開國至伯禽封魯尚有十許年，故知西周不出三百年也。

二　周初之封建

西周三百年歷史，最重要者爲封建政體之創興。

周人封建，亦由當時形勢之實際需要逐步逼椏而成，同時亦是周民族對於政治組織富於一種偉大氣魄之表見。

王國維殷周制度論 觀堂集 林。 謂：「殷人兄終弟及，周人父子相傳，封建制從父子相傳制來。」此說頗嫌看史事太鬆弛，不見力量，只把天下依著家庭的私關係隨宜分割，無當於周初建國之嚴重局勢。只是一種隔絕史實之空想而已。且殷人自庚丁後已五世傳子， 殷 本紀、三代世 表、古今人表皆同。 亦可是五世單丁無兄弟，然亦可不傳弟而傳子。史文缺佚，已難詳論。惟史記殷本 紀謂：「帝乙長子曰微子啓，啓母賤，不得嗣。少子辛母爲正后，得嗣。」則其君位 傳襲之法，已開周人先聲矣。 未知何故。

至周初君位，頗有立賢之迹象，或以便於爭強而然。如太王捨太伯、虞仲而立王季，爲第一次立賢。文王長子伯邑考，次子發， 卽武 王。 捨伯邑考而立武王，爲第二次立賢。 伯邑考果係先卒與否不可知。周人乃一種極長於 實際政治上爭強之民族，大有捨長立賢之可能。

武王滅紂以後，並不能將殷人勢力徹底剷除，因此仍封紂子祿父 卽武 庚。 於殷， 孟子謂：「殷自武 丁以來，賢聖之君 六、七作，尺士莫非其有，一民莫非其臣」，可見殷代政治勢力之韌固。盤庚至紂二百餘年，王朝系統相承，其政治成績必有可觀也。 同時則設立三監， 管叔、 叔、蔡叔。 霍 以監督武庚

之近旁。

武王行二，次管叔鮮，_{行三。}次周公旦，_{行四。}次蔡叔度，_{行五。}又次霍叔處，_{行八。}次康叔封。_{行九。}武王封管、蔡而周公不預，以諸弟中周公最賢，武王引之助治國政，統籌大局，故不出封在外也。_{史記魯世家：「周公不就封，留佐武王。」}

其他如魯、燕、齊諸國，始封皆在成周之南。

今河南有魯山縣。詩閟宮：「居常與許，復周公之宇。」許、鄭密邇，亦在河南。「燕」字本作「郾」，今河南有郾縣，與召陵密邇，當是召公初封之地。齊為周之外戚，國語：「齊、許、申、呂由大姜」，許、申、呂三國皆在今河南境，則齊之初封，亦應與三國近。或本即是呂，故太公稱呂望，丁公稱呂伋，_{顧命。}後乃分封於齊。

此乃西周第一期之封建。

大概周人勢力，逐步東侵，分為兩線，由豐、鎬向東南經營漢水上流，漸及淮域，此文王已開其基。_{故曰文王「三分天下有其二」，攘虜批兄，未能直犯殷邦，乃先南下。}由豐、鎬向東北，經營河、洛，及於殷商，則為

武王之新猷。周初封建，即爲此兩線展擴之初步成績也。封禪書。又禮記文王世子云：「文王九十七而終，武王九十三而終。」武王崩於文王崩後五年，豈文王十齡生武王耶？此決不可信。大抵武王年壽並不甚高。

武王克殷二年，天下未寧而崩。**此乃周初一個最嚴重的局面。不得已乃有周公之攝政。**

若傳子，則成王尚幼，不足支此危局。若傳弟，先應及管叔，周公知管叔亦不足膺此重任。若傳賢，自屬周公，周書度邑：「武王謂周公曰：『乃今我兄弟相及。』」則武王固有意傳周公。已乃奉孺子王而攝政。書大誥：「王若曰」，鄭玄云：「周公居攝，命大事則權稱王。」

管叔不瞭解周公之苦心，武庚乘機煽惑，三監轉聯殷同畔。此見當時王位繼承法尚未明定，管叔本非決不可立，疑周公奉成王而攝政，乃謀自取之也。然周公居中主政，嫌於自取，不以排管叔而終謀自取之也。

當時東方整個舊殷王朝的勢力，一時俱起。

計有三監、殷、奄、即以後之魯。熊盈族，國。凡十七淮夷、在淮北。徐戎。在魯東薛。

周公親自東征，殺管叔。定亂，乃重定封國。

一、魯　周公子伯禽伐淮夷、徐戎，遂封於魯。今山東之曲阜，得殷民六族。伯禽既能專師主討伐，知成王亦不甚幼弱。周公慮其不能應付當時危

二、齊　封太公子丁公於齊。自有魯、齊之新封，周人勢力始越殷而東達海濱。

三、衞　封康叔於衞，得殷民七族。自此殷朝自盤庚以來歷八世十二君垂三百年之河北根據地，始拱手而讓之周人之治下。

四、宋　封微子啟於宋。周人尙不能完全宰制殷遺，乃封其王族之賢者於自湯以來之故土，仍表示周人之無意於滅殷族也。

五、晉　封唐叔於夏墟，此爲溝通周人自大河北岸直通殷墟(卽新衞。之要道。

六、蔡　封蔡仲於蔡，此爲周人經營南國之極東點。自此北繞而與魯、齊相呼應，以及於衞、晉，而宋人自在大包圍中。

七、東都　周公又營洛邑爲東都。置殷頑民焉。(殷遺民大部瓜分，卽魯、衞、宋、洛邑是也。鎭攝東方，而與新封諸邦相聯絡。

此可謂周人的第二次封建。魯、齊諸國皆伸展東移，(其時燕亦移於河北，大約在齊、魏之間。周人從東北、東南張其兩長臂，抱殷宋於肘掖間，這是西周的一個立國形勢，而封建大業卽於此完成。(夏、殷之際，雖已有共主、諸侯之名分，

譬如一橢圓之兩極端，洛邑與宋則是其兩中心。鎬京與魯曲阜，

然尚不能有如此強有力的建國形勢，故曰封建制度起於周代，實乃中國古史上一重要之進展也。史記三代世表謂：「自殷以前諸侯不可得而譜，周以來乃頗可著。」亦因殷以前所謂諸侯，大體僅爲部族，不能如周室封建各國之文化規模耳。

左僖二十四年載富辰之言曰：「昔周公弔二叔之不咸，故封建親戚以蕃屏周。管、今河南鄭縣。蔡、今河南上蔡。後遷新蔡。又遷州來，今安徽壽縣。郕、山東汶上縣。霍、山西霍縣。魯、山東曲阜。衛、河南淇縣。後遷楚邱，今河南。又遷帝丘，今河南濮陽。毛、河南宜陽。聃、湖北荊門。郜、武，山東城武。雍、河南修武。曹、山東定陶。滕、山東滕縣。畢、陝西咸陽。原、河南濟源。酆、陝西鄠縣。郇，山西臨晉。文之昭也。邘、河南懷慶。晉、山西翼城。後遷曲沃，今山西聞喜。又徙絳，今曲沃。應、河南寶陽。韓、陝西韓城。武之穆也。凡、河南輝縣。蔣、始，河南固始。邢、儀，河北邢臺。後遷夷儀，今山東聊城。茅、山東金鄉。胙、河南汲縣。祭、河南鄭縣。周公之胤也。」

又左昭二十八年載成鱄之言曰：「武王克商，光有天下，其兄弟之國者十有五人，姬姓之國者四十人。」

左昭二十六年謂：「武王克殷，成王靖四方，康王息民，並建母弟，以蕃屏周。」又昭九年亦云：「武王、成、康之建母弟。」

荀子儒效則曰：「周公兼制天下，立七十一國，姬姓獨居五十三人。」此周初封建發展之大勢，其詳則不可得而說矣。

周公攝政七年，而始歸政於成王，非成王至是始長，大局至是始定也。乃於是周人傳子之制亦因而確定。王氏謂因先有傳子之制而始封建，未窺周人政治上之偉大能力所在也。

三　西周勢力之繼續東展

西周的封建，乃是一種侵略性的武裝移民與軍事佔領，與後世統一政府只以封建制爲一種政區與政權之分割者絕然不同。因此在封建制度的後面，需要一種不斷的武力貫徹。

此種形勢，正如近代國家海外殖民，亦需有不斷的一種力量貫徹連繫其間也。若此種力量一旦消失，則全體瓦解矣。

此種形勢須由國力來支撐。不斷用力支撐此種形勢，而求其強韌與擴大，即所謂「立國之形勢」。此種形勢，即所謂「立國規模」。一個國家知有此形勢與規模而繼續不懈，此爲國家之「自覺」。待立國之形勢。相當於此種形勢之各項措施，即所謂「立國精神」與「立國理想」。相當於此種形勢之各項措施，即所謂「立國精神」與「立國理想」。

周人立國，是一個坐西朝東的形勢。任何一個國家，必有其此國家理想消失，精神懈靡，陷於不自覺之睡眠狀態，則規模漸壞，形勢日非，而國遂不國。

其國力的移動，大勢可分兩道。

第一道由陝西出潼關，向河、洛，達東都，經營黃河下流。此武王伐殷、周公東征之一線。

第二道由陝西出武關，向江、漢，經營南陽、南郡一帶，以及淮域。此文王化行南國之一線。

昭王南征不復，是周人勢力東展在第二線上之挫折。

穆王西征，是周人勢力東展在第一線上之擴大。

穆王西征之傳說，據穆天子傳所載，係自洛邑渡漳水，絕太行，井陘。循漳沱，北征犬戎，鈃山，即鈃陘。依然爲第一線之繼續伸展。其循而西行，恐不出陝西西北部，至遠及於甘肅。秦、漢以後，中國一統，立國形勢大變，以前之向外發展，至是變成只在腹裏活動，與當時人之想像不合，故說古史者無意間都將地理方向倒了。一說到穆王西征，則想像其直去西域新疆。雖與古史真相不合，亦見當時人自有其很深的國家理想與國家精神。

宣王中興，其力征經營者，依然是此兩路。

詩江漢，召穆公平淮夷也。詩常武，尹吉甫征徐戎也。此乃宣王之南征，循上述第二線。

詩出車，南仲城朔方，伐玁狁、西戎。詩六月，尹吉甫伐玁狁至太原。朔方、太原，大體均在今山西省南部黃河北岸。「方」，疑卽「舜陟方乃死」之方山，近安邑。太原者，春秋昭元年：「晉荀吳敗狄於太原。」正指今解縣鹽池，則方與太原近在一地。公羊云：「此大鹵也。」穀梁云：「中國曰太原，夷狄曰大鹵。」虢季子白盤記伐玁狁事，亦云「用政綠方」，禹貢

叔征蠻荊也。此詩之蠻荊，疑卽指玁狁，非後世楚地荊州之蠻。又曰「導汧及岐，至於荊山，逾於河」，此荊山在陝西不在湖北。亦云「方叔征蠻荊，亦當在陝西、山西，不在湖北、山西也。此乃宣王之北征，循上述第一線。

周人勢力不斷向此兩路線展擴，而周人之封建事業亦遂不斷推進。

詩江漢，召虎徹疆土，錫山土田；詩崧高，封申伯邑於謝；詩烝民，封仲山甫於東方。

據此諸詩，見西周封建工作，至宣王時，尚不斷在進展中。蓋封建卽是周人之一種建國工作，不斷向東方各重要地點武裝移民，武裝墾殖，而周代的國家亦不斷的擴大與充實。

相應於周人此種軍事政治之推進者，則尚有其「宗法制度」。必三者並觀，乃可以明瞭當時之所謂「封建」。

四　幽王見殺與平王東遷

西周三百年來之力征經營，其面向常對東南，不對西北，**幽王遭犬戎之**（因其時周人之敵，多在東南，不在西北也。）**難，見殺於驪山下，似犬戎居地亦在周之東南**（或偏近西南，而非西北。）。

左傳昭公四年：「周幽為太室之盟，戎狄叛之。」此等戎狄正近在河南省西南太室山一帶，證一。犬戎由申侯召來，申在南陽宛縣，（漢書地理志。）今河南南陽（城北二十里。）有申城故址。宣王時申遷於謝，在今南陽稍南。大率其國在周東南千數百里。如犬戎在周西北，相距遼遠，申侯何緣越周附戎，戎亦何緣越周合申，形勢不合，證二。據鄭語，當時申、西戎、繪相結。左傳：（哀公四年。）「楚人致方城之外於繪關。」則繪近方城，與申接壤，證三。幽王與申、繪、西戎之聯軍遇於驪山，（故驪戎國。證戎不在周之外而在內。此內外本是後人見解也。）其地在周鎬京與申、繪之間，證四。（鄭語，史伯之告鄭桓公曰：「四方之國，非王母弟甥舅，則夷狄。」亦華戎雜處，幽王前已然之證。）

幽王既死，周室遂分裂。

竹書紀年：（見左傳昭公二十六年疏引。）「申侯、魯侯、許文公立平王於申，虢公翰立王子余臣於攜。周二王並立。二十一年，攜王為晉文侯所殺。」此事史記失載。新唐書大衍曆議謂：「豐、岐、驪、

攜，皆鶉首之分，雍州之地。」是攜乃岐、豐相近之地名。號公立攜王，實爲主持正義。許

與申爲同姓，故助平王。又今本紀年，同立平王者尚有鄭。鄭桓公爲周司徒，見周將亂，早

謀東遷。鄭武公娶申侯女，爲夫人，曰武姜，<small>即鄭莊公之母。</small>故鄭、申亦同謀。<small>鄭桓公死於驪山之難，而武公遂與申同護</small>

平王東遷也。魯乃周室東方封建最親、最主要之國家，故申、許、鄭三國乃假託其名義。<small>觀於平王東遷後，魯國採取</small>

不理態度，知以前決不主張立平王也。晉文侯覘覦黃河西岸之土地，乃起兵殺攜王，而

無力索還故土，立於申乃暫局，於是東遷洛邑。<small>史記不知其間曲折，謂平王避犬戎東遷。犬戎助平王殺父，乃友非敵，不必避也。又按：史公言幽王寵褒姒，褒姒不好</small>

笑，幽王舉烽，諸侯悉至，至而無寇，褒姒乃大笑；幽王爲之數舉烽，及犬戎至，舉烽，諸侯救不至，遂殺幽王。此委巷小人之談。諸侯兵不能見烽同至，至而聞無寇，亦必休兵信宿而去，此有何可笑？舉烽傳警，乃漢人備匈奴事耳。驪山之役，

由幽王舉兵討申，更不需舉烽。史公對此番事變，大段已不甚了了也。

鄭武公則藉此幷虢自大，故曰：「周之東遷，晉、鄭焉依。」<small>左傳隱公六年。</small>

秦人亦乘機侵佔岐西地，與晉連壤通好。此乃西周東遷時西方一部分諸侯情勢之大概。

及平王東遷，以弒父嫌疑，不爲正義所歸附，而周室爲天下共主之威信亦掃地以盡，此下

遂成春秋之霸局。

平王宜臼乃申侯甥，申侯爲其甥爭王位，故聯犬戎殺幽王。凡擁護平王諸國，如許、申、

鄭、晉、秦、犬戎等，皆別有野心，形成一非正義之集團，爲東方諸侯所不齒。因此周

室東遷後，政令亦驟然解體。

第二編

春秋戰國之部

第四章　霸政時期 春秋
始末

西周末葉，中國已有明確可據的編年歷史記載。

史記三代世表：「孔子因史文，次春秋，紀元年，正時月日，蓋其詳哉。至於序尚書，則略，無年月；或頗有，然多闕，不可錄。故疑則傳疑，蓋其慎也。」今按：春秋託始魯隱公元年，實周平王四十九年，而史記三代世表則始於西周共和元年，相距百十有九年。史公既極稱孔子傳疑之慎，則史公記年自必有所本。故知中國古史紀年，至遲造始於西周末葉，必已明確可依據也。惟不得據此謂西周共和以前必無明確年歲。如史記魯世家載伯禽以下諸君年數是也。豈有魯室已有諸君年歲之記載，而周天子王家顧無之？蓋因史文散佚，史公未之見。史公既師孔子之慎，故遂不之論耳。

孔子作春秋，則爲中國第一部完整的編年史，後世即名此時期爲「春秋時期」。

一 春秋年歷及分期

春秋時期可以說是東周史之第一段落。此段落約占三百年。

春秋自魯隱公元年迄魯哀公十四年，凡二百四十二年。左傳記載史事較春秋為明備，又下續至哀公二十七年終，凡二百五十五年。若自周平王東遷一并計入，共三百零三年。

此三百年的歷史，可以稱為「霸政時期」的歷史，仍可本此分三段落：

一、霸前時期　　迄魯莊公八年，_{翌年齊桓}_{公立。}凡八十五年。

二、霸政時期　　自魯莊公九年_{齊桓公}_{元年。}起，迄魯襄公十五年，_{晉悼公}_{卒。}凡一百二十八年。

三、霸政衰微時期_{即大夫執}_{政期。}　　凡九十年。

春秋時期周室帝系表

一三 平王（五一）
平王四十九年，（即魯隱公元年）春秋始。

一四 桓王（二三）
十一年齊桓公立。

一五 莊王（一五）

一六 僖王（五）

一七 惠王（二五）
二十一年，齊桓公盟楚屈完於召陵。

一八 襄王（三三）
九年，齊桓公卒。十四年，楚敗宋襄公於泓。二十年，晉文公敗楚於城濮。

一九 頃王（六）

二〇 匡王（六）

二一 定王（二一）
十年，楚莊王敗晉於邲。

二二 簡王（一四）
十一年，晉厲公敗楚於鄢陵。

二三 靈王（二七）
十四年，晉悼公卒。二十六年，諸侯盟於宋弭兵。

二四 景王（二五）

二五 悼王（一）

二六 敬王（四四）
十四年，吳入郢。三十八年，吳會諸侯於黃池。三十九年（即魯哀公十四年），春秋終。

二七 元王（七）
三年，越滅吳。

二八 貞定王（二八）
元年（即魯哀公二十七年），左傳終。以下為戰國。

二　霸前時期之形勢

周室東遷，引起的第一個現象，是共主衰微，王命不行。

王命不行下引起的第一個現象，則爲列國內亂。

平王崩，魯不奔喪。桓王二十餘年，五聘魯。鄭莊公射桓王中肩。（平王之東，與晉、鄭諸國相狼狽，惟至平王晚年，似有轉親號國之意。故左傳謂：「王貳於號，鄭伯（莊公）怨王，王曰：『無之。』周、鄭交質。」）故左傳謂：「王貳於號，鄭伯（莊公）專。」及平王卒，周人終用號公，與陳、蔡、號、衞伐鄭，爲鄭所敗。蓋王室既東，亦漸有意轉變其往日之地位與關係，而卒於不能自拔也。號於惠王二十二年爲晉所滅，申則於莊王時爲楚所滅，自是王室益不振。

魯爲周室所封東方最親、最有地位之諸侯，史記謂：「成王命魯得郊祭文王，有天子禮樂，以襃周公之德。」禮記明堂位則謂：「成王以周公有勳勞於天下，是以命魯公世世祀周公以天子之禮樂。」其說信否不可知，要之魯在東諸侯中，實居首領之地位，則可斷言之也。惟周室之東，魯即表示不擁戴之態度。此以平王得政，之來歷言之，亦不可爲非，惟魯、衞諸邦亦並不能對王室有所盡力匡正。而不久魯亦內亂，桓公以弒兄　隱公。　自立，鄭首先　承認。　於是列國篡亂相乘。宋華督弒殤公，年。　晉曲沃伯殺哀侯，三年。　陳公子佗殺太子免自立，五年。　曲沃伯又弒小子侯，七年。　鄭祭仲逐昭公立厲公，十一年。　復逐厲公納昭公，十五年。　衞逐惠公，十六年。　鄭高渠彌弒昭公，十七年。　齊襄公殺魯桓公，十八年。前後十九年之內，禍變迭起有如此。

王命不行下引起的第二個現象，則爲諸侯兼幷。

見於春秋國數凡五十餘。（見公羊疏。）若並見左傳者計之，有百七十國。其中百三十九國知其所居，三十一國亡其處。（此據晉書地理志。）然舉其大者，不過十餘。（史記十二諸侯年表爲魯、衞、齊、晉、楚、宋、鄭、秦、陳、蔡、曹、燕、吳。索隱：「篇言十二，實敍十三。」）據顧棟高春秋大事表所載，楚幷國四十二、晉十八、齊十一、魯九、宋八、其他不具舉。

又自列國內亂、諸侯兼幷下引起一現象，則爲戎狄橫行。

當時中國本爲一種華、夷雜處之局。

舊說東夷、南蠻、西戎、北狄，各遠居四裔，而諸夏在中原；此觀念殊不可恃。當時蓋爲一種華、夷雜處的局面。（如左文九年秋：「楚自東夷伐陳」，似東夷在陳、楚間。則九夷在南陽。陸渾蠻在伊、洛上源，故晉荀吳欲滅陸渾，先有事於三塗。哀四年夏，楚謀北方，襲梁，圍蠻氏。魏策：「楚破南陽九夷」。及戎盟於唐。（今山東魚臺縣）隱二年春，「公會戎於潛」；（今山東曹縣境）秋，「公及戎盟於唐」。上舉諸例皆可見。）

而此局面自始即然，亦並非自周王室東遷，四裔異族乃始交侵而入中國。（此觀上篇論周人封建眞相便知。）

蠻、夷、戎、狄亦非四種絕不同的民族，故蠻夷（楚武王自謂：「我蠻夷也。」）、夷狄（燕策有「北蠻戎」、「夷」。）、戎狄（管仲云：「戎狄，豺狼。」魏絳云：「戎狄荐居。」）、蠻戎（春秋有「戎蠻子」。）皆可兼稱。

諸夏與戎狄亦多種姓相同，如晉獻公娶大戎狐姬，（生重耳，即晉文公。）又娶小戎子，（生夷吾，即晉惠公。）又娶

驪戎女驪姬，則戎有姬姓，（左傳襄公十四年。）國語富辰曰：「盧有荊嬀」，（韋昭曰：「盧，嬀姓國。荊嬀，盧女，爲荊夫人。」）春秋稱盧戎，又有子姓。姜戎自稱四岳之後。（時人謂「同姓相婚，其生不蕃」，以晉文公爲異徵。又齊靈公有戎姬。楚滅之，爲盧邑。漢是置中盧縣，屬南郡。）

戎亦有嬀姓。左傳子魚曰：「任宿、須句、顓臾、風姓也，實司太皞與有濟之祀以服事諸夏。」則此諸族，當時亦目爲夷，不與諸夏伍。（趙襄子姊爲代（北狄）王夫人。狐犯爲晉文公外舅，其子狐毛、狐偃、偃子射姑，即賈季，晉亂仍奔狄。）

因此華、戎聯盟之事亦屢見。（齊桓三夫人，曰王姬、徐嬴、蔡姬。晉文公娶叔隗，以季隗嫁趙衰，生子盾。徐則當時目爲夷者，陸係北戎姓也。潞子嬰兒之夫人，乃晉景公姊。呂相謂：「白狄，我之婚姻。」）

華、夷通婚，尤爲習見。（周襄王娶狄后，已見前。晉文公娶戎女，已見前。殽之役，晉有姜戎。鄢陵之戰，楚有東夷。齊、衛、魯、鮮虞聯師伐晉。尤著者，則如申、繒、西戎聯師殺幽王。）

所謂諸夏與戎狄，其實只是文化生活上的一種界線，乃耕稼城郭諸邦與游牧部落之不同。

當時華、戎分異，自生活上言，則如姜戎氏又稱「言語不達」，（左襄十四年。）是也。自言語上言，則如姜戎氏云：「我諸戎飲食衣服不與華同」是也。（史記由余「其先晉人，亡入戎，能晉言」是也。）自禮服上言，則如平王東遷，辛有適伊川，見被髮而祭於野者，曰：「不及百年，此其戎乎？其禮先亡矣！」孔子曰：「微管仲，吾其被髮左衽矣！」是也。自戰事上言，則如鄭人與北戎戰，曰：「彼徒我車」是也。凡此諸別，言語一項似不重要。齊、楚南北方言即不同。至生活、禮服諸端，其重要關鍵，實在耕稼與游牧之別。故曰：「狄

之廣莫，於晉爲都。」左莊二十八年。又曰：「戎狄荇居，貴貨易土，土可賈。」左襄四年。國語謂「與之貨而易其土」。惟其爲耕稼的社會，故有城郭、宮室、宗廟、社稷、衣冠、禮樂、車馬、貨賄，此則爲諸夏。惟其爲游牧的社會，故無上述城郭、宮室諸文物，而飲食、衣服種種與諸夏異，而成其爲蠻夷戎狄。耕稼與游牧，只是一種經濟上、文化上之區別，故曰：諸夏用夷禮則夷之，如春秋僖二十七年杞桓公來朝，用夷禮，故曰「子」。杞乃禹後也。夷狄用諸夏禮則諸夏之。如楚自稱「蠻夷」，其後與於中原諸侯之會盟，蓋不復有以蠻夷視楚者。

西周封建，本爲一種耕稼民族之武裝拓殖。此已詳前篇。又樂記謂：「武王旣克殷，未及下車而封黃帝之後於薊，封帝堯之後於祝，帝舜之後於陳；下車而封夏后氏之後於杞，封殷之後於宋。」蓋耕稼城郭之國，本已先周而有。周人不能盡滅之，以與周之諸侯並存；而此諸邦亦力不敵周人，認爲共主，以天子禮奉事之。

除卻錯落散處的幾十個乃至百數十個。城郭耕稼區域以外，同時還存有不少游牧部族縱橫出沒，只不侵犯到城郭諸邦的封疆以內，雙方可以相安無事。現在則乘城郭諸邦之內外多事而來肆其侵擾。

舉其著者，如隱九年，北戎侵鄭。鄭伯曰：「彼徒我車。」是戎皆步卒。如舊說，北戎在無終，(今河北玉田西)不能遠侵及鄭；敗後亦將不獲仍返故居。此戎東侵齊、魯，南侵鄭，居地蓋略可推。桓六年，北戎伐齊。莊十八年，公追戎於濟西。(今三十年，山戎病燕。此當爲南燕，與宋、衞地相近，即在今黃河北岸。舊說謂在薊、(今河北北平)易，(今河北雄縣)亦非。(今三十一年，齊伐山戎。公羊傳：「齊侯來獻戎捷，旗獲而過我。」正義：「凡言『過』，謂道所經過。」齊伐山戎過

國史大綱

五三

魯，則此山戎不在齊北。三十二年，狄伐邢。_{閔元年，齊救邢。}閔二年，狄入衛，_{僖元年，邢遷夷儀，齊師、宋師、曹師城邢。二年，諸侯城楚邱，封衛。}其時狄勢正盛，又滅溫、伐齊、伐魯、伐鄭、伐晉，並蹂躪王室。自今山西迄河北、河南、山東諸省，皆其所出沒。蓋閔、僖之世狄最盛。

當時諸夏所最感威脅者，南方有抱帝國主義兼幷政策之楚國。

楚之先亦顓頊後，_{史記楚世家。}始起在漢水流域丹、淅二水入漢處，曰丹陽。_{依宋翔鳳過庭錄所考。}至楚武王始大，_{武王立在周平王三十一年。}自謂：「我蠻夷也。今諸侯皆爲叛，相侵，或相殺，我有敝甲，欲以觀中國之政。」於是，自號武王。漢陽諸姬，楚實盡之。地方千里，最爲當時強國。

北方有抱掠奪主義的山中之北戎。

此種戎狄，大部在黃河北岸太行山脈中，故曰山戎。其戰鬥皆徒步。又稱北戎者，據當時中原諸夏之稱呼。後人以見有「北」稱，遂謂必遠在北塞之外，此皆以後代眼光讀古史之誤也。

故云：「南夷與北狄交，中國不絕若線。」_{語見公羊傳。}

在此形勢下，產生齊桓、晉文之霸業。

三　齊桓晉文之霸業

霸者標義，大別有四。

一、尊王。　〈穀梁傳〉葵丘之盟，「壹明天子之禁」。當時霸者號令，即替代已衰之王權也。周王使宰孔賜齊侯胙，命「無下拜」，齊侯卒爲下拜。僖九年。管仲平戎於王，「王以上卿禮饗之，仲辭，受下卿之禮而還。」僖十二年。此皆當時齊桓、管仲竭力尊王之表示。

二、攘夷。

三、禁抑篡弒。　凡某國遇篡弒，同盟諸國互不承認，並出兵平亂，另立新君。葵丘盟辭：「毋易樹子，毋以妾爲妻，毋使婦人與國事」，皆爲此發。

四、裁制兼幷。　凡在同盟，互不侵犯，有爭端，請於盟主，公斷。某國遇外寇，同盟諸國出兵相救。葵丘盟辭：「毋壅泉，毋遏糴」，皆爲此發。

正為針對上列時代病之特效藥。

自周室東遷，西周封建一統之重心頓失，諸侯如綱解紐，內（篡弒。）外（奪。兼幷掠。）多事，亟亟不可終日。自有霸政，而封建殘喘再得苟延。霸政可以說是變相的封建中心。其事創始於齊，（其霸業之大者，為伐山戎、救燕、存邢衞、伐楚，盟於召陵，定襄公之位。）贊助於宋，而完成於晉。（其霸業之大者，為納襄王，殺王子帶、救宋、敗楚城濮、召周天子盟於踐土。）

齊桓會諸侯十五次，宋每次必預。其次為魯、鄭、陳三國，各得十次。又次為衞，得九次。又次為曹、許，各得七次。其間尤以齊、魯、衞、曹、鄭、宋六國，可謂諸夏之基本結合。此為諸夏結合之第一期，大率在東部與中部，乃黃河下流東部一帶及黃河中游南岸之結合也。晉自曲沃篡位，專務侵吞，（其實平王之東，晉已開始為兼幷之野心企圖。曲沃篡位，正從晉人向外作非義之兼幷所引起。）晉人不預。然晉國內部爭篡迭起，晉公子重耳逃亡在外，遍歷齊、宋、曹、衞、鄭諸國，南至楚，西至秦，而返國得位。其在外及見齊桓、宋襄，既熟知天下大勢，返國後乃一變晉國以前之態度，（晉滅同姓國極多，然皆在獻公前。）參加諸夏集團，而為齊、宋霸政之代興。自是霸業常在晉。（由襄、（禦秦、侵鄭、敗狄。）靈、成、景、（勝楚鄢陵。）而至悼，又復霸。平公立，與楚平，弭兵。）此為諸夏結合之第二期，東部、中部之外，又加入中北部，即黃河中游之北岸也。

齊在臨淄，（太公封營丘，六世徙薄姑，七世徙臨淄，地望皆近，即今山東臨淄縣也。）東負海，魚鹽蠶桑，已樹富強之基。惟西南適值魯、衞諸邦，爲姬姓主要國家，文化既較高，與齊關係亦密，齊於道義及勢力兩方，皆無法并吞。（齊孝公伐魯，魯使展喜犒師。曰：「魯人何恃？」曰：「恃先王之命。昔周公、太公股肱周室，夾輔成王，盟曰：『世世子孫，無相害。』特此不恐。」齊竟回師。柯之盟，曹沫劫桓公反魯侵地，桓公亦卒聽管仲諫許之。周天子以南陽賜晉，陽樊不服，圍之，或呼曰：「此誰非王之親姻，其俘之耶？」乃出其民。此可見當時諸夏間之關係。惟楚曰：『我蠻夷也』，坦白主兼并，到底因此失諸夏同情，不能心服，而楚之勢力亦終難北進。）

國內篡弒紛亂中得國，故轉而創建霸業。宋爲周室之賓，先朝勝國，其勢最孤，又處四戰之地，入春秋以來，內亂外患更迭相乘，無時或息，故贊助齊桓，獨出誠意。齊桓亦屬其太子孝公焉。惟宋國四圍，無可發展，其勢本弱，故謀霸不成，爲楚所敗。晉人自稱：「居深山之中，狄戎之與鄰」，滅國既多，國力已強，然重耳出奔，狄人勢力已瀰漫於晉之四周。（晉文公初居蒲，又從狄君田渭濱，是「奔狄」在晉西。在狄十二年，去狄，行過衞，是「去狄」在晉東。晉國不嘗在狄懷抱。）其所至如齊桓、宋襄，優禮有加者，皆有志搏結諸夏以成霸業者也。如衞、曹、鄭諸國，凡不禮於重耳者，皆目光短淺，惟力是從者也。楚既野心勃勃，秦亦刻意東伸。韓原之敗，秦始征晉河東。（左傳。）楚之圍宋，曹、衞、鄭諸國皆已折而入於楚矣。晉非圖霸，亦幾不能自全。（圖霸則可挾諸夏之力以抑楚、秦，而……）

惟齊桓僅能阻止狄勢不侵入大河之南岸。

孔子曰：「微管仲，吾其披髮左衽矣！」其時苟非諸夏之大團結，則狄患不可設想。管仲告桓公：「戎狄豺狼，不可厭也；諸夏親（吞狄自廣也。）

暉，不可棄也。」實爲當時一最重要之觀念，可以使歷史命運爲之轉變，故孔子力稱管仲之仁。

北岸自邢、衞淪陷，諸夏勢力竟難復興，而晉、狄鬥爭，遂爲當時一要事。

僖二十七年，晉人作三行以禦狄。（此在勝城濮後，以狄皆步卒，便於山險，故晉亦編練步軍也。）三十三年，狄伐晉，晉侯（惠公）。獲白狄子。（此在文公死之翌年，晉雖倖勝，而元帥先軫死之。）宣十一年，郤成子求成於衆狄，衆狄疾赤狄之役，遂服於晉。（據此狄人雖各分部落，系統，故得與諸夏抗衡。而亦戴共主，此下狄勢遂衰。）十五、六年，晉景公滅赤狄。（潞氏、甲氏及留吁。）成三年，伐廧咎如。自是上黨爲晉有。襄四年，晉悼公和諸戎。（魏絳謂：「戎狄荐居，貴貨易土。」可見其時戎狄尚是游牧，而其勢猶強，故絳曰：「戎狄事晉，四鄰震動。」）是後有肥、鮮虞、鼓、中山，皆爲晉所逐滅。（昭十二年晉伐鮮虞，圍鼓。二十二年，滅肥。又十五年，伐鮮虞，圍鼓。舊說謂是白狄，因前赤狄已滅，而推測言之。惟狄是否只分赤、白，殊無據。）此諸狄包赤狄之北，（樂平沾縣東有昔陽城，昔陽，鼓都。鉅鹿下曲陽縣西有肥纍城，今正定東。）在太行山東麓平地，且亦儼然漸趨於城郭耕稼化矣。晉既廓土於羣狄，其勢力日漸東伸，遂與齊接壤，而以前邢、衞故土淪沒於戎者，至是乃重歸諸夏之統治。

大體西自河、渭之間，東達太行山兩麓，黃河北岸，皆爲頑強之羣狄所出沒，其勢又時時越大河而南。諸夏得齊桓、晉文之霸政而稍稍抑其兇焰，實爲春秋時期華、戎交鬥一極劇烈之戰陣。

晉人所以能勝此廓清羣狄之重任者，一則因久爲諸夏盟主，（自文公至平公，凡八世。）多得貢賦，國力充盈。

參加聯盟諸國，在內可保持政府之安寧，亂臣賊子有所顧忌，不敢輕行篡弒。在外可保國際之平衡，相互間不得輕啓釁端，有事付之仲裁，以和平爲職志。是爲聯盟國應得之權利。其義務則如國際間之服役，一國有寇患，各國在霸主領導下會師戍守，或助城築，及共同作戰。每逢盟主出師，例得向同盟國乞師。平時則需對盟主納相當之貢幣。諸侯官受方物，諸侯官司各於齊受其方所當貢天子之物，齊桓責楚：「爾貢包茅不入」，即責其貢周天子以方物也。歸楚貢，楚伐之。」僖四年。僖十一年。 其後諸夏亦以貢幣輸盟主。晉文、襄之伯，乃「歲一聘，間歲一朝，再朝一會，再會一盟。」昭十三晉向語。黃人不始見於僖七年齊桓寧母之盟。「三歲而聘，五歲而朝，有事而會，不協而盟。」子太叔語。昭三年鄭其後朝、聘既數，而幣亦日重。晉范宣子爲政，子產寓書告以幣重。襄八年。平丘之會，子產爭貢賦多寡，自日中至於昏。昭十三年。魯之於晉，「職貢不乏，玩好時至，府無虛月。」襄二十九年女叔侯語。子產謂：「用幣必百輛，百輛必千人。」昭十年。此其大概也。

一則晉自獻公以來，卽不畜羣公子。獻公聽士蒍說，盡誅羣公子。在惠王八年。 故晉大夫多用異姓，得因材器使，較之魯、衞、齊、宋諸邦多用宗臣者爲優。

晉文公以下，諸卿位次屢有更易，故其臣各務於以事功顯。惟自屬公見弒以後，大夫漸

強，史記趙世家。平公後益甚。韓、趙、魏、范、中行、知氏稱「六卿」，皆非公室也。

一面北方的狄患逐次解除，一面南方的楚人亦逐漸覺悟，改變其以前極端的武力兼幷主義，即「我蠻夷也」的主義。亦可說是逐漸同化。而漸次要求加入諸夏之集團。

楚莊王滅陳縣之，以申叔時諫，乃復陳。既克鄭，亦退而與之平。既敗晉於邲，其圍宋，宋人告以「易子而食，析骸而爨」之實況，亦退師與盟而反。其時楚人意態已與前不同。

宋向戌提倡弭兵，晉、楚交懽，城郭諸邦的和平聯盟益形擴大。

此可謂諸夏結合之第三期，於東、中、北三部以外，又加入中南部，卽南方之中部，江、漢流域之楚國也。自有此弭兵之會，在襄二十七年。而諸夏得一相當時期之和平。宋自襄十二年楚公子貞侵宋。至定十五年，鄭罕達伐宋。凡六十五年。魯自襄二十五年齊崔杼伐北鄙。至定七年，齊侵魯。凡四十七年。曹自襄十七齊國夏伐西鄙。至定十二年，衞公孟彄伐曹。凡五十九年。鄭自襄二十六年楚子、蔡侯、衞侯伐鄭。至定六年，魯定公侵鄭。凡四十三年。均不被兵。衞自襄二十三年齊侯伐衞。至定七年，衞齊侵衞。凡四十五年。衞石買伐曹。至定十二年，衞公孟彄伐曹。

總觀當時霸政，有二大要義：

一則爲諸夏耕稼民族之城市聯盟，以抵抗北方游牧部落之侵略，因此得保持城市文化，使不致淪亡於游牧之蠻族。

二則諸夏和平結合以抵抗南方楚國國。^{西方秦} 帝國主義者之武力兼幷，因此得保持封建文化，使不致卽進爲郡縣的國家。

其大勢爲文化先進諸國逐次結合，而爲文化後進諸國逐次征服。

同時文化後進諸國，雖逐次征服先進諸國，而亦逐次爲先進諸國所同化。

其文化落伍諸部族，則逐次消滅，或逐次驅斥。^{此爲第一種 衝突之消解。}

在此進展中，諸夏結合之團體亦遂逐次擴大，爲中國逐次形成中央大一統郡縣國家之醞釀，而上古史亦逐次宣告結束。

自戰國秦孝公後，秦人又漸次加入諸夏團體，爲第五期；又加入西中部，卽河、渭流域是也。

^{第一、第二、第三期結合已於前言之，第四期則加入吳、越。吳、越本東南方小蠻夷，武力旣勝，轉慕文事，亦爭爲諸夏盟主，於東、中、南、北諸部外又加入東南部，卽長江下流是也。}

四　霸政衰微後之大夫執政

霸政衰微，變而爲大夫執政。大夫執政，一方面可說爲封建制度繼續推演所產出，一方面

亦可說是封建制度卻因此崩倒。

封建初期的國家，其先只限於一個城圈。

此即所謂「國」。國有三訓：周禮：「惟王建國」，「以佐王治邦國」，「大曰邦，小曰國」，是也。

齊語：「參其國而伍其鄙」，國指郊以內，鄙指郊以外，是也。又周禮小司徒：「稽國中及四郊、都鄙之夫家」，賈人：「國中一旬，郊二旬，野三旬」，城中曰國，是也。此三義可會為一義，即一國只限於一城是也。（魯頌閟宮：「錫之山川，土田附庸。」左定四年，衞祝佗謂：「分之土田陪敦。」召伯虎敦：「余考止公，僕墉土田。」附庸、陪敦、僕墉，乃一事。然則西周初封，惟周、召大國始許有附墉，即一國可以不止一城圈。）

因此當時的「中國」，其實大體只限於今豫、陝、鄂、皖、吳諸省，而猶非其全部。**可以有近二百國。**（春秋大事表并古國計，凡二百有九。）

其時列國人口極少，**曠地極多，**（閔公二年：「衞為狄滅，遺民七百有三十人，益之以共、滕之民為五千人，諸侯為立戴公以廬於曹。」僖十八年：「梁伯益其國而不能實，秦取之。」梁君以擴城而無民以實之，梁民以讒言而遂潰，梁竟以亡，則梁之戶口可知。）封疆郊關之外皆成棄地，此即戎、狄所由出沒，華、夷所由雜處也。左襄四年，魏絳稱虞人之箴曰：「茫茫禹迹，畫為九州，經啓九道，民有寢廟，獸有茂草，各有攸處，德用不擾。」此蓋於茂草之中，經啓九道以通往來。故周語單襄公謂周制「列樹以表道」，道路非列樹表明，即茫茫不可辨。「司空不視塗」，即道弗不可行。「膳宰不致餼，司里不授館」，即行李有困乏之患。**故各國亦常見遷徙。**

如衞、晉、楚、（自丹陽遷郢，（江陵）遷鄢。（宜城））蔡、許、（自許遷葉，遷夷，遷白羽，（內鄉）遷容城。（葉縣））鄭、齊、吳、（自梅里（無錫）遷姑蘇。（吳縣。））秦（見後。）諸國，不勝舉。亦有以外力強遷者，如齊師遷紀郱、鄑、郚；（莊元。）宋人遷宿；（莊十。）齊人遷陽；（閔二。）晉遷陸渾之戎於伊川；（僖二十二年。）之類。

以後人口漸繁殖，國家規模日擴大，不僅對舊的有吞幷，對新的亦有城築。

春秋二百四十二年，魯凡城二十四邑，惟郇一邑書「築」，其二十三邑曰「城」。（見舊唐書禮儀志。「築」者增舊，「城」者新立。春秋書「築」八，書「城」二十三，而定、哀之間凡八城邑，則國家規模之擴大，彌後而彌烈也。）

於是列國遂各自分封其大夫。

春秋初，大夫尚無世爵，其後漸有賜氏。

隱、桓時大夫賜氏者尚少，（國君之子為大夫者稱「公子」，公子之子為大夫者稱「公孫」，（公曾孫以下）只稱名，如魯在隱、桓之間有無駭、柔狹是也。）無駭卒，羽父為之請族，公命以字為展氏。（公子展之孫。）眾仲曰：「天子建德，因生以賜姓，（諸侯以字為諡，如舜居嬀汭，姓嬀氏。）胙之土而命之氏。」大夫有氏，即有世襲封邑如小國矣。（於是魯有仲孫、叔孫、季孫、臧孫，晉有郤孫、欒氏、韓氏、趙氏、魏氏、郤氏，齊有高氏、國氏、崔氏、陳氏，鄭有罕氏、駟氏、游氏，衞有孫氏、甯氏，皆世卿也。）

漸稱「子」。

僖公以前，大夫並以伯、仲、叔、季為稱，雖貴不稱「子」。僖、文以後，齊、魯、衞之執政皆稱「子」。鄭間稱之，餘則否。（三桓如共仲、僖叔、成季。魯惟三家稱「子」，餘則否。）晉、齊則即為封君矣。其後學者稱「子」，孔子是也。又後學者之門人稱「子」，如有子、曾子、樂正子是也。於是原先的侯國，儼然如一新中央，而大夫采邑則儼然成一小侯國，所以說是西周封建的繼續推進。

又因當時聯盟各國，會聘頻仍，諸侯畏勞，常使卿大夫代行。

會有三例：一曰「特會」，兩君相見也。（多在隱、桓以前。）初諸侯特會，次大夫特會諸侯，（多在文、宣以後。）又次大夫特會大夫。二曰「參會」，三以上為參。（先有大夫特會，乃有大夫主會。）三曰「主會」，伯者主之。初諸侯主會，始自齊桓北杏之會。次大夫主諸侯之會，自鍾離之會始。又次則大夫主大夫之會，而諸侯高拱不預矣。

卿大夫既有外交，往往互相援結，漸漸形成大權旁落之勢，於是大夫篡位，造成此後戰國之新局面。

魯大夫逐君始於昭公。宣公時，季氏始專政。定公時，則家臣有囚大夫者。晉卿專政始襄公。

襄元在魯僖三十三年。

鄭卿自僖公之立，始見於傳。

僖元在魯襄三年。

五　春秋時期之一般文化狀態

春秋二百四十二年，一方面是一個極混亂緊張的時期；但另一方面，則古代的貴族文化，實到春秋而發展到它的最高點。春秋時代常爲後世所想慕與敬重。

大體言之，當時的貴族，對古代相傳的宗教均已抱有一種開明而合理的見解。

左傳所記天道、鬼神、災

祥、卜筮、夢等事蹟雖多，然當時一般見解，貴已不見爲十分迷信。所謂「天道遠，人道邇」、「鬼神不享非禮」等諸觀念，已普遍流行。

因此他們對於人生，亦有一個清晰而穩健的看法。

當時的國際間，雖則不斷以兵戎相見，而大體上一般趨勢，則均重和平，守信義。

因此能造成國際間

的和平團體，繼續歷有二百年之久；而當時的國際公法，亦極爲高明可貴。

外交上的文雅風流，更足表顯出當時一般貴族文化上之修養與瞭解。

當時往往有賦一首詩，寫一封信，而解決了政治上之絕

大糾紛問題者。左傳所載列國交涉辭令之妙，更爲後世豔稱。

卽在戰爭中，猶能不失他們重人道、講禮貌、守信讓之素養，而有時則成爲一種當時獨

有的幽默。一披讀當時諸大戰役之記載，隨處可見。

道義禮信，在當時的地位，顯見超出於富強攻取之上。此乃春秋史與戰國史絕然不同處。

左傳對於當時各國的國內政治，雖記載較少，此指涉及一般平民社會者而言。而各國貴族階級之私生活之記載，則流傳甚富。一部左傳，盡於列國軍卿大夫私生活之記載，以及其相互間之交涉。（即是內政與外交。）故可稱當時十足是一貴族社會也。

他們識解之淵博，對於古代歷史文化的遺傳之認識與闡發。人格之完備，對於實際政治、人事問題之應付與理想。嘉言懿行，可資後代敬慕者，到處可見。亦復普遍於各國，幾乎稍有名的幾國，均有他們極可敬慕的人物。

春秋時代，實可說是中國古代貴族文化已發展到一種極優美、極高尚、極細膩雅緻的時代。

貴族階級之必須崩潰，平民階級之必須崛興，實乃此種文化醞釀之下應有之後果。

此下戰國興起，浮現在上層政治的，只是些殺伐戰爭，詭譎欺騙，粗糙暴戾，代表墮落的貴族；而下層民間社會所新興的學術思想，所謂中國學術之黃金時代者，其大體還是沿襲春秋時代貴族階級之一分舊生計。精神命脈，一氣相通。因此戰國新興的一派平民學，並不是由他們起來而推翻了古代的貴族學，他們其實只是古代貴族學之異樣翻新與遷地為良。

此是中國文化一脈相承之淵深博大處。

第五章 軍國鬪爭之新局面 <small>戰國
始末</small>

春秋以下，<small>自周貞定王二年，
即魯悼公元年始。</small>迄於秦始皇二十六年統一告成，其間共二百四十六年，後世目為「戰國時期」。

一 戰國年歷及分期

本時期的歷史記載，因秦廷焚書，全部燼滅。西漢中葉司馬遷為史記，已苦無憑。

史記六國表自序曰：「秦既得意，燒天下詩、書，諸侯史記尤甚，為其有所刺譏也。其後詩、書復見。<small>此以流布民間，故雖經秦火而
未絕，春秋及左傳等皆幸存。</small>而史記獨藏周室，以故滅。<small>此云「藏周室」者，乃以偏概全
之辭，當時各國史記各藏其國
之政府，而民間無流
傳，故一火而滅也。</small>獨有秦記，不載日月，其文略不具，然亦有可頗采者。余因秦記，<small>踵春
秋之後，</small>起周元王，表六國時事。」按：史公本秦記表六國時事，本屬不得已。惟秦自孝公以前，僻在雍州，不與中國諸侯之會盟，中國諸侯以夷翟遇之。<small>此亦史
記語。</small>其時秦與東方各國交涉既疏，故秦記載東方事必略而不免於多誤。今六國表於秦孝公前幾於無事可載

者以此。至宋司馬光爲通鑑，託始周威烈王二十三年，自左傳終至通鑑始，中間缺去

六十四年，無詳確之編年史。又通鑑雖託始周威烈二十三年，而記載殊疏略，至周顯王

三十五年，魏、齊會徐州相王之歲。以下，記載始可得而詳。故顧炎武日知錄謂此一百三十三年，史文

缺佚，考古者爲之茫昧也。

晉代 太康時。於汲縣古冢 當時考知係魏襄王冢。發見竹書，共七十五車。內有紀年十五篇，實爲未經秦火以前東方

僅存之編年史，惟後亦散失。今世流傳之竹書紀年，乃宋後蒐輯之本，多有改亂。

因此本時期史事，較之上期，春秋時代。有些轉有不清楚之感。著者曾據紀年佚文，校訂史記六國表，增改詳定不下一、二百處，因是戰國史事又大體可說。惟頗有與史記相異處。一切論證，詳所著先秦諸子繫年一書。此下論戰國大勢，即據此書立論，故與舊說頗不同。讀者欲究其詳，當參讀該書也。

大略言之，本時期歷史，又可分爲前、後兩期。

第一期是周代宗法封建國家之衰滅。

此承春秋晚期大夫專政之局面而來。晉分爲三家，魏、韓、趙。齊篡於田氏，田氏本陳公子，「田」「陳」同音之轉。魯則三桓強於國內，公室僅如小侯。衛勢日削，自貶其號曰侯。吳滅於越，陳、

蔡滅於楚，鄭滅於韓。史記所譜春秋十二諸侯，能繼續保持其重要地位者惟楚、秦二國

而已。越、宋雖存，於戰國全時期不甚重要。大抵春秋宗法封建國家之文化，最高者爲魯、衛兩國，魯得周室大量文物之分封，

衞則承襲殷商舊都之流風餘韻，依然可觀。故詩經所收十五國風，以邶、鄘、衞爲盛。故孔子曰：「魯、衞之政，兄弟也。」又曰：「衞多君子。」孔子出亡在外十四年，大半淹留於衞國。河北之衞雖爲狄破而遷河南，惟文化 **其次為齊**，故孔子曰：「齊一變至於魯。魯一變至於道。」孔子弟子，魯、衞最多，次則齊人。 **又其次為晉**。故孔子曰：「齊桓公正而不譎，晉文公譎而不正。」孔門弟子，晉籍甚少，而再不見斥楚爲蠻夷者，因其時抱兼幷野心者乃秦，而楚人則久與東方諸國聯盟一體也。可見當時所指斥爲夷狄，並非就種族血統立說。春秋時期羣目楚人爲蠻夷，以楚主武力兼幷最烈，與諸夏宗法封建勢力根本相衝突也。及戰國中期以後，羣目秦人爲夷狄，而再不見斥楚爲

秦、楚則自始即以蠻夷見外於諸夏。齊、晉則以武力維持當時宗法封建國家之傳統尊嚴。諸國中受封建傳統文化束縛愈深者，其改進愈難，故魯、衞遂至積弱不振。其受封建傳統文化束縛較淺者，其改進較易，故齊、晉相繼稱霸於春秋，亦不能如魯、衞之久保其君位之傳統，而見篡於大夫；而經君統篡弒以後，更得急速改變其國家之內部組織，自宗法封建國家激轉而爲新軍國。秦、楚則以受封建傳統文化之薰陶更淺，故其國家可以不經內部君統篡易而亦追隨改進爲新軍國焉。

魯、衞以文化維持當時宗法封建國家之傳統地位。楚、秦則代表反對之一種勢力也。諸國中受封建傳統文化束縛愈深者，其改進愈難，故魯、衞遂至積弱不振。

最要的是齊、晉兩國之君統篡易，維持春秋以來二百數十年封建文化之霸業，遂以中歇。

諸夏和平聯盟之鎖鏈已斷，各國遂爭趨於轉換成一個新軍國，俾可於列國鬭爭之新局面下自求生存。

「諸夏親暱，尊王攘夷」之後面，有一姬、姜宗姓之觀念。及晉、齊篡奪後，此觀念遂不復有。

此一時期中，春秋城郭聯盟之舊國際形勢已破壞，以後軍國鬪爭之新形勢未完成，在中間成爲一個過渡時期。即是春秋末以迄於魏武侯卒年，（周烈王五年。）凡共九十年。前一段亦可說是越國的稱霸期；（春秋末乃至戰國初之吳、越稱霸，即是「霸政時期」之尾聲，「軍國時期」之先兆，而爲其間之過渡也。）後一段則是三晉分立，魏國漸盛期。

第二期是新軍國成立以後之相互鬪爭時期。

此時期又可分爲四期：第一期是梁惠王稱霸時期，（魏之全盛期。自惠王遷大梁，魏亦稱梁。）亦可說是梁、齊爭強時期。此期自梁惠王元年至齊、魏徐州相王，凡三十七年。

魏承文侯、武侯長時期之國內建設，（文侯五十年，武侯二十六年，父子前後共七十六年。文侯自正式稱侯（在第二十二年。）以來，亦已五十四年。史記誤短二十二年。）地處中原，又爲四戰衝要之區。任用李克、吳起諸人，成爲入戰國以後第一個簇新的新軍國。（其後吳起入楚、商鞅入秦，皆承襲魏國已成規模而變法。）自謂承襲晉國，開始第一個起來圖霸；遷都大梁以爭形勢。（魏初居安邑，武侯都在鄴，則都魏縣；惠王即位，遷大梁。武侯又遷新鄭，意在包汝、潁以抑楚、魏。此在梁惠王早年，史記誤謂在梁惠王晚年，畏秦而避。其時舊的國際形態已變動，新的國際形態未完成，各國皆遷都以爭形勢。如趙則自晉陽遷中牟，（此中牟在河北。）又遷邯鄲，志滅中山以抗齊、燕。秦孝公自雍遷咸陽，以便東侵。韓則自平陽遷陽翟，又遷新鄭，宋亦自歸德遷彭城，以承越之衰而圖泗上諸小國。皆是也。）次謀統一三晉，恢復春秋時代晉國之全盛地位。不幸伐趙、伐韓，皆爲齊乘其後。梁既（梁惠王初起即攻趙，圍邯鄲三年，韓則懾於梁威而相從。齊乘其弊，敗魏桂陵，梁不得不仍歸趙邯鄲以和。此爲梁國圖霸初次所受之挫折。其後韓亦不復服梁，梁遂伐韓，爲再謀統一三晉之奮鬪。五戰五勝，韓幾不國，而齊又徐起乘其弊，敗梁馬陵。梁之霸業再挫。）再敗於齊，乃與齊會徐州相王，（史記誤以爲是襄王時。當時惟楚自春秋以來已稱王，梁亦先自稱王，至是乃與齊互稱，爲國際相王之開端。自是各國相）平分霸業。

（繼稱王，共凡九國，卽梁、齊、楚、秦、宋、韓、趙、燕、中山是也。）

第二期是齊威、宣、湣三世繼梁稱霸期，（齊之全盛期。）亦可說是齊、秦爭強時期。此期自齊、魏相王下迄齊滅宋，凡四十八年。

齊自田和篡位稱侯，（後魏文稱侯四十年。）傳兩世，（以後侯剡與桓公。史記漏田和以前悼子，及田和以後侯剡。故六國表齊年亦多誤。）至威王，兩敗梁國，（桂陵與馬陵。）遂繼梁惠而稱王。（史記誤以為在宣王世。）其子宣王繼之，國勢大盛。而其時秦亦漸強，（秦孝公用商鞅變法，至子惠王亦稱王。）用張儀，專務離間梁、楚以孤齊。（時梁尚強，惠施為相，主與齊和，梁、齊聯和則可以弭兵息爭。此當時外交上形勢也。惠王誤信張儀，折而入秦，欲減西顧之慮，東向報齊。又齊、楚方睦，張儀兩使楚，楚懷王亦誤信儀，絕齊入秦。此當時外交上形勢也。史記誤謂在張儀前後有蘇秦合從，並謂蘇秦合從以趙為盟主。趙武靈稱王最在後，其時為趙肅侯，尚未稱王，無為盟主資格。又其時大國有九，若東方合從，應有八國，不應預先排除以後先亡之宋、中山二國。孟子僅言公孫衍、張儀「一怒而諸侯懼，安居而天下熄」，以兩人更迭為秦、梁二國相，在國際形勢上足以引起變動國際力量。）於是漸漸造成秦、齊勢力均衡之局面。

秦昭王約齊湣王稱東、西帝，其事未果，（秦昭王約齊湣王稱東、西帝，皆畏秦，不敢一國獨稱也。）而齊則志在北進侵燕，南侵宋以自廣。（齊為第一等強國，故積極的主侵略。齊宣王告孟子「有大欲，欲并諸侯一天下」是也。（齊宣王伐燕，史記誤以為齊湣王。）秦次於齊，猶梁約齊稱王，皆畏齊，故僅在外交上用手段孤削齊勢。其時若燕、趙欲合從，當合從以對齊，用不著合從以對秦。至蘇秦時梁勢尚強於齊，故知蘇、張從橫乃此後策士偽造，非當時情實。）至齊湣王滅宋，國際均勢破裂，此下遂起大變局。

第三期爲秦昭王繼齊稱強期，秦國全盛期。亦可說是秦、趙爭強時期。此期自齊滅宋下至趙邯鄲圍解，凡二十九年。

齊宣王滅燕，國際均勢動搖，各國環顧不安，宣王終於不敢吞燕而止。及齊湣王滅宋，國際均勢再度破壞，燕人崛起，乘機復仇，樂毅聯合秦、魏、韓、趙五國之師入齊。湣王走死，自是齊遂不振，而秦勢獨強。其時趙國經武靈王胡服騎射滅中山，其事在齊滅宋前十五年。趙、中山皆第二、第三等以下國，故兩國相幷，對整個時局，不如齊滅燕、齊滅宋之足以惹人忌嫉。國勢驟盛。〔蘇秦說趙曰：「山東建國，莫如趙強。」移之此時，乃合情實。〕其時東方有力抗秦者遂推趙，動，以趙爲盟主，必此時期中策士所僞造。六國〔宋、中山已滅。〕合從抗秦，以燕爲發於是有長平之戰，大、最烈之戰事。此爲戰國二百年最於是秦幷天下之形勢遂成。趙爲秦敗，

第四期爲秦滅六國期。此期自秦解邯鄲圍後迄秦始皇二十六年，凡三十六年。按：史記載戰國事，於初期最晦，如越勾踐遷都，韓、魏、趙分晉，魏文、武兩世霸業之經營，皆未備。故於戰國中期事亦多昧於情勢，於當時各國國勢升降及離合聚散之間，往往不能言。而梁惠之霸業，齊威、宣與梁爭衡，徐州會後之各國稱王，與夫秦人之因利乘便以培植其東侵之基礎者，皆不能詳。獨於晚世策士僞造蘇、張縱橫之說，娓娓道之，去實遠矣。以上分期，庶稍近當時眞相。讀者欲知其詳，當閱先秦諸子繫年。

戰國時期周室帝系表

（二八）

二 八 貞定王

元年，越徙都瑯琊，此下入戰國。
十一年，晉卿知伯與韓、趙、魏畫分
范、中行故地。
十六年，魏、韓、趙殺知伯分其地。

（一五）

二 九 考王

（二四）

三 〇 威烈王

元年，魏文始侯。
二十三年，三晉命
邑為諸侯。

（二六）

三 一 安王

十六年，田和立為侯。
二十六年，韓滅鄭。

（七）

二 烈王

六年，梁惠王元。

（四八）

三 三 顯王

七年，梁惠王徙都大梁。
八年，商鞅入秦。
十二年，齊威王元。
十五年，梁圍趙邯鄲。
十六年，齊敗魏桂陵。
二十六年，齊敗魏馬陵。
三十五年，齊、魏會徐州相王。
四十四年，秦惠王始稱王。

（六）

三 四 慎靚王

二年，齊宣王元。

（五九）

三 五 赧王

元年，齊伐燕。
八年，趙始胡服。
九年，秦昭王元。
十五年，齊湣王元。
十六年，楚懷王入秦不反。
二十七年，秦昭、齊湣約稱東、西帝，未果。
二十九年，齊滅宋。
三十一年，燕樂毅以五國師入齊。
三十七年，秦拔楚郢，楚東遷陳。
五十五年，秦破趙長平。
五十八年，諸侯救趙，解邯鄲圍。

從春秋以前之宗法封建，轉移到戰國時代之新軍國，相應而起的，有政治、社會各方面激劇之變動。

二　從宗法封建到新軍國之種種變遷

第一是郡縣制之推行，政府直轄下的郡縣，代替了貴族世襲的采地。

郡縣制已見於春秋。晉自曲沃篡統，獻公患桓、莊族逼，盡殺羣公子；驪姬之亂，又詛「無畜羣公子」，故晉無公族。而并地日大，於是遂行縣制。（僖二十五年，晉文公「問原守於寺人勃鞮」；僖三十三年，齊襄公「以先茅之縣賞胥臣」，皆其證。）及頃公時，六卿弱公室，又盡滅公族，分其邑為十縣，各令其子為大夫。（左昭五年，楚遠啓彊言：「韓賦七邑，皆成縣」。又曰：「因其十家九縣，長轂九百，其餘四十縣，遺守四千。」則晉制一縣出兵車一百乘，大率萬戶方百里為一縣，則十戶而出長轂一乘也。）則晉之推行縣制已久，故三家分晉，即變成新的郡縣國家。楚亦久行縣制，（宣十一年「縣陳」，西門豹為鄴令。如吳起為西河守，年，鄭伯出降，曰：「使改事君，夷於九縣。」）蓋內廢公族，外務兼幷，為封建制破壞、郡縣制推行之兩因。郡則其先為邊方軍區，較縣為小。（周書作雒「千里百縣，縣有四郡。」四郡蓋指百里之四邊也。故趙簡子之誓曰：「上大夫受縣，下大夫受郡。」）及後邊郡日見大，腹縣日見小，甘茂言於秦王曰：「宜陽，大縣也，上黨、南陽，積之久矣，名曰縣，其實郡也。」亦為軍國進展應有之現象。

郡縣政令受制於中央，郡縣守令不世襲，視實際服務成績為任免進退，此為郡縣制與宗法

封建性質絕不同之點。自此貴族特權階級分割性之封建，漸變而爲官僚統治之政府。

故相隨於郡縣制度而起者，第一卽爲貴族世卿與游仕勢力之更迭。

宗法封建時代，君權未能超出於宗族集團之上。故君、卿、大夫之位，相去僅一間，君，則有卿士、大夫與守龜在。」國語：「厲王虐，國人逐王。」孟子：「貴戚之卿，君有過，諫不聽，則易位。」左傳：「晉惠公虜於秦，國人卜立其太子圉。」此種改變，一在君位繼承法之漸趨確定，一在兼幷與郡縣之日漸推行。**郡縣制的國家，則君權漸脫親屬關係之束縛，並非以一宗一族建國。一面是君權之演進，而又一面則是游仕之得勢。**戰國游仕分析，一大學者及其弟子，如荀卿、李斯等。二庶孽公子及先世仕臣，如商鞅、樂毅等。三資產在中人以上，如吳起、呂不韋等。四貧士，如張儀、范雎、虞卿等。五賤臣下吏，如申不害、趙奢等。要之非親屬貴族。貴族地位降低，世臣消滅，君位轉尊，實爲郡縣新國家一要徵。

孟子：「君一位，卿一位，大夫一位。又上士、中士、下士，凡六等。」君位廢立，常取決於卿、大夫之公意。公羊隱元年：「諸大夫扳隱而立之。」左定元年：「若立

〔孟子：「君一位……凡六等。」〕

其次，則有軍民之漸趨分治。

翟璜曰：「君〔魏文侯。〕謀欲伐中山，臣進樂羊。中山已拔，無使守之，臣進李克。」將軍與守臣之分職特派，此卽軍民分治之見端。封建時代貴族卽軍長，無此分別也。

又有食祿之新制度。

既不與采邑，則官吏必食祿。魏成子爲文侯親弟，「食祿千鍾」，則亦無封土矣。史記趙奢傳：「奢，趙之田部吏，收租稅，平原君家不肯出，趙奢以法治之，殺平原君用事者九人。曰：『縱君家不奉公則法削，法削則國弱。諸侯加兵，君安得有此富？』平原君賢之，言於王，使治國賦。」據此則戰國貴族縱有封邑，仍必向公家納租稅，與春秋封建采邑不同。

亦與漢代封邑制有別。

食祿者必受職，其有祿無職者，則惟當時之養賢制爲然。

此始於魏文侯之於子夏、田子方、段干木之倫，而極盛於齊之稷下制度，爲尙賢觀念代親親貴貴而起之徵象。

第二是井田制之廢棄。

古者方百里爲大國，百里之地有城郭邑落、山澤林藪、封疆棄地，不能盡墾。卽盡墾，亦不過萬井，九百萬畝。其間尙有君、卿、大夫、士等諸級，各有分地。則百里大侯，有田無多，亦如後世一業主。其民若今之佃戶。分田還受，並非難事。卽如近世一墾牧公司，圈地招墾，亦必均派一家若干畝，不令隨便多少。故封建制度下之農民無兼幷，

無貧富。若已有兼幷貧富，則封建制亦復失其存在矣。欲明古代井田制度之眞相，必先瞭解古代封建國家之規模。（已詳前篇。）井田乃是一種小方格塊內之劃分；周禮所言，則大整塊千萬頃耕土，已非封建時代之形態也。

分封貴族之采地漸次取消，則直屬國家之耕土漸次擴大，於是以前貴族圈地分區小規模的井地，不得不解放爲整塊的農田。

商鞅廢井地而開阡陌封疆，「阡陌」卽是大田岸，「封疆」猶如大圍牆，爲古代貴族封建分割性之主要標幟。一方方的井地，相互隔絕在此種格子線之裏。現在政治上已由封建變爲郡縣，自可打開格子線，剷除田岸圍牆，化成一片。此卽李悝「盡地力」之教。大整塊農田之形成，卽是封建井地之破毀也。此外尚別有促成之原因。一、人口之繁殖。左襄十年：「子駟爲田洫，司氏、堵氏、侯氏、子師氏皆喪田焉。」襄三十年：「子產使都鄙有章，上下有服，田有封洫，廬井有伍。」一年與人誦之，曰：『取我衣冠而褚之，取我田疇而伍之。我有田疇，子產殖之。子產而死，誰其嗣之？』此必鄭國地狹民稠，故已漸破棄井田之格子線，乃至於田無封洫，而子產爲之整頓矣。二、耕器之進步。孟子云：「許子以鐵耕乎？」以鐵耕，則一夫之治田能力隨之增大。國策：「秦以牛田通水糧。」牛耕，春秋晚期已有，（如孔子弟子司馬耕，字牛。）亦到戰國而漸盛。三、水利工程灌漑事業之發達。如魏有西門豹、（文侯時。）秦有李冰、（孝文王時。）鄭國。（始皇時。）周禮遂人所記遂、溝、洫、澮、川等制度，亦是井田制破棄以後，大規模水利網之描寫也。其先所謂井田，「井」或乃灌漑單位，八家共一井，卽是一井之灌漑量也。（公羊傳有此說。）

井田制度之破壞，另一原因，則在稅收方法之改變。

大抵最先有一種公田制的「助」法。

方里而井，井九百畝，其中爲公田，八家皆私百畝，同養公田。公田所入歸公，私田所

入歸私。此制度之最要意義，厥爲田畝所有權之全屬於貴族封君。所謂「四封之內，莫

非王土；食土之毛，莫非王臣」也。方方正正的一井九百畝，此爲一種標準的敍述。制度皆有活變，記載則不能盡詳。其實一井亦儘可爲七百畝、八百畝或一千畝。一井之內，主要者爲公田。依理言之，正因助耕公田，始得

享有其私田之收獲。此乃爲一種雇傭性質，如近代富家看守墳墓而得耕食其墓地田也。其時貴族特置農稷之官，頒曆明時，辨土

壤，擇穀種，教稼恤農，巡野督耕。如周官大司徒、司稼、草人、庶氏、剪氏、赤犮氏、蝈氏、壺涿氏諸官，可覘其消息。呂氏春秋有任地、辨土、審時諸篇，即古代農稷之官之農學也。蓋正因視四封之內皆其私物，故勤懇教督。而農民智昧力弱，失卻貴族之指導扶

助，亦無以善其私田。若叛離此封疆邱邑之外，則茫茫禹迹，夷狄禽獸，縱橫交徧，更非家人夫婦生活之區。因此貴族、農民在此制度下相安

於一時。

其次，則爲「履畝而稅」。

履畝而稅者，廢公田，轉就私田徵稅，視其田畝之實收而抽收額定之比率。周禮地官司稼所謂「巡野觀稼，以

一年之上下出斂法」也。此相當於孟子所謂「徹」。至「貢」法，則只就數年中數立一稅額，較更簡單。論語：「魯哀公問：『年饑，用不足，如之何？』有若曰：『盍徹乎？』哀公曰：『二，吾猶不足，如之何其徹也？』」其時魯已用田賦，賦

八〇

與稅爲二。有若欲哀公因歲饑薄斂，故曰：「民不足，君孰與足？」孟子言貢、助、徹三制，皆非憑空私造。；惟附會之夏、商、周三代，則誤。蓋貴族階級田畝日廣，則生活日奢淫，志行日懶惰，不肯再理農事。而農民階級則智慧日開，能力日強，於是各自盡力於私田，而公田收成轉惡。此亦公羊說。至是乃廢去公田，履畝而稅。如是則不必方里而井，亦不必嚴格還受。雖便於大數量之徵收，而已爲井田制度破棄之先聲矣。春秋宣十五年，「初稅畝」，此即履畝而稅也。魯

國如此，各國先後可推。云「初」稅畝，則其先不然，故知應爲公田而助矣。

履畝而稅，則可以只認田，不認人，於是民田得自由買賣，而土地所有權，無形中轉移，成爲耕者所自有，而兼幷亦隨之而起。或謂：助法時期，公田外之土地，爲村落所公有，及至履畝而稅，則田土盡歸公有。然履畝而稅，則耕者可以活動。八家共一井，則死徙不出鄉，同井相助，耕者無活動餘地。又公田爲助之制度下，田里不鬻，一家百畝。履畝而稅，則耕者各自獨力經營，可以超過百畝之上。故履畝而稅，確爲自由私產形成之先聲也。

第三則爲農民軍隊之興起。

封建時代，貴族爲采邑之大地主，同時亦即成一武裝集團。

春秋時代軍隊之組織，即本族制。城濮之戰，晉有「中軍公族」；鄢陵之戰，楚有「中軍王族」。楚若敖氏有「六卒」，晉欒、范以其族夾公行，可見一軍隊即一宗族也。「宗」指同一廟宇下祭祀，「族」指同一旗幟下作戰。

軍器製造，如車、如甲，及戰馬之養育等，皆為貴族保持地位之一種事業，平民無力參與。

鄭莊公伐許，「授兵於太宮」。衛懿公禦狄，「使國人（即城圈子中，皆貴族也。）受甲」。鄭子產「授兵登陴」。楚武王「授師子焉以伐隨」（事在莊四年，為楚用兵車之始。考工記：「兵車戈、殳、戟、矛四等。」吳子圖國篇：「長戟二丈四尺，短戟一丈二尺。」）此皆甲仗兵器不在民間之證。僖十五年，「晉作州兵」；昭四年，「鄭作邱賦」；成元年，「魯作邱甲」，皆是一種額外增賦，以造甲兵。然仍是貴族別使專匠造之，非民間自造也。

農民耕田納稅，遇戰事徵車、（非戰車。）牛、（捉夫力，非甲士。）謂之「賦」。農民只為軍隊中之附隨，並無正式編配入軍隊之權利與資格。

隨武子云：楚國「荊尸而舉，商、農、工、賈不敗其業」，此農不為軍也。城濮之戰有「輿人」，左襄三十年有「輿尉」（淮南兵略訓云：「吏卒辨，兵甲治，正行伍，連什佰，明鼓旗，此尉之官也。收藏於後，遷舍不離，無淫輿，無遺輜，此輿之官也。」）輿尉者，輿人之尉。（僅稱「尉」，則軍尉。）輿人即隨軍之輜重與夫力也。

貴族階級漸次奢侈安逸，國際戰爭漸次擴大劇烈，農民軍隊之編製，遂成一種新需要。車戰漸進而為步戰，即為貴族軍隊與農民軍隊交替之一種表記。

《左傳》所載諸大戰役，如秦、晉「韓」之戰，晉、楚「城濮」、「邲」、「鄢陵」之戰，晉、齊「鞍」之戰等，皆當時貴族式的戰爭，可說為一種藝術化的戰爭。即尚禮的戰爭。楚子玉告晉文公，謂：「請與君之士戲，君馮軾而觀之，得臣與寓目焉。」戰如游戲，真可道出此中情況。惟晉為禦狄，已有步兵。「魏舒請毀車為行，荀吳之嬖人不肯即卒，斬以徇。」見車、徒有貴賤之分。鄭亦有步兵，見隱四年、襄元年、昭二十年。至戰國則全以農民步兵為主。亦有騎兵，車戰遂變成不重要之地位。至是始有真賭生命之劇烈戰爭也。

僖二十八年，「晉侯作三行以禦狄」是也。昭元年，晉中行穆子敗無終及羣狄於太原，亦以步卒。是役公孫龍以徒五百人宵攻鄭師。「徒」即平民軍隊也。

三晉與田氏以大夫篡位，舊貴族失其地位，漸次設立以軍功得官之制度。

《左》哀二年，趙簡子誓眾：「克敵者，上大夫受縣，下大夫受郡，士田十萬，庶人、工、商遂，人臣隸圉免。」遂者得進仕，免者去廝役，此即商鞅「尚首功」之先聲。蘇秦說齊：「三軍之良，五家之兵，進如鋒矢，戰如雷霆，解如風雨。」又《荀子》議兵篇：「齊人隆技擊，其技也，得一首，賜贖錙金，無本賞矣。」注：「斬首，雖戰敗亦賞；不斬首，雖戰勝亦不賞。」故曰無本賞。是齊亦尚首功。五家之兵，疑猶秦之一甲首而隸五家。

吳起在楚，商鞅在秦，亦嚴行以軍功代貴族之新法。

起相楚，使封君三世，而收其爵祿，以撫養戰鬪之士。商鞅相秦，所定二十級爵，即以

代古者貴族五等封爵之制。此皆欲以戰士爲新貴族也。

以前是貴族任戰士，現在是戰士爲貴族。農民軍隊之配練與井田制之廢棄，爲新軍國圖謀富強之兩要端，而卽以促進宗法封建貴族之崩潰。

第四是工商業大都市之發展。

春秋時，工商皆世襲食於官，蓋爲貴族御用，非民間之自由營業。

左昭十六年，鄭子產告晉韓宣子：「我先君桓公與商人皆出自周，世有盟誓，相保至今。」晉語：「公食貢，大夫食邑，士食田，庶人食力，工商食官，皁隷食職，官宰食加。」昭二十二年，王室亂，「單子盟百工於平宮。百工叛，伐單氏之宮，敗焉。反伐之東圉。」杜注：「百工所在。洛陽東南有圉鄉。」故知工商皆居國中，世襲，食於官，僅去貴族一等也。

封建貴族漸漸崩潰，而自由經商者乃漸漸興起。

子貢「不受命而貨殖」，卽自由經商也。其後如范蠡、段干木、白圭諸人，類皆賴藉政府上之地位，惟非貴族。而幹商販之新事業。

舊貴族沒落，「商賈」與「軍人」二者代之而興。而商業大都市亦陸續興起。

自春秋以迄戰國中期，歷時三、四百年，人口繁殖，耕地日闢，游牧之戎狄漸次同化，或消滅，或避去，此疆彼界之封建，已變爲壤地相連的幾個大國，此皆當時商業都市驟盛之原因也。舉其著者，如臨淄、邯鄲、大梁、郢、陶等。其間惟陶因交通關係，特殊發展，餘皆各國之首都。

<small>是中國古代封建制度漸崩潰，而商業都市乃漸興起，非由商業都市興起而封建制度崩潰也。</small>

大抵東方各國，漸從商業資本轉入文學游仕，始終獎勵農戰的國家惟有秦。<small>秦以地勢關係，可以閉關不與東方通貿易。</small>

因此竟以幷吞東方。

第五是山澤禁地之解放。

與商業發展有相互關係者，尚有禁地解放一層，亦爲當時一種極重要之變遷。

封建時代之貴族采邑，除井地外，一應山林藪澤，大概全列爲禁地，農民惟有耕稼爲生。

周官有山虞、林衡、川衡、澤虞，<small>又有迹人、囿人等。</small>皆掌山澤之守禁。齊語亦謂：「山立三虞，澤立三衡。」晏子春秋謂：「山林之木，衡鹿守之。澤之萑蒲，舟鮫守之。藪之薪蒸，虞

侯守之。海之鹽蜃，祈望守之。」此乃貴族封地之私產。孟子所稱「文王之政，澤梁無禁」，晏嬰謂「山林陂澤，不專其利」，則皆一種理論也。

農民漸漸游離耕地，侵入禁地，尋求新生業，貴族不能禁阻。

其先目之為盜賊，如鄭子大叔「興徒兵以攻萑苻之盜」是也。昭二十年。攻之不能止，乃不得已而加以一種征收。故「征商」之征，即「征誅」之征，古人目工商業為姦利者由此。秦漢政府「大司農」與「少府」分職，大司農掌田租，為國家公入，少府掌山澤之稅，為王室私入，亦由此種禁地觀念演變而來。

新生業之分化，與民間工業之進步，亦為自由商業促進之一因。

如捕魚、煮鹽、燒炭、採鐵、鑄錢、伐木，種種新生產事業，皆由農民侵入禁地而始有。

第六是貨幣之使用。

因商業發展而貨幣之使用遂興，亦為戰國一新形態。

左傳所記列國君臣相餽贈、賂遺、贖罪、納懽，大抵為車馬錦璧鐘鼎寶玩，乃至女妾樂

師而止，絕無以黃金貨幣相投報者；有之，皆自戰國始。〈六國表〉秦惠文王二年「始行錢」，距春秋末已一百五十五年。蓋其時東方諸國已先有錢貨，齊、燕刀幣，三晉布幣，楚鬼臉錢，近代出土極多。而秦踵行之也。

總之春秋以至戰國，為中國史上一個變動最激劇的時期。政治方面，是由許多宗法封建的小國家，變成幾個中央政權統一的新軍國。社會方面，則自貴族御用工商及貴族私有的井田制下，變成後代農、工、商、兵的自由業。而更重要的，則為民間自由學術之興起。

第六章　民間自由學術之興起

先秦諸子

由春秋到戰國的一段劇變中，最要的，是民間自由學術之興起。

一　春秋時代之貴族學

上古學術，其詳難言。據春秋而論，學術尚為貴族階級所特有。

貴族封建，立基於宗法。國家即是家族之擴大。宗廟裏祭祀輩分之親疏，規定貴族間地位之高下。宗廟裏的譜牒，即是政治上之名分。

大祭前有會獵，即相傳之「巡狩」。天子祭禮，諸侯畢至助祭。「封禪」為祭天地之禮，惟天子始得祭天地，表示服從者亦畢來助祭，故巡狩、封禪為古帝王大禮也。祭後有宴享，表示相互間的聯絡與名分。宗廟的「宰」，和掌禮的「相」，便是主持這些名分的人。臨祭有歌頌，有祈禱，有盟誓。頌詞、禱文、誓書的保存，便成後來之歷史。

宗廟裏的祝史，還兼掌占星候氣，布曆明時，使民間得依時耕稼。諸侯皆受共主所頒時曆，故以改曆表示「奉正朔」，日

易代與並記載著祖先相傳的災異及其說明。如周廟所藏周公

革命。金縢，是其例。

大抵古代學術，只有一個「禮」。古代學者，只有一個「史」。即廟祝。

載天道、鬼神、災祥、卜筮、巫司卜筮、司夢，皆廟祝也。故左傳

夢特多，由史官職掌如此。

史官隨著周天子之封建與王室之衰微，而逐漸分布流散於列國，即為古代王家學術逐漸

廣布之第一事。

古者諸侯無私史，祝佗言成王賜魯「祝、宗、卜、史」，定公四此魯之史也。衛太史柳莊

死，獻公告尸曰：「柳莊非寡人之臣，社稷之臣也。」檀弓。狄入衛，囚史華龍滑與禮孔。

二人曰：「我太史也，實掌其祭。」閔公二此衛之史也。齊、晉亦各有史官，書曰「趙盾

弒其君」、「崔杼弒其君」，明非史官之君。故曰：「春秋，天子之事。」史官其先皆自周室逐漸分布於列國。

司馬遷自稱先世：「世典周史。惠、襄之間，司馬氏去周適晉。其時有子穨，分散，或在衛，

或在趙，或在秦。」史記太史昭十五年，周景王謂晉籍談曰：「昔而高祖孫伯黶，司晉之

典籍，以為大政，故曰籍氏。及辛有之二子董之，晉於是乎有董史。」杜註：「辛有，周人，二子適晉，為太史。」

常韞去周之齊，見晏子太史儋去周入秦，見史晉亂，太史屠黍以其圖法歸周。此皆

史官由中央流布列國之事也。列國有史，先後不同，春秋凡諸侯書卒者，皆有國史以考其世次者也。其不書

卒；或國滅，失其本史；或國雖在，而未有史，皆無所考其世次。其世次有入春

禮本爲祭儀，推廣而爲古代貴族階級間許多種生活的方式與習慣。此種生活，皆帶有宗教的意味與政治的效用。宗教、政治、學術三者，還保著最親密的聯絡。

祭禮的搖動，即表示著封建制度之崩潰。

春秋時魯有郊禮，此天子之禮也。魯人則謂成王所以賜周公。季孫氏祭泰山，此諸侯之禮也。八佾舞於庭，三家者以雍徹。

一切非禮，逐漸從貴族之奢僭中產生。一方面貴族對禮文逐次舖張，一方面他們對禮文又逐次不注意，於是貴族中間逐漸有「知禮」與「不知禮」之別，遂有所謂學者開始從貴族階級中間露眼。

春秋時代貴族階級之逐步發展，其禮節儀文之考究，可以列國君卿間以賦詩相酬答之一事證之。見於左傳者，賦詩凡六十七次。始於僖公，僖一次，文九次，成二次。盛於襄、昭，襄二十九次，昭二十五次。而衰歇於定、哀。定一次，哀無。子犯告晉文公曰：「我不如趙衰之文，請使衰從。」此後因列國間會聘頻繁，於是各國間遂產生一輩多文知禮之博學者，如晉有叔向，齊有

秋即見者，有近後方有者，此皆史之所起有久近也。

在貴族階級逐漸墮落的進程中，往往知禮的、有學問的比較在下位，而不知禮的、無學問的卻高踞上層。

於是王官之學漸漸流散到民間來，成為新興的百家。

二　儒墨兩家之興起

百家的開先為儒家。

「王官」是貴族學，「百家」是民間學。「五帝官天下，三王家天下」，「官」是公義，「家」是私義。所謂百家之言，只是民間私義而已，與後世所謂「成家」、「專家」不同。

說文：「儒，術士之稱。」禮記鄉飲酒義注：「術，猶藝也。」列子周穆王篇：「魯之君子多術藝。」術士猶謂藝士，由其嫻習六藝。周官保氏「教國子六藝、六儀」。六藝者，五禮、六樂、五射、五御、六書、九數。大戴禮保傅篇：「王子年八歲，學小藝；束髮，學大藝。」保氏六藝兼通大小，殆為當時貴族子弟幾種必修之學科也。其擅習此種藝能以友教貴冑間者，則稱「藝士」，或「術士」，或「儒」，即以後儒家來源也。藝士不僅可

晏嬰，鄭有子產，宋有向戍是也。

任友教，知書、數可謂家宰，知禮、樂可爲小相，習射、御可爲將士，亦士人進身之途轍。晉趙盾田於首山，見靈輒餓，曰：「宦三年矣。」左宣二年。杜注：「宦，學也。」曲禮：「宦學事師。」則二者俱是學，蓋宦、學俱是習爲職事。此如今之藝徒，即以學習爲行業也。越語句踐與范蠡「入宦於吳」，韋注：「爲臣隸。」爲臣隸與友教，同需嫻習六藝。貴族家中之師傅、宰相，其先地位亦本相當於臣隸也。**既有宦學事師之人，必有爲之師者。藝士於是又可以爲求宦游學者之師，而後藝士之生活，乃漸脫離貴族之豢養而獨立。**

儒家的創始爲孔子。

孔子宋人，其先亦貴族，避難至魯，其父叔梁紇，獲在魯國貴族之下層。

孔子曾爲委吏，主倉積出納。又爲乘田，主飼養牛羊。**常在貴族家裏當些賤職。**此即孔子之宦。**然而孔子卻由此習得當時貴族階級種種之禮文。**

孔子幼年既宦於貴族，故孔子自稱：「我少賤，多能鄙事。」孔子又自稱「好學」，其弟子稱其「學無常師」。郯子來魯，孔子即從之問古官制，是其一例。事在魯昭公二十七年，孔子年二十七。周室東遷，豐、鎬舊物，散失無存。昭王二十六年，王子朝奉周之典籍以奔楚。其後子朝見殺，或亡於柏舉兵燹中矣。否則左傳成於吳起之徒，起相楚，未聞取典籍以歸者；或猶有見者。故仲孫湫謂魯「秉周禮」。閔元年。祝佗言東方諸國，猶得存周禮者惟魯。衞遭狄禍，渡河而南，殷、周故事亦鮮有存者。伯禽封魯，「祝、宗、卜、史、備物、典冊。」定四年。韓宣子至魯，始見易象與春秋，而有「周

禮盡在魯」之嘆。哀三年，桓、僖二宮災，魯哀公曰：「文武之道，布在方策。」（中庸）又曰：「杞、宋文獻不足徵。」（論語）「吾觀周道，幽、厲傷之，吾舍魯何適矣！」（禮運）又曰：「吾學周禮，今用之，吾從周。」

孔子居文獻之邦，故得大成其學。 莊子天下篇：「其在於詩、書、禮、樂者，鄒、魯之士，搢紳先生，多能明之。」之研尋，所謂「詩、書、文學」。**孔子遂開始來批評當時貴族之一切非禮。**

孔子不僅懂得當時現行的一切禮， 此包括古經典包括禮、樂、射、御、書、數六藝。**孔子還注意到禮的沿革和其本源。**

子入太廟，每事問。或曰：「孰謂鄹人之子知禮？」子曰：「是禮也？」蓋孔子非不知魯太廟中種種禮器與禮事，特謂此等事與器皆不應在魯太廟中，如八佾舞於庭、三家者以雍徹之類。故特問以發其意。此如衛甯武子不答魯文公賦湛露、彤弓，（文四年）魯穆叔不拜晉奏肆夏、歌文王（襄四年）之類。魯昭公四年，楚靈王會諸侯於申，使問禮於宋向戌與鄭子產。向戌曰：「小國習之，大國用之，敢不薦聞？」獻公合諸侯之禮六。子產曰：「小國共職，敢不薦守？」獻伯子男會公之禮六。子產、向戌皆當時所稱知禮者，然僅止於實際上之因應而止。此亦如術士僅以六藝進身貴族，藉爲宦學友教而止，孔子所謂「小人儒」也。孔子則對於當時貴族之禮，不僅知道，實別有一番理想，別有一番抱負，欲以改革世道也。孔子勉子夏爲「君子儒」者在此。儒道之不能產生於當時貴族階級中者亦在此。

孔子的批評，一面是歷史的觀念，根據文王、周公，從禮之本源處看。（故曰：「久矣！吾不復夢見周公。」）一面是人道的（亦可說哲學的）。觀念，根據天命、性、仁、孝、忠恕等等的觀點，從禮的意義上看。故曰：「知我者其天乎？」

禮之最重最大者惟祭，孔子推原祭之心理根據曰「報本反始」。此即原於人類之孝弟心。孝弟心之推廣曰「仁」，曰「忠恕」。（孔子以「忠」字積極的獎進人類之合作，以「恕」字消極的弭解人類之衝突。故曰：「忠恕違道不遠。」）是為人與人相處最要原理，即所以維持人類社會於永久不弊者。孔子指出人類此等心理狀態，認為根於天性，如此則生死、羣己、天人諸大問題，在孔子哲學中均已全部化成一片。驟觀孔子思想，似有偏於復古之傾向，（如孔子屢言「好古」。）又似有偏於維持宗法封建階級之傾向，（如孔子謂「君君、臣臣、父父、子子」等。）其實孔子已指出人類社會種種結合之最高原理。苟能明此，直古直今，無所謂復古，（孔子之好古，只是注重歷史與文化。）亦決不致為階級權力所僵化。（孔子之好禮，只是注重大羣體之融結，故曰：「人而不仁如禮何？人而不仁如樂何？」如孔子主三年之喪等。）即仁。

孔子雖不直斥鬼神，（如曰：「敬鬼神而遠之。」）或則疑孔子仍為宗法社會時代人之見解，其實孔子對於人世與天國，（即性與命之問題所解答。）現實界與永生界，（即孝與祭之問題所解答。）並已有一種開明近情而合理之解答也。故孔子思想實綰合已往政治、歷史、宗教各方面而成，實切合於將來中國搏成一和平的大一統的國家，以綿延其悠久的文化之國民性。孔子思想亦即從此種國民性

中所涵育蘊隆而出也。

孔子在魯國做過司寇，主墮季孫、叔孫、孟孫三家的都城。大夫執政，為孔子所反對。然而孔子未獲竟其志。自此出遊衛、宋、陳、楚諸國，其先曾已十四年而返魯，孔子已老。至齊。

孔子周遊，其抱負並不在為某一國、某一家，故曰：「天下有道，丘不與易。」孔子實已超出當時狹義的國家與民族觀念之上，而貢獻其理想於當時之所謂「天下」。在今人視之，孔子只在中國境界內活動。在孔子當時，則實為對整個人類之文化世界而服務也。此種遊仕精神，為後起學者所仍襲，到底造成了一個大一統的中國。當時則已為「天下」。

孔子一面在政治上活動，一面卻招收許多學生。

孔子因抱改革天下之宏願，故政治活動之外更注重於教育，開中國史上民間自由講學之第一聲。

孔子在未為魯司寇以前，已有許多弟子，如顏淵、子路、冉有、宰我、子貢之徒是也。孔子老年返魯以後，又有許多弟子，如子游、子夏、曾子、子張、有子之徒是也。大抵孔門前輩弟子，多頗有意政事實際的活動；後輩弟子，則多偏向於詩、書文學之研討。

孔門四科，惟「文學」一科屬後輩弟子，如「德行」、（即今之外交。）「言語」、（包括財政、軍事等。）皆孔門前輩弟子也。所謂「德行」，只是有才而肯不用的人，非不通政事、外交者。而孔子卻喜懂其前輩弟子。故曰：「如用之，則吾徒先進。」先進即前輩先及門之弟子也。而尤重顏淵，則因有才而肯不用。故曰：「用之則行，舍之則藏，惟我與爾有是夫！」子貢已差一肩。冉有不肯藏，孔子曰：「非吾徒，小子鳴鼓而攻之。」「小子」即游、夏之輩，其時皆不過二十歲左右之青年也。孔子死後，他們的聲名都掩蓋在諸前輩之上。

孔子是開始把古代貴族宗廟裏的知識來變換成人類社會共有共享的學術事業之第一個。

孔子是開始傳播貴族學到民間來的第一個。

孔子的政治活動失敗了，而孔子的教育事業卻留下一個絕大的影響。

舊說孔子修詩、書，訂禮、樂，贊易而作春秋，此所謂六經。其先皆官書也；即王官學。經皆史」，即謂六經皆政府中（或衙門中）一種檔案或文卷，如周官中之五史皆是，與最先廟祝之史不同。因之史之所掌亦謂史，故曰「六經皆史」。章實齋謂「六而春秋則爲中國第一部民間史之創作。「春秋，天子之事」，謂民間本無作私史之權經孔子之手而流布於民間。其間經過孔子一番整理與解說，如上舉孔子論禮之類。而所記注重當時霸業，即國際史、世界史也。孔子開始爲平民社會創作流傳一部世界史，而寄託孔子對政治、社會的許多意見，故又曰「其義丘竊取之矣」。也。又曰「其事齊桓、晉文」，則孔子雖據魯史，（即國別史。）中國民族乃一歷史的民族，而孔子即爲中國最偉大之史學家，又爲第一史學家也。

繼續儒家而起者爲墨家，墨家的創始人爲墨子。

墨子家世不可考，似乎是一勞工。古代往往以刑徒爲工人，「墨」是五刑墨、劓、腓、宮、大辟。之一。最輕

之第一種，俘虜與罪人作工役者必受墨刑。即面額刺字，或刺花紋，以爲標幟，漢人謂之「黥」。五代、宋人犯罪配軍必先刺面。墨子蓋以

墨徒即漢人所謂「黥奴」，宋人所謂「配軍」。而唱新義，故曰「墨家」。猶今云「勞工學派」。墨爲家派之稱，非墨子之姓氏。古非貴族，往往無姓氏可考。如介之推、燭之武、師曠、卜偃、屠羊說之類，其名字著於史冊而不知姓氏者，不知其數。因男子稱氏不稱姓，非貴族則無氏也。

孔子有教無類，據說墨子亦在孔門受過教，此淮南子說，必在孔子身後。後來他卻自創教義。

孔子所傳多係儒士，雖非貴族，亦與貴族爲近。孔子常稱「君子」，即當時貴族之稱也。墨爲工人，亦居國，即城市中人。較之農民鄉裏人。易受學術空氣之薰染；又工人集團而居，更易自成家派。墨家亦頗有似後世江湖祕密結社的樣子。

墨子對於當時貴族階級的一切生活，抱著徹底反對的態度，因此有「非禮」、「非樂」的主張。

儒家講究禮、樂，儒家所講與當時貴族階級所守，貌同而實不全同。「恤由之喪，魯哀公使孺悲之孔子學士喪禮，士喪禮於是乎書。」此等皆儒家所創新禮也。墨子非禮、樂，故亦「非儒」。

墨子反對禮、樂的主要觀念，在反對其奢侈。墨子的正面理論爲「節用」。墨子認爲貴族

禮中最無用即最奢侈的莫如喪葬之禮，以奉養生人的奉養死人。故墨子提倡「節葬」。

儒家比較承認貴族禮的成分多，儒家只要把當時通行的貴族禮重新整理一番，使他包有社會全人類的共同含義。儒家極重喪葬之禮，爲其可以教孝、教忠、教仁。儒家認爲惟有對於已死的人盡力，最可發明人類自有的孝弟忠仁之內心。墨家則站在一般貧民勞工經濟的觀點上看，覺得貴族的喪禮和葬禮，最爲浪費，最屬無謂。

儒家說喪葬之禮乃人子之自盡其孝，墨家卻說應該「視人之父若其父」，與其用在死人的身上，不如用在活人的身上，所以墨家說「兼愛」。

「兼愛」與「仁」不同。仁非不愛人，特有親疏等差，故說「孝弟爲仁之本」。人決無不能愛其父母而能愛別人者。「兼愛」異於「別愛」，乃一種無分別之愛，亦可說是一種大同之愛，只就大羣著眼。

儒家提倡孝弟，根據於人性之「仁」，仁只指人類內心之自然的傾向與自然的要求。故稱之曰「人之性」。

墨家提倡兼愛，即無差別之愛。

反乎人心，所以墨家要說「天志」。墨子說：你的父母和我的父母，在你我看固若不同，在天的意思看，卻全是一樣。人本於天，所以應該「兼愛」，即應該「視人之父若其父」。近人常謂墨子有似耶穌，其實兩家精神亦不同。耶穌對他母親說：「婦人，在你與我之間，有何關係？」當耶穌聞其母和兄弟要找他說話時，耶穌說：「誰是我的母親？又誰是我的兄弟？」於是耶穌展其兩臂向諸門徒說：「你們看，此處是我的母親和兄弟。」初期的基督教，其對人類家庭之前，若不自恨棄他的父母、妻子、兄弟、姊妹，甚至於他自己的生命，他不夠做我門徒。」耶穌又說：「不論誰到我人間的關係。故墨子僅成一社會改革家，而非宗教教主。

要依照天志而兼愛，要視人之父若其父，便絕不該在個人或家庭生活上浪費和奢侈。」墨子在兼愛的主張下面，要人類全過一種平等的生活。「禮」是一種帶有階級意義的生活，墨家自然要徹底反對。

今墨子謂「視人之父若其父」，依然是地上人間的教誡如此。

墨家要把當時社會上最勞苦的生活，即刑徒役夫的生活，作爲全人類一律平等的標準生活。

他們在理論的組織上提出天志，天志乃墨家理論，非信仰。在歷史的教訓裏提出大禹。他們說：「非大禹之道，不足爲墨。」禹之治水，「腓無胈，脛無毛，沐甚雨，櫛疾風」，爲歷史上最勞苦之模範人物。

所以墨家以兼愛爲始，而以自苦爲極。事爲不可久。而良心則不必限於爲苦行。故儒可以兼墨，墨不足以代儒。儒家可稱爲「良心教」，墨家可稱爲「苦行教」。良心與苦行，皆代表中國民族精神之一部。惟苦行究極必本於良心，若專本諸天志，則其

但是儒、墨兩派，有他們共同的精神，他們全是站在全人類的立場，即天下的、人類社會的立場。來批評和反對他們當時的貴族生活。儒家精神比較溫和，可說是反對貴族的右派；墨家較激烈，可說是左派。

以下戰國學派，全逃不出儒、墨兩家之範圍。

極端右派，則爲後起之法家。極端左派，則爲後起之道家。法家、陰陽家、縱橫家，皆屬右。道家、農家、名家，皆屬左。惟從另一面看，右派皆積極而向前，因其比較溫和，得保持樂觀故。而左派常偏於消極與倒轉，因其比較激烈，易限於悲觀故。參看另論古代宗教之一章。

三　學術路向之轉變

孔子死後，貴族階級，墮落崩壞，益發激進，儒家思想暫轉入消極的路去，如子夏、曾子等是。

曾子處費，受季孫氏之尊養；子夏居魏，爲文侯師。魏文侯與季孫氏，一篡位，一擅國，依儒家精神言，全該打倒。惟那時的儒家，不僅無力推翻他們，仍不得不受他們的尊養奉事。此因當時儒家的勢力和地位，仍需賴貴族扶護。於是漸漸轉成一種高自位置、傲不爲禮的態度，這是一種變態的士禮。子夏、曾子、田子方、段干木、子思全是這樣，此與孔子所謂「禮」絕異。

從此等消極狀態下又轉回來，重走上積極的新路，他們開始再向政治上幹實際的活動。便成後來之所謂法家。李克、子夏弟子。吳起、曾子弟子商鞅李、吳之後起。可爲代表。

季孫氏固不能眞欣賞孔子，然他們卻佩服孔門之再有、子路。魏廷亦未必能眞尊事子夏、田子方，然卻不能不用李克、吳起。因用李克、吳起，不得不虛敬子夏、田子方。孔子、子夏同采一種不合作的態度，來保持他們學術上的尊嚴。再有、李克之徒，則以眞實的事功，換取當時的信仰與地位。此孔子所謂「具臣」。然亦有一個限度，相助簒君謀國，則不爲也。

法家用意，在把貴族階級上下秩序重新建立，此仍是儒家精神。（他們只避去最上一層不問。此孔子所謂「成事不說」也。）然而吳起在楚、商鞅在秦，都因此受一般貴族之攻擊而殺身。

吳起、商鞅皆不過以東方魏國行之已效之法移用於楚、秦。惟晉國公族本弱，魏新篡位，更無貴族，故變法易。楚、秦雖受封建文化薰陶較淺，然傳統貴族勢力則較東方三晉新國為大，故以東方當時新法推行於楚、秦，而受一輩舊勢力之打擊。

游仕的勢力與地位，漸漸提高，他們拼命苦幹的精神，卻漸漸消沉。（地位高了，自然不願做犧牲。）自吳起、商鞅以下，漸漸變成以術數保持祿位的不忠實態度，其人如申不害。（不表示真切態度。）

申不害教韓昭侯，以術數駕馭臣下，為君者自己沉默不見所好，使輦下無可迎合，只好各竭其才，各盡其誠，而後為君者以刑賞隨其後。（此等理論，見出已在貴族政府徹底破壞，官僚政治代興之時。）然申不害自己卻以術數窺君私，為迎合。故申不害相韓近二十年，並無赫赫之功。以後游仕對各國皆不能有真實偉大之貢獻，與商鞅、吳起異矣。

游仕漸得勢，他們不僅以術數保持祿位，不肯竭誠盡忠，他們還各結黨羽，各樹外援，散布在列國的政府裏，為他們自身相互間謀私益。（國君有國界，游仕無國界。游仕為自身謀，因此造成一種各國政府裏層之聯合。國內的進退，引起國際的變

動，使君權退削，臣權轉進。這便成所謂「縱橫」之局。

這一派的代表如公孫衍、張儀。蘇秦、張儀的故事，雖不可信，其編造故事之心理背景則可信。蘇秦在東方，張儀在西方，各爲國相，互相默契，而保持祿位。

此雖表現游仕之逐層腐化。然從另一方面看，實爲平民學者地位與勢力之逐步伸張，乃至轉駕於列國君權之上。

墨家本該與政治絕緣，然而墨家亦依然走上接近政治的路。此亦事勢所限。

墨子常常保送其弟子到各國政府去。當時各國君相貴族，未必眞能欣賞墨子的理論，然墨家善守禦，乃變爲爲人守禦，與天志、兼愛之理論，相去已遠。惟爲人守禦，因主非攻。墨主非攻，善爲守禦之機械也。亦因墨家本屬工黨，善爲守禦之機械也。因此遂爲各國掌政權者所樂用。最著名者如墨家鉅子孟勝，爲楚陽文君守城事。此並非墨家兼愛眞精神，墨家正因此等處大爲當時貴族有權者所重視，而換取其自身在社會上之地位。

大體儒家近乎是貴族的清客，墨徒卻成了貴族的鏢師。然而貴族階級的特殊地位和特殊勢力，卻漸漸從儒、墨兩家的活動潮流裏剝削了。

四　士氣高張

游仕逐漸得勢，他們的學說，亦逐漸轉移，他們開始注意到自身的出處和生活問題。這已在戰國中期。

他們注意的精神，已自貴族身上轉移到自己一邊來。此可見那時貴族與游仕在社會上地位之倒轉。約略言之，可分五派：

一、勞作派。墨家苦行教之嫡系。此可以許行、陳仲為代表。

此派主張「君民並耕」，尚未主張無政府。此派思想往往注意社會問題，而忽略了政治情態。主張「不恃人而食」，各為基本的生活勞動。似乎是墨家精神最高之表現。陳仲子之生活，直是近世托爾斯泰晚年所想慕也。

二、不仕派。滑頭的學士派。此可以田駢、淳于髡為代表。

此派安享富貴生活，寄生在貴族卵翼之下，而盛唱其不仕之高論。此必當時先有不仕之理論，而彼輩竊取之，如儒家田子方、段干木之徒，以及墨家大部分，殆均以不仕見高也。齊稷下先生皆以不仕而議論，而淳于髡、田駢為之首。

三、祿仕派。為以法術保持祿仕之進一步活動，即縱橫家也。此可以公孫衍、張儀為代表。

此派積極的惟務祿仕，「縱橫」即聯絡各國祿仕主義者，以外交路線互結成一勢力，以期於不可倒。

四、義仕派。**此可以孟軻為代表。** 儒家之正統。

此派一面反對陳仲、許行，主張「分功易事」，承認政治的生活。一面反對田駢、淳于髠，即反對游談寄生之生活，亦即學者之貴族生活也。此與貴族奢侈生活貌同而情異。推廣言之，即承認士君子禮樂的生活，亦可謂是文化的生活。此職來換俸祿。一面又反對公孫衍、張儀專以妾婦之道來謀祿位，主張以禮進退。主張士「不託於諸侯」，須把官若義不可仕而受貴族之周濟，則以不餓死為限度。

五、退隱派。**此可以莊周為代表。** 亦可稱玩世派，乃道家之正統。其先已有楊朱「為我」。楊朱、莊周，皆對儒、墨之犧牲自己以為社會之態度而懷疑其功效也。

此派從理論上徹底反對政治事業，陳仲激烈。此層比許行、陳溫和。卻不一定主張刻苦的勞作生活，比較許、**既不願有禮樂文化，** 從反對政治事業，必然引伸到此。**又不願為勞苦操作，更不願為寄生祿仕，** 此派所以雖屬玩世，而終成為一種學派。**只有限於冥想的生活中。** 其先冥想皇古生活，進則冥想自然生活。皇古生活則以黃帝時代為寄託；自然生活則為神仙，吸風飲露，可以不入世俗，不務操勞，不事學問，而自得其精神上之最高境界。

嚴正的學派。

以上諸派，主張雖不同，然而他們思考和討論的中心，則全從自身著眼，並不像孔、墨兩家多對貴族發言。此正可見平民學者之地位已逐步高漲，而貴族階級在當時之重要性已逐步降落。

公孫衍、張儀「一怒而諸侯懼，安居而天下熄」，其勢力可想。次之如淳于髡，遨遊齊、梁，遍受極優之敬禮。田騈貲養千鍾，徒百人。孟軻稱連蹇，謂其「所如不合」，然亦「後車數十乘，徒者數百人，傳食諸侯」。莊周雖隱淪，亦與大國君相時通聲氣。其友惠施，即為梁惠王相，與張儀、公孫衍爭為政敵。陳仲子餓於於陵，「三日不食，耳無聞，目無覩。」而聲名足以震鄰國。趙威后問齊使，特說為何至今不殺。許行亦有徒數十人。當時平民學者的聲氣和地位，實更超孔、墨之上。

五　貴族養賢

平民學者逐步得勢，貴族階級對他們亦逐加敬禮。於是從國君養賢進一步到公子養賢。

國君養賢始如魏文侯、魯繆公，而大盛於齊威、宣王時之稷下。如齊宣王之於王斗、顏

從另一面看，此仍屬貴族階級之奢僭，所以自趨滅亡之路也。

闞，燕易王之讓位於子之，秦昭王之跪見張祿先生，燕昭王之築黃金臺師事郭隗，皆當時國王下士之極好榜樣。

公子養賢，以孟嘗、平原、信陵、春申四人爲著。

孟嘗君尤開風氣之先。其父靖郭君爲齊威王弟，父子爲齊威、宣、湣三朝相。孟嘗又相秦昭王、魏哀王，封於薛，稱薛侯，中立。<small>即自爲一獨立國。</small>其聲勢地位如此，然孟嘗君卻極端下士。<small>其意殆欲效魏文侯、田太公。</small>

惟四公子門下，貞士少，僞士多。<small>所謂「僞」者，謂其不夠尊養之資格。</small>只見游仕氣燄之高張，而不見他們的眞貢獻。

四公子惟平原得賢最多。如趙奢、虞卿、公孫龍之類，是也。信陵君之有侯嬴、朱亥、毛公、薛公，已不如平原矣。孟嘗則雞鳴狗盜之雄，僅一馮煖，亦縱橫策士耳。春申門下最闇淡，惟「珠履三千」而已。此非當時之無士，四公子爭以養士爲名高，<small>或則別有懷抱，如孟嘗、春申。</small>動稱「門下食客三千人」，何來有如許士？僞濫雜進，則眞士不至。即如魯仲連，如天外游龍，豈四君子所能致耶？然仲連以一遊士，立談之頃，能挽回秦、趙交爭國際

向背之大計，此等氣魄意境，後代社會殊不易見。亦正因在士氣高張之時代下，故得成此偉蹟耳。

六　平民學者間之反動思想

從此激而爲反游仕、反文學之思想，則爲戰國晚年學術之特徵。孔、墨初起時思想，皆針對批評貴族階級，此則否。第二期孟子、許行時代之思想，多偏重於學術界如何對付政治界之問題，（即士之出處問題。）此則適相反，乃爲政治界應如何對付學術界之問題。（即思想智識之統治問題。）而其著者有三家：一老子，

關於老子傳說之考訂，見先秦諸子繫年。此處不能及，只就其思想與時代關係列之。二荀卿，三韓非。

老子的理論，其要者，反尚智，「智慧出，有大僞。」「絕聖棄智，民利百倍。」反好動，如「小國寡民」一節。反游仕食客，如「朝甚除，田甚蕪」一節。皆針對當時的現象。此種現象，皆春秋時代所無。

老子主張在上者無治，其思想有似申不害，而系統大體則異。在下者歸耕。此與許行、莊周各不同。

荀子則主禮治。禮爲人倫，荀子則要把他的新人倫觀來重定社會秩序，主去世襲之貴族而以才智爲等級。與孔、孟所言禮，其內容各不同。秦、漢以下政治，漸走上此路。

荀子分人爲四等：一、大儒，知通倫類，明百王之道貫，爲天子、三公，惟此可以「法先王」。此如今云「先知先覺」。二、小儒，奉法守法，爲諸侯、大夫、士，此僅當「法後王」。此如今云「後知後覺」。三、衆人，

為工、農、商、賈，安職則畜，不安職則棄。此如今云「不知不覺」。四、姦人，才行反時，殺無赦。此如今云「反動分子」。

荀子主以聖王爲師，以王制爲是非之封界，主定學術於一尊。

韓非主法治，他是一個褊狹的國家主義者，主張一階級的權益而謀富強。他抱有強烈的階級觀念，徹底主張貴族階級統治者之私利。

韓非爲韓之諸公子，殆未忘情於其自身之私地位者。戰國除韓非外，尙有屈原，亦爲代表貴族意識的學者。屈氏爲楚之大族，故屈原寧失志，不肯爲游仕。此皆專志於一國一宗，與其他學者不類。

他說上下利害相衝突，詭使與六反。他說聖人之治道三，曰利、名、威。他引用性惡論，韓非乃荀卿門人，荀爲力唱性惡論之大師也。提倡反恩主義。即尚權力的反人道主義也。

他要驅民於耕戰，徹底反對文學言談之士。五蠹。韓非極重老子，然與老子意境大別。他理想中的境界，是「無書簡之文，以法爲教；無先王之語，以吏爲師；無私劍之捍，以斬首爲勇。」即尚首功。

老、荀、韓三家立論各不同，然主裁抑戰國末年游仕高張之氣燄則一。

又三家議論，皆已爲秦、漢統一政府開先路。^{此緣其時已達天下混一之境界，故其意想自與戰國中期人議論別。}

戰國學術思想之轉變，從孔子、墨子到荀卿、韓非，恰恰是貴族階級逐步墮落，平民學者逐步高張的一段反影、一幅寫照。

第三編

秦漢之部

第七章　大一統政府之創建　秦代興亡及漢室初起

經過戰國二百四、五十年的鬥爭，到秦始皇二十六年滅六國，而中國史遂開始有大規模的統一政府出現。漢高稱帝，開始有一個代表平民的統一政府。武帝以後，開始有一個代表平民社會、文治思想的統一政府。中國民族的歷史正在不斷進步的路程上。

一　秦漢帝系及年歷

秦之帝系

（三七）

一

始皇帝

二十六年，初并天下。
二十八、二十九、三十二年，三次東行郡縣。
三十三年，開置桂林、象郡、南海三郡。
三十四年，焚書令下。
三十五年，坑儒案。
三十七年，東巡，道崩沙邱。

（三）

二

二世皇帝

元年，東方兵起。
三年，趙高殺二世，立子嬰，嬰殺高降。

（一）

三

王子嬰

秦自統一稱帝至亡，凡三君，十五年。

西漢帝系

一　（一二）　高祖
五年，即帝位，削平異姓，封建同姓。

二　（七）　惠帝
呂后稱制。

三　（二三）　文帝

（四）　少帝恭
呂后稱制。

（四）　少帝弘
呂氏之亂，漢功臣、外戚、宗室三系之相爭。

四　（一六）　景帝
吳、楚七國平，文景之治。

五　（五四）　武帝
伐匈奴。通西域。漢室全盛期。

昌邑王

六　（一三）　昭帝

漢自高帝至平帝凡十一君，二百一十一年。王莽自攝政至建新朝迄亡，共十八年。

二　國家民族之搏成

秦人統一，此期間有極關重要者四事：

一、為中國版圖之確立。

秦并六國，分建四十二郡，（詳下。）造成此下二千年中國疆域之大輪廓。

二、為中國民族之搏成。春秋時代華、夷雜處之局，逐漸消融，而成一「車同軌，書同文，行同倫」之社會。

春秋時代華、夷雜處之大勢，粗略言之，徐有淮夷，青有萊夷，雍有犬戎、義渠，豫有陸渾之戎，冀有鮮虞、赤狄、白狄、山戎，荊揚有蠻。經春秋至戰國，西北諸國有漸次城郭化者，亦有漸次驅逐而北避者。秦、趙、燕三國競務拓邊：燕開漁陽、右北平、上谷、遼西、遼東諸郡；趙滅中山，其先為鮮虞國，於魏，為魏別封。開雁門、代、雲中諸郡；秦開九原、隴西、北地諸郡，魏開上郡亦入秦。中央諸戎則以韓、魏滅伊、洛諸戎，楚破南陽九夷而漸就消滅。東方淮海諸夷，率與諸夏同化。南方則有楚、越兩國之闢地。大抵今浙江、福建兩省為越人所闢；秦始皇使王翦定楚江南地，又降越君，置會稽郡，由是越失無餘故都。其子孫或都東甌，君海上，為今溫州等處；或都東冶，君閩中，為今福州等處。始皇蔑，閩越君無諸、東越君搖，率兵助諸國滅秦。其後東甌悉眾徙中國，處江、淮間。閩越分立東越，又徙其民江、淮。湖南、雲、貴為楚所闢。楚襄王時，使莊蹻將兵循江上，略巴、蜀、黔中以西，定滇，欲歸報，會秦奪楚巴、黔中郡。道塞不通，因以其眾王滇。惟湖南湘西，自秦昭王置黔中郡，漢改武陵郡，而其地蠻族仍各自為部落，開化有反緩於川、滇者。巴、蜀則開於秦。在惠王時。兩廣、安南則在秦并六國後始為中國郡縣。羣居生息於同一版圖，沐浴寖饋於同一文化，以中國人治理中國疆土，發展中國文化，蓋自此始大定其基礎。

三、為中國政治制度之創建。封建制破棄，郡縣制成立，平民、貴族兩階級對立之消融。

封建制逐步破壞，郡縣制逐步推行，自春秋至戰國已然。秦以下，雖封建遺形尚未全絕，然終不能再興。且其勢如危石轉峻阪，不墮於地不止。漢初先則有異姓封王，繼則封王惟限於同姓，又次則諸王惟得衣租食稅，同於富人；此自景、武下逮東漢，封建名存實亡，尺土一民，皆統於中央，諸封王惟食邑而已。至魏則并邑入亦薄。晉矯魏孤立，大封同姓，並許自選官屬，然劉頌言其「法同郡縣，無成國之制」。蓋亦徒享封土，不治吏民，乃西漢景、武以後法度耳。至晉惠帝立後，諸王或鎮雄藩，或專朝政，遂有八王之亂；然此乃權臣之擅政，非古代封建之比。下至南朝，宋、齊、梁諸代，宗室諸王皆出為都督、刺史，星羅棋布，各據強藩，假以事任，矯東晉中央衰替之勢；然此特援引親族以踞要位，其權重在為守令，不在為王侯。唐封諸王不出閣，有名號，無國邑，空樹官僚而無蒞事，聚居京師，亦僅衣稅食租。惟明初封諸王，欲以封建、郡縣相雜，然一、再傳即廢。終明之世，仍是分封而不錫土，列爵而不臨民，食祿而不治事也。再以封侯論，漢初諸侯亦猶有君國子民之意，景帝後事權卽皆歸國相，侯國與郡縣無異；然尚裂土以封。又漢初丞相選用列侯，武帝時始東漢則多未與國邑，僅佩印受廩，列侯殆全同於關內侯。

有拜相封侯之制。東漢位三公者亦不復有茅土封。然漢人猶常稱「萬戶侯」，言其封食之大。至魏，雖親王所食未有及萬，諸將封多不滿千戶。〔張繡封兩千戶，時謂例外。亦因其時戶口耗減。〕晉、宋以下，

門第既盛，朝廷封爵乃不爲重。至唐則並廢封爵世襲之制，爵僅及身而止；而所謂爵土亦祇是虛名。受封者於內府給繪布，惟同俸賜，絕不足以擬古之胙土矣。唐太宗貞觀十一年，令諸功臣世襲刺史，長孫無忌等十四人辭曰：「違時易務，曲樹私恩，謀及庶僚，義非僉允。方招史冊之誚，有紊聖代之綱。一也。求賢分政，寄在共理。封植兒曹，失於求瘼，百姓不幸，將焉用之？四也。」於是遂止。

嗣職，寧無傷錦？一掛刑網，自取誅夷。三也。臣等非才，愈彰濫賞。二也。孩童

唐初屢議封建，李百藥、馬周諸人皆反對之。

觀於此，則知封建制度已不能復行於後世。以唐太宗之英武，唐初文、武諸功臣之出眾，誠使君臣割地，各自專制一方，相與和好連結，徵租訓武，亦足各傳百年、數百年之外。所以不能爾者，由國人對於政治意義之認識，久已不許復有貴族世襲封建制度之存在。此乃中國史進程中一極要綱目，不可不特別注意也。

四、爲中國學術思想之奠定 此就態度傾向而言。

大要言之，中國學術思想之態度與傾向，大體已奠定於先秦。一曰「大同觀」。王道與霸術，即「文化的世界主義」與「功利的國家主義」之別也。先秦思想趨嚮前者，以人類全體之福利爲對象，以天下太平爲嚮往之境界，超國家，反戰爭。秦漢大一統政府，在當

時中國人心目中，實已爲超國界之天下也。二曰「平等觀」。階級與平等，即「貴族主義」

與「平民主義」之辨。先秦思想趨嚮後者，而以仁愛中心的人道主義爲之主。舉其著者，

如孔子之孝弟論、忠恕論，墨子之兼愛論，惠施之萬物一體論，許行、陳仲之並耕論、不恃人食論，此即均等勞作論。

孟子之性善論，荀子之禮論，即新人倫主義，以才智德行爲君子、小人之新判別。其弟子韓非，持論雖褊狹，然亦可謂是一種在國家法律下之平等論也。

皆就全人類著眼，而發揮其平等觀念之深義者也。三曰「現實觀」。天道與人道，即「宗教」此指狹義的宗教。與「社會」之辨。先秦思想趨嚮後者。莊老之自然

哲學，其反宗教之思辨最爲徹底。人生修養之教訓，社會處世之規律，爲先秦學說共有

之精采。教育主於啓發與自由，政治主於德感與平等，對異民族主於與我同化與和平，

處處表示其「大同」之懷抱。此乃先秦學術共有之態度，所由形成中國之文化，搏成中國

之民族，創建中國之政治制度，對內、對外，造成此偉大崇高之中國國家，以領導東亞

大地數千年之文化進程者，胥由此數種觀念爲之核心，而亦胥於先秦時期完成之也。

此四者，乃此期間中國民族所共同完成之大業，而尤以平民社會之貢獻爲大。即秦人之

統一，亦爲此種潮流所促成。

秦之先世本在東方，史記秦本紀敍述甚詳。爲殷諸侯。及中潏始西遷。其母乃西土酈山氏女。周孝王時，大駱適子

成居犬丘，今陝西興平。而庶子非子始別封秦。今陝西隴縣東南。其後犬丘一族爲西戎所滅，非子一族邑

秦者遂又東兼犬丘故地。諸嬴姓如江、黃、左莊十九年正義、史記陳杞世家索隱。徐、左昭元年正義。梁、左僖十七年有梁嬴

嬴。又潛葛、左僖十七年，有葛嬴夫論。譚、史記、潛夫論。鄅、潛夫論。終黎、史記伍子胥傳索隱。鍾離、史記秦本紀集解、

夫論。淮夷、水經淮水注。路史後記注。及戰國之趙，皆在東方。秦、晉於春秋時世爲婚姻，時無以秦爲夷翟

者。戰國之秦乃如春秋之楚，不得即此謂秦果夷翟。

三　第一次統一政府之出現及其覆滅

秦幷六國，中國史第一次走上全國大統一的路。此不專因於秦國地勢之險塞及其兵力之

強盛，而最要的還是當時一般意向所促成。

秦之富強，得東方遊仕之力爲多，如商鞅、張儀、公孫衍、甘茂、范雎、蔡澤、呂不韋，

皆東方人也，彼輩皆不抱狹義的國家觀念。即如魯仲連力反帝秦，亦就文化上立論，並非狹義的愛國主義。若使東方貴族機體不

推翻，當國者盡如平原、信陵、屈原、韓非之徒，平民學者不出頭，遊仕不發跡，一般

民衆皆受狹義的貴族政體之支配，則秦人力量便不夠幷吞東方。即以始皇一朝相臣言

之，相國呂不韋，始皇即位拜，十年免。昌平君、九年拜，二十一年貶。索隱曰：「昌平君，楚之公子。」昌文君、九年拜。丞相王綰、

(二十六年拜。)隗林(二十八年拜。)李斯、(三十四年拜。)去疾(三十七年拜。)諸人，似乎全非秦之貴族。如呂不韋、昌平君、李斯則明屬東方人；呂、李明是平民階級。秦政府實一東西混合的政府，(即超國界的。)亦是一貴族(秦王之室。)與平民合組的政府。(所謂「布衣卿相」之局。)秦藉東方人力得天下，自不能專以秦貴族統治。故始皇雖爲天子，子弟下儕齊民爲匹夫，更不封建。雖係始皇卓識，亦當時情勢使然。

秦政府對統一事業，亦大有努力，舉其要者，如廢封建行郡縣。

此種趨勢，雖自春秋、戰國以來即然，然明白肯定的廢封建則自秦始皇統一後始。時丞相王綰即請立諸子，封王荊、齊、燕諸地，李斯不謂然。(時斯為廷尉。)始皇曰：「天下共苦戰鬥不休，以有侯王。」天下初定，又復立國，是樹兵也。卒從李斯議。其後博士齊人淳于越又主封建，謂：「事不師古而能長久者，非所聞。」(郡縣政治在當時實是有史以來之創局也。)李斯學術上承荀卿，始皇亦本於息戰弭兵之見地，不復封建。(郡縣則天下爲一家，可望永久和平，封建則依然列國並立，難免兵端。此實當時一種極純潔偉大之理想，所謂「平天下」是也。)封建、郡縣兩政體之爭論，乃當時最要一大事。李斯力斥之，(丞相李斯議。)至爲請焚書。凡此番建樹，於中國史上政體之躍進有大功績。後人空以專制譏秦，殊欠平允。

又按：秦始皇二十六年即從廷尉李斯議，分天下爲三十六郡。今略考之，隴西、(昭王二十八年置。)北地、(亦昭王置。以上二郡當在今甘肅境。)上郡、(昭王三年置。)雲中、(始皇十三年因趙置。)漢中、(惠王後十二年置。以上三郡當在今陝西境。)蜀郡、

惠王二十七年置。

巴郡、亦惠王時置，郡當在今四川境。以上二

邯鄲、始皇十九年取趙置。鉅鹿、始皇二十五年滅趙置。廣陽、始皇二十一年滅燕置。漢志失載。漁陽、始皇二十二年因燕置。

右北平、始皇二十一年因燕置。上谷、始皇二十三年因燕置。遼西、始皇二十二年因燕置。遼東、始皇二十二年因燕置。以上諸郡略當今河北、熱河、遼寧境。

河東、昭襄王元年置。上黨、昭王四十八年置。太原、莊襄王四年置。雁門、始皇十三年因燕置。代郡、始皇二十五年因趙置。以上諸郡略當今山西境。

三川、莊襄王四年置。南陽、昭王三十五年置。以上諸郡略當今河南境。南郡、昭王二十九年攻楚置。此略當今湖北境。

潁川、始皇十七年置。楚郡、亦始皇滅楚置。治陳，亦曰陳郡，漢志失載。黔中、昭王三十年置。以上二郡當今河南境。

長沙、始皇二十三、四年置。以上諸郡略當今湖南境。九江、始皇二十四年置。泗水、

琅邪、年滅齊置。東郡、始皇五年置。略當今山東境。齊郡、始皇二十六年置。

碭郡、始皇二十二年置。薛郡、始皇二十三、四年置。會稽、始皇二十五年置。以上諸郡略當今江蘇、安徽、浙江境。是也。又增九原、閩中、與會稽同年置，當今福建境。漢志失載。

東海、始皇三十四年置。今江蘇、山東境。

南海、桂林、象郡、始皇三十三年略取陸梁地置。略當今兩廣乃至安南境。

九原、始皇三十三年關河南地置。略當今綏遠境。共

四十一郡。邊郡十八，近邊二郡，內郡二十一，境土略與今相當。惟北盛於南，與後世異。

收軍器，墮城郭，決川防，夷險阻，以解消封建時代之武裝。

當時國境，皆築長城為防。

魏有兩長城：一曰「固陽長城」，在今陝西境，由今華縣達榆林，南北千餘里；一曰「滎陽長城」，在今河南境，由陽武達密縣，南北數百里。齊亦有長城，在今山東境，由平陰達諸城、琅邪，盡海濱，東西千餘里。燕亦有兩長城：一曰「外長城」，由今河北懷來達遼寧之遼陽，西捍胡，西捍秦，長千五百里。趙則有「扞關」，在今河北易縣西南，延袤數百里。楚自春秋已有「方城」，入戰國益增築，在今河南境，以方城縣為中樞，南經南陽達沘陽，北達葉縣魯山，亦有遺跡，屈曲數百里。

割地裂疆，遠者五、六百年，近亦一、

二百年。又有堤防齊與趙、魏以河為境，各自築堤。下亦有壅水不以鄰國為壑。，下以害鄰國。中國之支雜破碎，固若自古已然。秦廷努力鏟削決通，於中國大一統之形成，良有大功也。收兵器，鑄金人十二，各重二十四萬斤。此蓋均為一種弭兵理想之實施。後人專以專制說之，殊非事實。

又建設首都，移東方豪家十二萬戶於咸陽，興建築。宮殿與陵寢。

秦每破諸侯，寫放其宮室，作之咸陽，則咸陽之新建築，實匯合當時營造藝術之大成也。其經營陵寢，亦承儒家理論，而藉以充實中央。因有陵寢移民。漢承其制。於物質上即文物上。造成全國共仰之新首都，於統一精神亦殊重要。

巡行郡邑，築馳道。

始皇凡五巡狩。二十七年首巡隴西、北地，出雞頭山，過回中（今甘肅固陽）。二十八年始東行，上鄒嶧山（今山東鄒縣）、泰山，南登琅邪，還過彭城，西南渡淮至南郡，浮江（即漢水）由武關入。（後人誤謂始皇至湖南。）二十九年再東巡，經陽武登之罘，遂登琅邪，從上郡入（今陝西延綏一帶）。三十二年四次出巡，東北至碣石（今河北昌黎縣）。三十七年第五次，至雲夢（今湖北境），浮江下過丹陽，至錢塘，上會稽，還過吳，並海北上，至琅邪、之罘渡河至沙丘（今河北平鄉縣），遂道卒。

車轍馬迹徧中國，賈山謂：「秦為馳道，東窮燕、齊，南極吳、楚，道廣五十步，三丈而樹，厚築其外，隱以金椎，樹以青松」，其制度之壯麗可想。

統整各地制度文化風俗。

此觀秦各地刻石文辭可知。

秦刻石辭傳者凡七：曰嶧山、泰山、琅邪、之罘、之罘東觀、碣石門、會稽刻石特提男女淫佚之防，此就各地風俗爲矯正也。琅邪刻石尚孝、重農，爲此後漢治之本。又始皇二十六年云：「一法度衡石丈尺，車同軌，書同文字」，此亦統一工作上極重要之事務。

開拓邊境，防禦外寇。築長城及戍五嶺。此皆爲完成大一統的新局面所應有之努力。大體言之，秦代政治的後面，實有一個高遠的理想，此項理想，淵源於戰國之學術。秦政不失爲順著時代的要求與趨勢而爲一種進步的政治。

至於秦以一皇帝異乎以前之所謂「王天下」。高出乎公、卿、守、令百僚之上，固若王室益尊，異乎前軌，然亦事勢推遷所必至，公、卿、守、令百僚若世襲，則仍是往者封建覆轍。若王位不世襲，則易啓紛爭，非長治久安之局。

處心積慮欲爲此以便專制也。爲君者無此力量，爲臣者無此心理。秦廷有集議之制，如始皇時議帝號、議封建、議刻石頌功德、議封禪。二世時議儲嗣：如議儲嗣；又議廢之。如議立君：昭帝崩，羣臣議立廣陵王，霍光承太后詔立昌邑王，又議廢之。如議封建功賞：如甘延壽、陳湯元帝時，矯詔誅郅支單于，朝廷屢議其功賞。民政法制：如昭帝時議鹽鐵，獄訟：同姓者如淮南王獄；異姓者如魏其、武安侯相爭。邊事：如馬邑之謀。皆付廷臣羣議。東漢，如議立君：質帝崩。議遷都：如董卓議遷長安。議食貨：肅宗議復鹽鐵。其他如議宗廟郊祀典禮，議選舉刑法等，不勝舉。

議尊始皇廟。爲兩漢所承。西漢，如議立君，成帝召丞相翟方進、御史大夫孔光等入禁中，議立嗣。

非秦君臣王蒜不屈。董卓議廢少帝立陳留王，袁紹橫刀而出，與春秋列國貴族世卿之世略似。就此種政制風格言之，亦非一君權專制獨伸之象。

朝廷每逢大事，君臣集議，猶一一二

秦代版圖

秦代政治的失敗，最主要的在其役使民力之逾量。

秦人以耕戰立國，全國民眾皆充兵役，名曰「黔首」。魏有「蒼頭」為平民軍隊之一種，「黔首」殆於「蒼頭」義近。惟在戰國兵爭時代，以軍功代貴族，秦民力戰於外，歸猶得覬功賞。及天下統一，秦之政治亦漸上文治軌轍，而一面仍恣意役使民眾，如五嶺戍五十萬，長城戍三十萬，阿房役七十萬；此等皆為苦役，與以前軍功得封爵不同。古代封建小國，四境農民行程相距最遠不出三、四日，每冬農隙，為貴族封君服力役三日，往返不過旬日，其事易勝。秦得天下，尚沿舊制，如以會稽戍漁陽，民間遂為一大苦事。又有「七科謫」與「閭左戍」，「七科謫」者，一吏有過，二贅壻，三賈人，四嘗有市籍，五父母有市籍，六大父母有市籍，七發閭左。閭左既空，當及閭右，其濫可知。秦自以農戰立國，役不足乃謫買人，此與東方社會經濟情態亦不合。陳勝、吳廣即由此起。

秦室本是上古遺留下來的最後一個貴族政府，依然在其不脫貴族階級的氣味下失敗，役使民力逾量，即是十足的貴族氣味。依然失敗在平民階級的手裏。

秦之統一與其失敗，只是貴族封建轉移到平民統一中間之一個過渡。

四 平民政府之產生

秦滅六國，二世而亡，此乃古代貴族封建勢力之逐步崩潰，而秦亡爲其最後之一幕。直至漢興，始爲中國史上平民政權之初創。

高祖父稱太公，無名。母曰劉媼，幷亡其姓。高祖行三，故曰劉季，既有天下，因名邦。一時羣臣，如蕭何爲沛主吏掾，曹參爲獄掾，任敖獄吏，周苛泗水卒史，申屠嘉材官，陳平、王陵、陸賈、酈商等皆白徒，周勃織薄曲、吹簫給喪事，樊噲屠狗，灌嬰販繒，婁敬挽車，惟張良爲韓相貴冑。漢初王后亦多出微賤。項羽、田橫之徒皆貴族，而皆不能成事，此可以覘世變。

平民政府必然創建，殆爲當時歷史趨勢一種不可抗之進程。然在平民政府創建的過程中，卻屢次有「封建」思想之復活。

秦始皇二十六年丞相王綰等議復封建，三十四年博士淳于越等又議復封建。至二世皇帝元年，東方革命軍起，各爲六國立後。漢高平項王，封韓信、彭越、黥布諸人爲王；迨異姓諸王逐漸剗滅，又封宗室同姓諸王。

直到景帝削平吳、楚七國之亂，平民政府之統一事業始告完成。當時平民政府的第二個反動思想則為「無為而治」。

漢初政府純粹代表一種農民素樸的精神，無為主義即為農民社會政治思想之反映。因此恭儉無為、與民休息，遂為漢初政府之兩大信念。因亂後社會經濟破產，人心厭亂，戰國晚年黃老一派消極思想，遂最先在農民政府裏面得勢。

「無為」之實則為「因循」。因此漢初制度、法律一切全依舊。即如蕭何定律，而夷三族、訞言令、挾書律等皆存在。至孝惠、高后、文帝時逐漸廢除，惟精神上漢則恭儉，秦則驕奢，此其異。戰國晚年申韓一派的法家思想，遂繼黃老而為漢治之指導。太史公謂申韓本於黃老，亦自就漢代情形言之。

此種趨勢，在文、景時逐漸開展。一面漢廷削平吳、楚七國之亂，一面又漸漸有所謂「酷吏」出現，用朝廷法令來裁抑社會上的「游俠」與「商人」。功臣、列侯、宰相、大臣，亦不斷受朝廷法令制裁。中央統一政府之權力與尊嚴，逐漸鞏固，而後醞孕出漢武一朝之變法。

平民政府有其必須完成之兩大任務，首先要完成統一，其次為完成文治。漢政府之實際統一，始於景帝。漢政府文治之蒸，則始於武帝。

第八章 統一政府文治之演進 由漢武帝至王莽

要明白西漢文治政府之意義，先應注意到當時的一般情態。

一 西漢初年之社會

古代封建社會，到戰國已逐步消失。軍人、遊仕、商人，不斷由平民社會中躍起，他們攀登政治舞臺，而攫得了古代貴族之特權。

秦代統一政府在此種劇變過程中產生，因其歷年甚暫，那時的社會情態現在無可詳說。

就漢初情況而論，似乎秦漢之際雖經歷了幾次戰亂，而戰國以來社會變動的趨勢，依然照樣進行。

（一）農民與奴婢

社會上一般生活，都起了絕大變動，只有農民，還比較呆滯在陳舊的狀態下過活。

封建時代的農民，對其上層統治者，約有如下幾種負擔：

一曰稅。

此即地租。農民耕地，在政治觀念上，係屬於其地封君之所有，故農民對其封君每年應納額定之租稅。

二曰役。

因土地所有權的觀念，轉移到農民的身分，耕地者對其所耕地之封君有臣屬之關係。「所謂封之內，莫非王土；食土之毛，莫非王臣」。因此每年於農隙，又須對其封君爲額定的幾天勞役。如浚河渠、築城防、起墳墓、建宮殿等。

三曰賦。

遇封君貴族對外有戰事，農民須對其封君貢獻車牛，或勞力。農民不能有披堅執銳之榮耀身分，僅在軍隊中服勞役，乃至追逐軍後助威作勢。

四曰貢。

此出農民情感上之自動，如逢年節，向其封君獻彘、兔、雞、鵝或絲、布之類。

上四項，一為粟米之征，二、三為力役之征，四為布帛之征。此皆已為一種規定之義務。一一沿襲到秦漢無變。就漢初情形言，農民對政府負擔大體如次：

一、田租。即稅。

戰國以來租額無考，惟孟子屢言什一之稅，知戰國租額決不止什一。漢制則什伍稅一，又時減半徵收，則為三十稅一。自文帝十三年除民田租，至景帝元年復收半租。其間凡十一年未收民租，為歷史所僅見。

二、算賦。即後世之「丁口稅」。

「賦」本出車牛、供夫役之義。戰國以來，兵爭連年不息，於是非常的、臨時的。無定期的賦，漸變為按年的經常項目。亦不必真出車牛、夫役，而徑以錢幣替代，各處按人口輪派，遂成後代之所謂「人口稅」。秦人「頭會箕斂」，即此。派人持大算到各鄉村按人頭算繳納也。漢代出賦錢人百二十為一算。武帝伐四夷，重賦於民，民產子三歲則出口錢，人二十三，三錢以補車騎馬，（即戰馬。）民至生子輒殺。其未滿年齡者，七歲至十四。出口賦錢人二十。十五至五十六。又買捐之云：「文帝時民賦四十，武帝時民賦數百」，蓋亦時有輕重。

三、更戍。即兵役。

古代農民本無武裝，戰國以下，既徵其賦，又編其丁壯為軍隊，於是農民於納賦外又須從軍；而「從軍」與「從役」兩事，在當時觀念上，往往不易分析。故漢人更戍凡分三項：

古制二十成丁，授田百畝，三年耕有一年之畜。

（一）中央政府之防衛　此名「正卒」，年二十三乃為之，以一年為期。三輔來者為「北軍」，掌衛京城；郡國來者為「南軍」，掌衛宮門。漢帝以正月行幸曲臺，臨饗罷衛士。

又郡國材官、騎士，亦稱「正卒」，即步兵。雖丞相子亦在戍邊之列。

農民正式服兵役者凡二歲。於每年之九月有「都試」，即大操也。

期亦一年。

（二）邊疆戍守　此名「屯戍」，亦名「繇戍」。天下人皆直戍邊三天。戍邊以三日者，古代封建侯國，四境相距不甚遠，故國人得輪值三日以均勞佚。秦既一統，乃謫會稽戍漁陽，陳勝、吳廣遂以揭竿而起。漢人變通其制，許有過更，則可無秦禍。

不行者出錢三百入官，官以給戍者：是為「過更」。

亦每年輪值。

（三）地方勞役　此名「更卒」。一月一更。即每年輪值一月。

次直不往，出錢雇貧者，月錢二千。買捐之云：「文帝時，丁男三年而一事。」

親服役曰「踐更」。

漢兵出於民，往來繇戍衣裝皆自補，遠征則食其郡國之粟，惟衛士得衣食縣官，罷遣侑享。因此，漢無養兵之費。

尚有郡國對中央之貢獻，其詳不可考。

此種負擔，在當時已為極重。

漢書食貨志載李悝盡地力之教，謂：「一夫挾五口，治田百畝，歲收畝一石半，為粟

百五十石，除十一之稅十五石，餘百三十五石。食，人月一石半，五人終_{晁錯並謂：「百畝之收，不過百石。」}歲為粟九十，餘四十五石。石三十，為錢千三百五十。除社閭嘗新春秋之祠，用錢三百，餘千五十。衣，人率用錢三百，五人終歲用千五百，不足四百五十。不幸疾病死喪之費，及上賦斂，又未與此。此農夫所以常困，有不勸耕之心。**董仲舒**則謂：「月為更卒，已復為正，一歲屯戍，一歲力役，三十倍於古。田租、口賦、鹽鐵之利，二十倍於古。」

<small>盡地力之教未必真李悝語，可以推見漢初情形。</small>
<small>「且農民經濟變動較少」</small>

農民在無可聊賴中，首先是出賣耕地，出賣耕地後生活不免更苦。

董仲舒云：「或耕豪民之田，見稅什五。<small>較國稅重十五倍。</small>故貧民常衣牛馬之衣，而食犬彘之食。」<small>荀悅云：「官收百一之稅，民輸大半之賦，官家之惠優於三代，豪強之暴酷於亡秦。」故漢文之輕徭薄賦，仍無救於社會之兼并。</small>

其次只有出賣妻子乃至於出賣自身。<small>如此則算賦、更役等負擔皆免。漢制奴婢倍算，然自有主人負之，與奴婢不涉也。</small>**此為漢代奴婢盛多之**來源。

漢代公私皆盛畜奴，**蜀卓氏**至僮千人，**程鄭**亦數百。**武帝**時，**楊可**告緡，得民奴婢千萬數。**元帝**時，**貢禹**言官奴婢十餘萬。蓋有犯法沒為奴者，而不能完租賦、踐更役亦屬犯

法。則自賣爲奴與沒官爲奴亦正等耳。自賣爲奴猶較自由，有樂生之望，毋怪漢民自願賣身之多。後代不徵丁口稅，則不需出賣爲奴。

否則亡命。即脫去籍貫，流亡他鄉。舍匿亡命有罪；而或則冒罪藏匿，因其別有可圖之利。是爲「任俠」。商賈必盛蓄奴婢，任俠必多匿亡命，二者形成漢初社會之中層。

第一有待於山澤禁地之解放，詳第五章。第二則有賴於大規模之奴隸運用。

（二）商賈與任俠

當時商賈經營事業，據史記貨殖傳所載。約可分爲採冶、製造、種殖、畜牧、運輸諸項。這些事業，

貨殖傳所舉當時大富，如鐵冶、鼓鑄、燒鹽、轉轂即運輸。諸業，均有待於衆多之人力。即其所言末業爲貧資，如種樹果菜，如畜養豕魚，如屠沽，如販糶，如製器漆髤，如皮革雜工等，亦待奴役以爲操贏之算。大抵其時所謂商賈，以工虞農牧爲本，以轉販居積爲副，故奴婢爲治產一要素。齊刁間收取桀黠奴，使逐魚鹽商賈之利，或連車騎、交守相，然愈任之，終得其力，起富數千萬。班固以「馬蹄噭千，牛千足，羊彘千雙，童手指千」並舉。張安世家僮七百人，皆有手技作事，遂富於大將軍霍光。漢樂府：「孤兒命當苦，兄嫂令我行賈，南到九江，東到齊與魯。」王褒僮約，列舉操作項目。諺曰：「千金之子不死於市」，則作於家賈於市者，皆奴也。

其時奴隸率利用於製造及商業，而農業則已進為小規模的耕作，並無附著於土地，隨土地而買賣之「農奴」。奴隸生活待遇亦優，可以有家室、財產、兒女，甚至連車騎，交守相，此與歐洲羅馬農奴不同。

以錢幣買奴力以逐利長產，經營貨殖者為商賈。以意氣情誼收匿亡命共為姦利，甘觸刑辟而市權勢者則為任俠。

墨經：「任士損己而益所為。」韓非八說：「棄官寵交謂之有俠。」史記游俠傳謂：「近世延陵、孟嘗、春申、平原、信陵之徒，皆因王者親屬，藉於有土卿相之富厚，招天下賢者，顯名諸侯，不可謂不賢者。此如順風而呼。而布衣之俠靡得而聞。」是戰國任俠本指四公子輩廣招賓客而言。漢書季布傳注：「俠之言挾也。」其時貴族階級猶未全泯，故有力挾眾。漢興，「而閭巷之俠起，正可見世變。儒、墨皆不重俠，後人乃漸以此等為「俠」。

後人即認儒、墨為俠，非也。

任俠之所舍匿，則曰「賓客」，然賓客與奴婢身分無殊。同樣逃避國家課稅，失其為公民之資格。任俠既以意氣肝膽匿亡命，則亡命者亦出肝膽意氣感激相報，乃至作姦剽攻、鑄錢掘冢之類，無所不為。濮陽周氏舍匿而此一團體之生活亦得維持。任俠之權勢與富厚，乃與商賈亦略相當。

季布，置之廣柳車中，并與其家僮數十人至魯朱家所賣之。則任俠間亦自有大批奴僮相賣買矣。

任俠與商賈，正分攫了往者貴族階級之二勢：一得其財富，一得其權力。吳、楚七國反，周亞夫至洛陽，得劇孟，曰：「吳、楚舉大事而不求劇孟，吾知其無能為已。」天下騷動，大將軍得之，若一敵國，其權力可想。皆以下收編戶之民，而上抗政府之尊嚴，只要政治上沒有一個辦法，此等即是變相的貴族。故司馬遷稱貨殖富人為「素封」也。

二　西漢初年的政府

現在再看上層政府裏面的人物。

漢高得天下，大封同姓及功臣，並明約「非劉姓不得王，非有功不得侯」。所謂有功，大體上只指軍功而言。_{即相助劉氏得天下者，此即商鞅在秦所定「尚首功」之制也。漢二十級爵承襲秦制，自步卒到封侯，皆以戰功爲階級，是漢亦以軍人代貴族，明矣。}此爲政府的最上層。

其次的官僚，則大半由郎、吏出身。

郎官是隨從在皇帝近旁的一個侍衞集團。_{掌守門戶，出充車騎，無員，多至千人。}其制度略近於戰國時代國君乃至於貴族卿相門下的食客與養士。_{或曰：「郎之爲言廊也」，因侍衞宮殿廊廡之下而得名；或則曰：郎之得名，蓋猶周官鬱人、幽人、雞人之「人」。}

郎官來歷，不出下列數途：

一、廕任。

吏二千石以上視事滿三歲，得任同產若子一人爲郎，如蘇武、韋玄成皆由此出身。此即戰國策趙老臣觸龍見趙太后，願其少子「得補黑衣之數」之類也。

二、貲選。

家貲滿五百萬，得爲常侍郎，如張釋之、司馬相如皆以貲爲郎。蓋高貲者得上書自請宿衞，祿不豐而費大，故張釋之爲郎十年不得調，謂其兄曰：「久宦減仲產」，欲自免歸也。

楊惲傳：「郎官故事，令郎出錢市財用，給文書，乃得出，名曰『山郎』。移病盡一日，輒償一沐。或至歲餘不得沐。其豪富郎日出游戲，或行錢得善部。貨賂流行，轉相仿傚。」是郎署多富人，武帝後猶然。

三、特殊技能。

衞綰以戲車爲郎，荀彘以御見侍中，此如戰國策馮煖欲爲孟嘗君客，孟嘗君先問「客何能」也。東方朔上書自衒鬻，用三千奏牘，武帝讀之，輒乙其處，二月乃盡，得爲常侍郎。然史謂東方朔「與枚皋、郭舍人俱在左右，詼啁而已」。其先東方朔待遇乃與戲車、善御皆一等。文士之與俳儒，同樣爲皇帝一時好奇心所愛好，而畜之宮中，則與戲車、善御皆一例也。有射策爲郎者，如王吉、京房、蓋寬饒、杜鄴、師丹之類。此外尚有以孝廉爲郎者，如蕭望之、馬宮、何武之類，皆後起。

第一項是變相的貴族世襲，第二項是封建貴族消滅後的新貴族，（富人。）第三項則是皇帝私人。郎官集團性質之分析，不過如此。然而政治上之出身，卻正在此。（後漢書明帝紀，館陶公主爲子求郎，不許，而賜錢千萬，謂羣臣曰：「郎官上應列宿，出宰百里，苟非其人，則民受殃。」又按：郎官制度蓋爲政制淺演之民族所必經之一級，如後世金人以世胄或士人爲內侍，（見斜卯愛實傳。）又如元之四怯薛制等，皆略相似。）

郎以外有吏，（吏是各官署的幫辦人員。）吏的來歷，亦無一客觀標準，大體仍多爲富人所得。

漢制吏途凡三：一曰郡縣吏，不限資格，平民自願給役者皆得爲之。皆由吏出身。然韓信「以家貧無行，不得推擇爲吏」，大抵在上者擇家貧，在下者推有行，如高帝以長者得爲亭長是也。則小吏亦復有貲選也。二曰中都官掾屬，自丞相以下各官府皆可自辟署，或先爲郡吏，或本爲布衣，亦不限資格，優者則薦於朝。如楊敞、蔡義、揚雄，皆由此進。三曰獄吏，猶今時法官，以明習法令名。公孫弘、于定國、丙吉、尹翁歸、薛宣，皆曾爲之。然景帝後二年詔，謂：「今貲算十以上乃得宦，應劭曰：「十算，十萬。」漢一金值一萬，文帝云：「百金中人十家之產」，則中人一家產當十萬也。減爲貲算四得宦。」董仲舒言：「長吏多出於郎中、中郎。吏二千石子弟選郎、吏，又以富貲，未必賢，此卽「廕任」與「貲選」二途。是以廉恥貿亂，賢不肖混殽。」是當時吏途，亦大率爲富人也。

如是則當時的政治組織，第一層是宗室，封建諸王。第二層是武人，以軍功封侯。漢制非封侯不得拜相；亦有以外戚恩澤侯者。第三層是富人，得以貲選爲郎、吏，謀出身。第四層是雜途。無論爲郎爲吏，皆須憑機緣進身而得在上者之歡好。文學、儒術亦雜途之一。

三　西漢初年的士人與學術

要論漢初學術，必推溯及於先秦。

從另一觀點言之，則先秦學術可分為一古官書之學，即漢初人所謂：「詩、書古文」之學，或「六經」之學，乃由早起儒、墨兩家所傳播，所謂「稱詩、書，道堯、舜，法先王」，為先秦較舊之學派。又一百家之學。「家」乃私家之稱，此乃民間新興學。儒以後，百家競起，率自以其所見創新說，不必依據古經典，寓言無實，為戰國較新之學派。

人所謂「六藝」之學，此乃民間新興學。儒以後，百家競起，率自以其所見創新說，不必依據古經典，寓言無實，為戰國較新之學派。

若以時期言，古官書之學在前，百家言在後。若以地域言，古官書之學盛於東方齊、魯，所謂「鄒、魯之士，搢紳先生，多能言之」也。百家言遍及中原三晉。三晉之士，急功好利，率務趨時，不樂為純粹學理之研討。兵、刑、農、法、縱橫皆在是。道家如莊、老，陰陽如鄒衍，持論運思較玄遠者，皆近東之士。荀卿以趙人而遊齊，雖深染東方學風，而不脫三晉習氣。其弟子韓非、李斯，則皆中原籍也。遊秦者以中原功利之士為多，東方齊、魯學人，少有入秦者。

秦代焚書，最主要者為六國史記，即當代官書。其次為詩、書古文，即古代官書之流傳民間者。而百家言即後起民間書。非其所重。按：此三類分法，已見莊子天下篇，漢書藝文志因之。謂秦焚書而詩書古文逾絕者，有史記六國表序，太史公自序、劉歆移書讓太常博士、揚雄劇秦美新、王充論衡書解、佚文、正說諸篇。謂秦焚書不及諸子者，有論衡書解、後漢天文志、劉勰文心雕龍諸子篇、逢行珪注鶡子敘等。此乃自漢以下相傳之說，至唐後而失之。漢武立五經博士，罷黜百家，則正是秦始皇焚書、禁以古非今後一反動也。

焚書本起於議政衝突，博士淳于越東方齊人。稱說詩、書，引據古典，主復封建，李斯極斥之，遂牽連而請焚書。李斯請史官「非秦紀皆燒之」，即第一非博士官所職，天下敢有藏詩、書、百家語者，悉詣守尉雜燒之」，即第二第三類。而又附禁令數項：一、敢偶語詩、書棄市。偶語吏見上述諸篇、趙岐孟子題辭、王肅家語後序、後漢天文志、劉勰文心雕龍諸子篇、逢行珪注鶡子敘等。此即依據古官書、歷史成典，法先王而議新政，如淳于越之徒是也。至百家言往往與時政不涉，故不預。百家語者不在內。二、以古非今者族，詩、書，迹近以古非今，故亦棄市。至百家言往往與時政不涉，故不預。

知不舉與同罪。此二條爲坑儒亦爲誹謗、訞言亂黔首，不爲求仙樂。重法。 三、令下三十日不燒，黥爲城旦。此一條爲輕法。 可見當時重禁議政，輕禁挾書也。

漢興，學統未嘗中斷。

秦雖焚書，史官、博士官仍未廢，掌新興百家民間學，爲後代政府新設之學官也。史官乃古代政府中之學官，卽掌官書者。博士官著述亦未中輟。漢書藝文志有儒家羊子四篇，名家黃公四篇，皆秦博士。又有成公生，游談不仕，著書五篇。零陵令信著書一篇。下迄漢惠四年。除挾書律，前後祇二十三年。

漢廷羣臣，亦多涉學問，如張良、陳平、韓信、張蒼、酈食其、陸賈、婁敬、朱建、叔孫通之徒皆是。 名人巨德，雜出其間。如申公、穆生、白生在楚，蓋公在齊，四皓在朝，魯兩生在野。

惟漢室初尚黃老無爲，此乃代表一時民眾之心理要求。繼主申韓法律，既主黃老無爲，則勢必因循秦舊，乃至以法爲治。學問文章非所重，至文帝時，始下求書之詔。其時則古文六經之學，不免因亂衰微，有所缺失。於是遊仕食客散走於封建諸王間，以辭賦導獎奢侈，以縱橫捭闔是非，辭賦、縱橫本屬一家。辭賦又兼神仙。安居奢侈則爲神仙，雄心闊意則務縱橫。依然是走的破壞統一的路。文學之與商賈、游俠，同樣爲統一政府之反動。

漢初諸王招致游士，最先稱盛者如吳王濞，有鄒陽、齊人。嚴忌、枚乘吳人。之屬。諸人。吳既敗，繼起者爲梁孝王，鄒枚諸人皆去吳歸梁。又有羊勝、公孫詭皆齊人。司馬相如亦去中朝而來梁。再下

則有淮南王安，招致賓客方術士數千人，著淮南王書，已在武帝世。此爲南方之一系，

大抵皆辭賦、縱橫文辯之士也。曹參相齊，召齊諸儒以百數，而得蓋公。景、武之間，

有河間獻王德，盛招經術士，多得古文舊書。蓋河間偏重於古官書之學，而淮南則慕百

家言，南北兩王國，正分得先秦學統之兩系。

中央王室恭儉無爲之治，不能再掩塞社會各方之活氣 經秦末大亂，經濟破產之後，最先起者爲商人
與游俠；次之有諸侯王之富盛驕縱；再次有文
學游仕之
活動。

在此種種不安定不合理之狀態下，中央政府覺悟到必須改變其態度，而要一積極勇敢的

革新。於是遂有漢武一朝之復古更化，爲西漢文治政府立下一規模。

四　中央政府文治思想之開始

西漢中央政府之文治思想，最先已由賈誼發其端。

賈誼陳政事疏，提出好多重要的見解，除卻裁抑諸王國和捍禦匈奴 此兩件事爲當時維持統一政
府的必要條件，主法治者亦

贊成，如以後晁錯等。外，尤要者在教育太子 當時諸王、列侯家庭俱已有腐敗墮落的景象，農民純樸之本
色已失，貴族生活之薰染日深，非有教育，不足維持長久。尊禮大臣，

農民政府之好處在眞樸，壞處在無禮貌；可愛處在皇帝、宰相如家人，其弊處則皇帝待宰相如奴僕。**闡揚文教**，黃、老清淨無爲，僅足暫度一時，漸漸政事待理，則走上申、韓刑法一路，沿襲秦人「以吏爲師，以法爲教」之餘習。要革除秦弊，則須另開文教。**轉移風俗**。朝廷只講法令，社會只重錢財，風俗無自而美。闡揚文教，爲轉移風俗之前提。**此諸點均針對當時病象，其議論漸漸從法律刑賞轉到禮樂教化，此卽由申、韓轉入儒家。**亦卽由亡秦轉而爲三代之隆，由百家法後轉入六經法先王也。以後之復古更化，**賈誼已開其先聲。**

賈誼雖以洛陽少年爲絳、灌功臣所抑，然賈誼的主張，一一爲漢廷所採用。漢文雖極賞賈誼，然其時內則功臣元老，外則諸王長親，尚非漢廷大有爲之時。一爲**景帝師晁錯**；**武帝師王臧**。**王臧乃儒生，武帝卽位，大興儒術，其早年所受教育亦是一因。**

先秦諸子注意教育問題者莫如儒。道家根本主張絕學不教。法家僅主刑名法律，如趙高之教二世是也。墨家、農家之教，不適於實際。其他所以用世，非所以教幼。**中國無宗教**，儒士本自友教貴族子弟起，故**漢文用賈誼**，則以爲長沙王太傅，又以爲梁王相，武帝之用**董仲舒**亦然。儒家在漢初，仍以友教青年貴族爲第一任務。主幼小必教，則儒業必興。故荀

武帝英年即位，只十七歲。即銳意革新，用其師王臧及臧之同學趙綰，又召趙、王師申公。謀興禮樂。其事雖經一度挫折，

武帝祖母竇太后尚黃、老，不樂帝所爲，趙、王皆下獄死。終於走上復古更化的路。

這時最重要的人物是董仲舒。董仲舒天人三策與賈誼政事疏，兩篇大文，奠定了西漢一代政治之規模。

武帝一朝政治上重要改革，舉其要者，第一是設立五經博士。

博士遠始戰國，公儀休爲魯博士，賈山祖父袪爲魏王時博士弟子。齊之「稷下先生」亦博士之類。故漢初叔孫通以博士軍封「稷嗣君」，謂其嗣稷下。稷下先生亦七十餘人，蓋以孔門弟子七十七人爲法。先師棘下生子安國」，「棘下生」即稷下先生。以孔安國爲博士，故云。秦博士七十人，掌通古今，備問對。漢承之。

博士爲太常屬官，太常掌宗廟禮儀，史官、博士官皆屬太常，即古代「學術」統於「宗教」之遺制。

博士並無政治上實際任務，只代表著古代貴族政府、軍人政府下一輩隨從的智識分子略如當時之郎官，後代之翰林供奉，惟視帝王所好。

因此其性質極雜，占夢、卜筮皆得爲之。

秦廷以博士議政與大獄，伏生之徒抱書而逃。伏生亦東方學者，治尚書，焚書案中，殆與淳于越諸人同失官而去。秦廷既禁以古非今，則焚書後之博士，必多屬

之後起百家言也。主復封建，固爲不智，然以吏爲師，抑低學術，提高法令，較之復封建，亦相去無幾。東方學者之失在於迂闊，而中原三晉之士，則失在刻急。各有所長，亦各有所短。自此迄於漢初，博士闇淡無生色，而政府益少學術之意味，此則李斯之大錯。

武帝從董仲舒請，罷黜百家，只立五經博士，從此博士一職，漸漸從方技神怪、旁門雜流中解放出來，純化爲專門研治歷史和政治的學者。

六經爲古官書之流傳民間者，故章學誠謂「六經皆史」。秦火焚之不盡。漢儒所謂「通經致用」，卽是從已往歷史與哲學裏來講政治。法家只守法令，經學則進一層講道義。法家只沿習俗，襲秦舊，經學則稱古昔，復三代。「五經」與「儒家」亦有辨，故文帝時有孟子博士，至武帝時亦罷。漢書藝文志儒家在「諸子」，與「六藝」別。

他們雖不參加實際政務，但常得預聞種種政務會議，漢大政事廷議有博士。因此他們對政治上漸漸會發生重大的影響。自秦人之「以吏爲師，以法爲教」的意見，卽是「政治」漸受「學術」指導。此項轉變，關係匪細。漸漸變成朝廷采取博士們的

第二是爲博士設立弟子員。其議始於公孫弘。

額定五十人，一歲輒課，能通一藝卽一經。以上，得補吏。高第可以爲郎中。

自此漸漸有文學入仕一正途，代替以前之廕任與貲選，士人政府由此造成。同時政府負有教育國家青年之責，較之賈誼專言教育太子者又進一步。

第三是郡國長官察舉屬吏的制度。其議創於董仲舒。

博士弟子考試中第，亦得補郡國吏，再從吏治成績升遷；又得察舉為郎，從此再走入中央仕途。此制與博士弟子相輔，造成此天下士人政府之局面。郡國長吏同時不僅負有宣政令之責，並有為國求賢之責，此亦重大意義也。

第四是禁止官吏兼營商業，其議亦始董仲舒。並不斷裁抑兼并。此層自賈誼、晁錯以來均主之。

漢武一代鹽鐵官賣制度，均由此意義而來。觀鹽鐵論桑弘羊為政府方面之辯護可知。漢武外朝尊博士，而內廷則多用文學侍從之人，故漢武一代政治，亦兼「儒術」。與「辭賦」二者。其所行雖援經典古義，而多浪費，為後人所不滿，非在其制度本身也。從此社會上新興的富人階級，漸漸轉向，〈儒林傳中人物，逐次超過貨殖傳。〉實為武帝以下社會一大轉變。此等處可見學術指導政治，政治轉移社會。當時故曰：「遺子黃金滿篋，不如一經。」

第五是開始打破封侯拜相之慣例，而宰相遂不為一階級所獨佔。中國史，實自向一種理想而演進。

自秦以來，中央最高首領為天子，而實際負行政之責者為丞相。以字義言，「丞」、「相」皆副貳之意，丞相即「副天子」也。天子世襲，而丞相不世襲。天子為全國共戴之首領，不能因負政治責任而輕易調換；貴族政治既隨封建制度而俱滅，全國民眾在一個大一統國家下亦無法運用公議推選等制度。天子世襲，乃代表國家之一種恆久精神，「始皇帝」之稱，不足深怪。

而丞相乃以副貳天子而身當其衝。最好固為君、相皆賢，否則天子以世襲不必賢，而丞相足以彌其缺憾。縱使君、相不皆賢，而丞相可以易置。如是則一代政治不致遽壞。

此秦政之又一特色也。有丞相即非「君主獨裁」，即非「專制」。宋人洪容齋有言：「往古治亂之原，權歸於主，政出中書，〔即宰相。〕無不治。權不歸人主，則廉級一夷，奚政之問？政不出中書，則腹心無寄，奚權之攬？」判劃政、權，分屬君、相，實中國政治自秦以下一種重要之進向也。

漢初政治，往往有較秦為後退者，此因平民政府缺少學術意味為歷史之轉進，一面卻有自其頓挫。此種例，各時期皆有。歷史下之進退，往往輕易不能遽斷。

如宰相必用封侯階級，即其一例。非封侯不拜相，此乃漢初一種不成文法，雖無明制，實等定律。如蕭何、﹝高帝時。﹞曹參、王陵、陳平、審食其、﹝惠帝、呂后時。﹞周勃、灌嬰、張蒼、申屠嘉，﹝文帝時。﹞皆軍人也。陶青、﹝陶舍子。﹞周亞夫、﹝周勃子。﹞劉舍，﹝劉襄子，景帝時。﹞皆功臣子嗣侯，其先亦軍人也。

則漢初丞相，顯為軍人階級所獨佔。武帝始相公孫弘，以布衣儒術進，既拜相乃封侯，此又漢廷政制一絕大轉變也。其先如衛綰、竇嬰、許昌、田蚡為以外戚相，然亦先封侯。其他仍皆以軍功得侯，否則其先世以軍功得侯者。漢武一朝，自公孫弘以後，如李蔡、莊青翟、趙周、石慶、公孫賀、劉屈氂、車千秋，仍不出往者軍功或嗣侯為相之例。昭、宣以下，非儒乃絕不能居相位。此由一時人選之難，物望之不孚，歷史之變以漸不以驟。至是乃一易以士人，此尤見為轉向文治之精神。

人，為政治上兩大勢力，﹝即廕任與賞選。﹞其先惟軍人與商

此爲漢武一朝復古更化之最有關係者。 如郊祀、巡狩、封禪等，皆虛文無實際，此則漢武誤於方士神仙家言，以及文學辭賦之士之務爲鋪張誇大。然亦因當時儒生，自不能與

此兩派劃分清楚之界線。

其實所謂「古」者亦非純粹盡本於古，學校、察擧、黜陟諸制，貴族世襲時代另是一套。

漢所襲，其論雜出於先秦諸子，而備見於《王制》篇中；《王制》乃漢文時博士所爲。 儒家託古改制，當在此等處看。

周禮三百六十官，獨缺學校。 然則漢武一朝之復古更化，正是當時一種嶄新之意見也。

六　士人政府之出現　昭宣元成一段

公卿朝士，名儒輩出。

漢政府自武帝後，漸漸從宗室、軍人、商人之組合，**轉變成士人參政**之新局面。 漢制雖禁商人入仕，然以貲選，富人其先皆商人也。

仍擧丞相一官言之，昭帝時有王訢、 給事大將軍幕府，爲軍司馬。 楊敞、 郡縣吏積功。 蔡義。 以明經爲博士，拜相封侯。 宣帝時

有韋賢、 以詩教授，稱大儒。 魏相、 少學易，爲郡卒史。 丙吉、 獄吏。 黃霸、 入財得官。 于定國。 獄吏。 元帝時有韋玄成、

以父任爲郎，亦稱名儒。 匡衡。 射策除掌故。 成帝時有王商、 戚。 張禹、 郡文學。 薛宣、 佐。 翟方進、 郡文學，

射策爲郎。 孔光。 廷尉書佐。

以明經舉議郎。哀帝時有朱博、長。亭平當、學。治禮王嘉、郎。射策爲孔光、馬宮。郎。射策爲蓋自宣帝後，儒者漸當路。元、成、哀三朝，爲相者皆一時大儒。其不通經術而相者，如薛宣以經術淺見輕，卒策免；朱博以武吏得罪，自殺，皆不得安其位。

且卽庶僚下位，亦多學者。

卽前舉丞相亦多由下僚進身，其外如王吉、郎。鮑宣、夫。薔韓延壽、郡文王尊、郡決曹史。蓋寬饒、諸葛豐、郡文學。均孫寶、郡吏。谷永、長安小吏。梅福郡文學。之儔，皆名臣也。

士人在政府裏漸漸佔到地位，一半是憑藉武帝時董仲舒、公孫弘諸人所創建的種種制度，一半是讀書博通之士在政治上所表現的成績，究竟比貴族軍人和商人們來得強。

武帝時，兒寬爲廷尉奏讞掾，以古法義決疑獄見重。昭帝時，雋不疑爲京兆尹，以《春秋》義縛訊僞衞太子。宣帝時，蕭望之爲御史大夫，引《春秋》義主弔匈奴喪。皆爲一時推尊。霍光廢昌邑王，先問於古有否先例，可見士人學者逐漸在政治上佔到地位和勢力，實爲當時一種自然之趨勢。

自此漢高祖以來一個代表一般平民社會的、素樸的農民政府，現在轉變爲代表一般平民社會的、有教育、有智識的士人政府，不可謂非當時的又一進步。

七　漢儒之政治思想

士人們在政治上逐漸得勢，他們所抱的政治思想，要逐漸發揮效力。

漢儒論政，有兩要點。

一爲變法和讓賢論。

此派理論遠始戰國晚年之陰陽學家，鄒衍五德終始論 鄒衍思想另詳下論古代宗教思想章。 下及董仲舒公羊春秋一派「通三統」的學說。 董氏說詳春秋繁露。 大抵主張天人相應，政治敎化亦須隨時變革，並不認有萬世一統之王朝，亦不認有歷古不變之政制。

他們根據歷史觀念，主張如下一套之進程： 此據漢儒所傳鄒衍第二說，與第一說呂氏十二紀、淮南時則並不同。

一、聖人受命。 地上各代開國之君，皆符應於天上某帝之某德（如青帝木德、赤帝火德、黃帝土德、白帝金德、黑帝水德。）而降生。

二、天降符瑞。 受命必有符瑞，如以土德王者黃龍見之類。

三、推德定制。包括易服色、更制度、改正朔等，董仲舒所謂「天不變，道亦不變」，乃指政治上最高原理言，與制度更易並行不悖。

四、封禪告成功。聖人受天命爲地上君，故定制度，斬封禪種種奢侈的浮禮。此等乃對上帝、對天，而非對民衆、對人；一虛一實，一恭儉一驕奢，意義迥殊。如水德王者服色尙黑，以十月爲歲首，數尙六之類。太平，成功則必祭天（封禪）報告。

五、王朝德衰，天降災異。天運循環，成功者去，如春、夏、秋、冬之更迭互乘，無不衰之德。董仲舒謂：「雖有繼體守文之君，不害聖人之受命。」

六、禪國讓賢。見災異降，知天命改，應早物色賢人讓國；否則革命起，終無以保其位。

七、新聖人受命。此下循環不息，中國已往五帝三代，皆在此公式支配下演進。

武帝以前，漢儒鼓吹變法；武帝以後，漢儒漸漸鼓吹讓國，始終是循著上述的理論。

眭弘、蓋寬饒均以請漢室讓位伏誅，然其後谷永等仍主天運循環、漢德已衰之說，漢廷乃無從裁抑。在昭帝天鳳三年。蓋寬饒在宣帝神爵二年，相距不二十年。永之言曰：「天生蒸民，不能相治，爲立王者以統理之。方制海內，非爲天子，列土封疆，非爲諸侯，皆以爲民也。垂三統，列三正，去無道，開有德，不私一姓。天下乃天下人之天下，非一人之天下也。」即漢宗室劉向亦言：「王者不可不通三統，明天命所授者博，非獨一姓。自古及今，未有不亡之國。」可見此爲當時普遍信仰之理論。

二爲禮樂和教化論。

另一派漢儒，認爲政治最大責任，在興禮樂，講教化；而禮樂和教化的重要意義，在使民間均遵循一種有秩序、有意義的生活，此即是古人之所謂「禮樂」。在此點上，西漢中葉以後的學者，頗不滿於武帝之郊祀、封禪種種奢侈的浮禮。此等乃對上帝、對天，而非對民衆、對人；一虛一實，一恭儉一驕奢，意義迥殊。**要達此境界，不僅朝廷應恭儉自守，又應對社會一般的經濟不平等狀態加以調整。**武帝對當時社會經濟不平衡之狀態，並不能有所矯救。特以對內、對外浪費無度，使社會一時走上共同破產而已。經昭、宣之休養生息，社會經濟復蘇，如

聞日之癮，舊病復發。故當時學者，頗主還復王朝之恭儉，而轉移目光，對社會經濟有所整頓。

此派理論，亦遠始戰國晚年之荀卿。如其禮論篇即可爲代表。惟禮論並不主帝王之恭儉，是其異。直至漢儒賈誼、（晁錯亦時言之。）董仲舒，董氏大體爲齊學，而下及王吉、貢禹等皆是。前一派於漢爲「齊學」，後一派於漢爲「魯學」。皆先秦東方學之傳統。齊學恢奇，魯學平實，而皆有其病。齊學流於怪誕，（其病在尊古。）魯學流爲訓詁，（其病在學，不經。）立論本意非不是，而不能直湊單微，氣魄、智慧皆不夠，遂不足斡旋世運，而流弊不免。

八　王莽受禪與變法

王莽的受漢禪而變法，即是此兩派學說之匯趨。

王莽受禪，一面循著漢儒政治理論之自然趨勢，一面自有其外戚的地位及王莽個人之名譽爲憑藉。

王莽姑母爲孝元皇后。元帝後，成、哀、平三君皆不壽，莽諸父鳳、音、商、根相繼執政而及莽，莽之地望已尊。莽又不失書生本色，治禮，務恭儉，迂執信古而負大志，又

恰合時代潮流。漢儒羣主讓賢，而苦無一種明白的選賢制度，王莽在政治上、學術上均足膺此選格，遂爲一時羣情所歸嚮。莽爲宰衡辭封，上書者吏民四十八萬七千五百七十二人，反莽者惟劉崇、翟義。

王莽居攝及受禪後之政治，舉其尤要者，如王田、廢奴、隸。解放奴用意在解決當時社會兼并，此乃自先秦以來早待解決之一重要問題也。消弭貧富不均，爲漢儒自賈、董以來之共同理想。

其他如「六筦」、一、鹽，二、酒，三、鐵，四、名山大澤，五、錢布「五均」，六、五均賒貸，皆歸國家管理，故曰「六筦」。銅冶、國營賒貸，使無重利盤剝，爲「六筦」有似武帝時之鹽鐵、酒榷、算緡、均輸。五均主平市價，與均輸略似。實亦一種如近世所謂之「國家社會主義」，仍爲裁抑兼并著想。

王莽又屢次改革貨幣，使民間經濟根本發生動搖，極爲擾民。然原其用意，仍爲求達裁抑兼并、平均財賦之目標而起。當時人見解，以爲財富不均由於商人兼并，商人兼并由於利用貨幣，故有主張根本廢棄貨幣者。晁錯、貢禹之徒，皆有此想，而王莽承之。

王莽政治失敗，約有數端：

一、失之太驟，無次第推行之計劃。

二、奉行不得其人，無如近世之政治集團來擁護其理想。

三、多迂執不通情實處。復古傾向太濃厚。莽之得國，多本齊學，有太涉荒誕者。莽之新政，多本魯學，有太過迂闊者。

王莽的政治，完全是一種書生的政治。

王莽的失敗，變法禪賢的政治理論，從此消失，漸變爲帝王萬世一統的思想。<small>至少是希望能如此。</small>政治只求保王室之安全，亦絕少注意到一般的平民生活。<small>後世對王莽的批評，全是沿著東漢王室之意見。</small>這不是王莽個人的失敗，是中國史演進過程中的一個大失敗。

第九章　統一政府之墮落　東漢興亡

王莽失敗，漢宗室光武復興，是爲東漢。然不久即走上衰運，東漢只是秦、漢以來統一政府之逐漸墮落。

一　東漢諸帝及年歷

（三三）
一
光武帝

二
（一八）
明帝

三
（一三）
章帝

以上全盛期。

（一七）
四
和帝

此下始衰。

（一）
五
殤帝

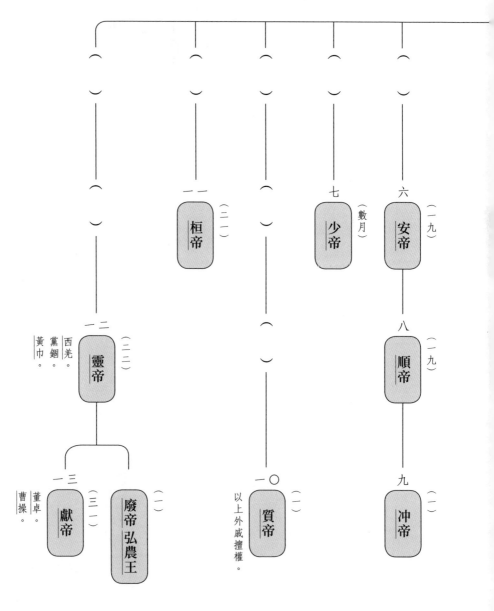

（二三）
桓帝

（數月）
七
少帝

（一九）
六
安帝

（二一）
靈帝
西羌。
黨錮。
黃巾。

（一九）
八
順帝

（一）
一〇
質帝
以上外戚擅權。

（二二）
一三
獻帝
董卓。
曹操。

（一）
廢帝
弘農王

（一）
九
沖帝

東漢凡十三帝，百九十六年。若以獻帝建安元年遷回洛陽之後作爲三國時期，則東漢實只一百七十一年。

二　東漢之王室

所謂統一政府之逐漸墮落，可分兩部言之：一王室，二政府。「王室」與「政府」之分詳下。

王室又可分三部言之：一王室自身，二外戚，三宦官。

東漢王室之墮落，只看東漢諸帝年壽即知。

東漢諸帝年壽略表

帝	年壽	在位年	即位年	子嗣
光武	六二	三三	初起年二十八，三十爲帝。	一〇
明	四八	一八	三〇	九
章	三三	一三	一九　按：此差一年，或即位年二十，或壽三十二。	八

獻	靈	桓	質	冲	順	少	安	殤	和
五四 自遜位至卒又十四年。	三四	三六	九	三	三○		三二	二	二七
三一	二二	二一	一	一	一九	立凡七月。	一九	一	一七
九	一二年 按：此差一年，非即位年十一，即年壽三十三。	一五	八	二	一一		一三	誕育百餘日。	一○
	二 長子弘農王，次子即獻帝。	○	○	○	一 即冲帝。		一 即順帝。	○	二 長子勝有痼疾，次子即殤帝。

一個貴族特殊的家庭，和大自然隔離，總不免要走上墮落衰敗的命運，此乃以下中國歷代王室共有之趨勢，而東漢最可示例。

三　東漢之外戚與宦官

因東漢諸帝多童年即位、夭折，及絕嗣，〔絕嗣外立，又多擇童年。〕遂多母后臨朝，〔外立者四帝：安、質、桓、靈，臨朝者六后：竇、鄧、閻、梁、竇、何。〕而外戚、宦官藉之用事。

其先則因母后臨朝而外戚得以專政，君主與外朝不相親接，乃謀諸宦官。自鄭衆後宦者始用事。自梁冀誅而權勢專歸宦者。

東漢外戚權勢，以鄧、梁二氏爲尤盛。鄧家累世寵貴，封侯者二十九人，位至三公者二人，大將軍以下十三人，中二千石十四人，列校二十二人，州牧、郡守四十八人，侍中、將、大夫、郎、謁者不計其數。然猶以漸致。梁冀一門，前後七侯、三皇后、六貴人、二大將軍，夫人女邑稱君者七人，尚公主者三人，其餘卿、將、尹、校五十七人。冀秉政二十餘年，跋扈無比。與桓帝謀殺梁冀五宦者，單超、左悺、徐璜、具瑗、唐衡，皆封侯，當時稱「五侯」，又稱左回天、具獨坐、徐臥虎、唐兩墮。自後，宦者氣燄遂張，

東漢外戚宦官更迭用事略表：

帝	后	外　戚	宦　官
和帝	竇太后 帝為太后養子。	竇憲 竇太后兄。	和帝永和四年，與宦者鄭衆謀誅憲。
殤帝	鄧太后 帝母。	鄧隲 鄧太后兄。	安帝建光元年，鄧太后薨。安帝乳母王聖、宦者李閏、江京譖諸鄧自殺。
安帝	閻后 帝妻。	閻顯 閻后兄。	安帝崩，閻后與兄顯矯詔立章帝孫懿，是為少帝；不一年薨，宦者孫程等十九人誅閻顯，立順帝。
順帝	梁后 帝妻。 帝崩臨朝。	梁商 后父 梁冀 后兄。	質帝為冀所弒。桓帝延熹二年，與宦者唐衡、單超、左悺、徐璜、具瑗誅梁氏。
桓帝	竇后 帝妻。	竇武 后父。	為宦者曹節、王甫所殺。
靈帝	何后 帝妻。	何進 后兄。	為宦者張讓、段圭所殺。

則實外戚有以助成之也。

此後則外朝名士與外戚相結以圖謀宦官。及何氏敗，袁紹 <small>名士之領袖。</small> 盡誅宦官，而漢亦亡。

外戚與宦官，其實都還是代表了王室的一部分，其來歷則原自西漢。

四　外戚參加王室之由來

西漢初年，宗室、功臣、外戚，爲朝廷之三大系。

當西周時，外則封建，內則世卿，王室之與貴族，相去祇一間耳。秦則天下盡爲郡縣，舉國統於一王。天子世襲，而丞相、御史大夫以下不世襲，然後天子乃高高在上，其勢孤危易倒。漢鑒於秦亡之速，變更秦法，稍稍復古，故以宗室、外戚、功臣三系與王室相夾持而爲治。外既大封同姓爲王國，與郡縣相雜，內則丞相、御史大夫諸要職，雖不世襲，而大例非列侯莫得當，則爲一階級所專有，體勢近於世襲。歷史進化以漸不以驟，古代貴族封建政體一變而爲平民的統一政府，廣土衆民，孤危之勢不足以持久，故外有封王，內有列侯，粗爲等次，以相扶護。猶嫌王室單微，則援用外戚以爲之輔。 <small>高祖雖愛戚夫人、趙</small>

王，而終不廢呂后、惠帝而帝者，以呂氏族大勢盛，呂后又久在兵間，身後緩急可依仗也。

王，_{即文帝。}則利其外家勢弱，出中央功臣一系之意。其時則外戚一系勢最衰。文帝既立，

潛移默運，外撫馴諸王，內調狃功臣，卒使王室漸尊漸安，漢室之終臻穩固，蓋非易也。

吳、楚七國亂後，宗室地位日削，_{宗室祇宜封建，不宜輔政，以其地近而勢逼。封建政制既不能復活，則宗室地位自難再興。}

不保其位，世臣與封建相扶翼，封建既不可復，世襲之制，亦不足持久。於是王室依仗乃惟有外戚。_{如景帝平吳、楚兼用周勃（功臣）、竇嬰（外戚）。武帝初立，竇嬰、}

田蚡繼相，皆外戚又漸得勢之徵。

武帝以後，中朝、_{王室。}外朝 _{政府。}始分。於是宰相為外朝領袖，_{政府代表。}而大司馬大將軍為

內朝輔政，_{王室代表。}其職 _{大司馬大將軍。表。}則胥由外戚為之。

宰相其先本為天子私臣。

「宰」者，古代封建社會宗廟祭祀事前主宰牲之任，此非親貴莫當。既主祭祀，故掌禮。「命宰人出禮書」，此即漢卿太常掌禮之祖也。然宰職雖高，實兼治膳。故周禮，天官太宰為五官長，而其所屬，猶多宮中治膳之職。若膳夫、庖人、內饔、外饔、烹人、獸人、漁人、腊人、酒正、酒人、醯人、醢人、鹽人，皆治庖宰之事。春秋時列國宰夫猶是庖人。左傳：「宰人胹熊蹯不熟」，國語：「膳宰不致饔」，是也。「宰」從本職則為庖人，為祭司，或從差遣則為執政。孟子與呂氏春秋：「伊尹以割烹要湯」，即庖人也。「相」則封建貴族祭祀相禮之人，亦親貴為之。元人亦以宰膳為親貴職，可以證古制。臨祭為相，平時則總理家務，是為家宰。及化家為國，則家宰成國宰矣。「相」原係宗法社會中天子之宗屬私人也。化家為國，則以家相為國相矣。故「宰相」原係宗法社會中天子之宗屬私人也。漢初宰相皆列侯為

之，此皆相互戮力以爭天下者，在當時亦為皇帝之私人也。故御史大夫為副丞相，而御史有中丞，得治王宮之政令。此猶周禮天官冢宰，其屬官得統及皇帝內廷。此非古人立

法之善，乃係當時「王室」與「政府」公私性質不分明也。（此則所謂「朕卽國家」，以其去封建時代未遠也。）及武帝以下，宰相始由士人特起，漸有其尊嚴之地位，（此由宰相一職之意義言之。）而與王室亦漸分離。（此由賈誼敬禮大臣之一種變遷也。又論，及於公孫弘起，徒步以經術爲相，大開東閣，延賓客賢士以與天子內廷侍從諸臣議論政事相往復，實爲宰相地位在意義上之一種變遷。又按：漢制，丞相謁見，天子御坐爲起；有疾，天子往問；（乘輿爲下；）薨則車駕往弔。其制不知何時，似漢初並不爾。）而王室不得不仍有其私臣，（武帝初，嚴助、朱買臣等皆以侍中貴幸用事，得與聞朝政；（均見翟方進傳注。）凡侍中、左右曹、諸吏、散騎、中常侍等加官（卽兼差），皆是。蓋此輩猶爲皇帝之私人祕書也。）武帝以之與外朝大臣辯論政事，於是遂有大司馬大將軍輔政之制，（此制始武帝末年，以霍光爲大司馬大將軍輔政，蓋由新帝年幼（昭帝），將軍則軍輔政，宰相地位漸隆，與王室關係漸疏，而宰相威望則轉不如前，蓋由霍光爲大司馬大將軍輔政，武帝又先殺昭帝生母，恐其居中用事，武帝用相亦率取其易制，天下務初不關決。（以外戚輔政，正以彌補此缺陷也。））於是「中朝」、「外朝」判而爲二。（大司馬、左右前後將軍、侍中、常侍、散騎、諸吏爲中朝，丞相以下至六百石爲外朝。（見劉輔傳孟康注。））霍光謂車千秋曰：「光治內，君侯治外」；時光爲大將軍，千秋爲丞相也。霍光廢昌邑王而丞相楊敞事前不預知，光謂：「此內朝事，（卽王室自身事。）無關外朝也。」內朝諸臣之領袖以「大司馬大將軍」爲號者，正見軍人本爲王室私屬，今已由軍人政府轉變爲士人政府，故軍職不爲外朝之丞相而爲內朝之輔政。以外戚爲之者，外戚有客觀之尊嚴，而無世襲，以隨新天子爲轉移，其事最少弊。又內、外朝既分，內朝用私臣，非宗室則必屬外戚矣。

封王，（封建。）列侯，（世卿。）漸次在政治上消失其地位，**漢武以後的文治政府漸次形成**，「王室」與「政府」漸次分開，（此亦中國政制史上一大進步。）**而外戚卻由此得到他政治上的地位。只要政治情態一**

時不變更，則外戚地位繼續有其存在。故外戚擅政，已起西漢，而尤以武帝以後為甚。

崔駰疏：「漢興以至哀、平，外家三十餘，保全者四家而已。」東漢亦惟光武郭后、陰后，明帝馬后無禍。所以不能懲前毖後，而覆轍相尋者，亦時代情態使然。

西漢外戚略表

呂后	呂產　呂祿（呂后諸子。）				
武帝	竇嬰（祖母竇太后諸子。）	田蚡（母王太后同母弟。）	衛青（衛后弟。）	霍去病（衛后姊子。）	霍光（霍去病弟。）
宣帝	史高（祖母史良娣弟。）	許延壽（許后諸父。）			
元帝	許嘉（許延壽子。）				
成帝	許嘉（許后父。）	王鳳（母王太后弟。）	王音（鳳從弟。）	王根（音弟。）	王莽（根兄子。）
哀帝	傅喜（祖母傅太后從弟。）	丁明（母丁太后弟。）			
平帝	王莽（遂受漢禪。）				

光武中興，又減削外朝政府之權力，一移之內朝王室，於是外戚勢任愈大。

西漢雖以外戚輔政，而外朝丞相體尊，猶爲對峙之局。漢初以丞相主文，太尉主武，御史大夫爲丞相之副。武帝寵太尉爲大司馬，主內朝，則丞相於外朝爲獨尊也。王莽之簒，則以王氏久盛，王莽又自爲外朝所歸嚮故。御史大夫爲司空，稱三公並列；馬，（後又稱太尉。）而太尉公序在司徒公之上。（此元帝時三公位已然。）光武躬親庶務，內朝尚書位微而權重，外廷三公並峙，以丞相爲司徒，太尉爲司馬，僅有虛位，無實權。東漢事無巨細，皆由尚書行下三公，或徑下九卿，故東漢九卿權亦重。故

外戚用事於內，外朝卽無以相抗。

政府漸漸脫離王室而獨立，爲當時統一政府文治上之進步。王室削奪政府權任，而以私

關係的外戚代之，則顯然爲統一政府之墮落。

然外戚與宦官較，則外戚猶爲稍愈。

五　宦官參加王室之由來

西漢初年，王室、政府界限不清，而當時官吏組織中亦無宦者之特殊集團。

朝廷自皇帝以下，官吏最要者有三公、九卿。

丞相　　輔助天子，總理庶政。

御史大夫　副丞相。

太尉　丞相爲文官長，太尉爲武官長。

以上爲三公。

太常　掌宗廟禮儀，屬官有太樂、太祝、太宰，主宰牲牢。太史、太卜、太醫等，此爲天子宗廟之守官。太常始名「奉常」，蓋即「奉嘗」借字。「宰」本百官之首，此乃以「奉常」爲九卿之長，猶其遺意也。

光祿勳　掌宮殿掖門戶，屬官有大夫、郎、謁者等。大夫掌論議；郎掌守門戶，出充車騎；謁者掌賓讚受事。「光祿」即古言「大麓」，「勳」則「閽」也。古天子居山麓，則守門者居麓，故曰大麓，即猶後世之閽人。然則光祿勳爲天子守宮殿之官。

衞尉　掌宮門屯衞兵，屬官有公車司馬、衞士、旅賁等。旅賁，虎士成羣而奔也。衞尉與光祿勳同掌宮衞，惟衞尉乃武職。然則光祿勳猶大門房，而衞尉則爲衞隊長。九卿先廟祝而後門房、衞隊，此古人敬祖尊先之義。

太僕　掌輿馬。皇帝居則需光祿勳、衞尉之侍衞，出則需太僕之車馬，故以太僕次

此三卿，皆主皇帝之生活。

廷尉　　掌刑辟。

大鴻臚　掌諸歸化蠻夷。

宗正　　掌宗屬。對皇帝有犯逆則歸廷尉，賓服則歸大鴻臚。先中國而後四夷，故廷尉在大鴻臚前。其同宗外戚則屬宗正，先公後私，故在廷尉、大鴻臚後。此三卿皆主皇帝之交際。

少府　　掌山海池澤之稅，以給天子之私供養。大司農為大賬房，少府為小賬房；此二卿皆主皇帝之財務。

大司農　掌穀貨，主田租之入，以給國家之公費。

以上為九卿。論其性質，均近於為王室之家務官，乃皇帝之私臣，^{乃私的僕隸。}而非國家之政務官，非政府正式之官吏。^{非公的僚屬。}推而上之，可知宰相、御史大夫、太尉三公，其初實亦帝王私臣。漢政本襲秦舊，漢君臣來自田間，未能創建。秦廷有些處脫不了古代貴族家庭的遺習，故秦漢初年政府，有幾處亦只是一個家庭規模之擴大。

^{宰相、太尉已論如前；御史者，國策謂：「獻書於大王御史」，又曰：「御史在後，執法在前」，其先亦宮職，非府職。非朝臣也。故昔人以丞相擬周禮中之太宰，以御史大夫擬小宰，以御史中丞、少府、尚書擬宰夫。少府之下有大長秋，則猶內宰也。}

整個朝廷，初從家庭狀態中蛻化而出，尤其如九卿中之光祿勛與郎官。那時自不需另要內廷私臣乃至於宦官。

宦官在當時，與普通士人，亦並不歧視。如趙高為秦二世師，又為郎中令。司馬遷受腐刑後乃為中書令。蓋古者貴族階級之旁，常有刑人服事執役。此等刑人，或由俘虜，或因罪罰，而多半亦出貴族階級，有聰明技藝，故刑而用之，其地位較之工、賈、農、牧一般平民為高。稱曰「宦」者，宦本宦學、仕宦，非惡稱也。

漢武以雄才大略獨攬事權，於是重用內朝尚書，奪宰相權。

秦少府遣吏四人，在殿中主發書，謂之「尚書」。尚，猶主也。漢初有六尚，屬少府。曰尚衣、尚冠、尚食、尚浴、尚席、尚書，可見其職位之卑，然皆由士人為之。；後世（除尚書外）則全變為宦官之職矣。

其時則趙禹、張湯等為九卿，直接奏事，宰相束手。

漢御史大夫有兩丞，即兩副官。一曰御史丞，一曰御史中丞。御史中丞亦謂御史中執法，居殿中，外督部刺史，內領侍御史十五人，受公卿奏事，舉劾案章。天子事下中丞而至大夫，大夫職副丞相，故宮中事丞相無不可制。文、景時丞相欲誅鄧通、晁錯，其權擬天子矣。武帝用尚書，中丞不得居中制事，侍御史、部刺史皆廢。宣帝中興，復舊制，魏相為御史大夫，外遣丞相掾吏按事郡國，不遣中使，內則奏封事不經尚書，去副，又加給事中，得宴見，而霍光末年霍光為大司馬領尚書事，號「內府」。宣帝中興，復舊制，魏相為御史大夫，外遣丞相掾吏按事郡國，不遣中使，內則奏封事不經尚書，去副，又加給事中，得宴見，而霍

氏以敗。然元帝時，宦者石顯用事，丞相權復盡歸尚書。成帝時，何武建言設三公官，御史大夫改大司空，中丞遂爲御史臺長官，出居外臺。東漢中丞遂爲臺率，始專糾察之任，爲後世御史之職所昉。漢初御史大夫副丞相而得統治宮中事，後世御史爲天子糾察百寮。蓋因政府與王室既分，則二者間權任自有移轉也。

晚年又用中書。

武帝晚年常宴遊內廷，不復多與士大夫接，遂用宦者主中書，典尚書章奏。〔自御史至尚書，又自尚書至宦官，其間凡三折。〕〔司馬遷曾爲之長。〕

元帝時遂有弘恭、石顯，而宦者逐漸用事。光武中興，宮中悉用閹人，不復參以士流，於是正式遂有一個宦官的集團。

東漢郎官已全爲郡國察舉「孝廉」到京待轉之一階，則自不能仍以爲皇帝內侍。王室與政府之性質既漸分判明晰，則光武之制實不爲非。光武又盡幷天下財賦於大司農，而少府遂專掌中服御諸物，衣服、寶貨、珍膳之屬，此亦在王室、政府逐漸分離下應有之調整。故自御史中丞出居外臺，光祿勛移至外朝變爲閒職，三署郎更不值事內廷，〔魏以後即無三署郎，〕而光祿勛爲散官。自唐以後，三署郎全爲武職，而光祿寺掌膳食。皆與兩漢異。

少府不預聞天下賦稅財政，皆兩漢間政府組織與體統上之

宦官亦在當時「王室」與「政府」之判分下得到其地位。

一面是文治政府之演進，一般官吏漸漸脫離王室私人的資格，而正式變成為國家民眾服

務的職位；一面則是王室與政府 十人。 逐漸隔離而易趨腐化與墮落。

陳蕃諫桓帝：「采女數千，食肉衣綺，脂油粉黛，不可貲計。」荀爽諫桓帝：「後宮采女

五、六千人，從官、侍使復在其外。」此與西漢初年恭儉為治之王室，乃至東漢初年明、

章二帝以儒術自飭之王室，均迥乎不侔。東漢一代外戚、宦官種種事變，亦惟表示此王

室之日趨腐敗而已。

第十章 士族之新地位 <small>東漢門第之興起</small>

在東漢政治上佔有地位的，一面是代表「王室」的外戚和宦官；另一面則是代表「政府」的新興士族，便是當時之所謂「名士」。

一 士族政治勢力之逐步膨脹

士人在政治上佔有地位，自西漢武、宣以來，已逐步顯著，而到東漢益甚，這裏有幾層因緣。

一、朝廷帝王之極端提倡。

光武天鳳中至長安受尚書，略通大義，其自身本為王莽時代之太學生，故在軍中猶「投戈講藝，息馬論道」。<small>語樊準。</small>其一朝功臣，亦多屬儒生。鄧禹為光武同學，寇恂、馮異、馬援、賈復、祭遵、耿弇諸人，大半皆通儒。光武子明帝及其同母弟東平王蒼皆深受儒學之陶冶。明帝為太子時，師桓榮，<small>榮亦習尚書。</small>止宿宮中五年，薦門人胡憲侍講，始得出入。永

平二年臨辟雍，引師桓榮及其弟子升堂，明帝自講說，諸儒執經問難，圜橋門聽講者萬數。章帝師張酺，酺亦習尚書，其祖先充，光武同學也。酺又師事桓榮，武、明、章一家三代尚書之學，蓋深受王莽時代之影響。光太守進謁，先備弟子禮，使張酺講尚書一篇，然後再修君臣禮。當時王室外戚、功臣子元和二年東巡，張酺為東郡弟，下及期門、羽林之士，莫不受學。匈奴亦遣子入學。朝廷對儒術之極端提倡，較之西漢遠過。

二、民間儒業之普遍發展。

陳留劉昆治易，王莽世，教授弟子恆五百餘人。南陽洼丹傳易，王莽時，避世教授，徒衆數百人。樂安歐陽歙，八世為博士，傳尚書，光武時為汝南太守，在郡教授數百人，徵為大司徒。發覺在汝南贓罪千餘萬，下獄。諸生為求哀者千餘人，至有自髡剔者。平原禮震年十七，自繫求代死。書奏，歙已死獄中。贓罪至千餘萬，而為之求哀者尚多至千餘人，可見當時儒生在社會地位之崇高。濟陰曹曾從歙受尚書，門徒三千人。樂安牟長，少習歐陽尚書，諸生講學者常千餘人，著錄前後萬人。山陽丁恭習公羊嚴氏春秋，教授常數百人，建武時為少府，諸生自遠方至，著錄數千人。北海甄宇習嚴氏春秋，教授常數百人。沛桓榮，少學長安，習歐陽尚書，事博士九江朱普，王莽篡位乃歸。會朱普卒，榮奔喪九江，因留教授，徒衆數百人；後復客授江、淮間。以上桓榮見本傳，餘見後漢書儒林傳。晉陽劉茂習禮經，教授常數百人，哀帝時察孝廉。東郡索盧放以尚書教授千餘人，更始時，以敢言顯名。（見獨行傳。）趙翼陔餘業攷有「兩漢時受學者

皆赴京師」條，謂：「及東漢中葉以後，學成而歸者各教授門徒，每一宿儒，門下著錄者至千百人，由是學遍天下。」今以劉茂、劉昆、洼丹、索盧放之事觀之，可知民間學風，自西漢哀、平下迄王莽時已大盛，光武、明、章亦自受此等風氣之薰染也。其他又如范升、鄭興、（從劉歆講正左氏大義。）陳元、（父欽為王莽左氏師。）賈逵、（父徽從劉歆受左氏春秋。鄭、賈學行數百年，為諸儒宗。）杜林、（從張竦受學。）衛宏、（從謝曼卿受毛詩。）此等皆東漢初年大儒，皆成學在王莽世。

三、博士弟子額之日益增添。

博士弟子武帝初設僅五十人；昭帝時百人；宣帝末二百人；元帝好儒，增至千人；成帝末至三千人，歲餘復如故。王莽秉政，奏起明堂、辟雍、靈臺，為學者築舍萬區。五經博士領弟子員三百六十人，六經三十博士，弟子一萬八百人，主事高弟侍講各二十四人。五經學士同舍，行無遠近皆隨檐，雨不塗足，暑不暴首。

而尤要者則在當時之地方察舉以及公府徵辟制。

二　東漢之察舉與徵辟制度

地方察舉與公府徵辟，為東漢士人入仕之兩途。此兩制皆起於西漢。

兩漢的察舉制，大體可分為在先的「賢良」與後起的「孝廉」兩大項。

漢廷每詔舉「賢良方正、能直言極諫」之士，簡稱則曰「賢良」。其制初意，似仿戰國招賢，於世胄貨選外別開一格。_{高帝十一年詔：「賢士大夫有肯從我遊者，吾能尊顯之」，即此制最先之濫觴也。文帝十五年始親策試。} 此制無一定之期限，所舉大抵爲現任官，漢士頗慕應其選，一時號得人，如晁錯、董仲舒、嚴助、公孫弘，皆賢良也。漢詔又有舉「明當世之務、習先聖之術」_{武元光五年。}、「茂材異等可爲將相及使絕域者」_{元封五年。}、「文學高第」_{昭始元五年。}、「明陰陽災異者」_{元初元三年。}、「可充博士位者」_{成陽朔二年。}、「勇猛知兵法者」_{元延元年。} 等，皆可與「賢良」歸入一類，皆爲朝廷特意延訪此類人才也。「孝廉」爲孝子廉吏之簡稱，_{武帝元光元年，初令郡國舉孝廉各一人，是爲漢室令舉孝廉之始。元朔元年詔：「朕深詔執事，興廉舉孝，今或至閭郡而不薦一人，是化不下究，其議不舉者罪。」可見舉孝、興廉兩事。} 乃由朝廷設意獎進此項風氣，與延訪人才諮詢政事之意各別。_{宣帝地節三年詔：「朕旣並舉賢良方正，而俗化闕焉，其令郡國舉孝弟有行義者各一人」，亦可證此意。} 其先文帝十二年，已詔：「孝弟、力田、廉吏，朕甚嘉此。今萬家之縣，云無應令，豈實人情？」於「孝廉」外復有「力田」一項。是年_{文十二年。}並詔以戶口率置三老、孝悌、力田常員。蓋「孝廉」出於鄉官小吏，非有才學，恐不足以應天子之詔，故郡縣率不樂舉，而求應此選者亦少。_{宣帝黃龍元年詔：「舉廉吏，誠欲得其眞，吏六百石，位大夫，毋得舉。」可見漢廷意在獎進小吏，而郡國乃以大吏充數。而當時舉廉}

至東漢初，則「茂材」、「孝廉」定爲歲舉。

光武建武十二年，詔三公舉茂材各一人，廉吏各二人。光祿歲舉茂材四行清白。一曰德行高妙，志節一曰德行高妙，志節修，能任博士。三曰明曉法律，足以決疑，能案章覆問，才任御史。四曰剛毅多略，遭事不惑，明足照姦，勇足決斷，才任三輔令。各一人，察廉吏三人。中二千石歲察廉吏各一人。廷尉、大司農各二人。將兵將軍歲察廉吏各二人。監察御史、司隸、州牧歲舉茂材各一人。按：詔中無孝，惟明帝時樊儵上疏，已有「郡國舉孝廉，率取年少能報恩者」之語，則似孝、廉並舉，成爲例事，明帝時已然。

循至歲以百數。

章帝建初元年詔：「刺史守相，不明眞僞，茂材孝廉，歲以百數。」二年：「陳事者多言郡國貢舉率非功次。」則知其時郡國察舉，頗已多弊。

嗣後「孝廉」遂爲察舉惟一項目，遂至勒爲定額。

和帝時，大郡口五、六十萬舉孝廉二人，小郡口二十萬亦有蠻夷者亦舉二人。帝以爲不均，丁鴻、劉方上言，「郡國率二十萬口歲舉孝廉一人，本爲孝子、廉吏，此則「孝廉」特爲貢舉之一目矣。四十萬二人，上至百二十萬六人。不滿二十萬，二歲一人；不滿十萬，三歲一人。」

又繼之以限年，並別標行能，加以考試。

順帝陽嘉元年，初令郡國舉孝廉，「限年四十以上，諸生通章句，文吏能牋奏，乃得應選，其有茂才異行，不拘年齒。」按：至是則儒生、文吏、茂材、異行全與孝廉混幷不分矣。又諸生先以茂材異能訪人才，以孝子廉吏獎風俗。及孝廉漸成例舉，郎官雖無員，亦自有限，蓋其試家法，文吏課牋奏，則變薦舉為課試，與孝興廉原意全遠矣。又諸生郡國各舉孝廉一人，歲已二百許人。自是孝廉獨行，諸科漸廢。又社會文風日開，郡縣吏亦多彬彬儒雅，雖孝廉之選，其實無異於茂材，人競趨之，惟求出路耳，不問其為孝廉、茂材也。遂至有請託舞弊，而朝廷亦以種種條件限之，亦惟求人才耳，不限於得孝廉也。限年之議始自尚書左雄，雖與舉孝興廉原意不合，亦整頓選法之不獲已也。

逐步漸近於後世之科舉。

當時反對者有黃瓊、胡廣、張衡、崔瑗等。然雄在尚書，天下不敢妄選，十餘年間號為得人。其後黃瓊為尚書令，以前左雄所上孝廉之選，專用「儒學」、「文吏」，於取士之義猶有所遺，乃奏增「孝悌」及「能從政者」為四科。至是則前漢賢良、孝廉兩項目，已同歸入歲舉中，而不過統以「孝廉」一目之而已。

此項制度之演進，一面使布衣下吏皆有政治上的出路，可以獎拔人才，鼓舞風氣；一面使

全國各郡縣常得平均參加中央政局，對大一統政府之維繫，尤為有效。而更要的，則在朝廷用人，漸漸走上一個客觀的標準，使政府性質確然超出乎王室私關係之上而獨立。與察舉制相輔並行的尚有徵辟制。

兩漢二千石長吏皆可以自辟曹掾，而東漢公卿尤以辟士為高。

選舉多循資格，辟召則每以高才重名躡等而升，故當時尤以辟召為榮。崔實政論北堂書鈔六十八引。謂：「三府掾屬，位卑職重，及其取官，又多超卓，或期月而長州郡，或數年而至公卿。」崔語止此。於是名士養望，有被命不遽出，至五府俱辟如黃瓊，四府並命如陳紀者。以外戚秉權者曰大將軍，以老臣錄尚書者為太傅，並外朝三公稱四府、五府。

亦有朝廷聞高名，直接辟召。

如樊英被徵初至，「朝廷設壇席，待若神明。」李固語。陳寔少從樊英遊。官僅太邱長，家居後，朝廷每三公缺，議者多歸之。太尉楊賜、司徒陳耽，每以寔未登大位而身先之自愧。鄭康成公車徵為大司農，給安車一乘，所過長吏送迎。董卓徵荀爽，初拜平原相；途次又拜光祿勛；視事三日，策拜司空。自布衣至三公，凡九十五日。

此等制度，使在野的聲名，隱然有以凌駕於在朝的爵位之上，而政府亦得挾此自重，以與王室相頡頏。

自有此項制度之存在，而士人在政治上遂能佔有其地位。

三　太學清議

士人在政治、社會上勢力之表現，最先則為一種「清議」。

此種清議之力量，影響及於郡國之察舉與中央之徵辟，隱隱操握到士人進退之標準。

東漢自光武、明、章，雖云崇獎儒業，然光武勤治，明帝好吏事，風聲相勸，俗頗苛刻。明帝永平七年，以東海相宗均為尚書令，均謂人曰：「國家喜文法廉吏，以為足以止姦，

在太平治安之世，而有此等情形者，惟東漢及兩宋為然。戰國列強紛爭，事當別論。秦漢創建大一統政府以下，王室高高在上，民眾遠隔在野，封建世臣之勢力取消，民間起布衣為公卿，朝進暮退；所由得與數百年遞禪之王室為抗衡者，魏晉南北朝以迄隋唐為門第，東漢、兩宋為士風，元、明、清三代，皆汲宋儒遺脈，而所得淺深不同。

然文吏習爲欺謾，廉吏清在一己，無益百姓流亡，盜賊爲害也。均欲叩頭爭之，時未可改也。久將自苦之，乃可言耳。」章帝時，陳寵上疏，（建初元年。）主改前世苛俗。第五倫上疏，（建初二年。）亦謂光武「承王莽後，加嚴猛爲政，因以成俗，是以郡國所舉，多辦職俗吏，不應寬博之選」。王充論衡亦極辨世俗常高「文吏」，賤下「儒生」之非。（程材篇。）稍後郡國察舉，漸移趨向。言事者謂郡國貢舉不以功次，（功次卽朝廷法令標準也。名卽社會清議之所歸許也。）累進養虛名者，故守職者益懈，而吏事陵遲。韋彪議曰：「國以賢爲本，賢以孝爲行。（按：彪傳謂其「孝行純至，父母卒，哀毀三年，不出廬寢。建武末，舉孝廉」。彼謂「賢以孝爲行」，直將西漢求賢一路并入獎孝之中，東漢「孝廉」獨盛，「賢良」漸廢，亦此等議論有以助成之也。）忠孝之人，治心近厚；鍛鍊之吏，治心近薄。故士雖不磨吏職，有行美材高者，不可純以閥閱取。」（史記：「明其等日閥，積日日閱」閥閱卽吏治成績也。韋彪此事。）自是以往，東漢士風，競以名行相高，而郡國之察舉，中央之徵辟，亦隨一時清議爲轉移，直至東漢末葉，此風弗衰。

而清議勢力之成熟，尤其由於太學生之羣聚京師。

東漢自明帝雖宏獎儒教，然至安帝而儒風寖衰。其時博士倚席不講，朋徒相視怠玩，學舍頹敝。

順帝更修黌舍，凡所造構二百四十房，一千八百五十室，至桓帝時太學生三萬人。然漢

武立〈五經博士，本為通經致用。至宣帝時，博士之學已漸流於「章句」。漢初治經，有「訓詁」，有「傳」，而無「章句」，學者常兼通，務求大義。「章句」之興，始於小夏侯（建）尚書，乃有分經專治之「家法」。家法之起已晚，若早各格守家法，則歐陽尚書之傳統下何來有大、小夏侯？至東漢而益甚，此即所謂今文學「家法」也。

西漢所謂「古文」，如史記言「詩書古文」之類，蓋通指五經，以別於後起之「百家言」，故謂之「古文」，其意猶云「舊書」也。劉歆爭立古文尚書、毛詩、左傳、逸禮諸經，移書讓太常博士，曰：「其為古文舊書，皆有徵驗。」此亦爭其同，非故翹其異。正以非古文舊書（即為後起之「百家言」）即不得在朝廷立博士。故劉歆言此諸書亦皆古文可徵驗也。迨王莽敗，光武興，劉歆爭立古文諸經仍罷博士不立，於是乃指遵朝廷功令守博士家法者（即當時所立十四博士）為「今學」，而以自相傳習、兼治未立博士諸經者（即劉歆所爭諸種）為「古學」。故今學皆有「家法」，守朝廷博士章句，古學則多云「不守章句」也。此兩漢「今、古學」真分別，清儒張皇其說而多誤。

章句繁瑣比傳，殊不足以饜賢俊之望，故博士至於倚席不講，學者或自遍謁名師，會通羣經，治求大義，如馬融、鄭玄輩，則所謂「古文家」也。「古文家」之為學，大體上欲復反宣帝以前舊門路，即務兼通、求大義是也。馬、鄭則再從此工夫下創為新章句，以簡易舊章句之繁瑣比傳。然大多數居京師，目繫世事之黑暗污濁，轉移其興趣於政治、社會實際問題，放言高論，則為清議。

此輩太學生與朝廷大臣聲氣相通。

桓帝時，太學諸生三萬餘人，而郭林宗、賈偉節為其冠，並與李膺、陳蕃、王暢更相褒重。學中語曰：「天下模楷李元禮，膺。不畏強禦陳仲舉，蕃。天下俊秀王叔茂。暢。」按：東漢行察舉、徵辟之制，故重人倫品鑒，如「天下楷模」、「不畏強禦」等語，皆襲當時品藻人物之格套也。

其言論意氣，往往足以轉移實際政治之推移。

符融遊太學，師事少府李膺。膺夙性高簡，得通謁者稱爲「登龍門」。膺每見融，輒絕他賓客，聽其言論。融幅巾奮袖，談辭如雲，膺每捧手歎息。郭林宗始入京師，時人莫識，融介於李膺，由是知名。按：史亦稱林宗：「善談論，美音制。」既尚人物品藻，又學者羣集，不事編簡，則必因而尚談論，必牽連及於考究談吐之音節，又牽連而及於體貌之修飾。如李固，已見譏爲「胡粉飾貌，搔頭弄姿，盤旋俯仰，從容冶步」，爲後來曹植、何晏輩之先聲。如是則譏評政俗之清議失敗後，極易轉而爲玄虛之清談。蓋一爲積極，一爲消極，其他全相似也。如孔融父孔公緒，即以「清談高論，噓枯吹生」見稱。（鄭太傳。）而青州刺史焦和，亦見稱爲「能清談」。（臧洪傳。）其他如馬融、崔瑗之徒，亦開魏晉王衍一流之奢風。大抵三國以下人物風流，全已於東漢啓之。其時漢中晉文經、梁國黃子艾，並恃才智，臥託養疾，洛中士大夫，承聲坐門，猶不得見。三公辟召，輒以詢訪，隨其臧否以爲予奪。融到太學，幷見李膺，曰：「二子行業無聞，特宜察焉。」膺然之。二人自是名論漸衰，賓徒稍省，旬日之間，慚歎逃去。今按：符融、郭泰之與晉、黃兩人，雖智愚、賢不肖有別，其以名士傾動天下，上足以與朝廷之祿位相抗衡，則一也。大抵東漢至桓、靈之際，朝廷祿位已不如處士虛聲，社會重心在下不在上，此亦自秦統一以來世運一大轉變也。

朝廷有大議，例亦得預。

桓帝時，永壽三年。或言改鑄大錢，事下四府郡僚，及太學能言之士，劉陶議云云。是其時太學生得與議朝政，乃與前漢博士同。

四 黨錮之獄

黨錮由於朝士與宦官之衝突，而在黨錮獄以前，朝士與外戚衝突早已循環發生過好幾次。

外戚依附於王室，外朝士人地位不親接，正議徒招禍殃。往往一帝即位，必祖外戚誅鋤朝士。逮朝士喪氣，外戚益橫，而舊帝崩，新帝立，與舊帝之外戚關係轉疏，乃自謀之宦官。此幾為東漢前半段政治上一種循環狀態。如和帝時有郅壽、樂恢、袁安、任隗、韓棱、丁鴻、何敞、張酺。皆以劾竇氏得罪。惟班固、傅毅黨竇氏。安帝時有杜根。以上書請鄧太后還政，盛以縑囊，於殿上撲殺，載出城外得蘇，逃為宜城山中酒家保。積十五年，後鄧氏廢，杜根始起用。楊震、翟酺、陳忠。皆諫閻氏擅權，不納，楊震為之自殺。順帝時有張綱、朱穆、皇甫規、陳蕃、延篤。皆諫梁氏擅權。以殺梁冀賓客遷免。惟馬融、楊震為之自殺。

此等皆不畏強禦，耿耿忠直，以正氣大義與黑暗勢力相鬪爭，雖屢受摧挫，然士人勢力之逐步成長，實胥賴之。當時士大夫自有一段不可磨滅之精神，亦不可純由外面事態說之也。

及宦官勢盛，朝士爭彈對象，乃始轉向。

順帝時，孫程等徙遠縣，司徒掾周舉謂司徒朱倀：「朝廷非程等豈立？如道路夭折，使上有殺功臣議」，倀遂諫止之。時稱「五經縱橫周宣光」，周亦名儒。自此以前，朝士尚有祖宦官者。及梁冀敗，宦官勢盛，朝士鋒鋩，乃轉嚮宦官。

惟東漢宦官勢力，不僅盤踞內廷，其子弟親黨布散州郡，亦得貪緣察舉，進身仕宦。陽嘉初對：「詔書禁侍中、尚書中臣子弟，不得為史察孝廉，以其秉威權，容請託故也。而中常侍在日月之側，聲勢振天下，子弟祿仕，曾無限極。雖外託謙默，不干州郡，而諂偽之徒，望風進舉。」李固順帝

從此遞相攀引，根枝纏結，日益繁滋。故士族清流與宦人衝突，不限於中央而遍及州郡。

如濟北相滕延，捕殺侯覽、段珪賓客，徵詣廷尉免。左悺兄滕為河東太守，皮氏長趙岐卽棄官歸。唐衡兄珪為京兆尹，將岐家屬宗親陷以重法盡殺之，岐逃難四方。此均在桓帝延熹三年。

而中朝、外朝之別，又使宦官與外戚同樣得蔭附王室，為外朝權法所不及。

太尉楊秉奏誅侯參，兄覽。並奏免覽官。書奏，尚書召對秉掾屬，詰之曰：「設官分職，各有司存，三公統外，御史察內：今越奏近官，經典、漢制，何所依據？」秉以「申屠嘉召鄧通」為對，桓帝不得已，為免覽官。然此乃西漢文帝時故事，東漢自光武改制，公府外職，固不得問內廷事，帝自為優容也。又按：楊秉此次劾奏宦官仕人及子弟為外官貪淫者，刺史、郡守以下凡五十餘人，或死或免。可見當時宦官之惡遍天下矣。

因此宦官之勢，乃非外朝士人之力所能摧陷廓清，名士不得不內結外戚，而

外戚到底亦為一種腐敗的因襲體，名士遂終與之兩敗。<small>如陳蕃之與竇武，袁紹之與何進。</small>

竇武傳謂武：「在位，多辟名士，清身疾惡，禮賂不通，妻子衣食裁足，得兩宮賞賜，悉

散與太學諸生。」<small>此特見竇武之與名士相結納耳。</small>而陳蕃傳則記王甫讓蕃語，謂：「先帝<small>桓。</small>新棄天下，山

陵未成，竇武何功，兄弟父子，一門三侯。又多取掖庭宮人，作樂飲讌。旬月之間，貲

財億計。公為棟樑，枉橈阿黨。」<small>此可見竇家仍不脫外戚腐敗氣。</small>恐所言非盡無據。陳薦處士徐穉、姜肱、

袁閎、韋著、李曇、魏桓，皆不至。<small>脫外戚腐敗氣。</small>韋之言曰：「後宮千數，其可損乎？廄馬萬匹，其

可減乎？左右權豪，其可去乎？」是其時王室腐敗已極，固非朝士所能彌縫。至何進不

可依恃，更屬一時共知。

且名士對付宦官，態度亦自有過激處。

桓帝延熹八年，李膺復拜司隸校尉。中常侍張讓弟朔，為野王令，貪殘，畏罪，逃匿讓

家合柱中。膺率吏破柱取朔殺之。桓帝詰以不先請便加誅之意，此下遂有第一次之黨錮

獄。<small>事在延熹九年，張成以方技交通宦官，膺養太學游士，交結生徒，誹訕朝廷。此兩事一則未請先誅、一則遇赦仍殺，於膺皆不為無失之過激也。</small>推占有赦令，教其子殺人，果遇赦，李膺竟殺之。成弟子牢脩誣告此為宦

官與名士直接衝突之尖銳化。蓋至此名士已成團體，與以前零零碎碎出頭反對外戚者不同。而宦官亦借部黨之名，部黨始於甘陵南、北部。桓帝師事甘陵周福爲尚書，而同郡河南尹房植有名當朝，鄉人爲之謠曰：「天下規矩房伯武，因師獲印周仲進。」二家賓客互相譏揣，各樹朋徒，由是甘陵有南、北部，而黨人之議自此始。牽連逮捕至二百餘人。翌年，以竇武等表請赦歸，猶禁錮終身。靈帝即位，竇武、陳蕃謀殺宦官不成，此爲外戚與名士同謀宦官之第一次。轉爲曹節、王甫所殺。事在建寧元年，去第一次黨錮獄三年。翌年，建寧二年。遂有第二次黨錮之獄。事始山陽東郡督郵張儉，舉劾中常侍侯覽，上書，爲覽遮截，不得上。儉行部覽母，呵不避路，竟使吏卒收殺之，追擒覽家屬、賓客，死者百餘人，皆僵尸道路，伐其園宅，雞犬無餘。張儉此事更爲非理。靈帝以儉郡吏，不先請擅殺無辜，詔收儉。儉亡命，逃竄，所經歷皆伏誅。遂幷捕前黨李膺、杜密、范滂等百餘人，皆死獄中，附從者錮及五族。建寧四年，又捕太學諸生千餘人，幷詔黨人門生故吏、父兄子弟在位者，皆免官禁錮。直至黃巾賊起，始得赦。在中平元年。又五年，中平六年。何進與袁紹等謀盡誅宦官，而董卓入京。此爲外戚與名士同謀宦官之第二次，而漢亦亡矣。

而漢代上下用法，本亦有過酷之弊。

漢襲秦舊，用法太嚴，以殊死爲輕典，獄吏以深竟黨與爲能事。西漢時，義縱爲定襄太守，獄中重罪二百餘人，及賓客、昆弟私入相視者，亦二百餘人，縱一切捕鞫，曰「爲死罪解脫」，是日皆報殺，四百餘人。此雖極端之例，可見漢代刑法之一斑矣。故成瑨爲南陽太守，宛富賈張汎倚恃後宮中官之勢，功曹岑晊等勸瑨收捕。既而遇赦，瑨竟誅之，

拼收其宗族、賓客，殺二百餘人，後乃奏聞。此較之張儉之誅侯覽一家，同爲慘酷非人

道。在當時不自知也。在名士正義一面者如此，在宦官惡勢力一面者可想。故張儉亡命所經歷，伏

重誅者數十家，至於宗親殲殄，郡縣殘破。西漢亦每輕用族誅，如晁錯、主父偃、郭解諸人皆是。雙方相激相盪，皆受用

法不平之禍也。又按：東漢刑訊之酷，亦可駭人。獨行傳載楚王英坐反誅，其所疏天下名士，有會稽太守尹興，乃徵諸吏不堪

詣廷尉獄。其門下掾陸續、主簿梁宏、功曹史駟勳，及掾吏五百餘人，詣洛陽詔獄就拷。諸吏不堪楚痛，死者大半。惟續、宏、勳拷掠五毒，肌肉消爛，終無異辭。又，戴就仕郡倉曹掾，刺史歐陽參奏太守成公浮贓罪，乃令遭部從事按之，收就於錢塘縣獄，幽囚拷掠，五毒慘至。又燒斧使就挾於肘腋。每上彭考，肉焦毀墮地，掇而食之。又令臥覆船下，一夜二日不死。又復燒地，以大鍼刺指爪中，使以把土，爪悉墮落。迄明公浮之誣，乃舍之。崔寔政論猶病漢治之寬，豈爲知病者？其後曹操父子頗欲以法治革漢弊，竟不永祚。及東晉以下，刑典始寬。就唐、宋言，則唐重而宋輕，大體視士權之消長爲進退。

積此數因，造成慘毒的黨錮之禍，「人之云亡，邦國殄瘁」，黑暗腐敗的漢王室，終於傾

覆，依附於王室的外戚與宦官，亦同歸於盡。而名士勢力到底還可存在，便成此後之門

第。大一統政府不能再建，因無共戴之王室。遂成士族多頭之局面。

五　門第之造成

士人在政治社會上勢力之表現，「清議」之外，更要的則爲「門第」。

門第在東漢時已漸形成。

第一是因學術環境之不普遍，學術授受有限，往往限於少數私家，而有所謂「累世經學」。

其最著者莫如孔子一家之後，自伯魚、子思以下，再五世孔順爲魏相。順子鮒，爲陳涉博士。鮒弟子襄，漢惠時博士，爲長沙太傅。襄孫武及安國。武子延年。安國、延年皆武帝時博士；安國至臨淮太守。延年子霸，昭帝時博士，宣帝時爲大中大夫。霸子光，歷成、哀、平三帝，官至御史大夫、丞相。自霸至七世孫昱，卿相牧守五十三人，列侯七人。安國後亦世傳古文尚書、毛詩有名。其次西漢大儒伏生，世傳經學，歷兩漢四百年。　詳東漢伏湛傳。東漢桓氏，自桓榮以下，一家三代爲五帝師。　榮授明帝，郁授章、和，焉授安、順；又焉兄孫彬，亦有名。

又次如經學既爲入仕之條件，於是又有所謂「累世公卿」。

累世公卿亦始西漢。如韋、平再世宰相，　韋賢、玄成，父子相宣；平當、平晏，亦父子相繼。時爲僅事。東漢則有四世三公者爲楊氏，　楊震爲太尉，子秉、子賜（司徒）、子彪凡四世皆爲三公。　又四世五公者爲袁氏，　袁安爲司空，又爲司徒，子敞及京，京子湯，子逢、逢弟隗，四世五公，比楊氏更多一公。　湯氏族之盛，西漢較之蔑如矣。

于氏爲兩世三公，父定國爲丞相，其子永爲御史大夫。

「累世經學」與「累世公卿」，便造成士族傳襲的勢力，積久遂成門第。

門第造成之另一原因，則由於察舉制度之舞弊。

地方察舉權任太守，無客觀的標準，因此易於營私。一面是權門請託，一面是故舊報恩。

兩者遞爲因果，使天下仕途，漸漸走入一個特殊階級的手裏去。

明帝中元二年詔，已云：「選舉不實，權門請託。」樊儵上言，則謂：「郡國舉孝廉，率取年少能報恩者。耆宿大賢，多見棄廢。」順帝時，河南尹田歆謂：「今當舉六孝廉，多得貴戚書命，不宜相違。欲自用一名士，以報國家。」遂舉种暠。〈風俗通記南陽五世公爲廣漢太守，與司徒長史段遼叔同歲。遼叔大子名舊，小子暠，到謂郡吏曰：「太守與遼叔同歲，幸來臨郡，當舉其子。如得至後歲，貫魚之次，敬不有違。」主簿柳對曰：「舊不如暠。」世公厲聲曰：「丈夫相臨，兒女尚欲舉之，何謂高下之間！」竟舉舊。世公轉南陽，與東萊太守蔡伯起同歲，欲舉其子。伯起自乞子瓚尚弱，第琰幸已成人。是歲舉琰，明年復舉瓚。瓚十四未可衆，常稱病，到十八始出治劇平春長，上書：「臣甫弱冠，未任宰御，乞留宿衞。」尚書劾奏：「增年受選，減年避劇，請免瓚官。」〉此一事尤可見當時察舉情況也。

及門第勢力已成，遂變成變相的貴族。自東漢統一政府傾覆，遂變成變相之封建。長期的分崩離析，而中國史開始走上衰運。

六 東漢士族之風尚

東漢士大夫風習，為後世所推美。他們實有儘多優點。但細為分析，似乎東漢士大夫常見的幾許美德高行，不外如下列，其間都和當時的察舉制度有關係。

一、久喪。此為孝行。西漢重孝，尚少行三年喪者。東漢則「謂他人父」，對舉主、故將亦多行孝三年，而父母之喪有加倍服孝者。

三年之喪，自西漢中葉始漸見推行。公孫弘後母卒，服喪三年。哀帝時，河間王良喪太后三年，為宗室儀表，益封萬戶。原涉父死，行喪冢廬三年，由是顯名京師。薛宣後母死，弟修為臨淄令，去官持服。宣為丞相，謂弟：「三年服少能行者。」兄弟相紾，修遂竟服。平帝時，王莽令吏六百石以上皆服喪三年。見此制始重，已在西漢末年。東漢則行喪三年為常事，甚有加倍服喪者。光武子東海王臻，喪母服闋，重行喪制。袁紹母死去官，三年禮畢，追感幼孤，又行父喪。乃甚至有行服二十餘年者。青州民趙宣，葬親不閉埏隧，居其中，行服二十餘年，然五子皆服中生，陳蕃致其罪。孔融殺父死墓哭不哀者。其變乃有阮籍臨喪食肉，鄉里稱孝，上與戴良同風。（見范書逸民傳。）

二、讓爵。父有高爵，長子應襲，逃避不受，以讓其弟。

此亦始西漢，韋賢卒，子玄成讓爵於庶兄弘。宣帝高其節，許之。東漢更多見。如鄧彪、劉愷、桓郁、丁鴻、郭賀、徐衡，皆是。蓋時重孝廉，讓爵、推財，則孝與廉兼盡矣，故人爭慕為之。然讓者固高，受者斯卑。臨深為峻，以人之污，形己之潔，實非平道。范蔚宗丁鴻傳論已譏之。

三、推財。兄弟異財析居，推多取少。讓爵、推財，同爲推孝以及弟也。讓爵、推財，同爲推孝以及弟也。

其人如薛包、建光（安）中，徵拜侍中，稱李充。家貧，兄弟六人，同食遞衣。妻曰：「有私財，願思分異。」充僞酬曰：「如欲別居，當醞酒具會。」充乃疾，賜告歸，蓋恬退人也。延平（殤）時，詔學隱士大儒，務取高行，以勸後進，特徵爲博士。充以二弟晏、普末顯，欲令成名，於是分財三分，自取肥田廣宅，奴婢強者，悉以推二弟，賢矣；爲婦信充，置酒宴客。充乃以異析爲不義，何不開譬其妻？妻設不淑，亦不當爲許，似非中和之道。充乃會宗親，泣白其事，所理產增三倍，悉以推二弟。今按：許武之爲弟謀，借斥妻而博高名，而故相反者有許武。太守第五倫舉爲孝廉。武以二弟晏、普未顯，欲令成名，於是分財三分，自取肥田廣宅，奴婢強者，二弟所得劣少。鄉人皆稱弟克讓，晏等以此並得選舉。武乃會宗親，泣白其事，所理產增三倍，悉以推二弟。今按：許武之爲弟謀，賢矣；跪白母，譴斥其妻，以異析爲不義，何不開譬其妻？妻設不淑，亦不當爲許，似非中和之道。充乃會宗親，泣白其事，所理產增三倍，悉以推二弟。

然當時自爲謀而推財讓產者，當亦不乏也。

四、避聘。避聘不就，以讓親屬，則與讓爵、推財，迹異心同。

如劉矩、以叔父叔遼未得仕進，遂絕州郡之命。太尉朱寵、太傅桓焉爲嘉其志義，叔遼以此爲諸公所辟，拜議郎；矩乃舉孝廉。魯恭。亦憐弟丕小，欲先就其名，託疾不仕，郡數以禮請，謝不肯應。皆與讓爵、推財，迹異心同也。至其他卻聘爲高者，不勝具舉。

五、報仇。家庭有仇怨，奮身圖報，此亦孝弟之激發也。

其事如崔瑗、兄爲人害，手刃報讎，亡去。魏朗、兄爲人害，朗白日操刀，殺人於縣中。蘇不韋父謙爲司隸校尉李暠按罪死獄中。不韋與賓客掘地道至暠寢室，值暠如廁，殺其妾與子；又疾馳至暠父墓，掘得其父頭以祭父。等。古者刑不上大夫，故貴族階級相互有隙，不得直於法庭，則以私鬥決之。墨家非禮亦非鬥，儒家重禮故不非鬥，故荀子謂：「狗，然至秦漢以下，自可訴於官，彘尚有鬥。」

不理於官而輒自讐殺，此為慕古而失其意矣。

六、借交報仇。

朋友有仇怨，亦許身代報，此推己孝弟以及人也。

其事如何容、友有父讐未報，將死，泣訴於容，容即為復讐，以頭祭其父墓。

「父母存，不許友以死」，則父母而亡，固可以死許友。以死許友，即指借交報仇也。

郅惲　惲友父讐未報，病將死，對惲欷歔。惲將賓客殺其人。以頭示友；友見而氣絕。禮有之……等。

七、報恩。此皆故吏對舉主，弟子對業師，移孝作忠，亦家庭道德之推擴也。此又分兩類。

（一）急難　舉主、業師有患難，挺身護救。

其事如李固弟子郭亮、固被戮，亮負斧鑕上書，請收固尸。杜喬故掾楊匡、喬被戮，匡守護其尸不去。第五種門下掾孫斌、種劾宦官，送喪還，終畢三年乃歸。劉君吏公孫瓚；詳下。而廉范之於鄧融，尤為壯烈。隴西太守鄧融，在職不稱，廉范為功曹，知其必獲罪，乃謝去；融甚望之。范改姓名，求為廷尉卒。無何，融果徵下獄，范衞侍異常，融甚單超兄子匡，坐徙朔方，朔方太守董援，援知種往必遇害，格殺送吏，與種俱逃。劉瓚郡吏王充，瓚考殺小黃門趙津，瓚郡吏，送喪還，終畢三年乃歸。充為異，怪問其故，范終不自言，身將車送喪至南陽，葬畢而去。融繫出困病，范隨養視；及死，范不自言，蓋自王莽世已然，並不為光武提倡。光武實亦自受當時風氣之影響也。自此演而愈烈，如廉范事儘難能，然終似非正辦。

（二）服喪　舉主、故吏死，為之服喪。

如李恂、樂恢為郡將，荀爽為舉主，袁逢舉爽，卒，為服喪三年。逢侯苞、馮胄為業師等。並有棄官行

喪者。如吳匡、

『風俗通:「弘農太守吳匡,為黃瓊所舉,剖符守境,勸民耕桑,肆省冤疑,和解仇怨,國之大事;而猥顧私恩,若宮車晏駕,何以過茲?論之曰:者不察,而歸之厚。』若此類者非一。

傅燮、桓典等。

又崔寔以期喪去官。荀攸祖父曇卒,故吏求守墓,推問乃殺人亡命。

八、清節。

一介不取,推財與人。東漢重廉吏,社會亦尚廉節。

如廉范、

今按:范客死於蜀,范年十五,入蜀迎喪。其父故吏太守張穆資送,不受;船觸石破沒幾死,穆追送前資,竟不受。范自守甚高,然推田與毛,似屬矯情,並非愛人以德也。蕭宗崩,范奔赴。盧江郡掾嚴麟奉章弔國,乘小車,塗深馬死,不能自進。范命從騎下馬與之,不告而去。麟事畢,不知馬所歸,乃緣蹤訪之。或曰:「當是廉叔度。」麟即牽馬造門,謝而歸之。此見當時風尚已成,故人盡勉為而不自覺。

种暠、

父早亡,有財三千萬,暠以賑鄉里貧者,遂知名。

范冉。

受業於樊英、馬融。史稱:「好違時絕俗,為激詭之行。」看姊病,妹設食,冉留錢二百。此等良可詫笑。袁高不修異操而致名當時,為可貴矣。

其它高節異行不勝舉。大體論之,則東漢士風,亦自有其缺點:

一則在於過分看重道德。

道德自為人生不可缺少之要素,然亦只是人生中一端。過分看重,不免流弊。譬如健康,亦人生一要端,若其人惟一看重健康,即不免種種流弊也。過分看重道德之流弊,又可分兩端言之:一則道德乃人人普遍所應有,並非可以爭高鬥勝。(道德乃起碼條件,非終極標準。人不應不道德,(此乃消極的嚴重

性。）卻不能定要比人更道德。（積極的便成不自然性。）若專以道德來分別人高下，便造成社會上種種過高非常不近人情的行為，而其弊且導人入於虛偽。若做事太看重道德。便流於重形式虛名而忽略了內容與實際。

將軍死綏，亦是一種道德。若過重道德，或只重道德，則往往可以軍隊尚未徹底敗北，而早圖從容自殺，忘了最後的反圖。漢士人名列黨錮，束手就縛，自覺心安理得，亦是同樣心理。

德。（積極的便成不自然性。）宋蘇軾謂：「上以孝取人，則勇者割股，怯者廬墓；上以廉取人，則弊車羸馬，惡衣菲食。」是也。盧

事各具的一種可循之軌轍。若做事太看重道德。便流於重形式虛名而忽略了內容與實際。二則道德乃事

二則東漢士人的道德似嫌褊狹。

他們似乎只注重個人、家庭和朋友，而忽略了社會和國家。

西漢儒生頌莽功德，要求漢室讓位，從君臣私人的友誼論為不道德，從對社會、國家全體論，未見其為不道德。即如王莽、劉歆，後人皆以不道德目之，皆受東漢人影響也。

「孝」與「廉」為東漢士人道德之大節目，然此二者全屬個人和家庭的，非國家和社會的。

廉只是消極的。為吏不可不廉，不能僅廉而止。

不孝、不廉固然不夠做人和從政的標準，然只是孝、廉，亦不夠得做人和從政的條件。

因東漢士人只看重形式的道德，不看重事實的效果，所以名士勢力日大，而終不能剷除宦官的惡勢力。

及袁紹盡誅宦官，而事已潰爛，不可收拾。

因東漢人只看重私人和家庭的道德，故王室傾覆後，再不能重建一共戴的中央，而走入

魏晉以下之衰運。

然東漢士人正還有一種共遵的道德，有一種足令後世敬仰的精神，所以王室雖傾，天下雖亂，而他們到底做了中流砥柱，個別的保存了他們門第的勢力和地位。

第十一章　統一政府之對外

秦漢國力與
對外形勢

中國自秦漢統一，大體上版圖確定，民族搏成，中國史遂開始有其對外問題。以前只是中國內地華、夷雜處，部族相爭，不成爲對外。

中國以民族之優秀，疆土之超越，使中國國力常然卓然高出於四圍外族之上。因此中國史上對外之勝負、強弱，幾乎完全視國內政治爲轉移。外患只是內政動亂所招致之一種事態。嚴格言之，只要國內政治有辦法，國外絕不足患。

講述中國史上歷來之外患，毋寧應該多注意於國內之自身。

一　兩漢國力之比較

兩漢是中國史上第一次因統一而臻國力全盛之時期，但因種種關係，東漢國力已不如西漢。

先就建都而論。

中國古史活動場面，大體上主要的在黃河流域。其西部上游武力較優，東部下游則文化、

經濟較勝。此種形勢，自虞、夏、殷、周直到秦并六國皆然。

西漢承秦而都關中，長安爲全國之頭目，東方的文化、經濟不斷向西輸送，使與西方武力相凝合，而接著再從長安向西北伸展。_{驅逐匈奴，開通西域。}西漢的立國姿態，常是協調的、動的、進取的。

光武中興，關中殘破，_{因王莽末年乃至更始、赤眉的大騷擾。}始，改都洛陽，從此東方的經濟、文化不免停滯，不再向西移動。_{中國國力以政治推動，則常向西北發展，由外寇強敵所在也；此如西漢與唐皆是。若社會自由進展，則常向東南，以氣候較佳，土壤較肥，又無強敵臨前；如東漢、宋、明皆是。}而西方武力失其營衞，亦不免於轉弱。_{因而雖小小的西羌，竟成東漢西邊之大患。}東、西兩方人口密度不調節，社會經濟易生動搖，正如在一端極熱、一端極冷的不調和空氣下激起了大旋風，東漢國運遂於東方的饑荒。_{涼州兵與董卓。}與西方的變畔_{黃巾。}兩種勢力衝盪下斷送。東漢的立國姿態，可以說常是偏枯的、靜的、退守的。

此乃兩漢國力盛衰一總關鍵。

自秦以及西漢，都有大規模的向西移民。

秦徙東方大族十二萬戶於咸陽。漢高祖又徙楚昭、屈、景，齊田及燕、趙、韓、魏諸強族於關中。文帝聽晁錯謀移民實邊。武帝徙關東貧民於隴西、北地、西河、上郡，一次凡七十餘萬。

漢諸帝並有陵寢徙民的制度。

景帝五年作陽陵，募民徙陵，戶賜錢二十萬。武帝初置茂陵，賜徙者戶錢二十萬，田二頃。昭帝為母起雲陵，募徙者賜錢、田、宅。此僅徙民，不皆富人也。帝又徙三輔富人平陵，始專徙富人矣。宣帝募吏民貲百萬以上徙於昭帝平陵，以水衡錢為起第宅；宣帝自作杜陵，徙丞相下將軍、列侯、吏二千石貲百萬以上者，則為高官矣。元帝築壽陵，乃勿徙，曰：「今所為陵，勿置縣邑。」成帝為昌陵，又徙郡國豪傑貲五百萬以上者。哀帝作義陵，又詔勿徙。帝王厚葬固非美事，然漢都長安，屢移東方戶口實之，主父偃謂：「茂陵初立，天下豪傑兼并之家皆可徙茂陵，內實京師，外消姦猾」，此與秦徙東方大族用意正同。惟長安充實而後西北武功得繼續發展，不如東漢一有邊警，即議棄并、涼，棄三輔。故前漢奪朔方，開西河，而匈奴、西域皆服；東漢視關陝如塞外，而羌禍遂日蔓延，東方食少而有黃巾，西邊多事而有董卓，此誠兩漢興亡一大關鍵也。

至東漢便不然。

東漢諸儒，對邊防空虛，亦屢有論奏。虞翊請復三郡疏謂：「禹貢雍州之域，厥田上上，

沃野千里，穀稼殷積。又有龜茲鹽池以爲民利，水草豐美，土宜產牧。牛馬銜尾，羣羊塞道。因渠以溉，水舂河漕，用功省少而軍糧饒足。故孝武皇帝及光武築朔方，開西河，置上郡，皆爲此。衆羌內潰，郡縣兵荒二十餘年，三郡未復，園陵單外，公卿選懦，容頭過身，張解設難，但計所費，不圖其安。」時在順帝永建四年。前因羌寇徙隴西、安定、北地、上郡四郡，此言「復三郡」，當以隴西尚遠，故未及之。書奏，漢廷始復三郡。

又崔寔政論謂：「古有移人通財，今青、徐、兗、冀人稠土狹，不足相供，而三輔左右及涼、幽州內附近郡，皆土曠人稀，厥田宜稼，皆不墾發。人情安土重遷，寧就饑餒，猶羣羊聚畜，須主者牧養處置。置之茂草，則肥澤繁息；置之磽鹵，則零丁耗減。」又仲長統昌言損益篇：「諸夏有十畝共桑之迫，遠州有曠野不發之田。世俗安土，有死無去，君長不使，誰能自往？」蔡邕上封事陳政要謂：「幽州突騎，冀州強弩，爲天下精兵，四方有事，未嘗不取辦於二州。頃連年荒饉，穀價一斛至六、七百，故護烏桓校尉夏育出征鮮卑，無功而還。士馬死傷，弓兵散亡殆盡。」據蔡文，東漢末葉幽、冀二州均見荒殘；崔氏政論則幽已荒曠，而冀尚稠實。東漢邊區凋荒，蓋自西北逐步侵向東北矣。

與移民運動相應者，尚有築路、開渠、墾殖諸端，亦西漢盛而後漢衰。史、漢皆志溝洫、河渠，而范書無之。

茲略舉兩漢西北邊區戶口變動顯著的數字如下：

（一）關中三輔

三輔名	西漢戶口及轄縣數（地理志平帝元始二年）			東漢戶口及轄縣數（郡國志順帝永和五年）		
	戶	口	轄縣	戶	口	轄縣
京兆	一九五、七〇二	六八二、四六八	一二	五三、二九九	二八五、五七四	一〇
馮翊	二三五、一〇一	九一七、八二二	二四	三七、〇九〇	一四五、一九五	一三
扶風	二一六、三七七	八三六、〇七〇	二一	一七、三五二	九三、〇九一	一五
合計	六四七、一八〇	二、四三六、三六〇	五七	一〇七、七四一	五二三、八六〇	三八

蔡邕京兆尹樊陵頌碑：「長陵前漢戶五萬，口十七萬，王莽後十不存一，至光和（靈帝）。領戶不盈四千。」

(二) 西北沿邊諸郡

郡名	西漢戶口及轄縣數		東漢戶口及轄縣數	
	戶 / 口	轄縣	戶 / 口	轄縣
遼東	戶 五五、九七二 口 二七二、五三九	一八	戶 六四、一五八 口 八一、七一四	一一
遼西	戶 七二、六五四 口 三五二、三二五	一四	戶 一四、一五〇 口 八一、七一四	五
右北平	戶 六六、六八九 口 三二〇、七八〇	一六	戶 九、一七〇 口 五三、四七五	四
漁陽	戶 六八、八〇二 口 二六四、一一六	一二	戶 六八、四五六 口 四三五、七四〇	九
上谷	戶 三六、〇〇八 口 一一七、七六二	一五	戶 一〇、三五二 口 五一、二〇四	八
代	戶 五六、七七一 口 二七八、七五四	一八	戶 二〇、一二三 口 一二六、一八八	一一
雁門	戶 七三、一三八 口 二九三、四五四	一四	戶 三一、八六二 口 二四九、〇〇〇	一四
定襄	戶 三八、五五九 口 一六三、一四四	一二	戶 三、一五三 口 一三、五七一	五
雲中	戶 三八、三〇三 口 一七三、二七〇	一一	戶 五、三五一 口 二六、四三〇	一一

（二）　西北沿邊諸郡

郡名	西漢戶口及轄縣數			東漢戶口及轄縣數		
	戶	口	縣	戶	口	縣
五原	三九、三二二	二三一、三二八	一六	四、六六七	二二、九五七	一〇
朔方	三四、三三八	一三六、六二八	一〇	一、九八七	七、八四三	六
西河	一三六、三九〇	六九八、八三六	三六	五、六九八	二〇、八三六	一三
上郡	一〇三、六八三	六〇六、六五八	二三	五、一二一	二八、五九九	一〇
北地	六四、四六一	二一〇、六八八	一九	三、一二二	一八、六三七	六
金城	三八、四七〇	一四九、六四八	一三	三、八五八	一八、九四七	一〇
武威	一七、五八一	七六、四一九	一〇	一〇、〇四二	三四、二二六	一四
張掖	二四、三五二	八八、七三一	一〇	六、五五二	二六、〇四〇	八
酒泉	一八、一三七	七六、七二六	九	一二、七〇六	未詳	九
敦煌	一一、二〇〇	三八、三三五	六	七四八	二九、一七〇	六

右表惟漁陽略增，餘均銳減。敦煌一郡六城，僅有七百餘戶，尤覺荒涼。東漢人口較西漢特見激增者，一為今湖南、江西兩省；一為今河南部南陽一帶；其次為江蘇三吳平野；又則嶺南及雲南地帶。郡國輯縣亦三輔、邊郡皆激減，而長江流域縣數有增。

東漢邊郡荒殘至此，此又東漢國力不如西漢一大原因。

再就人才言之。

西漢適當古代貴族階級破壞之後，各色人物平流競進，並無階資，亦無流品。大抵是一個雜色的局面。東漢則漸漸從雜色的轉變成清一色，即以光武一朝論，其「雲臺二十八將」已大半是書生出身。此種轉變，已起西漢末葉。兩漢儒、吏未分，賢能儒雅不嫌以吏進，東漢吏職漸輕而尊辟舉。兩漢文、武一道，大臣韓安國之徒亦出邊；東漢流品始分，故即以漢武一朝言，儒生如公孫弘、兒寬、大將如衛青、霍去病、李廣，理財如桑弘羊，司法如張湯，出使如張騫、蘇武。

人才走歸一路，為東漢國力向衰之又一原因。其他次要者不列舉。劉巴輕張飛。

西漢用人不分流品，視其才能、勳績為等第，無有限格。張釋之十年不得調；揚雄三十不徙官；賈誼超遷，歲中至太中大夫，公孫弘徒步，數年至宰相封侯；王仲翁大將軍長史，三歲至光祿大夫；亦不如後世資歷之嚴。

然其入仕之始，亦自有品節。其以明經文學進者，多除博士或大夫、侍中，如嚴助、朱買臣、疏廣、平當之徒是也。其以材武勇猛進者，率除太僕或中郎將、驂乘，如夏侯嬰、公孫賀、衛綰之徒是也。張湯以法律進，則始為內史，後為廷尉，皆法官也。黃霸以入粟補官，則始為卒史，後為均輸長，皆掌財也。然其始雖有分別，而積功累勳則無不可

任。此種風氣，東漢後漸不可見。經魏、晉、南北朝以至隋、唐，而後有所謂「流品」之目。太宗置官品令，謂房玄齡曰：「朕設此官員以待賢士，工商雜色之流，假令術踰儕類，止可厚給財物，不可授之官秩。」貞觀六年馬周疏：「致化之道，在於求賢審官；爲政之本，必於揚清激濁。王長通、白明達本自樂工，韋槃提、斛斯正則獨解調馬，豈得列在士流，超授高爵？」貞觀十二年褚遂良疏：「爲政之本，在於擇人。漢家以明經拜職，或四科辟召，市井子孫，不居官吏。大唐制令，憲章古昔，商賈之人亦不居官位。」此皆所謂「流品」之辨也。惟金、元淺化，頗不知此。然唐代適當南北混一之際，其一時人才亦頗不拘一格，至宋則又有清一色之趨勢。唐、宋國力進退，正猶兩漢之比也。

二　西漢與匈奴

中國史上的外患，因地勢及氣候關係，其主要者常在北方。

北方乃一大草原，其居民游牧爲主，易於團結。又其地高寒苦瘠，居民強悍，常思南侵。

西南山嶺崎嶇，其居民散隔，不易團結；又地氣溫暖，生活較易自給，亦減其侵略之野心。

秦、漢大敵便是北方匈奴。

史記匈奴傳：「匈奴，夏后氏之苗裔」，其說信否不可詳論。又謂：「唐、虞以上有山戎、獫狁、葷粥，居於北蠻，隨畜牧而轉移。」獫狁、葷粥、匈奴蓋一音異譯，又稱昆夷、犬夷，則胡之音轉。此族蓋自古卽與漢族雜居於大河流域者。迭經驅攘，至戰國晚季，遂有圍繞於秦、趙、燕三國外之諸戎。史

記〈匈奴傳〉謂：「自隴以西有緜諸、緄戎、[今甘肅天水縣。]翟、豲之戎。[在今陝西南鄭縣。]岐、梁山、涇、漆以北有義渠、[今甘肅寧縣、慶陽縣。]大荔、[今陝西大荔縣。]烏氏、[今甘肅涇川縣。]朐衍之戎。[今甘肅靈武縣。]而晉北有林胡、樓煩之戎。[今山西嵐縣。]燕北有東胡、山戎。各分散居谿谷，自有君長，往往而聚，百有餘戎，莫能相一。」是也。

按：史記秦厲公十六年，「伐大荔，取王城。」昭王時，義渠始滅。則義渠、大荔西北諸戎，在戰國初年均已城郭化矣。東北諸狄之城郭化，已詳前春秋章。又如趙襄子滅代，魏文侯滅中山，皆以城郭爲國。此諸族之見於中國而同化者必不少。其奔進外竄者，則失其城郭耕稼之新化，而復歸於游牧之故習。此如春秋時山戎皆徒步作戰，及戰國晚年趙武靈王乃以騎射破林胡、樓煩。民族演化未深，其生活極易受環境之支配而轉變也。(如匈奴郅支單于西遷，乃爲城居。元人爲明所驅，仍返游牧是也。)

「耕稼」與「游牧」兩種文化方式之各自判斷獨立，而最先民族血統之爲同爲異，轉非所重也。史記以匈奴爲夏後，氏、羌爲姜姓，皆可以是觀之。

逮中國秦代統一，而北方諸族亦逐次統一於匈奴。

若如上說，則秦、漢與匈奴之對峙，特爲虞、夏、商、周以來中國華、夷雜處局面之正式剖分，即

秦始皇對付匈奴，採用一種驅逐政策。

秦始皇三十二年，[統一政府完成後之六年。]使將軍蒙恬北擊胡，斥逐匈奴，悉收河南地。[河套以南。]因河爲塞，築四十四縣城臨河，徙謫戍充之。[漢侯應議罷邊塞事，曰：「北邊塞外有陰山，東西千餘里，草木茂盛，多禽獸，冒頓單于依阻其中，治作弓矢，來出爲寇，是其苑囿也。」據是則漢初匈奴居陰山中。本居河南，平夷無險，至是則依山爲阻。]又通直道自九原。[河套。]至雲陽。[陝西淳化北。]又渡河據陽山北假中。

漢高祖以一時輕敵致敗，

冒頓佯敗誘漢兵，漢悉兵三十二萬北逐之，多步兵，冒頓縱精騎四十萬圍高祖於白登。白登在今大同東。高祖先至平城，步兵未盡到，遂聽婁敬策以

和親緩敵。

匈奴之對中國，一時尚無政治上統治之野心，其舉眾入塞，所重在經濟財物之掠奪。和親政策之後面，即爲賄賂與通商。藉胡、漢通婚之名義，匈奴上層貴族，每年既得漢廷之贈遺，其下層民眾，亦得定期叩塞貿易。其物質上之需要既滿足，亦可暫時解消其武力侵略之慾望。故高祖見圍而得脫。其時匈奴所尤需者，爲酒、米、繒絮之類。此所謂「明和親約束，厚遇，通關市饒給之」，

但和親政策終於不可久。

文帝時，宦人中行說降匈奴，教之曰：「匈奴人眾，不能當漢一大郡，然所以強者，以衣食異，無仰於漢也。今單于變俗，好漢物，漢物不過什二，則匈奴盡歸於漢矣。其得漢繒絮，以馳草棘中，衣袴皆裂弊，以視不如旃裘之堅善也。得漢食物皆去之，以視不如湩酪之便美也。」然衣食美惡，人情所同，中行說欲強返茹象於茹毛飲血，其事不可能。匈奴既知通商之失利，苟漢邊防稍疏，仍必出於掠奪。而漢國力充盈，自亦不甘出此屈辱而不徹底的和親政策也。

漢、匈奴一旦破裂，則漢之形勢實利攻而不利守。

漢與匈奴邊界遼闊，匈奴飄忽無定居，乘我秋冬農稼畢收，彼亦馬肥弓勁，風勁則弓燥，入塞侵掠，攻者一點，防者千里。中國疲於奔命。就匈奴全國壯丁言，不出三十萬。史紀稱匈奴：「控弦之士三十餘萬。」又云：「自左、右賢王以下至當戶，大者萬餘騎，小者數千，凡二十四長，立號曰『萬騎』。」則匈奴騎士至多不越三十萬也。壯丁盡為甲騎，不出三十萬，以五口一壯丁計之，匈奴全部人口不出百五十萬，故中行說謂「匈奴人衆不能當漢一郡」。其社會組織並不如中國之強韌，則可以尋其主力一擊而破。此所謂一勞永逸，較之消極的防禦，為利多矣。大抵中國史上對外問題，莫不然也。又曰：「士力能彎弓，盡為甲騎。」則中行說謂

於是遂先有漢武帝之誘敵政策。

事在元光二年，用王恢策，使馬邑人聶翁壹間闌出物與匈奴交易，陽為賣馬邑城誘單于，漢伏兵三十萬馬邑旁，單于覺而去，自是遂失和。史稱「馬邑之謀」。

誘敵政策失敗，於是不得不大張撻伐，開塞出擊。

漢、匈奴失和以來，彼大寇邊凡十六、七，此大出兵亦十五、六，大抵彼先發，此應之；則匈奴勢尚強。未可驟服也。匈奴統於一單于，並亦父子世襲，其政治組織，已相當進步。漢與單于書以尺一牘，中行說令單于以尺二寸牘，及印封皆令廣長大。今傳有匈奴相邦印，形制文字，均類先秦，然則並知用漢文，其文化程度，當不甚低。唐初突厥較之，為不侔矣。匈奴統於一單于，並亦父子世襲，其政治組織，已相當進步。漢與單于書以尺一牘，中行說令單于以尺二寸牘，及

漢擊匈奴，採用兩種步驟：

一是遠出東西兩翼造成大包圍形勢，以絕其經濟上之供給與援助。

匈奴諸左王將居東方，直上谷（今河北懷來境。）以東，接濊貉、朝鮮，右王將居西方，直上郡（今陝西膚施境。）以西，接氐、羌，而單于庭直代（今山西大同。）、雲中（今綏遠托克托境。）。冒頓子老上單于擊破西域，（匈奴破西域在漢文三、四年間。）置僮僕都尉，賦稅諸國，取富給焉。漢置蒼海郡，在元朔元年；（馬邑之謀後五年。）張騫使西域在元狩元年。（馬邑之謀後十一年。）

一是正面打擊其主力。

大者在元朔二年衞青之取河南地築朔方郡，遂復繕故秦時蒙恬所爲塞，因河爲固。（徙民朔方凡十萬。）又按：漢、匈奴東西橫亙，匈奴單于庭偏在東，漢都長安偏在西，故匈奴利於東侵，漢便於西出。漢既城朔方，而同時棄上谷之造陽地予胡，此爲漢廷決計改取攻勢後之策略。此後匈奴後六年，（元狩二年。）匈奴西方渾邪王殺休屠王降漢，漢以其地爲武威、酒泉郡。（此爲河西四郡。）遂開漢通西域之道，而羌、胡之交通遂絕。後分武威、酒泉爲張掖、敦煌，（在元鼎六年；）爲防漢。匈奴西方既失利，爲防漢，且求財富接濟故，不得不日移其力而西，主客倒轉，爲漢勢有利一要端。

開塞出擊之進一步則爲絕漠遠征。

中國之對匈奴，非不知出擊之利於坐防，然而不能決然出擊者，則以騎兵之不足為一要因。此下唐強、宋弱皆因此。史稱漢初「天子不能具鈞駟，一車四馬，不能純色。將相或乘牛車，馬一匹則百金」。

至漢武休養生息已七十年，其時則「眾庶街巷有馬，阡陌之間成羣，乘字牝者擯不得聚會」。漢武為伐胡，又盛養馬，廄馬至四十萬匹。馬畜既盛，騎兵之訓練自易。匈奴既失利，用漢降人趙信本胡小王，降漢。計，北絕漠，誘漢，漢乃發兵十萬騎，私負從馬凡十四萬匹。令衛青、霍去病分擊匈奴。衛青軍出定襄，今綏遠和林格爾境。遇單于，追北至窴顏山趙信城。去病出代二千里，封狼居胥，禪於姑衍，臨瀚海而還。事在元狩四年，馬邑之謀後十五年。史稱「冒頓之盛，控弦之士三十萬」，而是役也，兩將所殺虜凡八、九萬，是幾耗其種三之一矣。然漢亦馬少，自後遂無以遠往。

自是匈奴遠遁，而漠南無王庭。

漢渡河自朔方以西至令居今甘肅平蕃縣。往往通渠置田官，吏卒五、六萬人，稍蠶食，地接匈奴以北。漢以騎兵任先鋒之掃蕩，繼以步卒屯田為後勁，步步為營而前進，匈奴乃不能復轉側。

到宣帝時，匈奴終於屈服，而漢廷一勞永逸之戰略卒以見效。

亦會其時漢多人才，大將最著者莫如霍去病。去病以皇后姊子，少貴，年十八爲侍中。初從大將軍衞青出塞，爲票姚校尉，與輕勇騎八百直棄大軍數百里赴利，斬捕首虜過當，遂封侯，時爲元朔六年，去病年二十三。其後屢以敢深入建奇功。匈奴渾邪王謀降漢，武帝（恐其詐）命去病將兵往迎。去病渡河，與渾邪衆相望。渾邪見漢軍而多不欲降，頗遁去。去病乃馳入匈奴軍，得與渾邪王相見，斬其欲亡者八千人，獨遣渾邪王乘傳先詣行在所，盡將其衆渡河，降者四萬。時爲元狩二年，去病年二十五。史稱去病爲人少言，有氣敢往。武帝嘗欲教之孫、吳兵法，對曰：「顧方略何如耳，不至學古兵法。」帝爲治第，令視之，曰：「匈奴未滅，無以家爲。」其卒在元狩六年，時年二十九也。（觀去病之將兵，較之項王未多遜。故唐人詩「借問漢將誰？恐是霍嫖姚」，獨數其人，非虛也。時李廣亦稱名將，衞、霍皆以親貴任用，而李廣則爲豪傑從軍。（時稱「良家子」從軍，即今之義勇隊也。）衞、霍雖以女寵進，而重以建功絕域自顯，其一種進取勇決無畏之風，亦可敬矣。惟當時親貴與豪傑判爲兩黨，衞、霍貴盛，豪傑亦愈宗之。李廣父子愈擯抑，豪傑亦愈宗之。史公親罹其禍，故爲史記抑揚甚顯。然兩黨各有奇材，史公於霍去病雖寥寥落筆，而亦精神畢顯矣，誠亦良史才也。

中國以優勢的人力和財力，對付文化較低、政治組織較鬆的民族，採用主力擊破的攻勢，自比畏葸自守爲勝。漢武帝撻伐匈奴並不誤，惟惜武帝內政方面有種種不需要的浪費，如封禪、巡狩等。所以匈奴雖敗，而中國亦疲，故爲後人所不滿。

昭、宣以下，武士練習，斥堠精審，胡勢已衰，入則覆亡，居又畏逼，收跡遠徙，窮竄漠北；乃漢廷不能乘武帝遺烈，而轉師劉敬故智，啓寵納侮，傾竭府藏，歲給西北方無慮二億七十萬。後漢袁安封事云：「漢之故事，供給南單于費直歲一億九十餘萬，西域歲七千四百八十萬。」此據文獻通考引劉貺說。賞賜之費、傳送之勞尚不計。觀揚雄《諫不許單于朝書》，可見西漢晚年氣弱志茶之象。然亦由武帝浪費國力太過，有以致此。大抵中國對外，其病每不在決心討伐，而在好大喜功，窮兵黷武，以及從此引起之種種浪費。此仍然是內政問題，昧者乃專以開邊生事爲大戒。

三　東漢與西羌

自匈奴主力爲武帝徹底擊破，直到東漢，實際上中國並無嚴重的外患。竇憲北伐（和帝永元元年），雖獲勝利，並不像衛、霍之費力。

然而東漢卻意外的遭受到西羌之侵擾。此乃東漢整個建國形勢之弱點的暴露，以及應付

的失策，並不在於西羌之難敵。

羌人叛漢，起和帝時，<u>其勢並不能與西漢初年之匈奴相提並論</u>，而漢廷早議放棄涼州。安帝永初二年龐參主議，嗣得虞詡諫而止。<u>羌叛凡十餘年，漢兵屯邊二十餘萬，曠日無功。</u>羌虜皆騎兵，漢以步卒追之，勢不能及，則彼能來我不能往。西漢屯田之所以見效，以先有騎兵之驅逐掃蕩，敵已遠遁，乃以屯田繼之。

軍旅之費二百四十餘億，幷、涼二州爲之虛耗。

虞詡教任尚：「罷諸郡屯兵，各令出錢數千，二十人共市一馬，以萬騎逐數千之虜，追尾掩截，其道自窮」，任尚竟以立功。可見<u>西羌並非強寇</u>，只在漢廷應付之不得當。

第二次羌變在順帝永和後，羌寇遍及幷、涼、幽、冀四州，用費八十餘億。

第三次羌變在桓、靈時，段熲前後一百八十戰，大破東羌，用費四十四億。羌禍雖歇，而漢力亦疲，接著便是不救的衰運之來臨。

當時士大夫見朝事無可爲，惟有擁兵以戮力邊徼，尙足爲功名之一徑，如張奐、皇甫規、段熲，皆於此奮起。北虜、西羌斬馘至百萬級，以其餘力驅芟黃巾，漢之末造，乃轉以兵強見。一時士大夫既樂習之，士民亦競尚之，此乃東漢晚季清談以外之另一風尚也。

以此造成此下三國之局面。專務清談，不競武功，乃兩晉事。

黃河西部的武力與東部的經濟、文化相凝合，而造成秦、漢之全盛，所謂「關東出相，關西出將」，即足表示其意義之一部分。東漢以來，東方人漸漸忘棄西方，中央政府在洛陽，東方人之聰明志氣至是而止。西方得不到東方經濟、文化之潤澤而衰落。而東方的文化經濟，亦爲西方武力所破毀。

鄭太說董卓：「山東承平日久，民不習戰；關西頃遭羌寇，婦女皆能挾弓而鬥。天下所畏，無若幷、涼之人。」皇甫規、張奐、段潁，亦皆涼州人也。一個國家，內部自身存在兩種極相違異的社會情態，無有不致大亂者。

董卓領著涼州兵東到洛陽，中國歷史，便從此走上中衰的路去。

第四編

魏晉南北朝之部

第十二章　長期分裂之開始　三國時代

一　魏晉南北朝之長期分裂

秦、漢的大一統，到東漢末而解體。從此中國分崩離析，走上衰運，歷史稱此時期爲魏晉南北朝。

自漢獻帝建安二十五年，_{即魏文帝黃初元年。}下至魏元帝咸熙二年，凡四十六年而魏亡。

此下十五年，至西晉武帝太康元年吳亡，中國又歸統一。

然吳亡後十年，武帝卒，不二年晉室卽亂。吳亡後三十一年，爲晉懷帝永嘉五年，劉曜陷洛陽，帝被虜。又五年，愍帝建興四年，劉曜陷長安，帝出降。自此西晉覆滅，中國分南、北部。

東晉南渡，自元帝至恭帝凡一百零四年。宋六十年，齊二十四年，梁五十六年，陳三十三年，共一百七十年爲南朝。

北方五胡竟擾，起晉惠帝永興元年，_{劉淵僭號。}迄宋文帝元嘉十六年，_{沮渠牧犍爲魏所滅，即魏拓跋燾太延五年。}共

國史大綱

二一三

一百三十六年，此後北方復歸統一。

元魏凡一百四十九年，而北方歸其統一者先後僅九十六年，又分東、西魏。東魏十七年，西魏二十三年。繼東魏者曰北齊，二十八年；繼西魏者曰北周，二十五年，為北朝。

此長時期之分裂，前後凡三百九十四年。放寬言之，亦只有三十餘年，不到全時期十分之一。言之，不到十五年。相較，前期以中央統一為常態，以分崩割據為變態；本期則以中央統一為變態，而以分崩割據為常態。

將本期歷史與前期_{秦、漢。}相較，嚴格三百九十四年中，統一政府之存在，

二　舊政權之沒落

這時期的中國，何以要走上分崩割據的衰運？這可以兩面分說：

一是舊的統一政權必然將趨於毀滅，二是新的統一政權不能創建穩固。

一個政權的生命，必須依賴於某一種理論之支撐。此種理論同時即應是正義。正義授與政權以光明，而後此政權可以緜延不倒。否則此政權將為一種黑暗的勢力，黑暗根本無可存在，必趨消失。

東漢王室逐步脫離民眾，走上黑暗的路，此有兩因：一則王室傳緒既久，一姓萬世的觀念

使其與民眾隔離。一則內朝、外朝的分別，使其與士大夫（民眾之上層。）隔離。因此外戚、宦官得

以寄生在王室之內邊而促其腐化。舊的統治權必然滅亡。已在前幾講說過。

舊統治權因其脫離民眾而覆滅，新統治權卻又不能依民眾勢力而產生。

秦、漢間的社會，距古代封建社會不遠，各方面尚保留有團結的力量。（所謂「山東豪傑」輩起亡秦，此輩豪傑，一面代表的是貴族封建之遺骸，另一面代表的卻是社會之組織力。）

王莽末年之亂，除卻光武一宗及隗囂、公孫述等帶有古貴族（即豪傑。）之氣味外，其餘如綠林、

銅馬、赤眉之類，全是饑民的集團。

沿積到三、四百年以上的統一政府，統治著許大的廣土眾民的國家，散漫的農民（農民因生活關係，不能不散漫。）

在饑餓線上臨時結合起來，其力量不夠得推翻他。

秦、漢以來的統一政府，日趨龐大，其事可舉當時地方行政單位（郡、縣。）及戶口數論之。秦

時全國分四十餘郡。西漢平帝時，凡郡國一百三，縣邑千三百一十四，道三十二，侯國

二百四十一。地東西九千三百零二里，南北萬三千三百六十八里；民戶千二百二十三萬

三千六百十二，口五千九百五十九萬四千九百七十八。東漢順帝時，凡郡國百有五，縣邑、

道、侯國千一百八十；民戶九百六十九萬八千六百三十，口四千九百一十五萬二百二十。

且以中國疆域之展布，縱使大饑荒，亦必夾有豐收的地帶，要一般農民一致奮起，事亦不易。於是無可團結的社會，乃借助於「宗教」與「迷信」。農民結合於宗教與迷信的傳播之下，而一致奮起，成爲東漢末年之黃巾。

黃巾蔓延靑、徐、幽、冀、荊、揚、兗、豫八州，置三十六方，大方萬餘人，小方六、七千。（數年內即傳播成熟。）

然而迷信成分太多，宗教質地太差，容易發動，不容易成功。

東漢王室並沒有爲黃巾所傾覆。

東方的黃巾，乃至西方的邊兵，（董卓一系的涼州兵。）均已逐次削平。若使當時的士族（河北有袁紹、公孫瓚、劉虞；四川有劉焉；荊州有劉表；淮南有袁術等。）有意翊戴王室，（其時外戚、宦官均已撲滅，獻帝亦未有失德。）未嘗不可將已倒的統一政府復興。然而他們的意興，並不在此。

漢末割據的梟雄，實際上即是東漢末年之名士。尤著者如袁紹、公孫瓚、劉表諸人。

袁紹喪母，歸葬汝南，會者三萬人，其盛況不下陳寔。又母喪禮畢，追感幼孤，又行父

喪。其去官而歸，車徒甚盛。許劭爲郡功曹，紹入郡界，曰：「吾豈可使許子將見。」謝車徒，以單車歸家。公孫瓚與劉備同受學於盧植，爲郡吏，太守劉君坐事徙日南，瓚身送之，自祭父墓，曰：「昔爲人子，今爲人臣，送守日南，恐不得歸，便當長辭。」劉表，「八及」之一，在荊州，尤爲一時名士所歸趨。

國家本是精神的產物，把握到時代力量的名士大族，他們不忠心要一個統一的國家，試問統一國家何從成立？

當時士族不肯同心協力建設一個統一國家，此亦可分兩面說：一則他們已有一個離心的力量，容許他們各自分裂。二則他們中間沒有一個更健全、更偉大的觀念或理想，可以把他們的離心力團結起來。

離心力的成長，大體爲兩漢地方政權所演變。

三　離心勢力之成長

（一）地方長官之權位

兩漢地方行政長官，卽郡太守。太守之下，爲縣令與縣長。其地位本甚高，秩二千石。與中央政府之九卿略相等。平時得

召見，天子有事，用賜璽書，高第成績好者。**得入爲公卿**。如張蒼、申屠嘉等。東漢益重，或自尙書、僕射出典一郡，或自典郡入爲三公。**在郡得自辟屬官**，掾屬限用本郡人，惟三輔得用他郡人。**得自由主持地方之政事，得自由支配地方財政**，惟每歲盡，須派員至中央（丞相府）上計，「計簿」卽治理成績之統計與報告書也。**得兼治地方軍政**。西漢有郡尉，爲地方武官，而轄於太守。東漢省之。

兩漢的郡太守，權位旣重，並得久任，儼如古代一諸侯，所異者只是不能世襲。

中央政府對地方行政有分派督察之人，曰刺史。

西漢刺史秩六百石，居部九歲乃得遷守、相，郡曰「守」，國曰「相」，權位略同。**位微而權重**。每歲八月巡行所部，歲盡詣京師奏事。**東漢刺史秩增至二千石**，西漢刺史奏二千石長吏不任職，事先下三公，遣掾吏按驗。但因計吏還奏，不復詣京師，東漢不復關三府，權歸刺舉之吏。**位任益尊**。

靈帝時，地方變亂紛起，宗室劉焉建議改刺史爲州牧，模倣封建時代之霸者。**乃有地方行政實權**。**關東義兵起，討董卓**，太守亦各專兵柄。中央大權墮落，地方政權乘之而起，遂成三國初年之割據。

（二）二重的君主觀念

地方政權漸漸成長，亦有一種道義觀念爲之扶翼。

因郡吏由太守自辟，故郡吏對太守，其名分亦自爲君臣。

汝南太守歐陽歙，欲舉督郵綜延，主簿將引延上，功曹鄆憚曰，「明府以惡為善，主簿以曲為直。此既無君，亦復無臣。」

會稽太守成公浮以臧罪下獄，倉曹掾戴就幽四拷掠，曰：「奈何令臣謗其君，子證其父！」州、郡又得稱「本朝」。司隸從事郭容碑：「本朝察孝，貢器帝廷。」豫州從事尹宙碑：「綱紀本朝。」

或稱太守曰「府君」，乃至為之死節。

漢末廣陵太守張超為曹操所殺，其故吏臧洪，袁紹任為東郡太守，怨紹不救超，遂與紹絕。與紹書，謂：「受任之初，志同大事，掃清寇逆，共尊王室。豈悟本州被侵，請師見拒。使洪故君淪滅，豈得復全交友之道，重虧忠孝之名乎？」

除非任職中央，否則地方官吏的心目中，乃至道義上，只有一個地方政權，而並沒有中央的觀念。

劉表遣從事韓嵩詣許，嵩曰：「若天子假一職，則成天子之臣，將軍之故吏耳；不能復為將軍死也。」

甚至即已進身為中央官，仍多為其舉主即其舊日太守，所由察舉而得進身者。去官奔喪。吳匡、傅燮等；已詳前。

又趙咨拜東海相，道經滎陽。令敦煌曹暠，咨之故孝廉，迎路謁候，咨不為留。暠送至

亭次，望塵不及，謂主簿曰：「趙君名重，今過界不見，必為天下笑。」即棄印綬追至東海，謁咨畢，辭歸家。僅為一謁輕去其官，較之奔喪，抑又甚矣。

當時的士大夫，似乎有兩重的君主觀念，依然擺不脫封建時代的遺影。

國家觀念之淡薄，逐次代之以家庭。君臣觀念之淡薄，逐次代之以朋友。此自東漢下半節已有此端，至三國而大盛。然而此種趨勢，苟有一個更合理、更偉大的思想起來，未嘗不可挽回。惜乎魏、晉以下的思想，又萬萬談不到此，中國於是只有沒落。

南史宋武陵王誕傳義出走。義曰：「吾人吏也，吏不可以叛君。」因盡誠協贊，遂成帝業。則所謂「二重君主觀念」者，在南朝猶烈。北朝周、齊稍革，至隋、唐而復趨統一矣。

柳慶遠傳，梁武初為雍州刺史，辟慶遠為別駕，慶遠謂人曰：「天下方亂，定霸者其在吾君乎！」

反，或勸其長史范

四 新政權之黑暗

歷史的演變，並不依照一定必然的邏輯。加，可以搖動邏輯之確定性。因不斷有人類的新努力參

倘使當時的新政權，能有較高的理想，未嘗不足以把將次成長的離心力重新團結起來，而不幸魏、晉政權亦只代表了一時的黑暗與自私。

曹操為自己的家世，似乎有意摧抑。對當時門第，楊、袁皆東漢最著
父嵩為宦官曹騰養子，官至太尉。陳琳為袁紹作檄云：「操贅閹遺醜，本無懿德。」

之名族。曹操欲殺太尉楊彪，孔融曰：「孔融魯國男子，明日當拂衣而去，不復朝矣。」然撫養戰士，殺身爲國，殺浮華交會之徒，計有餘矣。」則操與孔融手書曰：「孤爲人臣，進不能風化海內，退不能……操之意態可想。

有名的魏武三詔令

建安十五年下令：…「天下未定，求賢之急時也。若必廉士而後可用，齊桓其何以霸？……今天下得無……盜嫂受金，未遇無知者乎？二三子其惟才是舉，吾得而用之。」十九年令：…「有行之士，未必能進取；進取之士，未必能有行。陳平豈篤行？蘇秦豈守信？有司明思此義，則士無遺滯，官無廢業矣。」二十二年令：…「韓信、陳平，負汙辱之名，見笑之行，不仁不孝，而有治國用兵之術。其各舉所知，勿有所遺。」

今按：西京重「賢良」，東京重「孝廉」。魏武三令，亦若有欲返「孝廉」而歸「賢良」之意。此等思想，孔融諸人已早發之。

惟此三令之措辭明白破毀道德，益趨偏激，前固無例，後亦少偶。

明說「惟才是舉」，雖「不仁不孝」亦所勿遺。他想要用循名責實的法治精神，來建立他的新政權。但是曹家政權的前半期，挾天子以令諸侯（袁紹借討董卓之名爲關東州牧盟主，亦是仗借中央。），借著漢相名位剷除異己，依然仗的是東漢中央政府之威靈。（故云：「喪亂以來，風教凋薄，謗議之言，難用褒貶。」（魏志劉馥傳。）直至魏明帝猶云：「名如畫地作餅，不可啖。」蓋尚「名」則其權在下，尚「法」則其權在上也。）

下半期的篡竊，卻沒有一個坦白響亮的理由。

魏武述志令自稱：「天下無有孤，不知幾人稱王，幾人稱帝？」此不足爲篡竊之正大理由。曹氏不能直捷效法湯、武革命，自己做周文王，三分天下有其二；而其子依然不能做周武王，既已大權在握，漢獻亦無罪過。必做堯、舜禪讓，種種不光明、不磊落。總之，攘奪政權的後面，沒有一個可憑的理論。

乘隙而起的司馬氏，暗下勾結著當時幾個貴族門第再來篡竊曹氏的天下，更沒有一個光

明的理由可說。

司馬懿殺曹爽，何晏諸名士同時被戮。晏，魏外戚。（何進孫，尚魏太祖女金鄉公主，賜爵列侯。）於當時朝政，實欲有所更張。（孫資別傳謂：「大將軍爽專事，多變易舊章。」蔣濟論丁謐、鄧颺等「輕易法度」。皆其證。）傳咸云：「正始中，任何晏以選舉，內外衆職，各得其才，粲然之美，於斯可觀。」（據此則董昭所論當時浮偽朋黨之風，似未足專爲何晏諸人罪矣。）是彼輩於政治上，亦確有成績。（荀勗傳謂：「正始中并省郡、縣。」亦當時新政設施之一。）

繼晏受禍者有夏侯玄，亦魏宗室。（本夏侯氏，爲曹騰養子。曹操父悼、淵之族孫。）及司馬政權既定，此等眞相遂不白於後世。（王廣（王淩子）謂：「曹爽驕奢失民，何平叔虛而不治。（此乃指其無政治上實濟之幹材。）民習於舊，衆莫之從。同日斬戮，名士減半，失民故也。」（語見魏志卷二十八。）此所謂）其論政制，上追賈、董，蓋非東漢所逮，（其論「中正」利弊亦甚切至。然「中正」，正足爲門第護符，當時自不喜玄論。）而亦爲司馬氏所忌。（曹爽誅，玄徵爲太常，內知不免，不交人事，不畜筆研。及司馬懿卒，或曰：「子無憂矣。」玄曰：「子何不見事？此人猶能以年少遇我，子元、子上（師、昭兄弟）不吾容也。」夏侯玄如此韜匿，向不免禍，則何晏諸人之死固宜。傳嘏謂夏侯玄「能合虛譽，利口覆國」，亦非公允之論。）

玄、晏諸人，人格自高，所存自正。（晉人於玄尤推重，謂其「蕭蕭如入廊中，不修敬而人自敬」。和嶠（玄外孫）亦稱「王、常慕玄爲人，於朝士中岷然不羣，衆憚其風節。」何晏論學與王弼同稱「王、何」，皆晉人所師尊也。）惟不脫名士清玄之習，（魏略：「何晏粉帛不去手，行步顧影。」世說並謂：「何平叔美姿儀，面白，而明帝疑其傅粉。」則不必眞有「粉帛不去手」事。惟玄、晏諸人自有當時名士氣派，則決然無疑。史稱何晏、王弼謂：「天地萬物以無爲本。無也者，開物成務，無往不存者也。」王衍好其說。後人以懷、愍之禍，歸罪王、何，非無由矣。）乃不敵司馬父子之權譎狠詐。當時朝士雖慕敬玄、晏風流，此所以成將來所謂之「正始風流」。晉應詹奏：「魏

政治主張，不能擁護。

人道德極壞無比。

虛宏放爲夷達，以儒術清儉爲鄙俗，永嘉之弊，未必不由此。要之清玄之習，開自正始，乃每況而愈下也。則正始與晉代，亦由司馬氏兵權在握。至晉室佐命功臣如賈充、王沈之流，皆代表門第，而私以家門地位私見，於玄、晏而

司馬氏似乎想提倡名教，來收拾曹氏所不能收拾的人心。然而他們只能提出一「孝」字，所以說司馬氏「以孝治天下」。晉室開國元老如王祥等皆以大孝名。而不能不捨棄「忠」字，依然只爲私門張目。

他們全只是陰謀篡竊。陰謀不足以鎮壓反動，必然繼之以慘毒的淫威。如曹操之對漢獻帝與伏后。伏氏與孔氏，皆兩漢經學名門也。

曹操迎獻帝都許，帝謂操曰：「君能相輔則厚，不爾幸垂恩相捨。」操以事誅董貴人，帝以貴人有孕，累請不得。又勒兵收伏后，華歆發壁牽后出，后披髮徒跣行泣過帝，曰：「不能相活邪？」帝曰：「我亦不知命在何時？」

司馬師、昭兄弟之對曹芳齊王。**與曹髦**。高貴鄉公。

司馬師逼魏太后廢齊王芳，時年二十三。太后欲見師有所請說，郭芝曰：「何可見？但當速取璽綬。」太后意折。高貴鄉公自討司馬昭，賈充率眾逆戰南闕下。帝自用劍，昭眾欲退，

充謂太子舍人成濟曰：「司馬公畜養汝輩，正爲今日。」濟卽抽戈刺帝。

正惟如此，終不足以得人心之歸嚮。

直到五胡時的石勒，尚謂：「曹孟德、司馬仲達以狐媚取人天下於孤兒寡婦之手，大丈夫不爲。」

法治的激變而爲名士清談。 東漢淸議尚是擁護政府，魏晉淸談則幷置政府之安危於不問。魏武、魏明之深惡名士，僅能使士大夫不復有忠於朝廷之節操，欲不能根本剷絕社會好名之風，遂釀西晉名士之禍國。

要之中央新政權不能攫得人心，離心勢力依然發展，天下只有瓦解。

五　思想界之無出路

舊政權必然沒落，新政權不能穩定，而作爲當時社會中堅的智識分子，所謂「名士」之流，反映在他們思想上者，亦只是東漢黨錮獄以後的幾許觀念，反動回惑，消沉無生路。 所以謂之「反動」者，以其自身無積極之目的，只對前期思想有所逆反。

過分重視名教，其弊爲空洞，爲虛僞。於是有兩派的反動產生：

一、因尚交游、重品藻，反動而為循名責實，歸於申、韓。

抱朴子名實篇謂：「品藻乖類，名不準實。」審舉篇謂：「舉秀才不知書，舉孝廉父別居。」〔「寒素清白濁如泥，高第良將怯如雞」。〕又正郭篇云：「廢職待客，比之周公。養徒避役，擬之仲尼。棄親依豪，同之游、夏。」此皆當時風氣。故劉梁有破羣論，謂：「仲尼作春秋，亂臣賊子懼；此論之作，俗士豈不媿心也？」

二、因尚名節、務虛偽，反動而為自然率真，歸於莊、老。

青州人趙宣居墓行服二十餘年，生五子；陳蕃致之之罪。孔融為北海相，有遭父喪哭泣墓側，色無憔悴者，融殺之。又有母病思食新麥，盜而進者，融特賞，曰：「無有來討，勿復盜也。」路粹奏孔融與白衣禰衡跌蕩放言，云：「父之於子，當有何親？論其本意，實為情欲發耳。子之於母，亦復奚為？譬如寄物瓶中，出則離矣。」此等狂論，皆下開魏晉風氣。惟孔融尚未正式棄孔孟歸莊老，正式主張莊老者，為王弼、何晏。然何晏尚務實幹，〔王弼則早死。〕以莊老為玄虛者，乃阮籍、嵇康。然阮、嵇皆別具苦心。此下則又自玄虛轉成放誕矣。

這兩個趨勢，早起於漢末。崔寔政論代表前一個，仲長統樂志論代表後一個。政權之穩定，（但要提倡法治，起碼的先決條件，在上應有一個較穩定的政權。政權不穩定，法治精神無所倚依而生根。）亦應依附於此政權者先有一番較正義，至少較不背乎人情的理想或事實。東漢末年乃至曹魏、司馬晉的政權，全是腐化黑暗，不正義、不光明、不穩定，法治精神如何培植成長？於是崔琰、毛玠之反激，變爲阮籍、嵇康。（此乃從積極轉入消極也。）

崔、毛二人皆仕魏，典選舉，任法課能，以清節自勵，士大夫至於污其衣，藏其輿服，朝府大吏或自挈壺餐以入官市。然試問仕魏者捨爲私家幸福外，復有何公共理想乎？何晏、夏侯玄自與魏廷有私關係，故欲爲魏盡力。阮籍浮沉仕宦而持身至慎，（史稱籍：「本有濟世志，屬魏、晉之際，天下多故，名士少有全者，由是不與世事，酣飲爲常。曹爽輔政，召爲參軍，籍以疾辭，屏於田里，歲餘而爽誅，時人服其遠識。」晉文王欲爲武帝求婚於籍，籍醉六十日，不得言而止。（見文選注引文士傳。）蓋既不願爲何晏、夏侯玄，亦不肯爲賈充、王沈也。又籍父瑀避魏武辟，逃山中，魏帝使人焚山得之。深嫉交游朋黨，則阮氏家風有自矣。）出言玄遠，絕不臧否人物。嵇康隱淪，然自謂：「非湯武薄周孔，會顯世教所不容」，果以殺身。（世語：「毋丘儉反晉，康有力焉，且欲起兵應之，以問山濤。濤止之，儉亦已敗。呂安亦至烈，有濟世志力，故康與同禍。」）

他們不願爲黑暗政權有所盡力，然他們自身亦多半是門第世族中人，依然不能脫身世外。以市朝顯達而講莊老，其勢不得不變爲虛無，爲浮沉，爲不負責任。最先只是自謹愼，保全門第，而以後不免於爲汰侈驕逸，（如何曾、石崇，王愷之徒皆是。）否則爲優游清談。（如王戎、王衍之徒皆是。）風尚如

此，宜乎不能挽時代之頹波，而門第自身終亦同受其禍。

何曾侍晉武帝宴，退告其子遵等曰：「國家應天受禪，創業垂統，吾每宴見，未嘗聞經國遠圖，惟說平生常事，非貽厥孫謀之兆也。汝等猶可獲免」；指諸孫曰：「此輩當遇亂亡也。」然曾既歷仕魏晉，且為晉重臣。日食萬錢，猶云「無下箸處」。平居奢汰如此，

<small>曾父變，史稱：「於節儉之世最為豪汰」，則曾亦承其家風。</small>

而不聞為國事有獻替。永嘉之亂，何氏滅亡無遺。傅玄著論盛推

何曾、荀顗，謂：「能以文王之道事其親」，家門私德，何補於大局？王衍為石勒所執，臨死乃曰：「吾曹雖不如古人，向若不祖尚浮虛，戮力以匡天下，猶可不至今日。」然而晚矣。

<small>又按：王濟以人乳蒸豚。王愷使妓吹笛，小失聲韻便殺之，使美人行酒，客飲不盡亦殺之。石崇敢於汰縱如此，晉室奈何不亂！東坡謂：「晉病由於士大夫自處太高，而不習天下之辱事。」如此等，又豈僅如東坡所云而已耶！</small>

西漢初年，由黃、老清淨，<small>漢初「黃老」，代表純粹的平民觀念，故能清淨無擾，與魏晉「莊老」之代表名士門第者氣脈本不同。</small>再由申、韓刑法變而為經學儒術。<small>西漢儒術，在通經致用，亦與東漢名士之清談不同。</small>一步踏實一步，亦是一步積極一步。

漢初刑法，要摧抑封建反動勢力，集權中央，其意氣亦與崔琰、毛玠之助逆成篡，賈充、荀勗之助晉為逆者不同。

<small>法家目光只在治權階級，儒家目光較大，放及全社會，故較法家猶為積極也。</small>現在是從儒術轉而為法家，再由法家轉而為道家，正是一番倒捲，思想逐步狹窄，逐步消沉，恰與世運升降成為正比。在此時期，似乎找不出光明來，長期的分崩禍亂，終於不可避免。

六 三國帝系

魏

曹操　武帝

（七）文帝
蜀、吳相繼稱帝。蜀諸葛亮南征。

（一三）明帝
蜀諸葛亮出師北伐，卒於軍。司馬懿討滅公孫淵。

（一四）廢帝芳
司馬懿誅曹爽、何晏等。王淩起兵敗，誅。司馬師殺夏侯玄、廢帝。

（六）廢帝髦
毌丘儉、諸葛誕起兵相繼敗，誅。司馬昭弒帝。

（六）元帝
鄧艾滅蜀。司馬炎受禪。

魏共五帝，四十六年而亡。

吳共四帝，五十九年。

吳

一
大帝權
（三一）

三
景帝休
（六）

二
廢帝亮
（五）

四
烏程侯皓
（一七）
復取交趾，九真、
日南皆降。

蜀共二帝，四十三年。

蜀

一
昭烈帝
（二二）

二
後主
（四一）

第十三章　統一政府之迴光返照　西晉興亡

秦、漢統一政府，尚有一段迴光返照，便是西晉。

一　西晉帝系及年歷

（二六）
晉武帝
即位十六年，平吳統一。
封建諸王。
去州郡兵。

（一七）
二
惠帝
賈后之亂。
八王之亂。（始元康元年，
終光熙元年，前後十六年。）

（六）
三
懷帝
洛陽被虜。

（四）
四
愍帝
長安被虜。

西晉共四帝，五十二年而覆滅。

二　西晉王室之弱點

西晉統一不到十二年，朝政卽亂，賈后、八王，乃至懷、愍被擄，不幸的命運接踵而至。

分析晉室自身，亦有種種缺點：

一、沒有光明的理想爲之指導。

二、貴族家庭之腐化。

一個貴族家庭，苟無良好教育，至多三、四傳，其子孫無不趨於愚昧庸弱。西漢王室，不斷有來自民間的新精神。

高、惠、文三帝皆可說來自田間，經景帝至武帝，始脫去民間意味。然宣帝又從民間來，遂成中興。經元帝至成帝而漢始衰。東漢光武、明、章三世後卽弱。

司馬氏則在貴族氛圍中已三、四傳，歷數十年之久。懿、師、昭父子狐媚隱謀，積心篡奪。晉武帝坐享先業，同時亦深染遺毒。

晉書胡貴嬪傳：「武帝多內寵，平吳後，復納孫皓宮人數千，掖庭始將萬人，並寵者甚眾。帝莫知所適，常乘羊車恣其所之。宮人乃取竹葉插戶，以鹽汁灑地，而引帝車。」<small>後宮妃妾之多，始漢靈帝。次則吳歸命侯，又次宋蒼梧王、齊東昏侯、陳後主，而晉武尤甚。此下惟唐玄宗。以開國皇帝而論，則未見如晉武之荒怠者。</small>是晉武之荒怠可知。

其時佐命功臣，一樣從幾個貴族官僚家庭中出身，並不曾呼吸到民間的新空氣。

而且家庭傳統風習若不相當壞，便不易適應漢末經曹魏而至晉初，尚得巍然為佐命之功臣。

故晉室自始只是一個腐敗老朽的官僚集團，與特起民間的新政權不同。

武帝子惠帝即以不慧稱，聞人餓死，曰：「何不食肉糜？」而其后賈氏，乃賈充女，家教可知。元康元年，賈后不肯以婦道事太后，又欲干政，遂啟帝作詔，誣太后父楊駿謀反，殺之，夷三族，並及其妻龐。太后抱持號叫，截髮稽顙，上表詣賈后稱妾，請全母命。不省。董養遊太學，升堂歎曰：「朝廷建斯堂，將以何為？天人之理既滅，大亂將作矣。」自此遂召八王之亂。

王室既有此弱點，又兼社會元氣之凋喪，<small>此層後詳。</small>譬如大病之後，真陽不復。而當時又有胡

人之內地雜居。外邪乘之，遂至沉篤。

其時論者皆以晉武封建，遂召八王之亂。不知魏室孤立，亦以早覆，根本病症不在此。

三　胡人之內地雜居

胡人內地雜居，其事遠始於兩漢。

（一）匈奴　宣帝納呼韓邪，居之亭障，委以候望，此後遂有所謂「保塞內附」；光武時，徙南匈奴數萬衆入居西河美稷；靈帝時，助漢平黃巾，南徙離石。董卓之亂，寇略太原、河東，遂屯聚於河內。魏武時，分其衆爲五部，皆居晉陽汾澗之濱。（今山西汾陽。）右部六千餘落，居祁縣。（今祁縣。）南部三千餘落，居蒲子縣。（今隰縣。）北部四千落，居新興縣。（今忻縣。）中部六千落，居太陵縣。（今文水。）左部帥劉豹，即劉淵父。左部可萬餘落，居太原茲氏縣。

（二）氐羌　趙充國擊西羌，徙之金城郡。漢末，關中殘破，魏武徙武都氐於秦川，欲借以禦蜀。陳琳檄吳將校部曲文：「大舉天師百萬之衆，與匈奴南單于呼完廚，及六郡烏桓、丁令屠各、湟中羌僰」，其時乃借以揚威。

晉初，遼東、西爲鮮卑，句注之外、河東之間爲匈奴，北地、上郡、隴西諸郡胡，鮮卑、

國史大綱

氐、羌諸種，皆以「保塞」名雜居。

劉毅曰：「東漢至曹、馬招來羌、狄、內之塞垣，資奉所費，有踰於昔。百人之酋，千口之長，金印紫綬，食王侯之俸者，相半於朝。」

自三國時鄧艾，至晉初郭欽、_{武帝時}上疏。江統、_{惠帝時作}徙戎論。皆建議徙戎，不果。

一因自東漢以來中國西北境居民荒殘，經漢末董卓、馬騰、韓遂等亂於關、涼，黑山賊劉虞、公孫瓚等戰於河北，荒殘之勢有加無已。二因國內戰爭，無心他及。

八王亂後，接著便是胡人南下，懷、愍蒙塵。

四　懷愍被虜與人心之反映

晉一天下後三十一年，劉曜、石勒入洛陽，懷帝_{武帝第二十五子。}被虜，諸王公、百官、士民死者三萬餘人。

懷帝被虜後五年，劉曜入長安，愍帝_{武帝孫。}被虜，晉室遂亡。

懷、愍二帝的被虜，本是本期歷史中應有的現象，不過如漢弘農王、陳留王，魏齊王、

高貴鄉公一般，同其遭遇。只證明了帝王之末路，中央統一政府在本時期中之無可存在。

然而懷、愍被虜，還夾雜有胡、漢種族的問題。我們試一看當時中國人心對此事件之反映。

（一）帝王 〔如晉懷帝。〕

封懷帝為會稽郡公，從容謂曰：「卿昔為豫章王，朕與王武子造卿，頗記否？」帝曰：「臣安敢忘？恨爾日不早識龍顏。」〔劉聰 淵第四子。〕聰曰：「卿家何骨肉相殘？」帝曰：「故為陛下自相驅除，此殆天意。」〔懷、愍二帝皆為聰青衣行酒。聰出獵，令愍帝戎服執戟為導，百姓聚觀，曰：「此故長安天子也。」故老或歔欷流涕。〕

（二）皇后 〔如羊皇后，羊元之子。〕

劉曜 〔淵族子。〕納惠羊皇后，問曰：「我何如司馬家兒？」后曰：「胡可並言？陛下開基之聖王；彼亡國之暗夫，有一婦一子及身三耳，不能庇。妾何圖復有今日？妾生於高門，〔謂世間男子皆然。〕自奉巾櫛，始知天下有丈夫。」

（三）大臣 〔如王衍。〕

石勒執王衍，問以晉故。衍為陳禍敗之由，云「計不在己」，又謂「少不豫事」，因勸勒稱尊號。勒曰：「君名蓋四海，少壯登朝，至於白首，何言不豫事！破壞天下，正是君罪。」遂殺之。〔時庾敳、胡母輔之、郭象、阮修、謝鯤等，與王衍同在東海王越軍中。敳等皆向玄虛，不以世務嬰心，縱酒放誕，而名重一世。越敗，同被執。石勒曰：「此輩不可加以鋒刃」，遂夜使人排牆殺之。〕

（四）將軍如索。

愍帝被圍長安，使侍中宗敞送降牋。索綝潛留敞，使其子說劉曜，曰：

「城中食猶支一年，若許綝以車騎、儀同、萬戶郡公，請以城降。」曜斬而送其首，曰：

「帝王之師以義行，綝言如此，天下之惡一也。若兵食未盡，可勉強固守。」後既降，劉

聰以索綝不忠，斬於東市。

（五）世族淩。

淩，王沈子，沈卽奔告司馬昭以高貴鄉公之謀者，與賈充同爲晉室元勳。其部下有大量的鮮卑烏丸兵。

承賈后旨害太子。及亂起，爲自安計，以女妻鮮卑，務勿塵，並謀僭逆。石勒僞上尊號，淩信之，爲所執而死。

惠帝蕩陰之難，死節者有嵇紹，文天祥正氣歌所謂「嵇侍中血」也。紹乃嵇康子。又劉聰大會羣臣，使懷帝青衣行酒，侍中庾珉號哭，帝遂遇弒。珉，庾亮子。史稱：「嶧擧博士」，時重莊老，輕經史，嶧乃潛心儒典。疾世浮華，不修名實，著論非之。」嶧弟純於宴席斥賈充：「高貴鄉公何在？」大抵晉人高下，多可以其家庭風敎判之。聰又使愍帝行酒洗爵，又使執蓋。尚書郎隴西辛賓抱帝大哭，聰命引出斬之。此則偏隴小臣，殆未染當時中原所謂士大夫之風敎者。

「名敎」極端鄙視下之君臣男女，無廉恥氣節，猶不如胡人略涉漢學，粗識大義。

五　文化中心之毀滅

兩漢統一時期，代表中國政治中心而兼文化中心的地點有兩個：一是長安，一是洛陽。

長安代表的是中國東、西部之結合；首都居在最前線，領導著全國國力向外發展的一種鬪爭形勢。洛陽代表的是中國的穩靜狀態，南、北部的融洽；首都居在中央，全國國力

自由伸舒的一種和平形態。

長安自王莽末年之亂而殘破，繼以董卓之亂；至愍帝遷都，其時長安戶不滿百，牆宇頹毀，蒿棘成林，公私車只有四乘。

洛陽則自三國鼎立以來，仍爲中國文物中心。正始之際，名士風流盛於洛下。至劉曜陷洛陽，諸王公、百官以下，士民死者三萬餘人。

王彌縱兵大掠，曜禁之不從，斬其牙門王延以徇，彌遂與曜阻兵相攻。

晉室南渡，五胡紛起，燕、趙在東，秦、涼在西，環踞四外，與晉、蜀對峙，譬如一環，而恰恰留下一個中心點洛陽，大家進退往來，棄而勿居。

那時的洛陽，號爲荒土。

陳慶之語梁武帝：「自晉末以來，號洛陽爲荒土。」桓溫議遷都洛陽，孫綽上疏非之，謂：「自喪亂以來，六十餘年，蒼生殄滅，百不遺一。河洛丘虛，函夏蕭條。井堙木刊，阡陌夷滅。生理茫茫，永無依歸。」

譬如大旋風的核心，四圍狂飆駴氣，而中心虛無所有。

這一個形勢，延續幾及二百年。直到魏孝文重營洛都，中國始漸漸再有一個文化復興的中心。以後又經爾朱榮之亂，機運中絕。直到隋、唐，依然是起於西北，統一中國，而並建長安、洛陽爲東、西都，兼有了向外鬬爭進取以及向內平和伸舒的兩種形勢，十足的象徵出中國大一統盛運之復臨。

六　新宗教之侵入

代表此期中國之衰弱情態者，一爲中國文化中心之毀滅，又一則爲異族宗教之侵入。

此事分章
別詳。

第十四章　長江流域之新園地

東晉南渡

中國史的主要部分，兩漢以前偏在黃河流域。東漢一代，西北進展衰息，東南開發轉盛。

曹操依次蕩平北方羣雄，獨留下長江流域的吳、蜀，這證明北中國之疲弊與南中國新興勢力之不可侮。

東晉南渡，長江流域遂正式代表著傳統的中國。

一　東晉帝系及年歷

（六）

一

元帝

用劉隗、刁協，欲削王氏權，王敦反。

（三）

二

明帝

溫嶠討敦，平之。

（七）

三

成帝

即位年五歲，庾太后兄亮專政，蘇峻反，陶侃、溫嶠討平之。亮弟冰秉政，翼鎮武昌，晉室小康。

（二）

四

康帝

（四）

六

哀帝

桓溫議遷都洛陽，眾議非之。

（五）

七

廢帝

桓溫伐燕，敗於枋頭，廢帝為海西公，立簡文帝。

（一七）

五

穆帝

庾冰、庾翼相繼卒。桓溫代鎮武昌，滅蜀。殷浩北伐，無功。桓溫伐秦。

東晉凡十一帝，一百零四年。

二　東晉一代之北伐與內亂

在此一百零四年中，北方五胡雲擾，始終未寧定，東晉常有恢復中原之機會。然東晉並無北取中原的統一意志。東晉曾四次北取洛陽。

其先劉曜、石勒對抗時，祖逖一度恢復河南諸郡。石虎盛時，庚亮出兵挫敗。

一、穆帝永和七年，石氏亂，晉得洛陽，殷浩北伐無功。

十年，桓溫表廢殷浩。自伐秦，由襄陽趨長安，破姚襄於藍田，進次灞上，食盡而還。冉閔降將周成自宛襲踞洛陽。

二、穆帝永和十二年，姚襄自許昌攻周成於洛陽。桓溫北伐姚襄，敗之，復有洛陽。

　　　滅燕，洛陽入秦。

　　　桓溫請遷都不成。哀帝興寧三年，慕容恪據之。符堅

三、孝武太元九年，符氏亂，晉再有洛陽。

　　　安帝隆安三年，復爲姚興所陷。韋華告姚興語。

四、安帝義熙十二年，劉裕北伐，復取之。

大抵豪族清流，非主苟安，卽謀抗命。寒士疏門，或王室近戚，始務功勤，有志遠略。晉主雖有南面之尊，無統馭之實，遂使「北伐」與「內變」兩種事態，更互迭起。

西晉立國，本靠門閥的勢力。

　　時人語曰：「賈、裴、王，亂紀綱；裴、王、賈，濟天下。」指賈充、王沈、裴秀言之；皆世族也。司馬氏亦故家，故能與當時舊勢力相沆瀣。曹爽、何晏、夏侯玄輩思有所革新者皆失敗；而司馬氏篡志遂成。

東晉南渡，最依仗的是王敦、王導兄弟，所以說：「王與馬，共天下。」王敦反，元帝手書乞和，有「不能共安，當歸琅邪，以避

　　　王敦統兵在外，王導執政在內，導號爲「仲父」。元帝登尊號，百官陪位，詔王導升御座，固辭而止。成帝幼沖，見導每拜，又嘗與導書手詔，則云「惶恐」。

北方的故家大族，一批批的南渡，借著晉室名義，各自占地名田，封山錮澤，做南方的新主翁。

元帝過江，謂顧榮曰：「寄人國土，心常懷慚。」直至南齊丘靈鞠尙云：「我應還東掘顧榮冢。」江南地方數千里，顧榮忽引諸傖輩度，死有餘罪。<small>周玘將卒，謂子勰曰：「殺我者諸傖子，能復之乃吾子。」時南人目北人爲「傖」。</small>

當時諸族擁戴晉室，正如曹操迎漢獻帝，挾天子以臨諸侯，把南方的財富，來支撐北方的門第。

諸名士初到江南，形勢未定，不免爲新亭之對泣。及家計粗安，則「此間樂，不思蜀」，無復恢復之意。王導領袖羣倫，時人稱爲「江左夷吾」，<small>桓溫父桓彝語。</small>正謂其能安定新邦，並不許其能恢復故土。

晉室若要團聚國力，經營北伐，首先不免與門第的要求與希望相衝突。

諸門第只爲保全家門而擁戴中央，並不肯爲服從中央而犧牲門第。

元帝正位後，親用劉隗、刁協，崇上抑下。王敦卽舉兵內向，王導有默成之嫌，陶侃、庾亮皆曾欲起兵廢導而未果。蔡謨、孫綽、王羲之皆當代名流，蔡謨駁庾亮北略，紬亮以伸王導。綽、羲之亦皆以清議反恢復。

清談精神之主要點，厥為縱情肆志，不受外物屈抑。

門第自有其憑藉與地位，並不需建樹功業，故世家子弟，相率務為清談。

王坦之著〈沙門不得為高士論〉，謂：「高士必在於縱心調暢。沙門雖云俗外，反更束於敎，非情性自得之謂也。」祖約好財，阮孚好屐，一時未辨其得失。有詣祖，正料視財物，屛當未盡，餘兩小簏，傾身障之，意未能平。或詣阮，方自吹火蠟屐，因嘆曰：「未知一生當著幾量屐！」神色閑暢。於是勝負遂判。是時人不論是非，只問自己心下如何。若貪財而心無不安，卽亦為高情勝致矣。兩晉名士貪者極多，時論不見以為鄙也。能一切不在乎，自然更佳。祖後叛晉投石勒，為勒所殺。

對於事物世務，漠不關心，便成高致。

王徽之作桓沖騎兵參軍，桓問：「卿何署？」答：「不知何署。時見牽馬來，似是馬曹。」桓又問：「官有幾馬？」曰：「不問馬，何由知其數？」又問：「馬比死多少？」答：「未知生，焉知死？」桓謂：「卿在府久，比當相料理。」初不答，直高視，以手版拄頰。云：「西山朝來，致有爽氣。」

有志遠略者，非晉室近戚，〔如庾亮、庾冰、庾翼兄弟。〕即寒族疏士，〔如陶侃、桓溫、皆南人寒士，家貧。溫母病，須羊爲解，無由得，溫乃以弟沖爲質。桓父彝死難，溫乃……〕常招清談派〔即苟安派。〕之反對。

諸庾爲政，頗欲任法裁物，而才具微不足，皆不能自安其位。庾翼報兄冰書謂：「江東政以傴僂豪強，以爲民蠹，時有行法，輒施之寒劣，事去實此之由。」其意態可想。

不僅利害衝突，即意趣亦相背馳。

桓溫乘雪欲獵，劉惔問：「老賊裝束單急，欲何作？」桓曰：「我若不爲此，卿輩亦那得坐談？」

故桓溫欲立功業，而朝廷〔實際是名流苟安派之盤踞地。〕引殷浩相抗。

庾翼已謂殷浩輩只可束高閣，而許桓溫以寧濟之業。朝士以氣味相投，故引殷浩。浩父殷洪喬，人託寄書，盡投江水；爲政貪殘。其叔父融與浩同好老、易，一門玄虛。溫平生喜自擬劉琨，而憎言貌似王敦，其素所蓄積可知。

桓溫主徙都洛陽，正爲清流故發快論。

桓疏：「請自永嘉之亂，播流江表者，一切北徙，以實河南。」如此則江南門第盡矣。孫綽上表反對。綽與王羲之輩皆卜居會稽，盡情山水。桓溫令人致意，謂：「何不尋君遂初賦，而彊知人家國事？」時議以溫弟雲爲豫州刺史，王彪之謂：「雲非不才，然溫居上流，弟復處西藩，兵權萃一門，非宜。」乃改用謝萬。萬傲誕未嘗撫衆，卒失許、潁、譙、沛，雒陽遂孤。

而出師敗衂，談士快心。

孫盛與殷浩談，奮麈尾，盡落飯中；亦名士有聲者。作晉陽秋，桓溫謂其子曰：「枋頭誠爲失利，何至如尊公所說？」其子懼禍，私改之。盛乃以一本寄慕容儁。先是溫伐燕，燕臣申允料之曰：「晉之廷臣，必將乖阻，以敗其事。」史不著乖阻之實。惟觀孫盛陽秋，則溫敗爲晉臣所深喜而樂道也。

盛爲長沙太守，贓私狼藉。太抵名士多自顧家室，能以談辯擅名，卽不須再經綸世業。

對外之功業，既不得逞，乃轉而向內。

溫既敗於枋頭，其謀主郗超勸之廢立。曰：「外無武、宣之勳，內無伊、霍之舉，何以易視聽、鎮異同？」

且晉室有天下，其歷史本不光明，故使世族與功名之士皆不能忠心翊戴。

王導嘗具敍晉宣王創業及文王末高貴鄉公事於明帝前，帝聞之，覆面著床，曰：「若如公言，祚安得長？」

惟世族但求自保家門。

孫盛告庾亮：「王導有世外之懷，豈肯為凡人人事？」此可代表門第中人意態也。

英雄功名之士，意氣鬱激，則竟為篡弒。

桓溫常臥語：「作此寂寂，將為文、景所笑。」此魏、晉以來人見解。可取而不取，真成大獃子。

桓溫自身亦帶書生名士氣，故曰：「既不能流芳後世，亦不足復遺臭萬載耶？」然其心尚存有君臣名教，故篡逆終不成。一傳為桓玄，再進為劉裕，則晉祚不保矣。

直到桓玄、劉裕，一面篡位，一面還是痛抑權門。

南史宋武本紀謂：「自晉中興，朝綱弛紊，權門兼并，百姓不得保其產業。桓玄頗欲釐改，竟不能行。帝既作輔，大示軌則，豪強蕭然。」又按：晉義熙_{安帝。}九年，劉裕上表請依桓溫庚戌土斷。可見桓溫、桓玄、劉裕實是走的同一路線也。胡藩言：一談一詠，搢紳之士，輻湊歸之，不如劉毅。」蓋裕粗人，不為名士所歸。裕之北伐，在廷之臣，無有為裕腹心者。裕所以不能從容據長安以經營北方者亦在是。_{裕能篡位，而桓溫不能，亦在是。}

要之江南半壁，依然在離心的傾向上進行。諸名族雖飽嘗中原流離之苦，還未到反悔覺悟的地步。

第十五章 北方之長期紛亂

晉室東遷，衣冠南渡，北方中國便陷入長期的紛亂狀態中。史稱爲五胡十六國，先後凡一百三十六年。

一 五胡十六國撮要

五胡：

一、匈奴。

一支居山西，建國爲前趙。初稱「漢」。

又一支在河西張掖，建國爲北涼。先世爲匈奴左沮渠，遂以沮渠爲氏。

又一支自山西西走，建國爲夏。赫連氏，其先右賢王去卑，曹操命其監五部。

二、羯。乃匈奴別部，晉書：「匈奴以部落爲種類，其入居塞內者有『屠各』等十九種。」皆有部落，不相錯雜。」最後一種曰「力羯」，即五胡之所謂「羯」也。史稱石勒：「匈奴別部，羌渠之冑」，則此種雖屬匈奴，而與西羌爲近。王隱晉書稱「羯賊劉曜」。（文選劉越石勸進表注引。）時多連稱「胡羯」，則以羯久屬匈奴故也。

散居上黨羯室，今山西遼縣，蓋以為羯族所居，故曰「羯室」。建國為後趙。

三、鮮卑。

慕容氏　建國曰前燕、後燕、南燕。

拓拔氏　建國曰元魏。　不在十六國內。

段氏　建國曰遼西。　不在十六國內。

宇文氏　建國曰北周。　不在十六國內。按：晉書以宇文莫槐為鮮卑，惟魏書、北史則謂是匈奴南單于之遠裔，而鮮卑奉以為主。又謂：「其語與鮮卑頗異。」則宇文氏或是匈奴而雜有鮮卑之血統也。

禿髮氏　居河西，建國曰南涼。

乞伏氏　居隴西，建國曰西秦。

鮮卑自遼東至河西，無所不居，以慕容、拓拔兩氏為最盛。

四、氐。　御覽五九八引石崇奴券：「晉鍾毓兄行，一女子笑曰：『中央高，兩頭低。』」則「氐」原作「羝」。太平廣記二四五：「元康之際，買得一惡羝奴。」蓋言羝也。鍾兄弟多髯，故云。」知氐多髯。

略陽　蒲氏　建國曰前秦。　天水。

略陽　呂氏　建國曰後涼。

略陽　清水氏　建國曰仇池。　不在十六國內。

五、羌。

燒當羌姚氏　建國曰後秦。時人常稱「六夷」。殆「五胡」外，增「實」（又號「巴氏」）言之。謂是無姚萇名；斥姚萇曰「汝羌」，非謂羌不在五胡之列。日：「五胡次序，無汝羌名。」符堅叱姚萇

十六國以割據地言，亦約略可分爲五別：

一、前趙，漢。後趙。

二、前燕，後燕，南燕，北燕。

三、前秦，後秦，西秦，夏。

四、前涼，後涼，南涼，北涼，西涼。

五、蜀。

二　十六國前後形勢之大概

十六國前後形勢，可分五期言之：

一、晉、趙、蜀三國鼎立期

前趙　匈奴。　劉豹居晉陽。　劉淵居離石，後遷平陽。　劉聰居平陽。　劉曜居長安。

前趙最先興，據燕、晉、豫、秦四省之各一部，晉稱趙、蜀爲「二寇」。

後趙　羯。　石勒居襄國。邢臺。　石虎居鄴。

石勒滅劉曜，據中國北部之半，北方幾成一統。

石虎死，鮮卑、氐、羌諸族乘機起，北方局勢大變。時桓溫滅蜀，北方不久成燕、秦分據之局。

二、第一次燕、秦分據期。

前燕　鮮卑。　慕容皝居龍城。朝陽。　慕容儁居薊，遷鄴。

據燕、齊、晉、豫及遼寧之一部。

前秦　氐。　苻健居長安，苻堅仍之。

桓溫伐燕不利，燕內亂，慕容垂奔秦，秦進師滅燕。自此苻秦全盛，進入第三期。

三、苻秦全盛期。

苻秦據中國北部大半，地廣爲五胡冠，遂南侵而有淝水之敗，北方再分裂。

四、第二次燕、秦對峙期

後燕　慕容垂　皝子。　居中山。

疆土略如前燕。馮跋篡後燕，據和龍，爲北燕；爲魏所滅。南燕爲晉所滅。

後秦　羌。　姚萇居長安。

疆土掩有陝、甘、豫三省，滅於劉裕。

五、劉裕滅秦後之北方三國。

魏在平城。大同。魏人崔浩之言曰：「裕必克秦，歸而謀篡。關中華、戎雜亂，風俗勁悍，必不能以荊、揚之化施之，終必為我有。」 涼在姑臧。武威。其疆土當今甘肅河西之一部。涼主聞裕入秦，大怒。其臣劉祥入言事，蒙遜曰：「汝聞劉裕入關，敢研研然也！」遂斬之。 夏在統萬。橫山縣西百里白城子。其疆土掩有今陝西北部及河套之地。夏人之言曰：「裕必滅泓，然不能久留。裕南歸，留子弟守關中，取之如拾芥。」

劉裕入長安，北方未定而回。急於篡晉，是為宋。 夏主赫連勃勃遂取長安。嗣夏、涼相繼并於魏，而成南北朝。

三　五胡十六國大事簡表

304—313 西晉惠帝永興元年，至愍帝建興元年。	314—323 愍帝建興二年，至東晉明帝太寧元年。	324—333 明帝太寧二年，至成帝咸和八年。
漢 劉淵據離石，稱漢王，旋徙平陽。劉聰取洛陽。石勒據襄國，遣石虎據鄴。	前趙 劉曜取長安，徙都，改號趙。石勒陷幽、薊、并三州；又取青州。	後趙 石勒殺劉曜，稱帝。
成 李雄據成都，稱成。	燕 慕容廆取遼東。	
	前涼 趙封張茂為涼王。	

年代		
334 — 343 成帝咸和九年，至康帝建元元年。	後趙 石虎徙都鄴。 燕 慕容皝稱燕王，遷龍城。 代 什翼犍都雲中。 成 李壽改號漢。	
344 — 353 康帝建元二年，至穆帝永和九年。	後趙 石虎卒，冉閔殺胡羯二十萬人。 燕 慕容儁滅冉閔。燕克鄴，趙亡。 秦 苻健入長安，稱秦王。 成漢 桓溫滅之。	
354 — 363 穆帝永和十年，至哀帝興寧元年。	燕 徙都鄴。 秦 桓溫伐秦。討姚襄，入洛陽。苻堅立，用王猛。	
364 — 373 哀帝興寧二年，至孝武帝寧康元年。	燕 慕容垂奔秦。秦入鄴，燕亡。 秦 王猛取洛陽，滅燕。	

年代	事件
374—383 孝武帝 寧康二年，至太元八年。	秦 王猛卒。 前涼、代 為秦所滅。
384—393 孝武帝 太元九年，至太元十八年。	秦 伐晉，敗於淝水。 後燕 慕容垂自洛陽入鄴，都中山，稱後燕。 西燕 慕容永據長子，稱帝。 後秦 姚萇取長安，稱帝。 西秦 乞伏國仁稱單于。 魏 代拓拔珪復興，徙盛樂。
394—403 孝武帝 太元十九年，至安帝 元興二年。	後秦 姚興滅前秦。 後燕 慕容垂卒，魏入鄴。 南燕 慕容德稱帝於滑臺，為南燕。 魏 拓拔珪稱帝，遷都平城。 西燕亡。 後涼、南涼、西涼、北涼起。
404—413 安帝 元興三年，至義熙九年。	後秦 姚興滅後涼。 後燕 馮跋篡之，亡。 南燕 劉裕討滅之。 北燕 馮跋立為北燕。 魏 拓拔珪被弒。 夏 赫連勃勃稱夏王。

414—423	424—433	434—443
晉安帝義熙十年,至宋營陽王景平元年。	宋文帝元嘉元年至十年。	文帝元嘉十一年至二十年。
後秦 劉裕入長安,後秦亡。	魏 拓拔燾立。	魏 北燕、北涼亡於魏。
夏 赫連勃勃入長安。	西秦亡於夏。	
南涼亡於西秦。	夏亡於魏。	
西涼亡於北涼。		

四　胡人之漢化與胡漢合作

胡人所以能統治北方中國者,亦有數故:

三國州界形勢圖(一)

（公元206—252年）

圖例

○△⊕回 縣 ◉ 蠻郡十(中) ●邑▲城 縣 ⑤ 省級 郡國 郡 回 都

江淮荊襄郡縣、時得時失、前後疊出、殊難訂其疆域、僅作廊線、示其大略。

諸胡雜居內地，均受漢族相當之教育，此其一。詳後北方儒統。

北方世家大族未獲南遷者，率與胡人合作，此其二。

諸胡以客居漢地而自相團結，此其三。

傅奕曰：「羌胡異類，寓居中夏，禍福相恤。中原之人，眾心不齊，故夷狄少而強，華人眾而弱。石季龍死，羯胡大亂，冉閔令胡人不願留者聽去；或有留者乃誅之，死者二十餘萬。」氐、羌分散，各還本部，部至數萬，故苻、姚代興。」

諸胡中匈奴得漢化最早，如劉淵、聰、曜父子兄弟一門皆染漢學，故匈奴最先起。鮮卑感受漢化最深，故北方士大夫仕於鮮卑者亦最多。鮮卑並得統一北方諸胡，命運較長，滅亡最後。次於鮮卑者為氐。

劉琨傳：「內收鮮卑之餘穀，外抄殘胡之牛羊。」則鮮卑亦務農作，而胡羯仍事游牧。元康四年，慕容廆徙大棘城（今遼寧義縣）。教部族以農桑法制，同於上國。此鮮卑受漢化甚深之證。廆子皝又自大棘城徙居龍城，時鮮卑已早為城郭之邦矣。鮮卑其先有檀石槐、（東漢桓帝時。）軻比能。軻比能當漢末，部落近塞。自袁紹據河北，中國人多亡叛歸之。教作兵器鎧楯，頗學文字。故其勒御部眾，擬則中國。則鮮卑之染漢化，淵源既久。慕容、拓拔兩氏，其先皆屬檀石槐也。

魏志三十裴註引魏略：「氐人各自有姓，亦如中國

之姓，多知中國語，由與中國雜居故也。」又魏志九夏侯淵傳：「淵擊武都氐羌下辯，收氐穀十餘萬斛」，是氐亦有農事。

故繼鮮卑而盛者為氐。鮮卑在東北，氐在西北，於五胡中建設皆可觀。

羯附匈奴而起，羌則附氐而起。故二族勢最促，文化建設最遜。

諸胡雖染漢化，然蠻性驟難消除，往往而發。最顯見者曰淫酗，曰殘忍。殘忍之例，莫逾石虎，勒從子。既篡石弘位，盡誅勒諸子；以邃為太子，而愛韜。邃疾之，嘗謂左右：「我欲行冒頓之事。」虎遂收邃及其妻妾、子女二十六人，同埋一棺中。立宣為太子。宣復疾韜，殺之佛寺。入奏，將俟虎臨喪而殺之。會有人告變，虎幽宣於庫，以鐵環穿其領鎖之。取害韜刀箭舐其血，哀號震動宮殿。積柴薪焚宣，拔其髮，抽其舌，斷其手足，斫眼，潰腸，如韜之傷。虎從後宮數千，登高觀之，幷殺妻、子二十九人。宣小子年數歲，虎甚愛之，抱之而泣，欲救之。其大臣不聽，遂於抱中取而戮之。兒猶抱虎衣大叫，虎因此發疾。蓋淺化之民，性情暴戾，處粗野之生活中，尚堪放縱自適。一旦處繁雜之人事，當柔靡之奉養，轉使野性無所發舒，衝盪潰決，如得狂疾。石虎之後，最以殘暴著者有苻生。惟其淫酗，故

政治常不上軌道：惟其殘忍，諸胡間往往反覆屠殺，迄於滅盡。石勒滅劉曜，坑其王公以下萬餘人，南匈奴遂滅。冉閔誅胡羯，死者二十餘萬，殺石虎三十八孫，盡滅石氏。

一　南朝帝系及年歷

（一）宋

一　武帝　裕（三）

二　少帝　義符（一）
即位年十七。徐羨之、傅亮、謝晦以顧命大臣廢殺之，立文帝。

三　文帝　義隆（三）
殺徐、傅、謝并及檀道濟。元嘉之治。宋、魏交兵。洛陽、虎牢、滑臺三城不守。以彭城為重鎮。太子劭弒立，少子駿討誅劭，自立。

四　孝武帝　駿（一一）
翦落宗室，昏暴無倫理。

五　前廢帝　子業（一）

六　明帝　彧（八）
失彭城，以淮陰為重鎮。

七　後廢帝　昱（四）

八　順帝　準（三）

宋八帝，六十年。凡四世，六十六男。骨肉相殘，無一壽考令終者。

（二）齊

```
                                （四）
                              一　高帝道成
              （　）
                                         （一）
                                       二　武帝賾　後宮萬餘人。
                                                 豫章王嶷後房
                                                 亦千餘人。
                （五）
              五　明帝鸞　殺高、武子孫
                        無遺類。

                （　）
                                       （三）
                                     三　廢帝（鬱林王）昭業　為蕭鸞所弒。
                                                           （不踰年）
                                       （一）
                                     四　廢帝（海陵王）昭文　為蕭鸞所弒。
                                                           （不踰年）

              七　和帝寶融　（一）
                            為蕭衍所弒。
              六　廢帝（東昏侯）寶卷　（三）
                                      為蕭衍所弒。
```

齊七帝，二十四年。人物歷運，於南朝爲最下。

（三）梁

一
（四八）
武帝衍
侯景之亂。

二
（二）
簡文帝綱
為侯景所弒。

三
（三）
元帝繹
自武帝以來，父子三人，皆擅文章。

四
（三）
敬帝方智

梁四帝，五十六年。

（四）陳

陳五帝，三十三年。

前後凡一百七十年，為南朝。

在此時期中，北方中國亦臻統一，為北朝。

以五胡與東晉相比，五胡不如東晉。以南朝與北朝相比，北朝勝於南朝。

晉室東遷，衣冠盛族相率渡江，其留北者力量薄弱，不足以轉世運，而諸胡受漢化之薰陶尚淺，故其時南勝於北。南渡人物，皆魏、晉清流，自身本多缺點，歷久彌彰，逐次消沉，故南朝世運不如東晉。

漢族留北者，在當時皆以門第稍次，不足當「清流雅望」之目。否則亦追隨南渡矣。然正惟如此，猶

能保守幾許漢族較有價值之眞文化，而精神轉新轉健。諸胡亦受漢化較久較熟，能與北方士大夫合作，政治教化皆漸上軌道，故即名教反動以前之兩漢思想。在魏晉淸經動亂艱苦之磨勵，
流視之，則爲落伍趕不上時代潮流也。

北朝世運勝於五胡。

南北相較，北進而南退，南朝終併於北。

二 南朝王室之惡化

門第精神，維持了兩晉二百餘年的天下，他們雖不戮力世務，亦能善保家門。名士淸談，外面若務爲放情肆志，內部卻自有他們的家教門風。推溯他們家教門風的來源，仍然逃不出東漢名教禮法之傳統。

劉、蕭諸家，族姓寒微，與司馬氏不同。

劉裕少時伐荻新洲，又嘗負刁逵社錢被執。蕭道成自稱「素族」，臨崩遺詔：「我本布
衣素族，念不到此。」蕭衍與道成同族。陳霸先初館於義興許氏，始仕爲里司，再仕爲油庫吏。

他們頗思力反晉習，裁抑名門，崇上抑下，故他們多以寒人掌機要。

時寒族登要路，率目爲「恩倖」。齊武帝則謂：「學士輩但讀書耳，不堪經國，經國一劉

係宗足矣。」此可見當時雙方之心理。梁武帝父子最好文學、玄談，然舉世怨梁武帝父

子愛小人而疏士大夫，顏之推譏爲「眼不能自見其睫」也。

但門第精神，本是江南立國主柱。蔑棄了門第，沒有一個代替，便成落空。落空的結果，

更轉惡化。南朝寒人擅權，殆無一佳者。阮佃夫、王道隆等，權倖人主，乃至官捉車人爲虎賁中郎，傍馬者爲員外

郎。茹法亮在中書，語人曰：「何須覓外祿？此戶內歲可辦百萬。」阮佃夫豪奢，雖晉之王、石不能過，遂

至弑君，梁政壞於朱异，侯景圍臺城，周石珍輒與相結，遂爲景佐命。至

陳末，施文慶、沈客卿用事，隋軍臨江，猶曰：「此常事。」以致亡國。

南朝諸帝，因懲於東晉王室孤微，門第勢盛，故內朝常任用寒人，而外藩則託付宗室。然

寒人既不足以服士大夫之心，而宗室強藩，亦不能忠心翊戴，轉促骨肉屠裂之禍。

宋、齊之制，諸王出爲刺史，立長史佐之，既復立典籤制之。諸王既多以童稚之年，膺

方面之寄，而主其事者則皆長史、典籤也。一、再傳而後，二明帝宋劉彧、皆以旁支入繼齊蕭鸞、

大統，忮忍特甚。前帝子孫雖在童孺，皆以逼見讐。其據雄藩、處要地者，適足以殞其

身命於典籤之手。當時任典籤者，率皆輕躁傾險之人，或假其上以稱亂，或賣之以爲功，

威行州部，權重藩君。梁諸王皆以盛年雄材出當方面，非宋、齊帝子之比。然京師有變，

亦俱無同獎王室之忠。侯景圍臺城，如綸、如繹、如紀、如詧之徒，皆擁兵不救，忍委

其祖、父以餒寇賊之口。蓋南朝除門第名士外，人才意氣率更不成。

宋諸帝自屠骨肉，誅夷惟恐不盡。宋武九子、四十餘孫、六十七曾孫，死於非命者十之七、八，無一有後於世。

其宮闈之亂，無復倫理，尤為前史所無。

而宋、齊兩代諸帝之荒蕩不經，其事幾乎令人難信。

宋代則如元凶劭，

弑父。文帝欲廢太子，告潘淑妃。妃告其子始興王濬，濬以告劭。劭弑父，并殺潘淑妃，謂濬曰：「潘淑妃遂為亂兵所殺。」濬曰：「此是下情由來所願。」

前廢帝，年十七為帝。

為姊山陰公主謂帝曰：「妾與陛下，男女雖殊，俱託體先帝。陛下六宮萬數，妾惟駙馬一人，事大不均。」置面首三十人。

糞父陵。稱叔父湘東王或。為「豬王」。以其體肥，以木槽盛飯并雜食，掘地為坑，實以泥水，裸官屠豬。或納坑中，使以口就槽食。一日忖旨，縛手足，貫以杖。欲擔付太

為姊山陰公主，

自以在東宮時，不為孝武所愛，將掘其陵，太史言不利，乃縱

又令左右逼淫建安王休仁母楊太妃。建安王休仁請俟皇子生，乃殺豬取肝肺，始得釋。帝之叔祖母，有山陽王休祐呼「賊王」，東海王禕呼「驢王」。休仁呼「殺王」，尚

後廢帝

母陳貴妃，名妙登，建康屠家女，年十五爲帝。

五、六歲能緣漆帳竿而上。去地丈餘，食頃方下。端午，賜帝毛扇，不華，欲煮藥酖太后。左右曰：「若行此事，官便作孝子，領軍腹直入蕭領軍府，道成方畫臥裸袒，帝立道成於室內，畫蕭道成腹作箭垛。引滿將射。左右王天恩曰：豈得復出入狡獪？」曰：「汝語大有理。」乃止。一日，正中其臍，帝投弓大笑，曰：「此手何如？」夜至新安寺偷狗就罍度道人。烹食。大，是佳箭珊。一箭便死，後無復射，不如以雹箭射之。

夜至新安寺偷狗就罍度道人。烹食。醉還遇弒。

齊則如鬱林王，年二十一爲帝。

亦爲其母王太后置男左右三十人。帝慧美，善矯情。父病及死，帝哀哭，見者爲之鳴咽，纔回內室卽懽笑。爲其妻報喜。紙中央作一大「喜」字，作三十六小「喜」字繞之。妻何妃卽山陰公主之女。縱淫恣。帝自與左右無賴二十餘人共衣食臥起，妃擇其中美者，皆與交懽。見錢，曰：「吾昔思汝一箇不得，今日得用汝未？」賜左右動至百、數十萬。

東昏侯。年十九爲帝。

嘗夜捕鼠達旦。父喪不哭，諉云喉痛。明帝臨崩，囑以後事。以鬱林王爲戒，曰：「作事不可在人後。」以鬱林不殺蕭鸞也。按：武帝臨終亦戒鬱林，曰：「五年中一委宰相，五年外勿復委人。若自作無成，無所多恨。」此可見當時王室之家教矣。東昏既多受父誡，遂以誅戮宰臣爲務。嘗習騎至適，曰：「江祏常禁我乘馬，小子若在，吾豈能得此？」因問祏親戚餘誰，曰：「江祥今在冶。」卽於馬上作敕，賜祥死。

臺閣案奏，宦者裹魚肉還家。一月出遊二十餘次。入樂遊苑，人馬忽驚，問左右朱光尙尋之，不見，乃縛菰爲父明帝。形，北向。斬首，懸之苑門。怒。拔刀與光尙見鬼。）對曰：「曩見先帝大瞋，不許數出。」帝大繫金爲蓮花帖地，令潘妃行其上，曰：「步步生蓮花。」

此等皆荒誕，疑非人情。然賦與一種可以窮情極意的環境，又習聞到一些一切不在乎的理論，的人生理論。即虛無放達而不加以一種相當的教育，其趨勢自可至此。

古代貴族階級，本有其傳統甚深微的教育。西漢以平民爲天子，諸侯王不皆有教育，不數傳盡縱恣不法，多爲禽獸行。故賈誼力言治道首重教育太子。而兩漢宮廷教育亦皆有法度。

南朝的王室，在富貴家庭裏長養起來，但是並非門第，無文化的承襲。他們只稍微薰陶到一些名士派放情肆志的風尙，而沒有浸沉到名士們的家教與門風，又沒有領略得名士們所研討的玄言與遠致。

在他們前面的路子，只有放情胡鬧。

由名士爲之則爲雪夜訪友，王徽之居山陰，夜大雪，眠覺，開窗命酌酒，四望皎然，忽憶戴安道，時戴在剡，即便夜乘小船就之，經宿方到，造門不前而返。人問其故，曰：「吾本乘興而來，興盡而返，何必見戴？」無知識，無修養，則變爲達旦捕鼠。

由名士爲之則爲排門看竹，王徽之過吳中，見一家有好竹。主已知王當往，灑掃施設，造竹下，諷嘯良久，主已失望，遂直欲出門，主人大不堪，便令左右閉門不聽出。王肩輿徑更以此賞主人，乃留坐盡懽而去。無知識，無修養，則變爲往寺廟偸狗吃。

莊、老放言，破棄「名教」，復歸「自然」，本來不教人在家庭團體、政治組織裏行使。魏、晉名士，一面談自然，一面還遵名教，故曰名教與自然「將毋同」。南朝的王室，既乏禮教之薰習，因其非世家。又不能投入自然之樸素。因其爲帝王，處在富貴不自然之環境中。蔑棄世務的，大抵幼年皇帝爲多。則縱蕩不返.；注意實際的，大抵中年皇帝居多。則殘酷無情，循環篡殺，勢無底止。

獨有一蕭衍老翁，儉過漢文，勤如王莽，可謂南朝一令主。然而他的思想意境，到底超不出並世名士的範圍。自身既皈依佛乘，一面又優假士大夫，結果上下在清談玄想中誤了國事。

史稱梁武敦尚文雅，疏簡刑法，優假士人太過，牧守多侵漁百姓。又謂其好親任小人。王偉爲侯景草檄，謂：「梁自近歲以來，權倖用事，割剝齊民，以供嗜慾。如曰不然，公等試觀今日國家池苑，王公第宅，僧尼寺塔，及在位庶僚，卽宗室諸王如臨川王宏、武陵王紀等，皆恣意聚斂，盛務貨殖，而武帝不問。姬姜百室，僕從數千，不耕不織，錦衣玉食。不奪百姓，從何得之？」此可見當時之政俗矣。

當時帝王可能的出路止此。中央政府的尊嚴，既久不存在。宋順帝禪位時，逃入宮內，王敬則將興入宮，啟譬令出。順帝謂敬曰：「欲見殺乎？」答曰：「出居別宮耳。官昔取司馬家亦如此。」順帝泣曰：「惟願生生世世，不復與帝王作姻緣。」宮內盡哭。曹孟德、司馬仲達作祟，至此末已。**秦、漢以來的政治理論，亦久已廢棄。** 除非恢復那些三政治理論，中央纔可再有尊嚴，帝王纔可再有新出路。**魏、晉以下世運的支撐點，只在門第世族身上。** 當時的道德觀念與人生理想，早已狹窄在家庭的小範圍裏。**南朝諸帝王崛起寒微，要想推翻門第世統之舊局面，卻拿不出一個新精神來，結果只有更惡化。** 既已無國，復何中央？復何帝王？先要懂得帝王在國家、在政府裏的真地位與真責任，彼輩自所不能，而卻把貴族門第的家庭教育亦蔑棄了。

三　南朝門第之衰落

門第雖爲當時世運之支撐點，然門第自身，實無力量，經不起風浪。故胡人蠭起，則引身而避；權臣篡竊，則改面而事。既不能戮力恢復中原，又不能維持小朝廷偏安的綱紀。在不斷的政局變動中，犧牲屠戮的不算，其幸免者，亦保不住他們在清平時代的尊嚴。

南朝世族無功臣，亦無殉節者。侯景敗，王克迎王僧辯，僧辯北人南附，克則王氏世家。僧辯勞克曰：「甚苦，事夷狄之君。」克不能對。又問：「璽紱何在？」克良久曰：「趙平原持去。」趙思賢，景腹心。授平原太守。僧辯曰：「王氏百世卿族，一朝而墜。」

積久優越舒服的生活，只消磨糜爛了他們自爭生存的機能。

《顏氏家訓》：「江南朝士，至今八、九世，未有力田，悉資俸祿。假令有者，皆信童僕為之。未嘗目觀一撥土，耘一株苗。不知幾月當下，幾月當收，安識世間餘務乎？」又曰：「梁朝全盛之時，貴游子弟，多無學術。至於諺云：『上車不落則著作，體中何如則祕書。』無不燻衣剃面，傅粉施朱，駕長簷車，跟高齒屐，坐棋子方褥，憑斑絲隱囊，列器玩於左右，從容出入，望若神仙。」

自經侯景之亂，而貴族門第漸滅殆盡。

《顏氏家訓》：「梁世士大夫，皆尚褒衣博帶，大冠高履。出則車輿，入則扶侍。郊郭之內，無乘馬者。及侯景之亂，膚脆骨柔，不堪行步；體羸氣弱，不耐寒暑。坐死倉猝者，往往而然。」又曰：「建康令王復，性既儒雅，未嘗乘騎，見馬嘶歕陸梁，無不震懾。乃謂人曰：『正是虎，何故名為馬乎？』其風俗至此。」又曰：「離亂之後，朝市遷革，銓衡選舉，非復曩昔之親；當路秉權，不見昔時之黨。鹿獨戎馬之間，轉死溝壑之際。諸見俘虜，雖千載冠冕，不曉書記者，莫不耕田養馬。」

侯景羯族，南奔濟淮，僅得步騎八百。稱亂渡江，有馬數百匹，兵八千人而已。此乃南方社會之熟極而爛，腐潰內訌，而景乘之耳。

陳霸先以微人躍起稱帝，一時從龍之士，皆出南土，於是北方貴族之地位更促。

蕭詧亡而江陵貴族盡。

南渡之衣冠全滅，江東之氣運亦絕。

第十七章　北方政權之新生命

北方中國經歷五胡長期紛擾之後，漸漸找到復興的新機運，是爲北朝。

一　北朝帝系及年歷

鮮卑拓拔氏當曹魏世始居匈奴故地，時匈奴內徙。嗣遷定襄、盛樂，歸綏南。拓拔猗盧入居平城，以盛樂爲北都。劉琨與結兄弟，表封代公。七傳至什翼犍，爲苻堅所敗。堅使匈奴劉庫仁、劉衛辰分攝其眾。其孫珪幼依劉庫仁。始建國。稱道武帝。

（一）北魏帝系表

一	二	三	四
（太祖）（二三）	（太宗）（一五）	（世祖）（二八）	（高宗）（一四）
道武帝珪	明元帝嗣	太武帝燾	文成帝濬
三十九歲被弑。	即位後十一年，宋篡晉。	滅夏，滅北燕，滅北涼，北方始統一。侵宋臨江而返。	

（五）（顯祖）

五 獻文帝弘

（二九）（高祖）

六 孝文帝宏

時宋篡於齊。
遷都洛陽。

（一六）（世宗）

七 宣武帝恪

（一三）（肅宗）

八 孝明帝詡

母胡太后稱制，魏始衰。
太后弒帝，爾朱榮舉兵晉陽，
立孝莊帝，沈胡后於河。

（三）（敬宗）

九 孝莊帝子攸

殺爾朱榮。
爾朱兆弒帝。

（一）

一〇 節閔帝恭

高歡討爾朱氏，
廢帝，立孝武帝。

（三）

一一 孝武帝修

奔長安，依宇文泰。
歡別立孝靜帝，自是魏分東、西。

西魏

孝文帝寶炬

（二）

一二 孝靜帝善見

東魏

高歡卒，子澄、洋相繼秉政。
洋篡位為北齊。

二七七

元魏自道武帝至孝武帝入關，凡十一主，一百四十九年，分爲東、西。

東魏一主，十七年，先亡。

（二）西魏帝系表

一

孝文帝寶炬

（一七）

宇文泰弑孝武帝，立文帝。泰爲太師，用蘇綽，定六官之制，作府兵。

二

廢帝欽

（二）

宇文泰廢之。

三

恭帝廓

（四）

宇文泰死。子覺嗣，篡位爲北周。

西魏三主，二十三年。

（三）北齊帝系表

齊自高洋篡位，五主，二十八年。

（四）北周帝系表

（一）
孝愍帝覺

未踰年而卒。

（二）
（一）
明帝毓

（三）
文帝泰

（一七）
三
武帝邕

（二）
二
（一）
四
宣帝贇

（三）
五
靜帝闡

周自宇文覺篡位，五主，二十五年。

二　北方之漢化與北方儒統

五胡雜居內地，已受相當漢化。但彼輩所接觸者，乃中國較舊之經學傳統，而非代表當時

朝士名流之清談玄理。南渡以還，士大夫淪陷北方者，不得不隱忍與諸胡合作，而彼輩學

術塗轍，亦多守舊，絕無南渡衣冠清玄之習。

劉淵父子皆粗知學問，淵師事上黨崔游，習毛詩、京氏易、馬氏尚書，皆是東漢的舊傳統。

石勒徙士族三百戶於襄國，（名崇仁里。）置公族大夫領之。郡置博士祭酒二人，弟子百五十人，勒軍中特有「君子營」，集衣冠人物為之。史稱：「盧諶、崔悅、荀綽、裴憲、傅暢陷於石氏，雖俱顯於石氏，恆以為辱。」

又定秀、孝試經之制。

慕容廆益大興文教，以劉讚為東庠祭酒，世子跣率國胄束脩受業。廆覽政之暇，親臨講

肆。慕容氏於五胡中受漢化最深。

苻秦文教尤盛，諸經皆置博士，惟闕周禮，乃就太常韋逞母宋氏傳其音讀，即其家立講號宋氏曰：「宣文君」。

堂，置生員百二十人，隔絳紗幔受業。

王猛死，特詔崇儒，禁老、莊、圖讖之學。詔曰：「權可偃武修文，以稱武侯雅旨」，則必猛生前時稱說其意也。

姚興時，耆儒姜龕、淳于岐等教學長安，諸生自遠而至。興每與龕等講論道藝。胡辯講

授洛陽，關中諸生赴者，興敕關尉勿稽其出入。

姚泓親拜淳于岐於牀下，自是公侯見師傅皆拜。

是五胡雖雲擾，而北方儒統未絕。

時河、洛一帶久已荒殘，山西亦爲東西交兵之衝，石虎之亂，屠割尤慘，故東方惟慕容，西方惟苻、姚，爲北方文化殘喘所託命。

元魏先受慕容氏影響，自拓拔珪時已立太學，置五經博士，初有生員千餘人，後增至三千。道武帝命梁越授諸皇子經，官上大夫。

拓拔嗣信用崔浩，至拓拔燾又徵盧元、高允，文化漸盛。

時范陽盧元、博陵崔綽、趙郡李靈、河間邢穎、渤海高允、廣平游雅、太原張偉等皆集代郡。高允〈徵士頌〉謂：「名徵者四十二人，就命者三十五人。」盧醜當太武監國時入授經，以師傅恩賜公爵。張偉以通經官中書侍郎，受業者常數百。張吾貴門徒千數。高允居家教授，受業者千餘人。；郡國建學校，立博士，皆出允議。史稱梁越「博綜經傳」，盧醜「博綜羣言」，高允「博通經史」，張偉「學通諸經」，李同軌「學綜諸經」，崔浩「博覽經史」，李安世「博綜羣言」，此證北儒學風，主經史實濟，務博綜，不似江南以清虛爲貴也。

別有河西儒學，以諸涼兵禍較淺，諸儒傳業不輟，又爲苻、姚喪亂後諸士族避難之所。至拓拔燾幷北涼，臺士始東遷，遂與東方慕容燕以來儒業相匯合，而造成元魏之盛況。劉延明就博士郭瑀學，瑀弟子五百人，通經業者八十餘人。涼武昭王以延明爲儒林祭

酒，蒙遜拜爲祕書郎，牧犍尊爲國師，學徒數百。常爽

爲之助教。敞入魏以儒學爲中書博士，貴游子弟成就顯達者數十人。

闞駰均見禮待。可見河西儒學之盛。又游明根、高閭皆以流寓入魏，特被孝文禮遇。遊

子肇，亦名儒。閭與高允稱「二高」。明習緯候，五經百
家，多所研綜。 門徒七百人，索敞

在此漢化深濃、儒業奮興之空氣下，乃醞釀而有魏孝文之遷鄴。

太祖元興元年至鄴，即有定都意，乃置行臺。太宗神瑞二年又議遷鄴，以崔浩等諫而

止。漢化愈進，即遷都動機愈成熟，兩事連帶而來。

三 魏孝文遷都及北魏之覆滅

魏孝文遷都，自有其必然的動因。

一則元魏政制，久已漢化，塞北荒寒，不配做新政治中心。

孝文太和十五年始親政，是年卽建明堂，改營太廟。明年壞太華殿，改建太極殿。十七

年改作後宮。北魏的國力，到此已盛，與其在平城因就簡的改造，不如徑遷洛陽，可以徹底興築，以弘規制。洛陽的新規模，可看徐陽伽藍記。其分區建築之計劃，創於韓顯宗，見北史韓傳。又孝文語其臣曰：「朕以恆、代無運漕之路，故宗邑民貧。今移都伊、洛，欲通運四方。」又孝文臣曰：「朕以恆、代無運漕之路，故宗邑民貧。今移都伊、洛，欲通運四方。」又孝文臣曰：「分家南徙，恐不滿諸州之地。」此見前後北魏國力之膨脹。

（見魏書成淹傳。）此皆經濟上原因，使魏不得不遷都也。崔浩諫拓拔珪遷鄴，則謂：「分家南徙，恐不滿諸州之地。」此見前後北魏國力之膨脹。

二則北方統一以後，若圖吞并江南，則必先將首都南移。

　　太和十五年始親政；十七年南伐，是年卽議遷都，並起宮殿於鄴。是後連年南伐，直到孝文之卒。可知孝文遷都，實抱有侵略江南之野心也。

三則當時北魏政府，雖則逐步漢化。此只是北方漢士族的文化力量之逐步抬頭。而一般鮮卑人，則以建國已踰百年，而不免暮氣漸重，此卻是淺演民族一種根本的慘運。魏孝文實在想用遷都的政策來與他的種人以一種新刺激。

　　史稱：「魏主將遷都，恐羣臣不從，乃議大舉伐齊以脅之。至洛陽，霖雨不止，羣臣泣諫。魏主曰：『今者興發不小，苟不南伐，當遷都於此。』時舊人雖不願內徙，而憚於南伐，無敢言者。遷都之計遂定。」其時一般鮮卑人之暮氣沉沉，固不待南遷而衰象已見矣。孝文太子恂，既南來，深苦河、洛暑熱，每追樂北方。此皆淺演民族之暮氣表示也。帝賜之衣冠，常

私著胡服，杖數百，囚之。又謀輕騎奔代，廢爲庶人，賜死。爲自己一種高遠的政治理想，而引起家庭父子慘劇者，前者有王莽，後有魏孝文。

時孝文南遷，所親任多中州儒士，其時北方漢士族文化力量已不可侮。惟孝文知之，鮮卑種人多不知也。宗室及代人，往往不樂。孝文嘗謂陸叡曰：「北人每言北俗質魯，何由知書？此乃鮮卑暮氣對漢文化之反應。朕聞之，深用憫然。今知書者甚衆，豈皆聖人？顧學與不學耳。朕爲天子，何必居中原？正欲卿等子孫，漸染美俗，聞見廣博。若永居恆北，復值不好文之主，不免面牆耳。」孝文之開豁深切如此，然陸叡、穆泰終以反對南遷，謀亂伏誅，則知當時鮮卑人一般之意態，實距孝文理想甚遠也。

孝文遷都後的政令，第一是禁胡服，屏北語。

帝謂：「三十以上，習性已久，容不可猝革：三十以下，語言不聽仍舊。」又曰：「如此漸習，風化可新。若仍故俗，恐數世之後，伊、洛之下，復成披髮之人。」又曰：「朕嘗與李沖論此，沖曰：『四方之語，竟知誰是？帝者言之，即爲正矣。』沖之此言，其罪當死。」觀顏之推家訓，當時北方士族，仍有以教子弟學鮮卑語得奉事公卿爲榮。直至高歡，必遇高敖曹在軍中，乃爲漢言。則魏孝文之理想，竟未得達。

其次則禁歸葬，變姓氏。

自是代人遷洛者，悉爲河南洛陽人。拓拔改氏元，其它如長孫、拔拔。奚、奚達。叔孫、乙旃。穆、丘穆陵。陸、步六孤。賀、賀賴。劉、獨孤。樓、賀樓。等，皆胡姓改。凡一百十八姓。

詳魏書官氏志。

又次則獎通婚。孝文自納范陽盧氏，清河崔氏，滎陽鄭氏、太原王氏四姓女充後宮。

孝文明知鮮卑游牧故習，萬不足統治中華，又兼自身深受漢化薰染，實對漢文化衷心欣慕，乃努力要將一個塞北游牧的民族，一氣呵熟，使其整體的漢化。

而一時朝士，文采、經術尤盛。此與當時暮氣的鮮卑人兩兩對照，即知魏孝文遷都之一種內心激動矣。

如高允、尤好春秋公羊。李世安、祖曾，治鄭氏禮、左氏春秋。叔父孝伯，少傳父業。李沖、李彪、上封事七條，極識治體，殆其時之賈生也。爲中書教學博士，述春秋三傳，合成十卷。王肅、自南朝來。尤其著者。所謂：「劉芳、李彪諸人以經書進，崔光、邢巒之徒以文史達，其餘涉獵典章，關集詞翰，斯文鬱然，比隆周、漢也。」魏書儒林傳序。

惜乎孝文南遷五年即死。孝文五歲即位，初權在太后。二十五歲始親政，二十九歲遷都，三十三歲即卒。

他的抱負未能舒展，鮮卑人追不上他的理想，而變亂由此起。

初，元魏在馬邑、雲中界設「六鎮」以防柔然。

六鎮：酈道元傳：「明帝以沃野、懷朔、薄骨律、武川、撫冥、柔玄、懷荒、禦夷諸鎮並改爲州，會諸鎮叛，不果。」

沃野，薄骨律在西北邊，略當河套、寧夏境，爲六鎮最西第一鎮。

懷荒東，近天鎮之地。

柔玄，懷荒北，今綏遠興和。

懷荒。今地未考，當在興和、沽源間。

又有禦夷，今察哈爾沽源，多倫二縣地。後置，在「六鎮」外。

懷朔，最西第二鎮，遠五原、固陽境，今綏遠五百里之地。

武川，從西第三鎮，今綏遠武川。

撫冥，武川、柔玄之間，約相距各五百里。

按：六鎮亦有柔然降人，及內地漢人徵發配戍。故明帝正光五年八月詔，有「元非犯配，悉免爲民，鎮改爲州」之語。

鮮卑高門子弟，皆在行間，貴族即是軍人，當兵即是出身，鮮卑自己規模本如此。

北史廣陽王建傳：「昔皇始以移防爲重，盛簡親賢，擁麾作鎮，配以高門子弟，以死防遏。不但不廢仕宦，乃至偏得復除。當時人物，忻慕爲之。」

及遷洛陽，政治情勢大變，文治基礎尚未穩固，而武臣出路卻已斷塞。

廣陽王傳謂：「及太和在歷，豐、沛舊門，仍防邊戍。自非得罪當世，莫肯與之爲伍。一生推遷，不過軍主。然其往世房分，留居京者，得上品通官；在鎮者，便爲清途所隔。」北齊書魏蘭根傳亦謂：「中年以來，有司號爲府戶，役同廝養，官婚班齒，致失淸流。而本宗舊族，各各榮顯。顧瞻彼此，理當憤怨。」

按：道武平中山，多置「軍府」以相威攝，凡有八軍。軍各配兵五千，食祿主帥，軍各四十六

一輩南遷的鮮卑貴族，盡是錦衣玉食，沉醉在漢化的綺夢中。

洛陽伽藍記謂：「當時帝族王侯、外戚公主，擅山海之富，居川林之饒，爭修園宅，互相誇競。崇門豐室，洞戶連房，飛館生風，重樓起霧，高臺芳樹，家家而築；花林曲池，園園而有。而河間王琛最為豪首，常與高陽王雍爭衡。」高陽正光中為丞相，童僕六千，妓女五百，漢、晉以來，諸王豪侈未之有。河間亦妓女三百，常語人云：「晉室石崇，乃是庶姓；況我大魏天潢，不為華侈。」此等漢化，豈魏孝文所想望！

而留戍北邊的，卻下同奴隸。貴賤遽分，清濁斯判。朝政漸次腐敗，遂激起邊鎮之變亂。

胡太后時，明帝神龜二年。羽林、虎賁作亂，殺尚書郎張仲瑀及其父張彝，仲瑀上封事，請詮別選格，排抑武夫，不使預清品。及父子見殺，詔誅兇強者八人，餘並大赦以安之。其事已為清流文治派與武人勢力之顯著衝突。在中央政府下之羽林侍衞尚無出路，何論邊鄙鎮兵？六鎮叛變，正為此種形勢之繼續擴大。南中文治派與北邊武人之衝突，其後面不甯即是漢化與鮮卑故俗之衝突也。

史又稱：「代人遷洛，多為選部所抑，

自中原稍定，八軍之兵漸割南成，一軍兵裁千餘，然帥如故，費祿不少。楊椿表罷四軍，減其主帥百八十四人，六鎮亦稱「府戶」，蓋體制略同。西魏「府兵」之名殆本此。秦、漢軍民分治，故於郡守外置都尉。北朝其先純係軍治，故府設帥，而稱軍府。（此猶秦南海、桂林、象郡僅設一尉，不更置守也。）及後文治漸蒸，軍主鎮帥，遂無出路，羣加簡蔑，目為府戶，以別於中朝搢紳門閭焉。

爾朱榮入洛陽，沉王公以下二千餘人於河。洛陽政府的漢化暫見頓挫。

不得仕進。及六鎮叛，元叉乃用代來人爲傳詔以慰悅之。」是可見當時南、北界劃矣。

爾朱榮世爲領民酋長，部落八千餘家，有馬數萬匹，元天穆說之曰：「世跨幷、肆，部落之民，控弦一萬。」此乃代表鮮卑遺留在北方之舊傳統、舊勢力，與洛陽漢化後之新朝貴絕不相同。一個國家，同時擺著兩個絕不相同的社會，勢必釀亂。

而鮮卑命運，亦竟此告終。

凡歷史上有一番改進，往往有一度反動，不能因反動而歸咎改進之本身；然亦須在改進中能善處反動方妙。魏孝文卒後，鮮卑並不能繼續改進，並急速腐化，豈得以將來之反動，追難孝文！

四　北齊北周文治勢力之演進

然北魏洛陽政府之覆滅，只是拓拔氏一家統治權之解體，對於當時北方文治勢力之進展，

依然無可阻礙。魏孝文只是認識了此種力量，要把鮮卑的統治權與之融合一體。洛陽的鮮卑貴族，以及北方的六鎮軍人，都不瞭解此意，他們只有先後做時代潮流下之犧牲品。

史稱：「世宗時，天不承平，學業大熾。燕、齊、趙、魏之間，橫經著錄，不可勝數，多者千餘人，少者亦數百，州舉茂異，郡貢孝廉，每年逾眾。」此魏孝文遷都後北方學術界氣象也。

北齊在地理和人物上，都承襲著洛陽政府之遺傳。

爾朱榮居晉陽，為孝莊帝所殺。榮從子兆弒莊帝，高歡殺兆，孝武帝奔關中。高歡以洛陽西逼西魏，南近梁境，乃議遷鄴。洛陽四十萬戶，令下三日，狼狽即行。

高歡一家，雖是一個漢、鮮混雜的家庭，

史稱高歡渤海蓨人，其六世祖隱，為晉玄菟太守，則高歡應為漢人。惟自五世祖慶，已三世事慕容氏，曾祖湖仕北魏，祖謐坐法徙懷朔。史稱歡遂「習其俗」，至其后妻氏則鮮卑豪族也。高澄妻出，故侯景呼以「鮮卑小兒」。高洋問杜弼：「治國當用何人？」弼對：「鮮卑車馬客，會須用中國人。」洋以為「此言譏我」。又斬高德政，謂：「德政常言宜用漢人除鮮卑，

此卽合死。」洋后李氏出趙郡，其子廢帝殷，洋謂其：「得漢家性質，不似我。」

然而漢人的勢力，很快在北齊的政府下擡頭。

史稱：「高歡時，鮮卑共輕中華朝士，惟憚高昂。歡每申令三軍，常爲鮮卑言；昂若在列時，則爲華言。」然高洋卽位，羣臣皆漢、魏衣冠。直至末年，洋乃數爲胡服，微行市里。則知文宣時齊朝早已漢化。又齊文宣時誅諸元二十五家，殺三千人，餘十九家並禁錮，嗣又大殺元氏，魏後竟無遺種，亦爲漢人得勢一因。其後隋文帝亦盡殺宇文子孫，無遺種。

楊愔尤稱當時經學名儒，一門四世同居，昆季就學者三十餘人。事高洋，時稱「主昏於上，政清於下。」常山王高演殺楊愔，高

李鉉、邢峙、馮敬德、馮元熙，敬德子，以孝經授緯太子。武成爲後主擇師，命爲侍講。齊文宣詔授太子經。皆以經學爲帝室師。

後魏崔亮年勞之制，至是見革。崔亮爲吏部尚書，乃奏爲格制，官不問賢愚，以停解日月爲斷，年月久則先擢用，世謂之「停年格」。魏之失人自此始。高齊自高澄、袁聿修、楊遵彥、辛術相繼掌大選，頗革魏弊，而辛術管庫必擢，門

史稱：「孝昌之後，海內淆亂，四方學校，所存無幾。至於興和、武定之世，寇難旣平，儒業復光。」其間相去不過十年。

殷（廢帝，母李皇后，趙郡李氏女。）見廢，亦當時胡、漢界線相爭之一幕。

後魏崔亮年勞之制，至是見革。

閼不遺，衡鑒之美，尤爲見稱。

士人爲縣，尤見齊政漸上軌道。

北齊制縣爲上、中、下三等，每等又有上、中、下，凡九等。_{此亦爲隋、唐所襲。}然猶因循後魏，用人濫雜，至於士流恥居。元文遙遂奏於武成帝，密搜世胄子弟，恐其辭訴，總召集神武門，宣旨慰諭而遣。自是縣令始以士人爲之。

齊律尤爲隋、唐所本。

南北朝諸律，北優於南。北朝尤以齊律爲最。由唐及清，皆本隋律，隋律則本於齊。_{魏拓拔燾定律，出崔浩、高允之手。浩長於漢律，爲之作序。（史記索隱引。）高允史稱其「尤好春秋公羊」，蓋治漢董仲舒、應劭公羊決獄之學者。其後代有名家。太和中，改定律令，君臣聚議一堂，考訂之勤，古今無比。此爲北系諸律之嚆矢。淵源當自漢律，不盡襲魏、晉之制也。}

則齊政雖稱昏亂，其士大夫之貢獻亦甚大。

西魏則宇文泰雖係鮮卑，_{或匈奴。}然因傳統勢力入關者少，更得急速漢化。蘇綽、_{少好學，博覽羣書。}盧辯_{累世儒學。魏太子及諸王皆行束脩禮受業。叔父同，註小戴，辯註大戴。}諸人，卒爲北周創建了一個新的政治規模，爲後來隋、唐所取法。將來中國全盛時期之再臨，即奠基於此。

綽依《周禮》定官制，未成而卒，|辯|續成之。西魏正式行周禮建六官，在恭帝三年。同脩者尚有崔猷，薛寶。

蘇綽的〈六條詔書〉，

懸爲當時行政官吏的新經典。

一、先治心，「治民之本，莫若宰守。治民之禮，先當治心。其要在清心，次在治身，躬行仁義、孝弟、忠信、禮讓、廉平、儉約，繼之以無倦。」二、敦教化，三、盡地利，

四、擢賢良，五、恤獄訟，六、均賦役。

文長數千言，|周|主常置座右。又令百司誦習。|綽|又制文案程式，朱出墨入，及計賬戶籍之法。此如漢初張蒼爲計相事，隋室之盛卽本此。牧守、令長，非通六條及計帳者，不得居官。

官吏在政治上的責任，現在又明白的重新提出。

而當時官吏的任用，尤能打破歷來氏族門第的拘縶。

六條之四曰「擢賢良」，其言曰：「自昔州郡大吏，但取門資，不擇賢良。夫門資乃先世之爵祿，無妨子孫之愚。今之選舉，不限資蔭，惟在得人。」

於是以前的官吏，爲門資所應得；而此後的官吏，則將爲民眾負責任。此種意識，不可不

說是當時一個極大的轉變。

北史盧愷傳：「自周氏以降，選無清濁。愷攝吏部，與薛道衡、陸彥師等甄別氏流。」

又北史陸彥師傳：「轉吏部侍郎。隋承周制，官無清濁，彥師在職，凡所任人，頗甄別

於士庶。」蓋北周僻在關西，洛陽鮮卑貴族，去者無幾，故蘇綽得教宇文泰打破門第，

拔才任用。如此，則鮮卑族自見湮沉，漢人自見騰驤，實爲北周漢化一更要關鍵。　隋文非

提士庶之別。；此並非反對北周之制，實爲依照蘇綽用意，作更進一步之甄別也。盛業，而北周大臣如韋孝寬、楊惠、李德林、高潁、楊穆，皆翕然歸奉，此恐亦有種姓之見存。　至隋時，政治轉換，已上軌道，故盧愷、薛道衡等重有大功

周禮是他們政治理論的根據，一時君臣皆悉心討究。

此書在魏孝文時已見重。西魏因推行周禮，故公卿多習其業。北齊熊安生精治此經，名

聞於周。周武帝滅齊，安生遽令掃門，曰：「周帝必來見我」，已而果至。

僚吏俊彥，旦理公務，晚就講習。

北周文帝於行臺省置學，取丞郎及府佐德行明敏者充生。悉令旦理公務，晚就講習，先六經而後子、史。又於諸生中簡德行淳懿者侍讀書，河東薛愼等十二人應其選。此指能切實貫獻於民眾，而

非專爲保門第、固權榮而言。

從學術影響到政治，回頭再走上一條合理的路，努力造出一個合理的政府來。

從此漫漫長夜，開始有一線曙光在北方透露。到隋、唐更見朝旭耀天。

第十八章 變相的封建勢力

魏晉南北朝之門第

貴族世襲的封建制度，早在戰國、秦、漢間徹底打破。然而東漢以來的士族門第，他們在魏晉南北朝時代的地位，幾乎是變相的封建了。

一 九品中正制與門閥

東漢士族地位的獲得，本由當時的察舉制度。三國喪亂之際，「人士流移，考詳無地。」李重語。兩漢文治精神所託命的州、郡察舉制，一時逆轉，而倒退爲秦、漢初年之軍功得官。要對此種情況加以救挽，於是有魏尚書陳羣之「九品官人」法。事起延康元年，始議則自何夔。用兵既久，人材自行伍雜進。「郎吏蓄於軍府，豪右聚於都邑。」衞瓘語。

朝廷用人委之尚書，然尚書「不能審核天下人才士庶，憑之授受。」通典語。劉毅所謂「一吏部、兩郎中，而欲究鑑人物，何異以管窺天？」但又不願漫無標準，一切委之軍隊或私人關係。於是委中正銓第等級，上上、上中、上下、中上、中中、中下、下上、下中、下下九級。大中正以「本處人任諸府公卿及臺省」自漢末設置州牧，於是州在郡上，自成一級。州置「大中正」，郡置「小中正」。

郎吏有德充才盛者爲之」。故「中正」乃中央官之兼職。中正何以必須本處人任之？因非此無以熟知各本處之人才。中正何以必須中央官兼職？因亂離之際，人才集中中央，就近訪察爲便。

各地郡中正可以各就所知，匯報各本州大中正。大中正得根據鄉評，定其品級與進退。

通典云：「其有言行修著，則升進之；或以五升四，以六升五。倘或道義虧闕，則降下之；或自五退六，自六退七。」

此雖爲軍政狀態下一時之權宜，然其初「猶有鄉論餘風」。故其後有「正始勝流」之目。

今按：此制與州、郡察舉有相異者兩點：

一、州、郡察舉之權在地方官，而州大中正則爲中央官之兼職。故士庶求出身者，於察舉制度下必須歸於地方，而在中正制度下則須奔集中央。

此制本因人才不在鄉里而立。但既立此制，則有使人才永不反歸鄉里之勢。

二、州、郡察舉只爲士人進身之初步，至於以後在官職位之升降與轉移，則與察舉無關。

九品中正於各本州人士，無論已仕、未仕，皆以入品。

《魏志》〈常林傳〉註引《魏略》，謂：「中正差敘，自公卿以下至於郎吏，功德材行所任。」衞瓘

謂：「其始鄉邑清議，不拘爵位」，故居官者因清議而進退。 諒陳羣初意，蓋欲藉此澄清當日濁亂之官場也。 陳壽父死

有疾，使婢丸藥，鄉黨貶議，遂致沉滯。後又因遵遭囑葬母洛陽，坐不以母歸葬，再致

廢辱。 東晉溫嶠爲丹陽尹，平蘇峻有大功，司徒長史以嶠母亡遭喪不葬，下其品。

如是則官位之升降，乃不係於居官服務之成績，而操於中正之「品狀」。

「品」者履行，「狀」者才能、績效。中正可得定「品」，不能知「狀」。應於入仕之後，別

有考課之法。今品、狀均付於中正。如王嘉敘吉茂雖在上第而狀甚下，云其「德優能少」

是也。此制初意，本欲使官人之權不操於在下，而結果轉使在下者持官人進退之柄。

故劉毅謂：「雖職之高，還附卑品；無績於官，而獲高敍。是爲抑功實而隆虛名，上奪天朝考績之分，下長浮華朋黨之士。」又按：州、郡察舉，每歲不過數人，故易

識別；中正品狀，同時網羅合境人才，勢難周悉。於是只憑門第，兼採虛譽，雖欲中正，

亦不能得。此又爲察舉制與中正制相異之一點。

關於第二點， **魏** **夏侯玄**已求矯正。

謂：「中正但當考行倫輩，銓衡專於臺閣，不必使中正干銓衡之機。衆職各有官長，但

國史大綱

二九九

使官長各以其屬能否獻之臺閣；臺閣則據官長能否之第，參以鄉閭德行之次，擬其倫比，勿使偏頗。」

但當魏、晉之際，司馬氏正結懽強族，自謀篡竊，夏侯玄不免殺身之禍，集權中央之政見，難見實施。

關於第一點。西晉統一以後，劉毅、衞瓘、李重諸人均有論列。九品中正本係三國軍政時代之權宜辦法，今天下復歸一統，自當仍將察舉權付之地方長官，不必再要一個中正。

此亦所謂「土斷」。衞瓘云：「臣等以爲宜擬古制，以土斷定。自公卿以下，皆以所居爲正，無復懸客，遠屬異土。如此則同鄉鄰伍，皆爲邑里，郡縣之宰，即以居長。盡除中正九品之制，使舉善進才各由鄉論。如此則下敬其上，人安其教也。」

然而當時世族門第之勢力已成，九品中正制正爲他們安立一個制度上之護符。中正「計資定品，惟以居位爲貴。」亦衞瓘語。「據上品者，非公侯之子孫，即當途之昆弟。」段灼語。「上品無寒門，下品無勢族。」劉毅語。「高門華閥，有世及之榮；庶姓寒人，無寸進之路。此爲當時盡人皆知之事實。在此形勢下，故家大族，雖無世襲之名，而有世襲之實，因此這一個制

陸機薦賀循、郭納表，謂：「伏思臺郎所以使州有人而已，非徒以均分顯路，惠及外州而已。誠以庶士殊風，四方異俗，壅隔之害，遠國益甚。至於荊、揚二州，戶各數十萬，今揚州無郎，而荊方士族專擅朝政之概。宜乎元帝渡江，有「寄人國土，心常慚慚」之語也。」觀此知西晉北州、江南乃無一人爲京城職者，誠非聖朝待四方之本心。

二　學校與考試制度之頹廢

兩漢官人，與察舉制相輔並行者，尚有學校與考試。東漢的累世經學，即爲造成門閥之一因。但到門閥勢力一旦長成，學校與考試制度即不重要，難於存在。

漢末喪亂，天下分崩，學校自無存立之地。魏黃初、（文帝。）太和、青龍（明帝。）中，屢次想振興學校，然而「高門子弟，恥非其倫」。（齊王芳時劉馥語。）博士既無高選，來者只爲避役而已。（最低級之地方官。）

兩漢由博士入官者，多至公卿。魏高柔疏：「博士遷除，限不過長。」其陞遷既有限，宜遴選不得其人矣。

中央的尊嚴已倒，王政轉移而爲家教，自然高門子弟不願進國立的太學。

國立太學的傳統教育爲六經與禮樂，而當時名門世族的家庭風尚，是莊老與清談。六經（中央政府無權駕馭世族，世族亦不願爲中央所用。）禮樂本求致用，此兩漢之學風。莊老清談則務於自娛。

直到東晉成帝時，_{咸康三年。}還有人_{國子祭酒袁瓌、太常馮懷。}以為江左寖安，請興學校。遂重立太學，徵求生徒。然當時士大夫多講莊老，看不起儒術，終於沒有人來理會。

宋文帝立玄、史、文、儒四學，乃以玄為首，國立太學改講莊老玄談。然莊老根本理論便不承認國家有教育人民之必要。宜乎南朝立學，皆旋立旋廢，亦僅為具文而已。

中央既無登用人才之權，如何再能鼓舞人心來受中央的教育？

三　南渡後之僑姓與吳姓

九品中正制已為門第勢力安置一重政治上外在的護符。晉室東遷，中原衣冠，追隨南渡過江者為「僑姓」，_{王、謝、袁、蕭為大。}東南則為「吳姓」，_{朱、張、顧、陸為大。}吳姓不如僑姓。

者，依借勤王之美名，又在政治上自佔地步。故當時有僑姓、吳姓之別。

東南本為勝國，自不敢比望中原。南士無僕射，多歷年所。齊孝武帝欲以張緒為右僕射，以問王儉，儉曰：「緒少有清望，誠美選，然南士由來少居此職。」乃止。褚彥回曰：「江右晉。_{指東晉。}用陸玩、顧和，皆南人也。」儉曰：「晉氏衰政，不可為則。」

而僑姓中又分早、晚渡江之不同。

杜驥兄坦告宋文帝：「臣本中華高族，亡高祖因晉氏喪亂，播遷涼土。直以南渡不早，便以荒傖賜隔。」

中央政府本屬虛置，只得對之優借。

故「甲族以二十登仕，後門以過立試吏」。南史張續傳。帝王偶爾破格用人，便足自傲。梁書高帝紀。宋、齊以來，甲族「起家即為秘書郎」。

梁武帝以張率為秘書丞，謂曰：「秘書丞天下清官，東南望胄未有為之者，今以相處，為卿定名譽。」

這都是當時政治上的不成文法，為故家世族擁護權益。

四　當時之婚姻制度與身分觀念

故家世族為要保守他們的特權，亦復處處留神，一步不放鬆。最緊要的自屬婚姻制度，這

是保守門閥一道最重要的防線。齊代王源嫁女富陽滿氏，沈約至特上彈章。衰，衣冠之族，日失其序。」可見當時門第勢力已日就隳弛。又云：「源見告窮盡，因與滿為婚，聘禮五萬。源先喪婦，以所聘餘直納妾。」是門第之混淆，大率由於貧富之顛倒也。侯景請娶於王、謝，梁沈文云：「自宋氏失御，禮教凋

武帝謂：「王、謝門高非偶，可於朱、張以下訪之。」

不僅他們對於婚姻制度如此謹嚴，即日常私人交接，亦復故意的裝身分、擺架子，好像他

們果然與別人有一種不可踰越的界線。

中書舍人王弘為宋太祖所愛遇，謂曰：「卿欲作士人，得就王球坐。若往詣球，可稱旨

就席。」及至，球舉扇曰：「若不得爾。」弘還啟聞，帝曰：「我便無如此何。」紀僧真

幸於宋孝武帝，曰：「臣小人，出自本州武吏，願就陛下乞作士大夫。」帝曰：「此事由

江斅、謝瀹，我不得措意，可自詣之。」紀承旨詣斅，登榻坐定，斅命左右移吾牀讓客。

紀喪氣而還，帝曰：「士大夫固非天子所命。」

士大夫在政治上的官爵以外，別有其身分與地位，此事從東漢以來已有之。除卻道德、學問等問題。惟東漢尚為名士，而至此遂成貴族。名士及身而止，貴族世襲罔替。然而士大夫特意裝身分的故事，至宋、齊以下而轉盛，永明中，王儉與賈淵撰百家譜，譜學亦自此乃盛也。這便是告訴我們，當時士族門第的界線，實已將

次破壞了。還有一事可以見出當時士族門第勢力消長之朕兆者，便是朝廷御史官之輕重。

御史本爲朝廷振蕭紀綱之官，當時士族既目無中央，自不樂於有此職。此在宋、齊時極顯見。

宋延顏之爲御史中丞，在任縱容，無所舉奏。王球甚矜曹地，從弟僧朗除中丞，謂曰：「汝爲此官，不復成膏粱矣。」齊甲族多不居憲職，王氏分枝居烏衣者爲官微減，王僧虔爲中丞，曰：「此是烏衣諸郎坐處，我亦試爲耳。」故齊明帝謂「宋世以來無嚴明中丞」。

但梁、陳以下，御史官遂多稱職，此亦世族漸失地位之一徵。

江淹彈中書令謝朏等，齊明帝稱爲「近世獨步」。張緬居憲司，號勁直，梁武帝至遣工圖其像於臺省。其他如張縮、到洽、孔休源、臧盾、江革，_{皆在梁。}孔奐、袁憲、徐陵、宗元饒等，_{皆在陳。}皆以任御史舉職稱。

五　北方的門第

士族門第同時亦在北方留存，但北方的士族其境遇與南方不同。

一、南渡者皆勝流名族，在當時早有較高之地位，其留滯北方不能南避者，門望皆較次。

故思想上南渡者皆能言清玄，而留北者，皆較篤實。（時稱「鄙俗」。）

二、南渡衣冠，藉擁戴王室之名義，而腴削新土，視南疆如殖民地。北方士族則處胡族壓逼之下，不得不厚結民眾，藉以增強自己之地位，而博得異族統治者之重視。故南士借上以凌下，北族則附下以抗上。情勢既異，其對各方態度亦全不同。

三、南方士族處於順境，心理上無所忌憚，其家族組織之演進，趨於分裂而爲小家庭制。

嘲南人詩曰：「共甑分炊飯，同鐺各煮魚。」_{日知錄卷十三有「分居」一條論及此。}

七、庶人父子殊產，八家而五。其甚者，乃危亡不相知，饑寒不相卹。」_{隋盧思道聘陳，}

宋孝建時，_{孝武帝。}周朗_{魏書劉駿傳以爲周殷。}上書獻讜言，謂：「今士大夫父母在而兄弟異計，十家而

北方士族處於艱苦境況下，心理上時有戒防，時抱存恤之同情，其家族組織之演進，趨於團結而爲大家庭制。

宋書王仲德傳：「北土重同姓，謂之骨肉，有遠來相投者，莫不竭力營贍。」_{南人則有比鄰而各自爲族者。}河北有薛、馬兩姓，各二千餘家。_{北史薛允傳。}薛安都，河東汾陰人，世爲彊族，族有三千餘家。_{宋書。}楊播、楊椿兄弟，「一家之內，男女百口，緦服同爨。」_{其家仕魏有七郡太守、}

故南方士族直是政治權利上之各自分佔，而北方士族則幾成民族意識上之團結一致。當時異族視之，亦儼如一敵國，比之劉淵、石勒，不敢輕侮。

宋孝王關東風俗傳謂：「文宣之代，政令嚴猛，羊、畢諸豪頗被徙逐。至若瀛、冀諸劉，清河張、宋，幷州王氏，濮陽侯族，諸如此輩，一宗近將萬室，煙火連接，比屋而居。獻武初在冀郡，大族蝟起應之。侯景之反，河南侯氏幾為大患，有同劉元海、石勒之衆也。」
　南齊書：「劉懷珍，北州舊姓，門附殷積，啟上門生千人充宿衞，孝武大驚。」以爲南方所少有也。又按：北史畢義雲傳：「畢家克州北境，常劫掠行旅爲州里患。其家私藏工匠，有十餘機織錦，自造金銀器物。」又北齊書循吏宋世良傳：「淸河東南曲堤，爲成公一姓蟠居。羣盜多萃此。諺云：『寧度東吳、會稽，不歷成公曲堤。』」北方豪姓亦多仗暴力爲姦利者。要之其自身具有一種力量，與南方貴族仰賴於政治勢力者不同。

四、南方士族早有地位，故不願再經心世務，高門大族門戶已盛，令、僕、三司可安流平進，故不屑竭智盡心，以邀恩寵。**乃相尚爲莊老玄虛。**北方士族處異族統治之下，既不能澄淸驅攘，只有隱忍合作，勉立功業以圖存全，

魏書節義傳：「博陵李氏七世共居同財，家有二十二房，一百九十八口。」其他六世、五世、四世同居者甚多。又顏氏家訓謂：「北土風俗，率能恭儉節用，以贍衣食。江南奢侈，多不逮焉。」南北奢儉之風，亦因處境積慮而異。
　家訓又云：「江左不諱庶孽，喪室之後，多以妾媵終家事。河北鄙於側出，是以必須重娶。」此亦因家庭制度之大小而異也。

故相尚爲經術政務。處異族統治下，惟經術可以進退自全；如刑名、縱橫，皆危道也。

故南方士族不期而與王室立於對抗之地位，其對國事政務之心理，大體上爲消極的。北方士族乃轉與異族統治者立於協調之地位，其對國事政務之心理，多半爲積極的。

因此南方自東晉以至南朝，歷代王室對士族不斷加以輕蔑與裁抑，而南方士族終於消沉。

北方自五胡迄元魏、齊、周，歷代王室對士族逐步加以重視與援用，而北方士族終於握到北方政治之中心勢力，而開隋、唐之復盛。沿北朝氏族。唐代士大夫多

六 郡姓與國姓

北方門第至元魏時亦有郡姓、國姓之目。「郡姓」爲漢族。

山東以王、崔、盧、李、鄭爲大。關中以韋、裴、柳、薛、楊、杜首之。

「國姓」卽鮮卑。

亦稱「虜姓」，代北以元、拓拔。長孫、拔拔。宇文、于、勿忸于。陸、步六孤。源、禿髮賀，太武賜姓。竇、紇豆陵。爲首。

魏孝文遷都，詔以門第選舉。

詔曰：「代人先無姓族，雖功賢之胄，無異寒賤；故宦達者位極公卿，其功、衰之親仍居猥任。其穆、陸、賀、劉、樓、于、嵇、尉八姓，且下司州、吏部，勿充猥官，一同四姓。[范陽盧、清河崔、滎陽鄭、太原王。]自此以外，應班士流者，尋續別敕。其舊爲部落大人，而皇始以來，三世官在給事以上，及品登王公者爲姓。若本非大人，而皇始以來，三世官在尚書以上，及品登王公者，亦爲姓。其大人之後，而官不顯者爲族。若本非大人而官顯者亦爲族。

凡此姓族，皆應審覈，勿容冒僞。」

在孝文之意，一面因爲忻慕漢化，重視漢士族之門第；一面則實欲援借漢族門第制度來保護鮮卑族的政治地位。當時北方門第有「膏粱」、[三世有三公。]「華腴」、[三世有令、僕。]之目，有「甲姓」、[三世有尚書、領、護。]「乙姓」、[三世有九卿、方伯。]「丙姓」、[三世有散騎常侍、太中大夫。]「丁姓」、[三世有吏部正員郎。]之族，亦幾乎是一個變相的世襲。[孝明時，清河王懌上表，謂：「孝文制出身以門品，高下有恆。若準資蔭，秀才、州主簿、郡功曹，非……四姓不在選。……自公、卿、令、僕之子，甲、乙、丙、丁之族，上則散騎、祕、著，下逮御史、長、兼，皆條例昭然，無有斸沒。」魏帝用意，皎然可見。]

當時君臣討論，諸臣皆請惟拔才用，不論門品，而孝文不以爲是。

北史韓顯宗傳，李沖曰：「未審上古以來，置官列位，為欲為膏粱兒地，為欲益政贊時？」帝曰：「俱欲為人。」沖曰：「若欲為人，今日何為專崇門品，不有拔才之詔？」帝曰：「苟有殊人之技，不患不知。然君子之門，假使無當世之用者，要自德行純篤。」沖曰：「傅嚴、呂望，豈可以門見舉？」帝曰：「如此者希，曠代有一、兩耳。」李彪曰：「陛下若專以地望，不審魯之三卿，孰若四科？」帝曰：「猶如向解。」韓顯宗曰：「陛下不應以貴承貴，以賤襲賤。」帝曰：「若有高明卓爾，才具儁出者，朕亦不拘此例。」

蓋若惟才是用，則鮮卑自不如漢人；論門品，則鮮卑以王室親貴，尚可保其優勢；所以較之南朝君臣的意態。恰相反對。北朝學校制度，亦較南朝像樣。

但是魏孝文只能在門第的觀念與制度上，設法使鮮卑漢化，故既改其姓氏，又獎勵與漢族高門通婚姻。而與中原故家士族同操政柄；並不能排除漢族，讓鮮卑獨鞏其治權。

當時在上者既力主門品，則門第在政治上的地位自然穩固。他們已然經歷長時期的驚風駭浪，現在居然能苦撐穩渡，慢慢見岸。中國文化，賴藉這些門第的扶護保養而重得回生。北方士族所遭境遇，視南方士族遠為艱苦；而他們所盡的責任，亦較南方士族遠為偉大。

然平情而論，南方門第對於當時傳統文化之保存與綿延，亦有其貢獻。一個大門第，決非全賴於外在之權勢與財力，而能保泰持盈達於數百年之久；更非清虛與奢汰，所能使閨門雍睦，子弟循謹，維持此門戶於不衰。當時極重家教門風，孝弟婦德，皆從兩漢儒學傳來。詩文藝術，皆有卓越之造詣；經史著述，亦燦然可觀；品高德潔，堪稱中國史上第一、第二流人物者，亦復多有。而大江以南新境之開闢，文物之蔚起，士族南渡之功，尤不可沒。

要之，門第之在當時，無論南北，不啻如亂流中島嶼散列，黑夜中燈炬閃耀。北方之同化胡族，南方之宏擴斯文，斯皆當時門第之功。固不當僅以變相之封建勢力，虛無之莊老清談，作爲褊狹之抨擊。

第十九章 變相的封建勢力下之社會形態（上）在西晉及南朝

一 漢末之荒殘

靈、獻以來，海內荒殘，人戶所存，十無一、二。分別言之，如：

_{黃巾之亂。}_{董卓之亂。}

洛陽 董卓西遷，悉驅餘民數百萬口至長安。盡燒宗廟、官府、居家，二百里內，室屋蕩盡，無復雞犬。後獻帝還洛，百官披荊棘，依牆壁間。百僚饑乏，尚書郎以下自出採稆，或饑死牆壁間，或為兵士所殺。_{吳志一注引江表傳：「舊京空虛，數百里中無煙火。」庚峻謁蘇林，林曰：「鄴陵舊五、六萬戶，聞今裁有數百。」}

長安 董卓初死，三輔民尚數十萬戶。李、郭相鬬，放兵劫略，加以饑饉，獻帝脫逃，長安城空四十餘日。強者四散，羸者相食，二、三年間，關中無復人迹。

徐州 徐方百姓殷盛，流民多歸之。曹操父嵩避難瑯琊，為陶謙別將所殺。初平四年，操攻謙，凡殺男女數十萬人，泗水為之不流，五縣_{彭城、博陽、邪、睢陵、夏邱（沛）。}取慮（下無行迹。

三輔遭李催亂，流依謙者皆殲。曹操亦自謂：「舊土人民死喪略盡，國中終日行，不見所識，使吾悽愴傷懷。」建安七年軍譙令。

荊州 劉表在荊州，關西、兗、豫學士歸者千數；表沒，亦遭殘破。

壽春 袁術在江、淮，取給蒲嬴，民多相食，州里蕭條。

以赤壁之戰言，三方大較不到三十萬人。

曹操合中國 即北方人，共十五、六萬。 及劉表眾 萬。七、八 共二十餘萬。號稱「水步八十萬」。 孫權遣周瑜，謂「五萬眾難卒合，已選三萬人」。諸葛亮自稱有「關羽水軍萬人，劉琦江夏戰士亦萬人」。以戰國、楚漢之際，及漢之際，

陳羣謂：「喪亂後人民比漢文、景時不過一大郡」，殆非虛語。 杜恕亦謂：「大魏奄有十州之地，計其戶口，不如往昔一州。」

可見當時壯丁之缺乏。

其他如山東，為黃巾所殘。 河北，為黑山賊所殘。又有劉虞、公孫瓚、袁紹父子相繼屠戮。孟達薦王雄曰：「涿郡領戶三千，孤寡之家，參居其半。」(魏志崔林傳注) 甘隴，為馬騰、韓遂所殘。蘇則云：「金城郡為韓遂屠剝，戶不滿五百，到官撫鳩，見戶千餘。」(魏志蘇則傳注) 靡不凋殘。

王莽末年，及至黃巾初亂時幾次戰爭相比。

附　三國季年戶口數

		戶口	
蜀 亡時	戶	二八〇、〇〇〇	內帶甲將士十萬二千，占全數九之一。
	口	九四〇、〇〇〇	
吳 亡時	戶	五三〇、〇〇〇	內兵二十三萬，占全數十之一；吏三萬二千，後宮五千。
	口	二、三〇〇、〇〇〇	
魏 平蜀時	戶	六六三、四二三	大體當盛漢南陽、汝南兩郡之數。既備載後宮、將士、吏諸項，其數大約可靠。
	口	四、四三二、八八一	
三國合計約得	戶	一、四七三、四二三	
	口	七、六七二、八八一	

三國晚季如此，其大亂方熾時可想。

就全史而言，戶口莫少於是時。

二　農民身分之轉變

農民在大動亂中，地方政權隨著中央政權而解體，他們無所託命，不得不依存於當地或附近的強宗豪族。強宗豪族把他們武裝起來，成爲一種自衞的集團，他們便成爲強宗豪族

的「部曲」。

如李典居乘氏，有宗族部曲三千餘家，萬三千餘口。袁、曹相拒官渡，李典輸穀帛供曹軍，後遂全部徙居鄴。李典之眾自有武裝，故稱「部曲」。亦有避地較僻，不需武裝，而以政令約束相安者，如田疇率宗族避難無終山，百姓歸之，數年間至五千餘家。袁氏亡，疇將其家族宗人三百餘家居鄴。亦有相聚而爲寇盜者，如李通拜汝南太守時，賊張赤等五千餘家聚桃山，通攻破之。此等例不勝舉。

如是則農民由國家的公民，編戶籍，納租稅。一變而爲豪族的私屬。凡爲部曲，必納其親屬子女爲抵押品，以表誠信。納質任，稱部曲。「質任」即抵押，納質任，稱部曲，必納其親屬子女爲抵押。實在是農民身分之降低。

局勢逐漸澄清，各地的強宗豪族，逐漸消并其勢力於幾個大勢力之下，再建政府，這便是三國。當時最嚴重的問題，是只有兵隊而無農民。吳、蜀臨亡時，兵籍均占全人口十分乃至九分之一，婦女去其半，老弱去其半，大體仍是有夫皆兵也。曹操得冀州，按籍自喜得兵三十萬，亦指全冀丁壯言。

兵隊無終歲之計，饑則寇掠，飽則棄餘。農民非加入軍隊，無以自全。其後則兵隊非仍轉爲農民，亦不能存活。袁紹在河北，軍人仰食椹棗。袁術在江、淮，取給蒲蠃。

暫時對此問題的解決辦法，便是屯田制度。尤著者如曹操之屯田許下。

獻帝建安元年，曹操用棗祗、韓浩議建屯田，募民屯田許下。州、郡例置田官，所在積穀。征伐四方，無運糧之勞，遂能兼幷羣雄。

鄧艾之屯田淮南、北。

齊王芳正始四年，鄧艾建議屯田淮南、北：「淮北二萬人，淮南三萬人，十二分休，常有四萬人，且田且守。」即五萬兵隊中常有四萬兵輪番種，以十分之二即一萬兵專任防禦也。

其他如劉馥之在揚州，賈逵之在豫州，均興屯田水利。吳、蜀亦然。

屬。

自壽春到京師，農官兵田，阡陌相屬。

兵隊代替農民做了國家的基本公民，管督屯田的典農中郎將，暫時便等於地方行政長官。

魏末咸熙元年，始正式罷屯田官，以典農爲太守，都尉爲令長。至晉初泰始二年，又詔罷農官爲郡縣。但以後復有農官。當時要把軍政的變態，轉移到民政的常態，頗非易易。

這是一個「復兵於農」的偉大運動。在中央首都許。的附近，乃至中國的腹地，淮南、北。都施行起屯田來。從整個政治問題而論，不得不說是一個絕路逢生的好辦法。但專從農民

身分而論，卻又是一個大低落。

兩漢以來的農民，以公民資格自耕其地，而向政府納租。田地為農民所有，故農民得自由買賣。其出賣田地而變為私家佃戶者，此暫不論。現在是政府將無主荒田指派兵隊耕種，無形中，農田的所有權，又從農民手裏轉移到政府去。

這一個轉變最顯著的影響，便是農民的租稅加重。

漢代租額，通常是十五稅一，乃至三十稅一。魏、晉的租額是「持官牛者官得六分，百姓得四分；私牛而官田者，與官中分」。此據傅玄奏疏，及封裕諫慕容皝語。**這便是王莽所謂「豪民劫假，收什五之稅」。**現在是政府自做豪民。鄧艾疏：「四萬人且田且守，除眾費，歲完五百萬斛」，是屯田全入於官，而一人責二十斛矣。其後歲課六十斛，就鄧之初計則正是什伍之稅。咸寧三年杜預上疏：「乞分種牛付兗、豫二州將吏士庶，穀登之後，頭責三百斛」，其額重如此。

經過長期的大騷亂，農民本已失去耕地，現在他們是以國家兵隊的身分把屯田來代替吃飽。直到西晉統一，軍事狀態告終，這個情形實現到制度上來，便成西晉初年之「戶調」。

同時商業亦徹底破壞。

魏文帝黃初二年罷五銖錢，此是漢武以來社會通行的標準幣。命百姓以穀、帛為市。曹操時戶賦已只納絹綿，不納錢幣。可證明當時商業之不振。

商業不振之主因，在於長期兵爭之過分破壞。

楚、漢之際，商人乘機漁利，可證其時社會經濟動搖不如三國、五胡諸紛亂爲甚。（此後南方商業較盛，北朝殆至魏孝文遷洛後始有起色。史稱梁初「揚、荊、郢、江、湘、梁、益七州用錢，交、廣用金銀，餘州雜以穀帛交易」。魏初民間皆不用錢，高祖太和十九年，始鑄太和五銖錢。）

而因商人階級之消失，更顯明的形成農民與貴族世家之對立。

三　西晉之戶調制與官品占田制

晉武帝平吳後，置「戶調式」：「丁男之戶，歲輸絹三疋，綿三斤；（按：此亦如魏制，輸絹綿，不納錢幣。）女及次丁男爲戶者半輸。男子一人占地七十畝，女子三十畝。其外丁男課田五十畝，丁女二十畝；次丁男半之，女則不課。」（男女年十六以上至六十爲「正丁」；十五以下至十三、六十一以上至六十五爲「次丁」；十二以下、六十六以上爲「老小」，不事。）

這是戶調式的條文。

「調」本是調發之義，故戶調仍沿三國以來兵士屯田之舊規。

「戶調」二字始見於魏志趙儼傳。對懷附者收其綿絹，此爲袁紹在河北所行之制度。此與「部曲」之納「質任」，乃同樣爲中央政府解體下一種亂世之臨時辦法也。曹操得河北，

令田租畝四升，戶出絹二匹、綿二斤，他不得擅興發：則「戶調」與「田租」尚分兩項。

晉制於戶調下兼田租，則時漸平康，由兵屯變為農民，故戶必帶田矣。

男子占田七十畝，女子三十畝，合一百畝，即古者一夫百畝之制。云「其外丁男課田五十畝，丁女二十畝」者，並非佔地百畝之外別給七十畝，乃是在其佔地百畝之內以七十畝為課田。「課」是課其租收。云「其外」，乃承上文輸絹、輸綿而來，謂輸絹、輸綿之外，再課田租。換辭言之，即是課其十分之七的田租。

泰始四年，傅玄上疏：「舊兵持官牛者，官得六分，士得四分；自持私牛者，與官中分；施行來久，眾心安之。今一朝減持官牛者，官得八分，士得二分；持私牛及無牛者，官得七分，士得三分；人失其所，必不懂樂。宜佃兵持官牛者與官四分，持私牛者與官中分。」可見晉室當時本有十七收租之制，傅玄雖有建議，晉室未能聽受。戶調制仍依私牛及無牛例收租，故百畝課七十畝也。

與戶調制相附並行者，尚有「官品占田」制。令官品第一者占五十頃，第二品四十五頃，依次減五頃，宗室、國賓、先賢之後，及士人子孫，亦如之。至九品十頃而止。又各以品高卑蔭其親屬，多者及九族，少者三世。又得蔭人以為衣食客與佃客。品第六以上得衣食客三人，第七、第八品二人，第九品一人。其應有佃客者，官品第一、第二者佃客無過五十戶，三品十戶，四品七戶，五品五戶，六品三戶，七品二戶，八品、九品一戶。

按：「蔭」者皆私屬，無公家課役。卽是國家允許將此一部分民眾田地劃歸私有；同時國家對百官亦不更班祿，其制甚似古代之封建。史稱：「自晉至梁、陳，都畿民皆為王公貴人佃客、典計、衣食客之類，皆無課役，佃穀與大家量分。」既役其力，又食其租。可見此等皆不屬政府。是雖有官品占田制明令相限，未必切實有效。直至南渡後情況猶然也。

這一個制度的用意，並不是授與強宗豪族以私占的特權，乃是要把當時強宗豪族先已私占的戶口及田畝括歸公有，而許他們一個最高限度的私占額。

在當時的政治狀況下，此事難能辦到。惟自農民言之，則大體上一樣是二八收租、三七收租，在公在私，無所別擇。

晉武帝泰始元年詔復百姓繇役，罷部曲將、長吏以下質任。[「質任」乃部曲對其私主所呈之抵押信物，大抵以子女為之。]咸寧三年大赦，除部曲督以下質任。此均在頒行戶調制以前，用意不外要將強宗豪族的私民眾奪歸公家。然晉武以開國之君，對民眾絕無絲毫善意與德政，戶調稅收，依然與屯田兵一律，只想憑王室威嚴，向其下強奪豪取，豈能有成？晉室不永，只此等處可見。

四 南渡之士族

東晉南渡，一輩士族，又大批的結集著宗親、部曲流徙南來。

祖逖傳：「逖，范陽人，率親黨數百家避地淮泗，推逖為行主。達泗口，元帝逆用為徐州刺史，又以為豫州。逖將本流徙部曲百餘家渡江。」又如林、黃、陳、鄭四姓之入閩，見陳振孫書錄解題。明何喬遠閩書，謂林、黃、陳、鄭、詹、丘、何、胡八族。

他們在南方未經墾闢的園地上，著手做他們殖民侵略的工作。「擅割林池，專利山海。」任昉語。「富彊者兼嶺而占，貧弱者薪蘇無托。」宋書羊玄保傳。「貴勢之流，亭池第宅，競趨高華。至於山澤之人，不敢採飲其水草。」南齊書顧歡傳。活是一幅古代封建貴族的摹本畫

尤著者如宋書孔季恭傳：「其弟靈符於永興立墅，周回三十三里，水陸地二百六十五頃，含帶二山，又有果園九處。為有司所糾，詔原之。」

雖王室頗思裁抑，然力量不夠，頹勢難挽。

晉壬辰成帝時。詔書：「占山護澤，以強盜律論」，然並不能禁。占山封水，漸染復滋。

羊玄保　百姓薪採漁釣，皆責稅直，宋武帝又禁斷之，見南史本紀。然仍不絕。梁高帝、齊廢帝鬱林王、梁武帝，又屢詔及之。

相應於此種情勢下之賦稅制度，則自度田收稅轉成口稅。

成帝咸和五年，始度百姓田，取十分之一，率畝稅米三升。至孝武太元二年，除度田收稅制，王公以下，口稅三斛，惟鵠在身之役。八年，又增稅米口五石。此蓋豪右田多，特爲優饒。稅田則富多貧少，稅口則富少貧多也。馬端臨云：「晉制，丁男一人，授田七十畝，以畝收三升計，當口稅二斛一斗；今除度田收租之令，而口稅二斛增至五石，則賦頗重矣。豈所謂『王公以下』云者，又非泛泛受田之百姓歟？待考。」今按：晉初戶調，一家丁男丁婦田租六十斛，馬氏亦以畝收三升說之，誤也。口稅五石，並有無田者，此制自不爲輕。然較之西晉戶調，亦未見特重。馬氏疑口稅只及王公貴人，則更誤矣。

如此則貴族盛占田地，而無賦稅之負擔。梁武帝天監四年，大舉伐魏，令「王公以下各上國租及田穀以助軍資」，此租穀歸屬私家之證。惟按陳宣帝太建三年、六年詔，似其時又行田租。

宋孝武爲特設「官品占山」之制。

官品第一、第二聽占山三頃；第三、第四品，二頃五十畝；第五、第六品，二頃；第七、第八品，一頃五十畝；第九品及百姓，一頃。

其用意與西晉官品占田令一樣，但效果依然很少。見上引齊顧歡、任昉語。占山封水的土族們，不僅自己借著僑寓名義，不肯受當地地方政府的政令；其附隨而來的民眾，亦依仗他們逃避課役。所以自咸康以下，晉室屢唱「土斷」之論。

晉書成帝紀：「咸康七年，實編戶，王公以下皆正土斷白籍。」又哀帝隆和元年三月庚戌，天下所在土斷。

「土斷」是要僑寓的人，亦編入所在地的籍貫，一樣受所在地方政府的政令。然咸康土斷、黃、白分籍，僑戶土斷者白籍，土著實戶黃籍。玉海引晉令：「郡國諸戶口黃籍。」石虎詔：「先帝創臨天下，黃紙再定。」是也。依然有土斷之名，而無土斷之實。

孝武時范寧爲豫章太守，上疏極論其非。謂：「古者分土割境，以益百姓之心。聖王制作，籍無黃、白之別。昔中原喪亂，流寓江左，庶有旋反之期，故許其挾注本郡。今宜正其封疆，以土斷人戶，明考課之科，修閭伍之法。難者必曰：『人各有桑梓，俗自有南北，一朝屬戶，長爲人隸，君子則有土風之慨，小人則懷下役之慮。』斯誠幷兼者之所執，而非通理者之篤論也。」按：范疏不主分黃、白籍，謂「一朝屬戶，長爲人隸」，即指服從從地方政府一切政令言。謂「小人懷下役之慮」，即要其一致應課役也。據范疏可

知僑寓小人，亦不應役，蓋皆為白籍廕庇耳。

此後桓溫、劉裕又屢主其事。

安帝義熙九年劉裕上表：「大司馬桓溫庚戌土斷，於時財阜國豐，實由於此。自茲迄今，漸用頹弛。離居流寓，閭伍不修。請依庚戌土斷之科。」於是依界土斷，諸流寓郡、縣，多被幷省。

然一弊方彌，他弊又起。宋、齊以後，僑寓的特待，似算取消，而因土庶不公平的影響，又引起更紛擾的冒偽問題。只要偽注籍貫，竄入士流，便可規避課役。這一種情形，越來越甚。

齊高帝建元二年詔：「黃籍民之大紀，國之治端。（按：黃籍即擔當國課之民籍也。）自頃氓俗巧偽，至乃竊注爵位，盜易年月，此皆政之巨蠹，教之深疵。」同時虞玩之上黃籍革弊表，亦謂：「孝建以來，入勳者眾，其中操干戈衞社稷者，三分無一。又有改注籍狀，詐入仕流。昔爲人役，今反役人。」梁武帝時沈約上疏，亦有「落除卑注，更書新籍，以新換故，不過一萬許錢。宋、齊二代，士庶不分，雜役減闕，職由於此」之說。（按：虞表又云：「宋元嘉二十七年八條取人，孝建元年書籍，衆巧之所始也。宜以元嘉二十七年籍爲正。」沈約則謂「宋元嘉以來，籍多假偽」。蓋宋制一面抑豪強，一面則伸寒微，武帝永初元年已有「先有資狀，黃籍猶存者，聽復本注」之詔，晉代士庶籍貫之僞。

改動，必自此始。此可爲南朝與東晉截分界線之一事也。惟苟不能確立一種制度，而僅以寬假爲討好，宜乎不久流弊即滋矣。

擔當國家課役的，依然盡是些赤貧下戶。

南齊書陸慧曉傳：「山陰一縣，課戶二萬，貲不滿三千者殆將居半。凡有貲者，多是士人，復除，其貧極者悉皆露戶役民。三五屬官，蓋惟分定，百端輸調，又則常然。」

大規模的僞竄冒改，使黃籍理無可理，究無可究。卻告訴我們：那時一般的民眾，已不讓文酒清談的貴族們獨自安享其特益了。

沈約諸人不能根本設法消泯士、庶界線，向此路走。北朝政制即乃欲究據晉籍，用來重新釐定，這眞可算是代表了南朝士大夫的眼光與見識。

五　兵士的身分及待遇

軍人從三國以來，即已與農民截然分途。

此事魏、蜀、吳皆然。

劉頌奏：「昔魏武帝分離天下，使人役、居戶，各在一方。既事勢所需，且意有曲爲，權假一時以赴所務，非正典也。然逮巡至今，積年未改。」魏嘉平六年詔，有劉整、鄭像賜爵關中侯，各除士名。又鍾毓傳：「爲廷尉，創制士爲侯，其妻不復配嫁。」又盧毓傳：「重士亡法，罪及妻子。」高柔傳亦有士逃法。曹植奏：「臣初受封，得兵百五十人。」是魏制士、民異籍，並各家世相襲也。」吳、蜀後納籍，皆士、民異貫。

士息前後三送，兼人已竭。尙有小兒，七、八歲以上、十六、七以還，三十餘人。

大抵「強者爲兵，羸者補戶」。此語見陸遜傳，可據以推魏、蜀，大抵不甚相遠。

尤強者隸中央，其次則配私家，更羸瘁者則留南畝。

華陽國志：「諸葛亮移南中勁卒青羌萬餘家於蜀，爲五部，置五部都尉。分其羸弱，配大姓爲部曲。」吳志陳武傳：「武庶子表，受賜復人得二百家，在會稽新安縣。簡視皆堪好兵，上疏陳讓，乞以還官。謂：『枉此勁銳，以爲僮僕，非表志。』吳主權嘉之，下郡縣，料正戶羸民補其處。」

其先入士籍者得優廩，又可免役，其時則兵勝於民。漸次軍旅之事，不爲時重，則士伍惟

三二六

以供役，又廩給日薄，其時則農勝於兵。

陸凱傳：「先帝孫權。戰士，不給他役，使春惟知農，秋惟收稻，江渚有事，責以死效。今亮、皓以後。之戰士，供給眾役，廩賜不贍。」

晉武帝平吳，詔悉去州、郡兵，此乃復兵歸農之意，惜不久天下即亂。

咸寧五年伐吳，詔：「調諸士家，二丁、三丁取一，四丁取二。」是其時依舊士、民異籍。去州、郡兵，即是去士籍也。晉政之病，在田租照屯田額徵收，不復兩漢什伍稅一之制，又無兩漢都尉肄民戰陣之制，使農不知兵，則武備一切廢弛。

東晉民歸豪強，政府對兵役需要，殊感缺乏。

吳志：陳武庶子表，受賜復人得二百家，乞還官，孫權嘉之。他如朱桓部曲萬口，潘璋妻賜復客五十家。鄧艾傳云：「吳名宗大族，皆有部曲，阻兵仗勢，足以違命。」此等部曲、僮客，皆是私戶，為國家課役所不及。

於是有所謂「發奴為兵」。

發奴為兵之議，起於刁協、戴淵。刁、戴皆南人，晉元帝依仗以謀抑王氏者也。自後每有征討，往往發奴。庾翼發所統六州奴北伐，庾翼亦晉室外戚，頗欲為強幹弱枝之謀者。可見發奴為兵，正是中央與豪族爭奪民眾之一事。宋武時詔：「先因軍事所發奴僮，各還本主，若死亡及勳勞破免，亦依限還直。」此正以僮奴為豪族私產，故見發而還其直。

又有所謂「料隱為兵」。

庾冰傳：「隱實戶口，料出無名萬餘人，以充軍實。」毛璩傳：「討得海陵縣界亡戶近萬，皆以補兵。」此等隱匿之戶，其背後亦多有豪強廕庇。

復有「罪謫為兵」。

范寧疏：「兵役既竭，枉服良人，牽引無端，以相充補。」又云：「舊制謫兵不相襲代，頃者小事便以補役，一愆之違，辱及累世，親戚旁支，罹其禍毒，戶口減耗，亦由於此。」

又有所謂「料隱為兵」。

<small>又宋制劫同籍期親補兵，見何承天傳。
又以罪謫兵，亦見王弘傳、何承天傳。</small>

並及其家口。

<small>罪人家口補兵，見劉秀之傳。</small>

又強逼世襲兵役。見前引范
寧疏。

宋武帝詔：「兵制峻重，務在得宜。役身死叛，輒考傍親，流遷彌廣，未見其極。自今犯罪充兵，合舉戶從役者，便付營押領。其有戶統及謫止一身者，不得復侵濫服親，以相連染。」按：兵役世襲亦見於三國時，魏志注引魏略，「陳思王以近前諸國士息已見發，其遺孤稚弱者無幾，而復被取」云云是也。

因此有所謂「兵家」與「營戶」、「軍戶」諸稱。梁王琳本兵家。沈慶之前後所獲諸山蠻，並移京邑以為營戶。董回以有功免軍戶。

那時的衣冠士族，既不受國家課役，自然談不到從軍。

此乃魏晉以下貴族與春秋先秦絕異之點。他們在政治上佔有特權，而他們並無武裝兵力以自保衞，不僅自己不能武裝，卽其所屬部曲家兵等，亦已解散武裝，與三國時士大夫不同。

另有一部分則受衣冠士族之廕庇而為其佃客、衣食客等，他們亦對國家逃避課役及從軍之義務。

而且因有衣冠士族的特權階級壓在上面，從軍作戰的武裝兵卒，亦沒有他們的出身。要為軍人

謀出身，勢必與貴族特權勢力相衝突，如戰國吳起在楚、商鞅在秦之事。

國史大綱

三二九

因此兵卒在當時的社會上變成一種特殊卑下的身分，固與貴族封建時代兵隊即是貴族者有異，亦與西漢定制，凡國家公民皆需服兵役者此北朝部族兵略近之。

不同。軍人的地位，只與奴隸、罪犯相等，從軍只是當苦役。國家的軍隊，實質上亦如私門的部曲與僮客，他們沒有公民的地位，此北齊兵制亦然；北周府兵則略爲變通。此正如西晉戶調，只從部曲屯田兵變成州縣民戶，而實際上的待遇，還是屯田兵，不是農民。政府亦常常將他們賜給私家。

當時大臣有賜千兵百騎者，如衞瓘、汝南王亮、荀組、陸曄等，至於賜親兵數百人乃至班劍數十人，亦不勝指數。此據北堂書鈔、御覽引晉起居注。

私家亦公然佔公家兵戶爲己有。

范寧奏：「方鎭去官，皆割方鎭精兵器仗爲送故。送兵多者至千餘家，少者數十戶。既力入私門，復貲官廩布。」宋書劉敬宣傳：「宣城多山縣，郡舊立屯以供府郡費用，前人多調發工巧，造作器物」，此即官兵亦供私用也。

軍人的地位如此，如何可以爲國宣勞，擔負光復中原的重任？

只有荆、襄上流，因糧食較充，鎭兵稍稍可用。元帝時「使軍各自佃，即以名廩」。至武帝咸寧初，詔「以奚官奴代甲兵種稻」。當時國

家並未爲軍隊特定餉糈，江南農事尙未發達，故襄、漢上流遂得獨有重兵。

而每爲權臣內亂之利柄。

直待謝玄鎭廣陵，創爲招募，號「北府兵」，兵人地位始見提高，遂建淝水奇績。東晉王位拱手而讓於此系軍人之手。

王、謝雖同稱東晉盛族，但兩家情形稍有不同。王以擁立爲業，謝以攘卻爲功。一則惟守門第，一則尙建勳績。江北、河南之衆，紀瞻嘗用以拒石勒，祖逖嘗用以嚮汝洛，而王導弗能任，以專倚王敦於上流，不欲權勢之分也。王敦、桓溫以外重內輕之資，常挾荊湘以起內亂。謝安任桓沖於荊江而別使謝玄監江北軍事，北府兵強，權重始歸朝廷。中原徙之衆，本多磊落英多之士，謝玄擇將簡兵，六年而有淝水之捷，實非幸事。

符堅軍隊，則亦係簽兵雜湊，宜乎雖多而不能與晉爲敵。

惜乎劉宋以後，社會依然在士、庶階級的對立面，軍人依然找不到他們應有的地位。

真要
到侯
景之亂，梁室覆亡，南人皆以兵戎紛起。然既失士族之領導，南方新政權亦不久卽滅。

第二十章 變相的封建勢力下之社會形態（下） 在五胡 及北朝

北方初起的情形，和南方差不多，又加上一個種族的複雜問題。

一 五胡時代的情況

五胡時代，田租的收納，依然是八二乃至六四。

慕容皝以牧牛給貧家田于苑中，公收其八，二分入私。有牛無地者，亦田苑中，公收其七，三分入私。記室參軍封裕諫，以爲宜罷諸苑以業流人，持官牛者，官六私四；私牛官田，與官中分。皝依之。此雖一例，然當時北方田租，大體正可以此類推。魏孝文太和十二年，李彪請立農官，取州郡戶十分一爲屯民，一夫之田，歲責六十斛。魏書釋老志：「曇曜奏：平齊戶及諸民，能歲輸穀六十斛入僧曹者爲『僧祇戶』，粟爲『僧祇粟』。」北史魏收傳：「收在幷作一篇詩，云：『打從叔季景出六百斛米，亦不辨此。』」此皆北人以六十斛、六百斛爲一單位之證。宋元嘉中，徐豁亦言：「武吏年滿十六，便課米

「六十斛」，「武吏」亦指屯田言。以畝收一石計，六十斛正是六四收租也。

至於軍隊，主要是胡人的部族兵，漢人更處於不重要的地位，只遇需要時用抽丁的辦法。

石虎討慕容皝，令五丁取三，四丁取二。征士五人出車一乘，牛二頭，米十五斛，絹十匹。調不辦者腰斬。慕容儁欲經營秦、晉，令州、郡校閱見丁，精覈隱漏，率戶留一丁，餘悉發，欲使滿一百五十萬。劉貴上書極諫，乃改為三五占兵。苻堅平代，亦三五取丁。優復三年，無稅租。王猛用秦，始主十丁一兵，使有羨夫，最號寬仁。

到元魏時，政治漸上軌道，在南朝無可奈何的情形，在北朝卻一一有了辦法。

二　北魏均田制

最重要的是北魏的「均田」制度。其議起於李安世。太祖天興元年、太宗永興五年，皆有「計口授田」之詔。高祖太和元年，詔：「敕在所督課農田，」之詔。高祖太和元年，詔：「敕在所督課農田，」

史稱：「時民困饑流散，豪右多有占奪，安世上疏云：『井稅之興，其來日久。蓋欲使雄

夫制治田四十畝，中男二十畝，無令人有餘力，地有遺利。」此皆北魏均田先聲。

擅之家，不獨膏腴之美；單陋之夫，亦有頃畝之分。所以恤彼貧微，抑茲貪欲，同富約之不均，一齊民於編戶。竊見州郡之民，或因年儉流移，棄賣田宅，漂居異鄉，事涉數世。三長既立，始返舊墟，廬井荒毀，桑楡改植。事已歷遠，易生假冒。強宗豪族，肆其侵淩。遠認魏晉之家，近引親舊之驗。羣證雖多，莫可取據。今雖桑井難復，宜更均量，審其徑術，令細民獲資生之利，豪右靡餘地之盈。所爭之田，宜限年斷，事久難明，悉屬今主。」然後虛妄之民，絕望於覬覦；守分之士，永免於淩奪矣。」帝深納之。」均田之議起於此。今按，李疏云「三長既立，始返舊墟」，則應在十年立三長後，而均田詔尚在九年。據魏書，立三長同時定「調」法，「調」法正須與均田相附而行，則九年有均田詔，信矣。蓋均田非一年可成，李安世亦恐不止一疏，均田詔尚引則似確在立三長後也。

推行均田以後。

（李疏云：「劉、石、苻、姚喪亂之後，土田無主，悉爲公田。除兼并大族外，貧民往往無田可耕，故孝文分官田以給之。」今按：李疏正爲豪右冒認此項田畝而發，則明在劉道元曰：「朕承乾在位，十有五年。」是時孝文尚未親政。可知北朝政治走上漢化之路，並不自孝文始。通典、通考、玉海皆以李安世上疏在太和元年，亦因有詔均田也。然恐非此疏。）

均田詔在孝文太和九年十月。

詔首即云：「朕承乾在位，十有五年。」是時孝文尚未親政。可知北朝政治走上漢化之路，並不自孝文始。

大意謂：富強者並兼山澤，貧弱者望絕一塵，致令地有遺利，民無餘財。今遣使者循行州郡，與牧守均給天下之田，還受以生死爲斷。

要行均田，必先審正戶籍。十年二月，遂立黨、里、鄰三長，定民戶籍。此議本於李沖。

未立三長前，民多隱冒，五十、三十家方爲一戶，謂之「蔭附」。蔭附者皆無官役，豪強徵斂，倍於公賦。韓卓疏謂：「百姓迭相蔭冒，或百室合戶，或千丁共籍」，是也。

時羣臣多不贊同。太后曰：「立三長，則包蔭之戶可出，僥倖之人可止，何爲不可？」可證均田制推行尚有在後。

五家一鄰長，復一夫。五鄰一里長，復二夫。五里一黨長，復三夫。

翌年京都大饑，韓麒麟表陳時務，又乞「制天下男女，計口受田」。

均田制的大概如次：

諸男夫十五以上，受「露田」四十畝，婦人二十畝，奴婢依良。丁牛一頭，受田三十畝，限止四牛。一本作「四年」。犢及老牛不得援例。

所授之田率倍之，三易之田再倍之，以供耕休及還受之盈縮。民年及課則受田，老免及身沒則還田。奴婢、牛隨有無以還受。

諸「桑田」不在還受之限，但通入「倍田」分。謂桑田有盈，即充分在倍田內。諸受田者，男夫一人給田二十

畝。課蒔餘，種桑五十樹，棗五株，榆三根。奴各依良。（亦得給桑田。）

諸應還之田，不得種桑、榆、棗果。

諸「桑田」皆為世業，身終不還。有盈者，無受無還；不足者，受種如法。盈者得賣其盈，

不足者得買所不足。不得賣其分，亦不得買過所足。

此制用意並不在求田畝之絕對均給，只求富者稍有一限度，貧者亦有一最低之水準。

丁牛有限，而奴婢無限；又授田率一倍、再倍。若以一夫一婦十奴四牛計，其田已在千畝外。（若丁牛限四年，則并牛亦無限矣。）

又北齊河清三年詔：「奴婢受田，親王限三百人，嗣王二百人。第

二品嗣王以下及庶姓王一百五十人。正三品以上及皇宗一百人，七品以上八十人，八品

以下至庶人六十人。」據北齊以推元魏，可見奴婢受田之多。又魏書源賀傳（北齊尚有限，元魏并限無之。）

有云：「主將參僚，專擅腴美；瘠土荒疇給百姓。」北史常爽傳謂：「三長皆豪門多丁

為之。」然此等皆不足為此制深病，治史者當就大體著眼也。

尤要者則在絕其蔭冒，使租收盡歸公上。

還受之田，舊說以不栽樹故曰「露」（見杜佑通典注。）。恐露是「蔭冒」之反義，以其屬諸公上，故

曰「露」。以其為露田，故須還受。以其須還受，故不得樹桑榆；並不以其不樹桑榆，始稱「露田」。　時有「露戶役民」，正對復蔭之家而言。　均田制之最高意義，還是要將豪彊蔭冒一切出豁，還是與西晉「戶調」用意略似，依然是中央政府與豪彊爭奪民眾之繼演表演。

而且在北朝的三長與均田制，更有一層重要的意義。北魏本以部落封建制立國，逮三長、均田制行，則政體上逐漸從氏族封建變為郡縣一統，而胡、漢勢力亦因此逐漸倒轉。

北魏宗室封郡為王公，部落大人降附者封縣為列侯。宗室封者先後共九十餘人，部落大人封者則達一百八十餘人。此等世襲封爵，為封建意味之割裂。至三長、均田制行，則漸次形成中央一統之郡制。魏立三長之年，即議定民官依戶給俸；　高閭云：「懼蒸民之姦宄，置鄰以牧之。」究庶官之勤劇，班俸爵以優之。」蓋民田租收既歸公上，則百官自應給俸。當時對百官給俸制甚多反對，此與反對立三長制用意正同，亦賴文明太后力持而定。又按：北史太和八年詔：「朕顧憲章舊典，始班俸祿，罷諸商人，以簡民事。」可見其前商人皆隸屬官府，如崔寬屬傳：「其治弘農，往來販賣漆蠟竹木致富。」今百官班俸，則隸官商人可罷，而民間自由商業亦因此再興。北方社會重行使用貨幣，亦在此後也。　「州郡一匹之濫，一斤之惡，則鞭戶主，連及三長。百官請俸，人樂長闊，幷欲厚重，無復準極。」亦可見立三長與班祿制兩者間之關係。　是年又分置州郡，凡三十八州，二十五在河南，十三在河北，蓋河北尚多部落勢力也。　是其證。

自是中國士族逐漸得勢。　因其多為中央統一政府下之官吏。一　而諸胡部落大人逐漸失其地位。因其均為封建小主。　此後魏孝文命鮮卑氏族全改漢姓，正以氏族之優越地位早已在政治上消滅也。

南方屢唱土斷僑寓及釐正譜籍，然他們始終要在保全士族的特權下剝下益上，不如北方

政治理論之公平。因此北方的均田制可以做成一規模，而南方的黃籍積弊，終難清理。

這可爲北勝於南之顯例。

其次再論均田制下之租額。

據《魏書食貨志》，李沖上言立三長，並定「調」法。

其民調，一夫一婦帛一匹，粟二石。民年十五以上未娶者，四人出一夫一婦之調。奴任耕、婢任績者，八口當未娶者四。耕牛二十頭，當奴婢八。

此所謂「調」，即包舉田租在內。一夫一婦六十畝，^{倍田不計。}納粟二石；以畝收一石計，六十石收二石，便是漢代三十稅一之制。若以當時稅收慣例，百畝收六十斛比論，相差已到十八倍。

舊調，戶以九品混通，戶調帛二匹，絮二斤，絲一斤，粟二十石；又入帛一匹二丈，供調外費。較現行調法亦大重。然三十、五十家方爲一戶，其蔭冒者皆歸私門。

此層在農民實爲甚大惠澤，因此易見推行。

李沖求立三長，與新制調法同時推行，謂：「若不因調時，百姓徒知立長校戶之勤，未見徭省賦之益，心必生怨。宜及課調之月，令知賦稅之均。既識其事，又得其利，因民之欲，為之易行。」初百姓咸以為不若循常，豪富并兼者尤弗願。事施行後，計省昔十有餘倍，海內安之。此與南朝因檢定黃籍至激起民間變亂者迥不侔矣。

在豪疆方面，亦仍有優假。

奴婢受田與良民等，而所調甚少，八奴婢始當一夫一婦之調。此乃魏廷故意優假豪族，已奪其蔭冒，不可不稍與寬縱也。

惟在國庫則課調驟減，一時頗感其窘。

太和十一年韓麒麟卽表陳「租賦輕少，不可長久。」 ^{附而言。此謂「稅賦輕少」，卽指新定調法而言。} 十二年因大旱，用李彪議，仍取州郡戶十分一為屯田，一夫歲責六十斛。惟罽其正課、征戍及雜役。孝昌二年，稅京師田租，畝五升；借賃公田者，畝一斗。 ^{韓表：「往昔校比戶貫，租賦輕少。雖於民為利，而不可長久。」此謂「校比戶貫」，卽指立三長，出蔭少。}

畝五升，以一夫一婦受田六十畝計，則為三石，較孝文定制增一石。畝一斗，則六十畝須六石，然亦不過什一之稅。

然豪強蔭附，一切歸公，政府到底並不吃虧。所以此制直到北齊、北周，依然沿襲。

北齊制，人一牀〔一夫一婦〕。墾租二石，義租五斗〔奴婢准半，牛租一斗，義米五升〕。於正租外又加「義租」。正租入

中央國庫，義租納郡縣，備水旱災〔設倉名「富人倉」〕。於政府收入外，再注意到平民災歉救濟之準

備，這一個制度亦爲將來隋、唐所取法。

隋文帝開皇五年，工部尚書長孫平奏請「諸州百姓及軍人，勸課當社，共立義倉。收穫

之日，隨其所得，勸課出粟及麥，於當社造倉窖貯之」。十六年，詔社倉准上、中、下三

等稅，上戶不過一石，中戶不過七斗，下戶不過四斗。唐太宗時，詔，「畝稅二升粟、麥、

秫、稻，隨土地所宜。商賈無田者，以其戶爲九等出粟，自五石至五斗爲差。」天寶中，

天下諸色米積九千六百餘萬石，而義倉得六千三百餘萬石。義租、義倉，與漢代「常平」

不同者，常平由官糴，義租由民輸，其爲留意民食之良政則一。又按：其制亦先起於魏

之李彪。魏書釋老志有「僧祇戶」、「僧祇粟」，於儉歲賑給饑民，意亦略同。

並因租稅輕減，社會經濟向榮，民間學術文化事業得有長足之進展。

北齊書儒林傳：「北齊引進名儒，授皇太子諸王經術。然爰自始基，暨於季世，惟濟南

之在儲宮，頗自砥礪，以成其美；餘多驕恣傲狠，動違禮度。世胄之門，罕聞強學。胄子以通經仕者，惟博陵崔子發、廣平宋遊卿而已。幸朝章寬簡，政綱疏闊，遊手浮惰，十室而九。故橫經受業之侶，遍於鄉邑；負笈從宦之徒，不遠千里。入閭里之內，乞食為資；憩桑梓之陰，動逾千數。燕、趙之俗，此眾尤甚。」

北周租額，較之元魏、北齊皆稍重。

周制：「司均掌田里之政令。凡人口十以上，宅五畝；七以上，宅四畝；五以上，三畝。有室者田百四十畝，丁者田百畝。司賦掌賦均之政令。凡人自十八至六十四，與輕疾者，皆賦之。有室者歲不過絹一匹，綿八兩，粟五斛。丁者半之。」今按：有室者授田百四十畝，即魏制露田男四十、婦人二十，倍受共一百二十畝，又桑田二十畝也。魏調二石，今五斛，為已重矣。

然上比晉代，尚輕減十餘倍。比古制什一之稅，亦輕至四、五倍。

而主其事者蘇綽，常引為憾事。至其子蘇威，卒能幹父之蠱，助成隋代之郅治。

北史蘇威傳稱：「威父綽在魏，以國用不足，為征稅法，頗稱為重。既而歎曰：『所為

正如張弓，非平世法也。後之君子，誰能弛乎？」威聞其言，每以爲己任。至隋文帝時，奏減賦役，務從輕典，帝悉從之。」按：隋制，丁男一牀租粟三石。此其證。唐「租庸調」制租粟二石，則仍依北魏也。又按：史稱：「江表自東晉以來，刑法疏緩，世族凌駕寒門。隋平陳後，牧民者盡變更之。蘇威又作五教，使民無長幼悉誦。民間訛言，隋欲徙之入關，陳故境大抵皆反。」此江南世族不慣北朝制度也。南北社會不同，於此可見。

這一種政治道德的自覺，在南朝亦復少見。

繼均田而起的新制度有「府兵」。自行「均田」而農民始有樂生之意；自行「府兵」，而農民始無迫死之感。不教民戰，是謂棄之。臨時抽丁，皆棄之也。必待下層農民稍有人生意味而後世運可轉。隋、唐復興，大體卽建基於均田、府兵的兩個柱石上。

三　西魏的府兵制

北朝軍隊，一樣以鮮卑種人爲主體。羽林、虎賁爲中央宿衞，六鎭將卒爲邊境防戍，皆係代北部落之苗裔。

其他胡人亦多充兵役，而漢人則務耕種。太武太平眞君十一年南伐，圍盱眙，遺臧質

書：「吾今所遣鬥兵，盡非我國人，城東北是丁零與胡，南是氐、羌，卿殺之無所不利。」

延興三年將南討，詔：「州郡十丁取一充行」，然此出非常。故高歡據邊鎮爲變，每語鮮

卑，猶謂：「漢民是汝奴，夫爲汝耕，婦爲汝織，輸汝粟帛，令汝溫飽，何爲陵之？」其

語華人則曰：「鮮卑是汝作客，得汝一斛粟、一匹絹，爲汝擊賊，令汝安寧，何爲疾之？」

及孝文南遷，軍士自代來者皆爲羽林、虎賁，充宿衞。<small>事在太和二十年冬十月。</small>而又詔選天下勇士十五萬人爲羽

林、虎賁，充宿衞。<small>事在太和十九年秋八月。</small>是當時羽林宿衞中，已有非鮮卑人甚多。至北齊則兵隊主

體漸漸轉移到漢人身上。

齊文宣受禪，六坊之內徙者，更加簡練，每一人必當百人，任其臨陣必死，然後取之，

謂之「百保鮮卑」。又簡華人之勇力絕倫者，謂之「勇士」，以備邊要。是齊兵亦不復專

仗胡人。至河清定制，男子十八受田，輸租調，二十充兵，六十免力役，六十六退田免

租調，此則儼然已是兩漢的全民兵役制。又按：傅奕云：「周、齊每以騎戰，驅夏人爲

肉籬，詫曰：「當剉漢狗餇馬，刀刈漢狗頭，不可刈草也。」然高敖曹在軍，高歡爲之華

言。「歡嘗以敖曹所將皆漢兵，欲割鮮卑兵千餘相雜。敖曹曰：「所將前後格鬥，不減鮮

卑，不煩更配。」要之，濟、周時華人已不可侮，傳言正可見其轉變前之情態。

魏武西遷，六坊之衆從而西者，不能萬人，餘皆北徙。

西魏立國，本依關隴漢人為基本，其軍隊主體早屬漢人。

其先賀拔岳輔爾朱天光入關，衆不滿二千。其後戰勝降服，大率以西人為主。宇文泰接統岳軍，知其部下主力，皆西土關隴人矣。魏武西奔，特為客寄，且其禁兵，皆由宇文泰諸壻分掌。如李遠子基、李弼子暉、于謹子翼，皆漢族也。時西魏宗室凋零，泰遂以其部下諸將改賜胡姓。洪邁曰：「西魏以中原故家易賜番姓，著者如李弼、趙肅、趙貴、劉亮、楊忠、王雄、李虎、辛威、田弘、耿豪、楊紹、侯植、寶熾、李穆、陸通、楊纂、寇儁、段永、韓褒、裴文舉、陳忻、樊深。」可知宇文雖胡族，而其勢力實依漢人，不如高歡以漢族而實依仗胡人。故北周漢化，北齊胡化，風尚之異，亦由其立國基礎而判也。

宇文泰用蘇綽言，創為「府兵」，籍六等之民，擇魁健材力之士以充之。〔民戶分九等，六等乃中等以上之家，凡有三丁者選材力一人。〕合為百府，每府一郎將主之。分屬二十四軍，開府各領一軍。大將軍凡十二人。

每一將軍統二開府，一柱國主二大將，將復加持節都督以統焉。凡柱國六員，眾不滿五萬人。

按：蘇綽卒在大統十二年，六柱國李弼、獨孤信拜於十四年，于謹、趙貴、侯莫陳崇在十五年。另有李虎。〈綽傳謂綽「置屯田以資軍國」，此即府兵也。惟府兵之統於六柱國，則為綽卒後事，可見此制亦非一時完成。

自相督率，不編戶貫，盡蠲租調。有事出征，無事則歲役一月。

十五日上，則門欄陛戟，警晝巡夜；十五日下，則教旗習戰，無他賦役。此後隋唐府兵，則僅役二十日。

其甲槊弓弩，並資官給。

遇出征，衣馱牛驢及糗糧，皆由公備。

這即是府兵制之大概。

府兵制長處，只在有挑選、有教訓；而更重要的，在對兵士有善意，有較優的待遇。將此

等兵隊與臨時的發奴爲兵、謫役爲兵，以及抽丁爲兵相敵，自然可得勝利。古人所謂「仁者無敵」，府兵制度的長處，只在對自己的農民已表見了些人道意味。史稱：「撫養訓導有如子弟，故能以寡克衆是也。」從此軍人在國家重新有其地位，不是臨時的捉派與懲罰。

府兵制另一個意義在把北方相沿胡人當兵、漢人種田的界線打破了。中國農民開始正式再武裝起來。

周書文帝紀：「西魏大統九年，廣募關隴豪右，以增軍旅。」按：此云「豪右」，即六等之民，下戶三等不得與，亦三國壯者補兵之意也。又隋書食貨志：「周武帝建德二年，周書在三年。改軍士爲侍官，募百姓充之，除其縣籍。是後夏人半爲兵矣。」此皆周代兵制多徵漢人之證。又元魏本屬部族軍隊制，史稱魏初「統國三十六，大姓九十九」，至西魏時多絕滅。恭帝元年，宇文泰以諸將功高者爲三十六國後，次者爲九十九姓後，所統軍人亦改從其姓。及大定元年下令，前賜姓皆復舊。是先以漢軍功賜爲胡貴族，後則幷去胡復漢。此處正可看出當時胡、漢勢力之推移。此下恭帝三年，即正式行「六官」之制。自鮮卑舊制貴族國姓一變而爲六官，此尤政治組織之一大進步也。

從此北齊、北周東西兩方的漢人，均代替到鮮卑族的武裝與兵權。

北齊是全農皆兵，北周是選農訓兵，此為二者間之不同。

所以自行「均田」，而經濟上貴族與庶民的不平等取消；自行「府兵」，而種族上胡人與漢人的隔閡取消。北方社會上兩大問題，皆有了較合理的解決。中國的農民，開始再有其地位，而北周亦遂以此完成其統一復興的大任務。

一種合理的政治制度的產生，必有一種合理的政治思想為之淵泉。北朝政治漸上軌道，不能不說是北方士大夫對政治觀念較為正確之故。北周書文帝紀魏大統十一年春三月令：「古之帝王所以建諸侯、立百官，非欲富貴其身而尊榮之，蓋以天下至廣，非一人所能獨治，是以博訪賢才，助己為治。若知其賢，則以禮命之。其人聞命之日，則慘然曰：『凡受人之事，任人之勞，何捨己而從人？』又自勉曰：『天生儁士，所以利時。彼人主欲與我共為治，安可苟辭？』於是降心受命。其居官也，不惶恤其私而憂其家，故妻子或有饑寒之弊而不顧。於是人主賜以俸祿、尊以軒冕而不以為惠，賢臣受之亦不以為德。為君者誠能以此道授官，為臣者誠能以此情受位，則天下之大，可不言而治。後世衰微，以官職為私恩，爵祿為榮惠。君之命官，親則授之，愛則任之。臣之受位，可以尊身而潤屋者，則迂道而求之。至公之道沒，而姦詐之萌生。天下不治，正為此矣。

今聖主中興，思去澆偽。在朝之士，當念職事之艱難。才堪者審己而當，不堪者收短而避。使天官不妄加，王爵不虛受，則淳素之風庶幾可返。」按：大統十年秋七月，魏帝以宇文泰前後所上二十四條及十二條新制，方爲中興永式，乃命尚書蘇綽更損益之，總爲五卷，班於天下。於是搜簡賢才，以爲牧守令長，皆依新制而遣焉。則是令乃蘇綽筆也。魏書道武紀天興三年十二月乙未天命詔、丙申官號詔，陳義皆至高卓。官號詔云：「官無常名，而任有定分。桀紂南面，雖高可薄；姬旦爲下，雖卑可尊。一官可以効智，蓽門可以垂範。故量己者，令終而義全；昧利者，身陷而名滅。故道義，治之本；名爵，治之末。名不本於道，不可以爲宜；爵無補於時，不可以爲用。」此等語殆是崔宏筆。周武帝保定二年詔：「樹之元首，君臨海內，本乎宣明教化，亭毒黔黎；豈惟尊貴其身，侈富其位？是以唐堯疏葛之衣，虆襦之食，尚臨汾陽而永歎，登姑射而興想。況無聖人之德，而嗜慾過之，何以克厭衆心，處於尊位？朕甚惡焉。」此等皆辭旨深醇，不媿兩漢。馬周之告唐太宗曰：「自魏晉以還，降及周隋，多者不過六十年，少者纔二、三十年而亡，良由創業之君不務廣恩化，當時僅能自守，後無遺德可思，故傳嗣之主政教少衰，一夫大呼而天下土崩矣。」此等意境，直遜北朝諸儒遠矣。

北朝士大夫對於政治見解遠勝南士，於此可徵。

第二十一章 宗教思想之瀰漫

上古至南北朝之宗教思想

代表魏晉南北朝長時期之中國衰落情態者，有一至要之點，為社會宗教思想之瀰漫，同時又為異族新宗教之侵入，即印度佛教之盛行於中國是也。

一 古代宗教之演變

古代的中國人信仰上帝，可說是一種「一神教」。或說是等級的多神。上帝之愛下民，乃屬政治的、團體的，而非私家的、個人的。上帝公正無私，乃愛下民之全體，故亦不需私家個人之祭報。楚語言：

「少皥之衰，九黎亂德。夫人作享，家為巫史。民匱於祀，而不知其福。」是也。後代中國祭孔，亦以大羣的、公的敬禮事之。如關公等神祠，則與觀音等同為各個人的私祈求所歸向。論中國宗教思想，必分辨此兩種之不同。

之尊敬，至於禮拜上帝之儀節，則由天子執行。

公羊曰：「天子祭天，諸侯祭土。」僖三十一年。上帝之愛下民，乃屬政治的、

古代的中國人信仰上帝，可說是一種「一神教」。但人民只信仰上帝之存在而對

相應於此種宗教信仰，而有地上大王國之建立。

所謂：「普天之下，莫非王土；率土之濱，莫非王臣。」又曰：「天視自我民視，天聽自我民聽。」上帝、人民、皇帝，三位一體，而皇帝乃爲上帝與人民兩者間之仲介。皇帝能盡此責任，斯爲聖君。遇其不能盡此職者，則有革命。〈召誥曰：「嗚呼！皇天上帝，改厥元子。茲大國殷之命，惟王受命。相古先民有夏，今時既墜厥命。今相有殷，今時既墜厥命。今王嗣受厥命，我亦惟茲二國命。」是也。

「天道遠，人道邇」，鄭子產語。此項觀念，漸漸在春秋時代開展，乃產生偏重人道的儒家思想。

孔子曰：「丘之禱久矣。」又曰：「敬鬼神而遠之。」曰：「祭神如神在。吾不與祭，如不祭。」又曰：「未知生，焉知死？」又曰：「人而不仁，如禮何？人而不仁，如樂何？」此皆孔子漸漸撤去天道而以人道代之之思想也。孟子曰：「保民而王，莫之能禦。」又曰：「推此心足以王天下。」竟以人心代天意，即直承孔子思想而來。

墨家偏於古宗教之維護。

如其天志、明鬼諸論皆是，其尚同論仍本天志以建立地上之大王國，與古代宗教觀念極似。此爲墨家與基督教相異之點。基督教之王國乃在天上，人人可向上帝直接奉事。墨家尚同思想，則依然爲一政治的、團體的，與個人的、私家的有別。基督教人人直接信奉上帝，則不容於上帝外別有鬼神。墨家依然爲一種相應於地上王國政治的宗教，故天之下仍可有鬼，如天子祭天、諸侯祭其境內名山大川之例。

而道家則對於鬼神上帝，爲激烈的破壞。

莊老皆主無治，故曰「小國寡民」。又主「不教」。蓋大一統之地上王國，統治於一聖君之下，推行一種聖賢政治，以道德理論政治。原本於教化人民，此爲儒，墨所同。此等見解，徹底爲道家所反對。故道家對於舊傳宗教觀念，亦皆根本推翻。道家可說是一種消極的、無爲的反神論。 <small>亦可說哲學政治。原本於學政治天。即與此等政治理論相應者。</small>

比較最後起的一派爲陰陽家。 <small>陰陽家原於鄒衍，齊人，與燕惠王、趙平原君同時。其成學著書，當在老子後。</small>

陰陽家依然根據實際的政治興味，**來修改古代的宗教觀念，而造成他們著**名的「天人相應」的學說。 <small>即爲建立地上王國所需要的團體的興味。</small>

陰陽與五行，並非兩派，此派以陰陽五行說明宇宙萬物，已爲採用道家莊老言自然萬物的說法。 <small>史記孟荀列傳詳載鄒衍學說。其推而廣之以言歷史，又推而遠之以言地理，皆與莊子齊物、秋水路徑相似。以一氣分陰陽，其論探於道家；；五行則由當時新發現天空金、木、水、火、土五行星而起。</small> 惟其

主要精神，則仍本於儒家。

紀、淮南時則訓及禮記月令，此主「五行相生」說，如春為木，夏為火，木生火是也。故曰「時則」，又曰「月令」，此「令」字卽王者之號令，所謂政令是也。政令當與時節相應，卽為天人相應之一主要義。此種學說，似頗導源於孟子，所謂「勿奪民時」也。

古者以大會獵教戰，必於農隙，因之此派主用兵、用刑必在秋冬。又古人役民築城、浚川及修墳墓等大工役，亦在農事已畢之後，故此派主葬理及開掘動土必在冬季。農業社會之政治，處處與天氣節候有關。惟孟子偏重人道觀念，以「不忍人之心」及「保民而王」等說之。（此種思想，直至最近俗傳時憲書，仍有某日宜某事、某日不宜某事等，由古人以干支紀日，五行家分配五行，於是再以相生相剋說之，卽見有宜、不宜。）

又一部分則為漢儒所傳之「五德終始論」。此主「五行相剋」說，如周為火德，秦滅周，故自謂水德，水剋火字似從孟子「如水益深，如火益熱，亦運而已矣」來。

行學說根本要義實導源孟子，非孟子自身卽有五行學說也。如謂冬行水令，利於用兵、用刑之類是也。鄒衍又折向古代宗教意味，偏重天道觀念，遂另造一套五行相生相剋的說法。荀子謂：「孟子、子思造為五行」，以晚起五秦為水德，尚黑（此在時則、月令屬冬）。兩派學說互自不同，而董仲舒引伸之曰：「雖有繼體守文之君，不害堯、舜之禪讓。」於是王室更迭，為一種必然的循環。不重在人道上，而轉重到天道上去。此又是天人相應之例。（今俗傳命運運，即由此來。「命」即是「命」之必然的轉動，漸降為一人一家之禍福的命運。）一國一王政治制度之必然轉動，已由惟一的上帝。一國一王觀念而演化成青、赤、黃、白、黑五色帝。大抵前者先起，故呂氏春秋已采之；後者晚出，故秦始皇幷六國而采其說。此所謂「五德之運」，此「運」只是因民心之轉移而影響到政權之推遷五行學家又從民心折返天意，天上無不變之天。故知鄒衍學說原本孟子，不過天道、人道畸輕畸重之間，兩人不同而已。上述二說中，無論從何一說，

古代的宗教，便利於大羣體之凝合，而過偏於等級束縛，一般個人地位不存在。除卻王帝以及諸侯貴族一部分特權階級。儒家以「仁」濟「禮」，切之中心；「禮」則只能最高結集於王帝，為惟一外在之中心。在大羣體之「禮」為等級的，而「仁」則平等的。一般個人各自以「仁」為一

凝合中，充分提高了一般個人的地位，古人言禮本於天，極於王帝。及羣體，即仍有禮之存在，仍不能無等第。（單禮可以無分別，羣體不能無分別。）等。墨家一面注重大羣之凝合，一面反對等第的束縛，故唱「兼愛」。

人之依然無地位。故唱「天志」，抑且較古宗教爲甚。道家則專意要向大羣體中解放個人，故言「道德」，不言「仁義」。道德是各個的，仁義是融和的。而結果達於羣體之消失。古宗教以上帝、天子、民衆爲三位一體；儒家則以個人、大羣與天爲三位一體。墨家並不注重個人，只以大羣與天合體而不主有羣；故於歷史文化皆主倒演，即返到原始的無羣狀態。陰陽學家的缺點，第一在由儒家之偏重人道觀又折返古代之偏重天道觀；如此則個人地位又趨模糊。第二在由儒家之正面的、積極的觀念裏，又屢雜進許多道家的反面的、消極的觀念，如此則個人地位勢必與羣體衝突。因此遂有神仙思想之混入。「神仙」即是由大羣體解放出來的個人最高理想。

神仙思想之產生，蓋有兩地。一在汝、淮、江、漢、陳、楚之域，其地山川景物，均與中原河域不同。其居民活潑而富想像，散居野處，巫鬼祭祀，男女相悅，其意態與北方殷、周之嚴肅奉事一上帝者有別。此爲自由的、個人的，而彼則團體的、大羣的也。其徵見之於楚辭、九歌、大招、招魂、離騷諸篇之所賦。其一則在燕、齊濱海之區，海上神山，縹渺無稽，亦同爲神仙思想所蘊孕。燕、齊濱海，故其想像常超脫向外；淮、漢居陸，故其想像亦就地著實。要之，同爲個人的，非團體的；又同爲方術的主要泉仙爲宗；淮、漢之所追求在地上，故以降神爲主。要之，同爲個人的，非團體的；又同爲方術的主要泉

源，以與中原河域大羣教之重禮樂者為別。其後秦滅六國，此等思想同為中原民族所吸收，而被編配於大羣教上帝一神之下。（如湘君、山鬼之類，此不過一水神、一山神耳。其後以湘君、湘夫人為堯之二女；；又以屈原為水神；；皆以南方民間素樸的自然神，溶入歷史文化中，卽是南方思想被吸收、被編配而與北方思想同化之證。）其神仙思想之正式為學者所採用，則似始於莊子。儒稱「守死善道」，墨號「赴湯蹈火」，儒、墨皆以其輕生尚義之精神，逐漸使平民學者在社會上嶄然露頭角而佔到其地位。如子路、孟勝之徒皆是。繼起者逐有楊朱主為我尊生，以反對儒、墨之輕生為人。莊子思想承接楊朱，既主為我尊生，因此不願有團體與社會之壓迫，又不樂為團體社會而犧牲，所謂「魚相忘於江湖」，理想的社會，正如江湖然，使羣魚各得獨自游行之樂，而無絲毫拘礙束縛。遂於人事方面，政治、教育諸要端，皆抱消極反對之意態。因此想慕及於一種自然的、超人的生活，卽離俗出世的，亦卽不受羣體拘束的。而寄託於神仙之冥想中。陰陽學家既主天人相應，以人事訢合於自然，自易接受道家此派意見，惟於陰陽學家本意，則相違殊遠。故史記謂：「燕、齊海上之方士，為方僊道，形解銷化，依於鬼神之事，傳鄒衍之術而不能通也。」蓋鄒衍著眼在大羣體，神仙思想則只是個人主義。要之卽是儒、道兩家之別也。及漢初淮南王，卽匯合此陳楚巫鬼、燕齊神仙與道家思想而融為一體者，遂為此後道家之新宗。

秦、漢方士遂以變法改制、封禪長生說成一套。

說文：「儒，術士之稱。」方、術、道三名同義。儒稱「術士」，陰陽家名「方士」，道家為「道士」，實一義相承也。方士求僊捷徑，厥為禮祠鬼神，期由感召而得接引；此等感召，須遵一定之方術。卽禮。如漢武帝時方士李少君有「祠竈方」，卽祠竈神之禮。謬忌奏「祠太

「一方」，即祠太一之禮。祭祠鬼神，不以其道不至。方，亦即禮也。故知方士其先與禮家同源，即儒之所習而微變爲者。變法改制以順天利人，此亦禮家研討之業。惟謂王者改制太平，封禪告成功，而得升天長生，以黃帝爲證。則史記所謂「怪迂阿諛苟合之徒」。其間羼以道家神仙思想，爲儒術所未有也。由上述一說，上帝之性質又漸從「鬼神」的神轉換到「神仙」的神。此兩種變化，即惟一的上帝變成五帝、天神變成神仙，皆由羼進道家思想而來。

古代一種嚴肅的、超個人的相應於團體性與政治性的。宗教觀念，由是產生一種君主的責任觀念。遂漸漸爲一種個人的、私生活的樂利主義尤甚者屬神仙長生術。所混淆。惟一的上帝，分解爲金、木、水、火、土五行.；死生大命，亦以理解自

純理的即超我的。崇敬與信仰墮落，方術的由我操縱的。權力意志擴張。然而得解脫，別有長生久視之術。

團體性的政治、社會、歷史、文化的。束縛鬆解，個人自由發舒。此兩種機括，完全在道家思想之演進中完成。道家思想過於偏激，不過爲道家接濟，使之漸達彼岸。

古代以王帝代表著上帝，因此王帝的性質，不重在權力而重在原理。以地上之王國，代表著天上之神國。只在現實，不在未來。

政治、社會、風俗、經濟、教育、文化，此一切即儒家之所謂「禮樂」。一切羣體的事業之發展與生長，此即當時之一種宗教。

消融了個人的小己的。對立，而成爲人生共同之期求。此即儒家之一種宗教。孔子指出人心中一點之「仁」，此即儒家所謂「性」。來爲此種共信畫龍點睛。只就仁孝基本，可以推擴身、家、國、天下以及於天

人之際，而融爲一體。此即儒家所謂「盡性」。孟子於「仁」外言「義」，因仁字稍有偏於內在性與軟性，可以用此補正，使之外立與硬化。所以人生之歸宿，即在身、家、國、天下之融洽與安全。此即儒家所謂「天」與所謂「命」。而人生之期求，即在政治、社會、風俗、經濟、教育、文化各方面之合理與向上。此即儒家所謂「道」與所謂「禮樂」。

此種意識，與秦、漢大一統政府相扶互進，不必再要另一個宗教。後儒論禮樂，必從井田、封建、學校諸大端求之，其義在是。若專從死喪哭泣祭拜歌蹈，儀文細節處，謂儒家禮樂在是、古代宗教在是，則失之遠矣。

二　東漢以下之道教與方術

逮乎大一統政府逐漸腐敗，此亦因儒家思想未能發揮盡致，而自有其病痛。人生當下現實的理想與寄託毀滅，羣體失其涵育，私的期求奮興，禮樂衰而方術盛。當此時期的社會，則自然捨儒而歸道。其時的政府（或爲政府打算的學者），往往想應用法家的手段來牢籠，而終於牢籠不住。

王莽時代即是走上此種歧途惶惑之頂點。

王莽之受禪與變法，實爲西漢政治社會已走上衰運後之一種最後掙扎。當時一面崇興禮樂，一面又盛事避忌。陰陽家本兼採儒、道兩家思想而成，王莽時代爲陰陽學家思想之極盛時期，亦即陰陽學家思想內部破裂之時期。「禮樂」與「方術」，到底不能融合爲一。

王莽之失敗，一面即是陰陽學派思想之失敗。自此以往，儒、道兩家，依舊分道揚鑣，而陰陽家思想遂一蹶不振。惟陰陽家思想已有不少滲入儒、道兩家之血液中。

光武、明、章雖粉飾禮樂於朝廷，而社會上則方術思想日盛一日。段潁表薦樊志張，謂其：「有梓慎、焦（延壽）、董（仲舒）之識。」何進表薦董扶，謂其只觀王充論衡所批斥，即可考見其一斑。

東漢一方面是王綱之解紐，即大一統政府之瓦解。又一方面則是古人一種積極的全體觀念之消失。即天的信仰。

相應於亂世而起者，乃個人之私期求，方術權力之迷信，與物質的自由需要。最著者，人可不死，鉛汞可變黃金。以不死之生命而濟之以無量之黃金，則物質上之需要可以十分自由而無憾矣。於是後世之所謂道教，遂漸漸在下層社會流行。

其：「內懷焦、董消復之術。」晉韓友「行京、費厭勝之術」。當時人對學術，全以一種方術視之。而此種方術，大體爲個人消殃避禍，求福延年。

陰陽家雖亦擅神仙方術，然其精神仍偏於政治；故西漢人以鄒衍與孔子並提。以私人的福利觀念普遍流傳於社會下層者，則非鄒衍而爲老子；此亦自西漢已然。故方士偏於向上活動，道士則偏於向下活動。秦皇、漢武之所想望，變而爲東漢以下一般平民之期求。

比讀史記封禪書與後漢書的方術傳，正可以看出這一個轉變。

初期佛教輸入，亦與此種社會情態相適協，而漸漸佔有其地位。

史稱：「楚王英晚節喜黃老學，為浮屠齋戒祭祀。」明帝詔之曰：事在永平八年。「楚王誦黃老之微言，尚浮屠之仁祠，潔齋三月，與神為誓，何嫌何疑，當有悔吝。其還贖，以助伊蒲塞桑門之盛饌。」是其時喜黃老者已兼祠浮屠之證。又桓帝時，襄楷上書，「聞宮中立黃老、浮屠之祠」云云，依然以黃老、浮屠並舉。二事相去約百年，可見當時佛教僅如黃老之附庸也。又靈帝熹平二年，陳國相師遷追奏前相魏愔與陳王寵共祭天神，希幸非冀，愔辭「與王共祭黃老君，當作「黃帝、老君」。求長生福而已，無他異幸」。是當時以黃帝、老子為天神，謂祠黃老可得長生之證。

逮乎東方黃巾之亂，以及漢中張魯之亡，方術信仰漸漸在士大夫階層中失其勢力。

張魯，沛人。祖父陵，順帝時客於蜀，學道鵠鳴山中，造符書，為人治病。陵子衡，衡子魯，以法相授。自號「師君」，其眾曰「鬼卒」，曰「祭酒」，曰「理頭」。此派道學亦自東土流衍，與黃巾蓋同源，所遠始先秦，所謂燕、齊方士，即黃老學、陰陽學之故鄉也。又漢末有魏伯陽著參同契，為道家言服食修煉者所宗，亦在東方。

順帝時，琅邪宮崇詣闕，上其師干吉於曲陽泉水上所得神書百七十卷，號「太平清領書」。（後稱「太平經」。）其言以陰陽五行為家，而多巫覡雜語。桓帝時，平原襄楷又上之。其後張角頗有其書。蓋本之天文星象而附以符籙巫道。

曹植、曹丕兄弟，皆不信方士神仙之術。
曹丕典論，曹植辯道論，皆辯其事。
及嵇康為〈養生論〉，乃從哲理的見解謂：「導養得理，可以延年」，不啻為方術信仰開新生命。至葛洪著抱朴子，仍信服食長生。嵇、葛處境與曹氏兄弟不同。厭世無聊，乃有託於此也。

大的羣體日趨腐敗毀滅，既不能在政治社會大處著力，希圖補救，常自退縮在個人的私期求裏，於是只有從方術再轉到清談。

此即自黃老轉入莊老也。黃老尚帶有政治意味，_{即牽涉羣體。}與陰陽學家相羼混。莊老則全屬個人主義。東漢治老子學者常兼通天文圖讖，清談家則否。清談家一方面似較合理，另一方面，則對全體觀念更爲淺狹。

相應於此種形勢下之佛教，乃亦漸漸有學理之輸入。

佛教與莊老，自有其本原相似處。卽均爲各個人打算，以各個人融解入大宇宙，不注重爲大羣體打算。_{以各個人融解入大人羣。}晉釋道安注經錄序云：「佛教延及此土，當漢之末世，晉之盛德。」正指思想上之傳播而言。

名士世族在不安寧的大世界中，過著他們私人安寧的小世界生活，他們需要一種學理上的心方面的。_{精神方面、內}解釋與慰藉。瞿曇與莊老，遂同於當時此種超世俗的學理要求下綰合。

魏晉之際，則先求孔子與莊老之綰合。_{裴徽問王弼：「無者誠萬物之所資，然聖人莫肯致言，而老子申之無已者何？」弼曰：「聖人體無，無又不可以爲訓，故不說。老子}

是有者，故恆言無，所不足。」何晏以爲「聖人無喜怒哀樂」，弼與不同，以爲「聖人之情，應物而無累於物」。王衍問阮脩，老莊、聖教同異，對曰：「將無同。」衍辟之爲掾。世謂之「三語掾」。此皆當時要求綰合孔子於超世俗之學理之證。

直至郭象注莊猶爾。

東晉名族，並多信持「天師道」。

史稱王氏世事「五斗米道」。王羲之既去官，與道士許邁共修服食，採藥石，不遠千里。

郗愔事天師道，與羲之、愔姊。夫。許詢俱棲心絕穀，修黃老之術。其子超轉奉佛。

孫恩亦世奉五斗米道而作亂。攻會稽，僚佐請爲之備。凝之不從，方入靖室請禱，出語諸將佐曰：「吾已請大道，許鬼兵相助，賊自破矣。」遂爲恩所害。殷仲堪少奉天師道，精心事神，不吝財賄，而急行仁義，嗇於周急，及桓玄來攻，猶勤請禱。此等名士，皆理解超卓，而猶信此等道術者，蓋彼輩於世俗事既不肯多所盡力，則個人的私期求自難捨棄。個人不投入大人羣，則必求投入大自然。

故超世必希長生，猶幸其術之一驗；否則鼓琴燒香，常樂我淨，亦與彼輩私生活之間適相諧。孫策云：「昔南陽張津，爲交州刺史，嘗著絳帕頭，鼓琴燒香，讀邪俗道書，云以助化，卒爲南夷所殺。」絳帕猶黃巾之類，是此教以鼓琴焚香爲事之證。

凡度出世生活者，必以此爲調節。又其道須自首過失，王獻之遇疾，家人爲之上章，道家法應首過，問其有何過失。對曰：「不覺，惟憶與郗家離婚。」是其教有首過之證。

且此等求長生、樂清淨、自首過失諸端，亦復與當時門第之克綿其世澤者有補。彼輩既不經營世務，又安富累世，而能清淨自守者，固爲於莊老玄理薄有所得，亦由此等外在的律行，有以助之。將來之轉而佞佛，理亦有由是者。守之既有素，經營世務，過則改爲，其良心上之罪惡感，常不如超世離輩者之迫切。

一旦臨禍變，則亦惟有乞靈以自慰也。_{如王凝之、}_{殷仲堪。}

可見當時南方名士，彼輩對國家民族，政教大業，雖儘可捉塵清談，輕蔑應付，然涉及其個人私期求，則仍不免要乞靈於從來方術之迷信。這一種風氣，直要到宋、齊以下，始漸漸消失，而其時則佛教思想遂一躍而爲時代之領導者。_{兩晉以清談說莊老；宋、}_{齊以下，則以佛義說莊老。}

三　魏晉南北朝時代之佛教

佛教入中國，遠在東漢初年，或尙在其前。

漢明帝永平中，遣使往西域求法，其事始見於牟子理惑論及四十二章經序等書，是爲我國向所公認佛教最先之傳入。或其事尙可前溯，然要之於中國社會未見影響。

惟佛法之流佈，則直到漢末三國時代而盛。其時則多爲小乘佛法之傳譯，高僧多屬外籍。_{如安世高、支樓迦讖、康僧會之類是也。}中國僧人見於慧皎高僧傳者以朱士行爲最早，然已在三國時。知其先佛法極少與中國上流學術界相接觸。

東晉南渡，佛學乃影響及於中國之上層學術界，其時則僧人與名士互以清談玄言相傾倒。

如竺法深、支道林其著也。殷浩北伐既敗，大讀佛經，欲與支道林辯之。孫綽以名僧七人匹竹林七賢。（道賢論。）此名士與僧人合流之證。故深公評庾亮，謂：「人謂庾元規名士，胸中柴棘三斗許。」庾冰創議沙門宜跪拜王者；桓玄繼之，並主沙汰沙門。（至宋、齊，此二議皆曾為朝廷采納。）庾、桓兩家，固與名士清談氣味不相投。可知東晉僧人，實與名士站在同一路線，一鼻孔出氣也。

直到南朝，梁武帝信佛，而佛法遂盛極一時。

其時京師寺刹，多至七百。宮內華林園，為君臣講經之所；宮外同泰寺，為帝王捨身之區。梁武帝三度捨身入寺，與眾為奴，羣臣以一億萬錢奉贖。此後陳武帝幸大莊嚴寺捨身。（有其事。南齊竟陵王，亦先為無遮大會，道、俗會者五萬。陳後主即位年，亦在弘法寺捨身。中大通元年。）郭祖深輿櫬上疏，謂：「僧尼十餘萬，資產豐沃。道人又有白徒，尼則皆畜養女。天下戶口，幾亡其半。恐方來處處成寺，家家剃落，尺土一人，非復國有。」荀濟亦上疏云：「傾儲供寺，萬乘擬附庸之儀，蕭拜僧尼，三事執陪臣之禮。寵既隆矣，侮亦劇矣。」（此等皆由大羣體政治觀點排斥佛教，即唐代韓愈亦然。反而論之，大羣體政治有辦法，佛教自會衰落，則為宋代歐陽修之本論。自理學家起，則是為新儒學。）

以前的名士們，感世事無可為，遂由研玩莊老玄學而曲折崇信佛法。現在如梁武帝，則是大權在握，正可展布，卻由崇佛而致世事敗壞。

以前如阮籍、嵇康等，皆是政治上不得志，遂轉向莊老。梁武帝高踞帝位，豈得崇奉出家人法？

北方五胡君主，崇佛尤殷。最著者為二石虎勒與。之於佛圖澄。

五胡雖染漢化，其淺演暴戾之性，驟難降伏，一旦錦衣玉食，大權在握，其臨境觸發，不能自控制者，最大有兩端：一曰好淫，二曰好殺。惟佛法，適如對症之藥。人自慕其所乏，故五胡君主於佛法所嘗雖淺，而敬信自深。高僧傳謂：「竺佛圖澄西域。憫念蒼生，常以報應之說，戒二石之兇殺，蒙益者十有八、九。」高僧傳又謂：「佛圖澄道化既行，民多奉佛，營造寺廟，相競出家。中書著作郎王度奏禁之，石虎下書曰：『度議佛是外國之神，非天子諸華所宜奉。朕生自邊壤，君臨諸夏，饗祀應兼從本俗，佛是戎神，正所應奉。』」

支道林謂：「澄公人。」以石虎為海鷗鳥。

遼、金、元、清四朝奉佛，皆帶有此兩因緣。

稍後至姚興迎鳩摩羅什，而北方佛法如日中天。

羅什，龜茲人。苻堅先命呂光將兵西征，欲迎之，適堅被殺，羅什停於涼州。直至姚興敦請始來。興既託意佛道，公卿以下，莫不欽附，自遠至者五千餘人，坐禪者有千數，

州、郡化之，事佛者十室而九。自此以往，佛學在中國，乃

高僧傳：「什在長安譯經三百餘卷。僧佑著錄三十五部，二百九十四卷。」

始成爲上下信奉的一個大宗教。

原佛學流行，固由於當時時代之變動，而尚有其內在之條件。

第一佛法主依自力，不依他力。

世界諸大宗教，率本天帝神力，惟佛教尊釋迦，則同屬人類。此與中國儒家，尊崇人文歷史、敬仰古先聖哲之教義大同。亦復與道家徹底破壞天神迷信之理論不相違背。釋迦之可尊，在其「法」，故佛家有「依法不依人」之教。當知得此大法者不止釋迦一人，故佛書屢言「諸佛」，又言「人皆有佛性」，則盡人皆有可以成佛之理，此與儒家「人皆可以爲堯舜」義又相似。

第二佛法主救世，不主出世。

諸教率嚮往塵俗以外之天國，故其精神率主出世，而又同時亦兼帶一種濃重的個人主義。佛法雖亦主有一「涅盤」境界，但同時主張「三世因果輪迴報應」。人生宿業，纖微

必報，故主於當身修行，勇猛精進。又佛義主張「無我」，一切以因緣和合爲法，故「衆生不成佛，我亦不成佛」。又曰：「生死卽涅槃，煩惱卽菩提。」如是則成爲一積極的救世主義者。此與諸教主張個人出世、以天國爲樂園者自別，亦復與中國莊老道家一派有厭世、玩世意味者迴異；此又與儒家側重大羣主義之人文教相似。

故佛教在其消極方面，既可與中國道家思想相接近，在其積極方面，亦可與中國儒家思想相會通。

其時名德高僧如慧遠、僧肇之徒，皆精研莊老義，而釋道安<small>二敎論</small><small>廣弘明集</small><small>卷八。</small>乃抑老於儒下。謝靈運和之，此後竺道生「一闡提亦具佛性」與「頓悟成佛」之說，更爲與儒義相近。其與諸道人辨宗論<small>廣弘明集</small><small>卷十八。</small>以孔、釋兩家相擬立論。而孫綽喻道論乃謂牟尼爲「大孝」，「周、孔卽佛，佛卽周、孔」。是其時名士僧人，又俱黜老崇孔。故其先兼通老、釋，至是乃並擬儒、佛。此種界線，大體相當於晉、宋之際，可以僧肇與生公時代爲劃分。

而當時佛法之所以盛行，尙有一積極的正因，則由其時中國實有不少第一流人物具有一種誠心求法、宏濟時艱之熱忱是也。

其間品德學養尤著者，如道安，常山扶柳人，師事佛圖澄，居河北，後南投襄陽，遂赴長安而卒。道安爲中方佛教大師。此等皆以極偉大之人格，極深美之超詣，相望於數百年之間。蓋以當時中國政教衰息，聰明志氣無所歸嚮，遂不期而湊於斯途。此皆悲天憫人，苦心孤詣，發宏願，具大力，上欲窮究宇宙眞理，下以探尋人生正道，不與一般安於亂世、沒於污俗，惟務個人私期求者爲類。故使佛教光輝，得以照耀千古。若僅謂佛講出世，與一時名士清談氣味相投；而社會民衆，亦以身丁荼毒，佛講未來，堪資慰藉；並出家可以逃役，卽獲現實福益。凡此種種，固亦當時佛法盛行之世緣，然論其主要原因，則固在彼不在此。

故當時之第一流高僧，若論其精神意氣，實與兩漢儒統貌異神是，乃同樣求爲人文大羣積極有所貢獻。惟儒家著眼於社會實際政教方面者多，而當時之佛學高僧，則轉從人類內心隱微處爲之解紛導滯，使陷此黑暗混亂中之人生得寧定與光明，則正與儒家致力政教之用心，異途同歸也。惟此等高僧，亦多興起於北方，南方則受其波及而已。

其徒衆南北分張，始爲佛教樹獨立之地位。（其先如支道林等，只是出家的名士。）其徒衆南北分
朝佛教大師。如法顯，平陽武陽人，西行求法，先後凡十五年，爲我國至印度第一僧人，足與後來玄奘西行相媲美。如僧肇，京兆人，師事鳩摩羅什，爲什門四大弟子之一。早死，其所著肇論，爲極精卓之佛教論文。如慧遠，雁門樓煩人，道安弟子，高隱廬阜，始開佛教講壇，爲南方佛教大師。如竺道生，鉅鹿人，學於鳩摩羅什，門四大弟子之一也。後爲南

四 北方之道佛衝突

佛教來中國，最先乃依附於莊老道家而生長。但南渡後的學者，已漸漸由莊老義轉向佛教。其著者，如當時名士羣從支道林逍遙遊義，而不從向、郭舊義，即其一證。詳見世說新語。其後則道教又模倣佛教，亦盛造經典儀範，而逐漸完成爲一種新道教。為此工作之尤著者，為宋代之陸修靜。

於是道、佛兩教遂開始互相競長，而至於衝突。但在南方，一輩名士世族，本在一個不安寧的大世界中過著他們私人安寧的小世界生活。他們所需要者，乃為一種學理上之自己麻醉、自己慰藉。彼輩在其內心，本無更強的衝動力，所以南方佛學多屬「居士式」。其高僧亦與隱士相類，如慧遠、生公之類是也。

即如梁武帝，崇信佛法達於極點，其在政事上亦僅有貽誤，並無鬪爭。

故在南方之所謂道、佛衝突，大體僅限於思想與言辯而止，如顧歡道士夷夏論之類是也。與政治實務更無涉。

在北方則不然。當時北方是一個強烈動盪的社會，一切與南方自別。故南方人乃在一種超世絕俗的要求下接近佛法，北方則自始即以佛法與塵俗相糾合、相調洽。如二石之於佛圖澄，苻、姚之於鳩摩羅什，其內心動機，便與梁武帝不同。

而北方高僧，其先亦往往以方術助其義理，（如佛圖澄常以方術歆動二石，羅什亦通陰陽術數。）屢以陰陽家言者（即東漢以前風氣）相糾合。（若南方則以莊老清淡與佛義和會，正猶南方經學亦盛染清談氣味也。）遂與北方舊學統治經學而

至北魏太武帝時，遂以實際政治問題，而引起道、佛之強烈鬥爭。

崔浩（清河人）。父宏因苻氏亂，欲避地江南，為張願所獲，本圖不遂，乃作詩自傷。其詩以嬰罪不行於世；及浩誅，收浩家書，始見此詩。則浩之家門，必父子相傳，有一種種姓之至感矣。（北方士大夫大都有此，須深觀。）浩見王慧龍，數稱其美，司徒長孫嵩不悅，言於太武，以其嗟服南人，則有訕鄙國化之意。太武怒責之，浩免冠陳謝得釋。從弟崔模，雖在糞土之中，禮拜形像，浩笑曰：「持此頭顱，不淨處跪是胡神邪？」浩大欲整齊人倫，分明姓族。（惟此可以維持當時北方之中國文化。）外弟盧玄勸之曰：「創制立事，各有其時。樂為此者，詎幾人也？宜三思之。」浩不納。則崔浩之為人及其意氣，居可見矣。浩既博覽經史，精通術數，而性不好莊老之書，（史又稱：「浩父疾篤，浩乃剪爪截髮，夜在庭中，仰禱斗極，求以身代。」浩之為學，蓋上承兩漢，以儒生而兼陰陽術數，不樂魏、晉以下之莊老清談。此即北方當時之舊學派也。）遇寇謙之，謙之父修之，為符堅東萊太守，其地正為齊土道術盛行之地，寇家蓋亦世傳其教者。謙之自謂遇太上老君，命之繼天師張陵之後。每與浩言，聞其論治亂之迹，常自夜達旦，可見浩之熱心政治。因謂浩曰：「吾行道隱居，不營世務，忽受神中之訣，今當兼修儒教，輔助太平真君，繼千載之絕統。（黃老道術，本注意政治問題；兼修儒教，即成秦、漢陰陽學家路脈矣。此是寇、崔學術接榫處。）而學不稽古，臨事闇昧，

卿為吾撰列王者治典，並論其大要。」（此是黃老與莊老大異處。黃老注意政治，有需稽古，於是有陰陽家五德終始之論出。莊老僅為私人生活著想，自然無需稽古，即不要歷史往迹，因此與陰陽家判袂。（佛家亦不重歷史，因道、佛皆欲解化人類歸自然，不欲凝人類成羣體。）今只看寇謙之與陸修靜兩人之事蹟，便可見南、北雙方道教精神之不同，並亦可以由此推想南、北雙方之佛教精神，以及一切政教實況也。）浩乃著書二十餘篇，上推太初，下書秦、漢變弊之迹。（此等全是陰陽家以歷史講法制因革之舊路徑。）浩因上疏

太武曰：「臣聞聖王受命，則有天應。而河圖、洛書，皆寄言於蟲獸之文。未若今日人神接對，手筆燦然。清德隱仙，不召自至。斯誠陛下侔蹤軒黃，應天之符也。」拓拔燾（「太平」二字，即源本秦、漢陰陽家言；漢末有太平經。此後北魏每帝即位，必求符籙，以為故事，而又信佛法。此如梁武帝信佛法，同時亦受陶弘景圖讖。以佛法僅出世福利，帝王世業不得不借靈於道家（黃老一派）之符籙也。）欣然，乃始崇奉天師，寇謙之遂改元為太平真君。（太平真君七年。）自是遂有「諸佛圖形像及胡經盡皆擊破焚燒，沙門無少長悉坑」之詔。（太平真君七年。）

蓋陰陽學家一面有其應天受命之說，一面又有其長生久視之術，足以歆動時君，使其接受聽行彼輩所預擬的一套歷代帝王變法創制必然因革，即「五德終始」之順序，而變法創制；彼輩遂得為王者師，而遂其政治上之另一種期求。（西漢陰陽學家即爾。）

北方學者，飽經兵荒胡亂，始終不忘情於政治上之奮鬭，（此為與南方士族絕不相同處。）崔浩即其一例。（王猛死，符堅下詔為之「增崇儒教，禁老莊、圖讖之學」，與浩同修國史，死非其罪。宋書柳元景傳謂：「拓拔燾南寇汝、潁，浩密有異圖，謀泄被誅。」此恐南朝傳聞亦有未的。大抵如王猛、崔浩之倫，皆欲在北方於擁戴一異姓主之下而展其抱負者。（猛之未肯隨桓溫南歸，殆知來南之無可展布耳。）浩則樹敵已多，得罪不專為修史也。）

相應於此種情勢下的北方僧人，亦常在政治、經濟上切實自佔權地。

崔浩於毀法四年後被誅。太武卒，文成帝立，佛法又興。_{佛法之廢，積凡七年。}主其事者爲沙門師賢_{罽賓國人。}與曇曜。_{涼州僧人。}魏書釋老志：「曇曜奏：平齊戶_{討平青、齊所徙民戶。}及諸民，有能歲輸穀六十斛入僧曹者，_{師賢爲『道人統』，賢卒，曇曜代之，更名『沙門統』。僧曹卽僧官之曹也。}卽爲『僧祇戶』，粟爲『僧祇粟』。儉歲賑給飢民。又請民犯重罪及官奴，以爲『佛圖戶』，供諸寺掃灑，歲兼管田輸粟。」高宗並許之。於是僧祇戶、粟及寺戶，遍於州鎭。」_{如是則僧寺自有力量，別成一種封建勢力。是北方僧人始終不脫經營世務之興趣，亦因非此不足自存也。}此爲北朝崇佛特徵，與南朝偏重義理思想者微有別。今存大同雲崗及洛陽龍門石窟造像，猶可見其時北方佛敎藝術之超卓及其氣魄之偉大。又按：北方自羅什逝世，研尋義理之風卽衰，高僧則尚禪行，如曇曜卽以禪業見稱。敦尙實際行業，爲北方佛門一貫風格也。

自此朝廷上下奉佛，建功德，求福田饒益，造像立寺，窮土木之力。僧人亦代有增加，茲據釋老志表如下：

年代	寺數		僧尼數	附註
孝文帝 太和元年	平城 四方	約百所 六、四七八	二千餘人 七七、二五八人	太和十年，遣僧尼還俗者一、三三七名。
宣武帝 延昌中	天下	一三、七二七		
孝明帝 神龜元年	洛陽	五百	徒侶益眾。	
魏末 正光以後，天下多虞，王役尤甚，所在編民，相與入道，假慕沙門，實避調役。	洛陽 天下	一、三六七（迦藍記） 三萬有餘	天下　二百萬	佛經流通，大集中國，有四一五部，合一、九一九卷。

甚至沙門謀叛之事亦屢見。

孝文延興三年，有慧隱；太和五年，有法秀；太和十四年，有司馬惠御。宣武永平二年，有劉慧汪；永平三年，有劉光秀；延昌三年，有劉僧紹；四年，有法慶。孝明熙平二年，有法慶餘黨。四十餘年中，沙門謀亂者凡八見。

北齊僧眾，其勢仍盛。

天保五年，文宣帝詔問秀才對策，及於沙汰釋、李，文見廣弘明集。謂：「緇衣之眾，參半於平

俗；黃服之徒，數過於正戶。國給為之不充，王用因此取乏。積競由來，行之已久。頓

於中路，沙汰實難。」

而北周則道、佛衝突再起，在武帝時，又有魏太武以來第二次之毀法舉動。然其事則實此種意味，實沿崔、寇而來，惟此益臻明顯耳。

已自道、佛之爭，轉而為佛、儒之爭矣。

北方佛、道衝突，始終暗波未斷。至武帝時，衞元嵩上書　請立延平大寺：事在天和二年。此下皆譬說，即建

立一理想的地上王國，以代天上之佛國也。「容貯四海萬姓，不勸立曲見伽藍，偏安二乘五部。無選道俗，罔擇疏

親。以城隍為寺塔，即周主是如來；用郭邑作僧坊，和夫妻為聖眾。則六合無怨紂之聲，

八荒有歌周之詠。飛沉安其巢穴，水陸任其長生。」衞雖佯狂不經，此疏卻有力量，蓋

正指出了儒、佛兩家的根本相異點。武帝本有志於「捨末世之弊風，蹈儒在融個我入大羣，佛在脫大羣完個我。

隆周之叡典」，即位元年，下詔。遂入衞言。屢集百僚及沙門、道士等討論三教先後。至建德三年，乃下敕：「斷佛、道二教，

經像悉毀，罷沙門、道士，悉令還俗。」周書本紀。「三寶福財，散給臣下；寺觀塔廟，賜給

王公。」廣弘明
集。

及建德六年周滅齊，武帝入鄴城，召僧人赴殿，帝謂：「六經儒教，弘政
術，禮義忠孝，於世有宜，故須存立。佛教費財，悖逆不孝，並宜罷之。」
僧眾五百，默默無聲，俛首垂淚。以周武帝此等語還視石虎
無聲，俛首垂淚。有爭者，帝謂：「佛生西域，朕非五胡，心無敬事。既非正教，所以廢之。」
廣弘明集。以周武帝此等語還視石虎
所云，可知北方社會之前後大不同矣。當時謂：「前代關山西東數百年來官私所造一切佛塔，掃
地悉盡。融括聖容，焚燒經典。八州寺廟，出四十千；三方釋子，減三百萬，皆復軍民，
還歸編戶。」房錄。

五 隋唐時期佛學之中國化

較不緊要的地位。

此後北方的政治情態，慢慢恢復到秦、漢大一統的傳統局面，而東漢、三國以下相應於
分崩離析而一時崛起的兩種新宗教，遂亦漸漸失其在社會上真實的力量，而退處於他們

隋、唐盛運復興，其時則佛學亦有新蛻變。教義精神，逐漸中國化；而佛法重心，亦逐步
南移。

南北朝佛學，北尚禪行，南重義解。周武毀法，北方禪宗亦避而至南。所謂「佛學中國化」運動，亦至是始成熟。其後禪學崛興，則全以南方爲策源地。

今若以魏晉南北朝佛學爲「傳譯吸收期」，則隋唐佛學應爲「融通蛻化期」。

舉其要者，則有天台、（起北齊慧文，傳南岳慧思，又傳天台智顗，適當隋代，而天台宗遂大盛。此後有灌頂（五祖）、左溪（八祖）、荊溪（九祖），已值中唐。）**華嚴、**（起唐杜順，再傳至賢首（三祖）、澄觀（四祖）、宗密（五祖）。**禪宗**（起達摩，經慧可、僧璨、道信、弘忍至慧能（六祖）而正式成立，當唐武后至玄宗時。）**三家。**

佛法在中國，應可分三時期。初爲「小乘時期」，以輪迴果報福德罪孽觀念爲主，與中國俗間符籙祭祀陰陽巫道，專務個人私期求者相依附，此第一期也。自道安、鳩摩羅什以下，宏闡大乘。先爲「空宗」，（此始印度龍樹。羅什來中國，盡譯三論。十論、百論、至隋代嘉祥大師吉藏，而南地三論宗於以大成。）次及「有宗」，（此始印度無著、世親兄弟。此宗之盛行於中國較遲，直至玄奘西行，受法戒賢，歸而傳之窺基，而此宗始大盛。是名法相宗，亦名唯識宗。其入中國，亦稱慈恩宗，以窺基住慈恩寺也。然此宗大盛，固在唐初，而唯識經典之傳譯，則已先而有之矣。）是爲「大乘時期」。時則以世界虛實、名相有無之哲理玄辯爲主，與中國莊老玄言相會通，此爲第二時期。若台、賢、禪諸宗之創興，則爲第三時期。其一切義理，雖從空、有兩宗出，而精神意趣、輕重先後之間，

則不盡與印度之空、有兩宗同。今若以小乘佛法爲宗教，大乘佛法爲哲學，則中國台、賢、禪諸宗家特重自我教育與人生修養。小乘偏教、偏信，大乘偏理、偏悟，中國台、賢、禪諸宗則偏行、偏證。是其蛻變處也。故必有台、賢、禪三家興，而後印度佛法乃始與中國傳統文化精神相融洽、相和會。

而尤以禪宗之奮起，爲能一新佛門法義，盡泯世、出世之別，而佛教精神乃以大變。

禪宗自稱「敎外別傳」，不著言語，不立文字，直指本心，見性成佛。而其後推演愈深，乃至無佛可成，無法可得，無煩惱可除，無涅槃可住；無眞無俗，本分爲人，呵佛罵祖，得大解脫；如是則世、出世之界劃盡泯，佛氏「慈悲」乃與儒家之「仁」，同以一心爲應世之宗師。故論綰合佛義於中國傳統之大羣心敎者，其功必歸於禪宗也。

蓋當隋、唐盛世，政教既復軌轍，羣體亦日向榮，人心因而轉趨。私人之修行解脫，漸退爲第二義，大羣之人文集業，又轉爲第一義。傑氣雄心，不彼之趨而此之歸，則佛門廣大，乃僅爲人生倦退者逋逃之一境。

唐賢多信佛，而意味與東晉、南北朝名士大異。東晉以下必以佛義自安於靜退，；唐賢則功業煊赫之餘，乃轉依佛法求歸宿也。

繼此而開宋儒重明古人身、家、國、天下全體合一之教，一意爲大羣謀現實，不爲個己

營虛求。人生理想，惟在斯世，而山林佛寺，則與義莊、社倉同爲社會上調節經濟、賑贍貧乏之一機關。

此種情勢，自唐中葉以下卽日趨顯著。李德裕論奏徐州節度使王智興「於所屬泗州置僧尼戒壇，江、淮之民，戶有三丁，必令一丁落髮，意在規避王徭，影庇資產。臣於蒜山渡點其過者，一日一百餘人。訪聞泗州置壇次第，凡僧徒到者，人納二緡，給牒卽回，別無法事。若不特行禁止，比到誕節，計江、淮以南，失卻六十萬丁壯，此事非細。」卽日詔徐州罷之。及唐武宗會昌五年，惡僧尼耗蠹天下，毀寺四千六百餘區，歸俗僧尼二十六萬五百。毀招提、蘭若四萬餘區，收良田數千萬頃，奴婢十餘萬人。杜牧杭州新造南亭子記謂：「良人枝附爲使令者，倍僧尼之數，奴婢口率與百畝，編入農籍」蓋爲北周以來第三次著名之毀法也。五代周世宗顯德二年又勅廢天下寺院，存者二千六百九十四，見僧十萬餘，尼一萬餘。廢者三萬三百三十六，蓋爲北周以來第三次著名之毀法也。五代周世宗顯德二年又勅廢天下寺院，存者二千六百九十四，見僧十萬餘，尼一萬餘。廢者三萬三百三十六，蓋爲惟一的貧窮藏身之所，佛寺之收容量亦減，而國家毀法之事亦益少見矣。北宋以下，義莊、社倉等社會事業逐次發達，佛寺亦不爲惟一的貧窮藏身之所，佛寺之收容量亦減，而國家毀法之事亦益少見矣。北宋以下，義

此下佛、道兩教事迹，乃不復足以轉動整個政治社會之趨嚮。

第五編

隋唐五代之部

第二十二章　統一盛運之再臨　隋室興亡及唐初

中國經過四百年的分崩動亂，終於盛運再臨，而有隋唐之統一。

一　隋代帝系及年歷

一（二四）文帝堅　盡殺宇文氏，滅陳，服突厥。

二（一四）煬帝廣　營建東都，開通濟渠，南遊揚州。北巡榆林，至突厥啓民可汗帳。築長城。開永濟渠，通涿郡。三征高麗，天下遂亂。

三（二）恭帝侑

恭帝侗

隋代三帝，三十九年。

自開皇九年滅陳，統一中國，迄於滅亡，不過三十年。下開唐室，正與西漢前的秦代一樣。

二　隋代國計之富足

隋室雖祚短運促，然其國計之富足，每爲治史者所豔稱。自漢以來，丁口之蕃息，倉廩府庫之盛，莫如隋。

自晉至隋戶口一覽

		數字	備註
晉武帝 太康元年	戶	二、四五九、八○○	
	口	一六、一六三、八六三	
宋孝武帝 大明八年	戶	九○六、八七○	
	口	四、六八五、五○一	
齊梁		未詳	
陳	戶	五○○、○○○	
	口	二、○○○、○○○	
魏孝文遷洛		比晉太康倍而有餘，約五百萬戶。	
爾朱之亂	戶	三、三七五、三六八	小郡戶 二○；口一百而已

	戶	口
北齊	三、〇三二、五二八、	二〇、〇〇六、八八〇
北周	三、五九〇、〇〇〇	九、〇〇九、六〇四
隋大業二年	八、九〇七、五三六	四六、〇一九、九五六

按：當時齊、周戶數合計，已超踰魏孝文遷洛時一百萬，較之江南陳氏所有，踰十二倍。口數踰陳氏幾及十五倍，較西晉太康全國統一時，幾踰一倍。此亦北方政治已上軌道之證。

又按：後周禪隋，有戶三五九九六〇四，開皇九年平陳，又收戶五〇〇〇〇〇；至大業二年，前後二十六年，戶增四八〇七九三二。通典謂：「時承周、齊，人依豪室，禁網隳紊，姦僞尤滋。高熲建輸籍之法，定名輕數，使人知爲浮客，被彊家收大半之賦；爲編氓，奉公上，蒙輕減之征。先敷其信，後行其令，烝庶懷惠，姦無所容。隋氏資儲，遍於天下，人俗康阜，熲之力焉。」蓋隋政仍沿北魏均田制以來用意，脫私戶，歸公家，而達於完全成功也。

隋制多沿於周，然周時酒有榷，鹽池、鹽井有禁，市有稅，隋初[開皇三年。]盡罷之，所仰惟賦調，亦復甚輕。

調絹一匹者減爲二丈，役丁十二番者減爲二十日。九年平陳，給復十年。自餘諸州，並免當年租稅。十年，百姓年五十者，輸庸停役。十二年河北、河東田租三分減一，兵減半，功調全免。

所以府庫充盈者則有數端：

一、周滅齊，隋滅陳，均未經甚大之戰禍，天下寧一，已有年數。

二、自宇文泰、蘇綽以來，北朝君臣大體均能注意吏治。隋承其風而弗替。

帝受禪，楊尚希上表，以爲：「今郡國倍多於古，或地無百里，數縣並置；或戶不滿千，二郡分領；人少官多，十羊九牧。」帝嘉之，遂罷天下諸郡。時刺史多任武將，不稱職，柳彧上表諫，多爲罷免。<small>又制刺史不督軍，別置都尉，使軍民分治。</small>又使或持節巡河北五十二州，奏免長吏贓污不稱職者二百餘人。開皇三年，長孫平爲度支尚書，奏令民間立義倉，自是州里豐衍。其他長吏，多有吏幹惠政，爲當時所稱。<small>如歧州刺史梁彥光、相州刺史樊叔略、新豐令房恭懿等。</small>惟惜隋史遺闕，不能詳載。

如劉仁恩、韓則等見張嬰、高構諸傳。又如蘇威之責五品不遜，立「餘糧簿」，<small>威好立條章，每歲責民間五品不遜，或答云：「管內無五品家。」又爲「餘糧簿」，欲使有無相贍，時議以爲煩迂，罷之。威嘗謂：「江南人有學業者，多不習世務」，此可見當時南、北學風之異也。</small>辛公義、劉曠之聽訟，<small>公義露囚坐獄中以聽訟，訟者繫獄，則宿聽事，不歸寢閣。曠則稱說義理，曉諭訟者，而不決其是非。</small>王伽之縱囚，<small>伽罷遣防送卒，縱流囚李參等七十餘人，與約期至京，曰：「如致前卻，當爲汝受死。」參等皆如期。至唐太宗縱囚，亦承此等風氣而來也。</small>此等

儼如在王莽、光武之世。自非社會經學儒術流行既久，不能有此。當時如牛弘、薛道衡、李諤、高潁、李德林、蘇威之徒，皆以學人而通達政術。裴政定律，尤爲後所依用。宇文、高氏之世，死刑有五，曰磬、絞、斬、梟、裂；又有門房之誅。隋律死刑斬、絞二者；非謀反大逆無族刑；改鞭曰杖，改杖爲笞；定笞、杖、徒、流、死五等。若知隋代學風世化如此，則吏治之漸上軌道，自不足奇。

三、其尤要者，則爲中央政令之統一，與社會階級之消融。古代之貴族封建，以及魏、晉以來之門第特權，至此皆已消失。全社會走上一平等線，而隸屬於一政權之下。故下層之負擔尚甚輕，而上層之收入已甚足。

此層乃隋代與西漢不同之點。西漢積高、惠、文、景三世四帝六十年之休養，至武帝而始盛；隋則文帝初一天下，即已富足。蓋漢初尚未脫封建遺蛻，有異姓、同姓諸王侯，自韓、彭菹醢，迄於吳、楚稱兵，財富不能集於中朝。中央政權所直轄者，不及全國三分之一。王室雖恭儉，而諸王侯封君莫不驕奢自縱，與隋初形勢大不同。

至於王室生活之節儉，僅其餘事。

惟吏治已上軌道，社會上特殊勢力已趨消失，對外無強敵之脅迫，此時的統治權所急切需要者，乃爲一種更高尚、更合理的政治意識，而惜乎隋文帝說不到此。

隋文奮勵爲政，坐朝或至日昃，五品以上引之論事，宿衞傳飱而食，勤於吏治而無大度。

開皇十四年大旱，是時倉庫盈溢，乃不放賑，令民逐糧。唐太宗謂其「不憐百姓而惜倉庫」。仁壽元年，詔減國子學生只留七十人，太學、四門、州、縣並廢，雖有諫者不聽。

隋文殆以空設學校爲靡費也。

食者並家屬近百萬口。

在其末年，天下儲積，足供五、六十年，遂以招來煬帝之奢淫。

煬帝大業二年置洛口倉，倉城周圍二十餘里，穿三千窖。又置回洛倉，倉城周圍十里，穿三百窖，窖容八千石，共可積米二千六百萬石。李密藉以爲亂，憑人負取，羣盜來就

三　煬帝之誇大狂

煬帝即位，即營建東都，每月役丁二百萬。

煬帝詔：「南服遐遠，東夏殷大，因機順動，今也其時。」爲適應大一統之局面而建設新中央，自魏孝文已有此計劃矣。

元年開通濟渠，引穀、洛水達河，引河入汴，引汴入泗以達淮。

魏孝文告李沖：「欲自鄴通渠於洛，從洛入河，從河入汴，從汴入清，以至於淮。南伐之日，下船而戰，猶開戶而鬪。此乃軍國之大計。」則魏孝文亦已先有此意，至隋煬而實現。此乃爲貫通中國南、北兩方新形勢之偉大工程也。

遂南遊揚州。

渠廣四十步，旁築御道，自長安至江都築離宮四十餘所。造龍船四重，高四十五尺，長二百尺，挽船士八萬，舳艫相接二百里，騎兵翼兩岸。

三年，北巡榆林，甲士五十萬。幸啓民可汗帳，築長城。四年又築。發河北諸郡男女百餘萬。

四年，開永濟渠，引沁水南達河，北通涿郡。

六年，通江南河，自京口至餘杭，長八百里，廣十丈。

八年，親征高麗，發兵踰百萬，分二十四軍。九軍渡遼凡三十萬，還至遼東者不足三千人。

九年、十年，再伐高麗，天下遂亂。

這是煬帝的誇大狂。一面十足反映出當時國力之充實，一面是煬帝自身已深深染受了南

方文學風氣之薰陶。

隋文平陳，以煬帝爲揚州總管，鎮江都，置學士至百人，常令修撰，成書萬七千餘卷。此等皆沿齊、梁故習。又按：煬帝在揚州，聚書至三十七萬卷。**在此時期，煬帝殆已深深呼吸到南方文學的新空氣。**

史稱煬帝早年「沉深嚴重，朝野屬望。文帝幸其第，見樂器弦多斷絕，又有塵埃。尤自矯飾，時稱仁孝。」則煬帝此時意態尚不同。帝好吳語，正見其染南風之深。在江都謂蕭后曰：「儂不失爲長城公，卿不失爲沈后」，其欣慕南朝可想。（史亦以此四字描寫文帝。）

其後常以文學自負。

謂：「天下皆謂朕承襲緒餘，以有四海；設令與士大夫高選，亦當爲天子矣。」

朝臣至有以文詞見忌死者。

薛道衡死，帝曰：「能作『空梁落燕泥』否？」王冑死，帝誦其佳句曰：「『庭草無人隨意綠』，復能作此語邪？」惟此均不載於隋史，而通鑑收之。

當時北朝雖以吏治、武力勝過南方，若論文學風流，終以南朝爲勝。

北齊書魏收傳：「魏收、邢卲更相訾毀，各有朋黨。卲云：『江南任昉，文體本疏，魏收非直模擬，亦大偸竊。』收曰：『伊常於沈約集中作賊，何意道我偸任昉！』時人謂：『見邢、魏之臧否，卽是任、沈之優劣。』」又元文遙傳：「濟陰王暉業嘗大會賓客，有人將河遜集初入洛，諸賢皆贊賞之。」

文帝只知有吏治，光武亦尚吏治，而能文之以儒術，爲隋文所不如。並無開國理想與規模。若使有蘇綽、王通諸人佐之，必然另有一番氣象。煬帝則染到了南方文學風尚，看不起前人簡陋。此在文帝時，朝廷一切儀注禮文，早有擺棄北周，改襲齊、因北周模古，簡陋之中雜以迂怪，風尚所趨，轉嚮齊、陳者，一也。二

則文帝篡周，盡屠宇文氏，蓋自有私意欲超出其上，不甘因循，二也。然文盛之弊，則至煬帝時而始著。

隋書文學傳謂：「煬帝初習藝文，有非輕側之論。暨乎卽位，一變其風。其與越公書、建東都詔、冬至受朝詩及擬飲馬長城窟，並存雅體，歸於典制。雖意在驕淫，而詞無浮蕩。故當時綴文之士，遂得依而取正焉。」此謂「意在驕淫」，卽承南方文學風尚也。謂「詞無浮蕩」，則承北朝蘇綽諸人之影響。又按：唐天授時，左補闕薛謙上疏，謂：「晉、宋祇重門資，有梁雅愛屬辭，陳氏特珍賦詠。逮至隋室，餘風尚存。開皇中，納李諤之論，下制禁斷文筆浮辭。煬帝嗣興，又變前法，置進士等科。於是後生之徒，相復倣效，緝綴小文，名之策學。不以指實爲本，而以虛浮爲貴。」是煬帝之設進士科，雖非專考

詩賦，然要爲沿襲南朝尚文之風氣，在唐初尚多知之者。

狂放的情思，驟然爲大一統政府之富厚盛大所激動，而不可控勒。於是高情遠意，肆展無已，走上了秦始皇的覆轍。

煬帝雄才大略不如始皇，而同爲帶有極度的貴族氣分，故兩人皆不能卹民隱。當時南方文學，本爲變相貴族之產物也。<small>煬帝外慕經術，內好文學，則頗似漢武。</small>

能把南方的文學與北方吏治、武力綰合，造成更高、更合理的政權，則是唐太宗。<small>隋代政制兼承南、北，大抵政風頗沿北周，禮文兼探齊、陳。唐承其後，猶漢之襲秦，唐制卽隋制也，惟運用者之精神特爲有殊耳。其隋制兼承南、北之詳，當讀隋書各志。</small>

又按：唐君臣多出貴胄，唐高祖，西魏八柱國唐公李虎孫，周明敬、隋文獻皇后之外戚，娶周太師竇毅女。毅，周太祖壻。宰相蕭瑀、陳叔達，梁、陳帝王之子。裴矩、宇文士及，齊、隋駙馬都尉。竇威、楊恭仁、封德彝、竇抗，並前朝師保之裔。其將相裴寂、唐儉、長孫順德、屈突通、劉政會、竇軌、竇琮、柴紹、殷開山、李靖等，並是貴冑子弟。故唐制得斟酌南、北，開國卽規模宏遠，漢、宋所不逮。

四 唐代帝系及年歷

唐代凡二十帝，二百九十年。

五　貞觀之治

唐太宗是中國史上一個傑出的君主。自稱：「年十八便爲經綸王業，北剪劉武周，西平薛舉，東擒竇建德、王世充。二十四而天下定。二十九而居大位。四夷降伏，海內乂安。」自謂：「古來英雄撥亂之主，無見及者。」

貞觀之治，尤爲後世所想望。

其一朝賢臣，如王珪、房玄齡、杜如晦、溫彥博、李靖、魏徵、戴冑之類，指不勝屈。

太宗旣英才挺出，又勤於聽政。

錄刺史姓名於屏風，坐臥觀之。得其在官善惡之迹，皆注名下。又常遣員巡察。命百官五品以上，得上封事，極言得失。又命更宿中書內省，數延見問民疾苦。其詳見吳兢著「貞觀政要」一書。

其君臣上下，共同望治，齊一努力之精神，實爲中國史籍古今所鮮見。

然貞觀時代之社會情況，實未必勝於大業。

自隋大業七年至唐貞觀二年，朔方梁師都部下降。前後十八年，羣雄紛起者至百三十餘人，擁眾十五萬以上者，多至五十餘，民間殘破已極。

貞觀元年關中饑，米斗直絹一匹。二年，天下蝗。戴胄謂：「每歲納租，未實倉廩。隨時出給，纔供當年。」三年，大水。四年，始大稔，流散者得歸。

是年，高昌王麴文泰入朝，謂：「見秦隴之北，城邑蕭條，非復有隋之比。」史稱是年「米斗不過三四錢，終歲斷死刑纔二十九人。東至海，南極五嶺，皆外戶不閉，行旅不齎糧，取給於道路」，恐有過分渲染。亦見復蘇不易。

六年，羣臣請封禪；魏徵諫，謂：「自伊、洛以東，至於海、岱，煙火尚稀，灌莽極目。」太宗即位僅六年，免離饑饉僅二年，倖破突厥，遽議封禪，苟非魏徵直諫，貞觀治績，恐即自此衰矣。適會河南、北數州大水，事遂寢。十一年，魏徵上疏，尚謂：「隋之府庫、倉廩、戶口、甲兵之盛，考之今日，安得擬倫！」馬周上疏亦謂：「今之戶口，不及隋之十一。」

貞觀初，戶不滿三百萬。永徽元年，戶部奏：「去年進戶十五萬，今見有戶三百八十萬。」而隋開皇中有戶八百七十萬。直至玄宗天寶十三載，始有戶九百六十一萬九千餘，為唐之極盛，乃始與隋氏相比。歷代戶口數，雖有隱漏或誇飾，不可盡信，然大體可資以見世運之盛衰升降。

正惟如此，故太宗一朝君臣，每每以有隋相警惕，不敢驕縱荒佚，而成治世。

魏徵所謂：「隋以富強動之而危，我以寡弱靜之而安。」馬周謂：「貞觀初率土荒儉，而百姓不怨。今十一比年豐穰，匹絹得粟十餘斛，而百姓怨咨。以爲陛下不憂憐之，又所營爲者，頗多不急之務也。」此皆從上下心理上說明貞觀之治之眞實背景。

一到唐玄宗時，社會富庶已與隋代相似，而天寶之亂，亦乃與隋煬相差不遠。

第二十三章　新的統一盛運下之政治機構　_{盛唐之政}
府組織

中國經歷四百年的長期分裂，而重新有統一政府出現，是爲隋、唐。但那時的統一政府，其內容機構又與四百年前不同。

舉其要者言之，第一是中央宰相職權之再建，第二是地方政治之整頓。

一　宰相職權之再建

西漢初年的丞相、御史大夫，漸漸轉移而爲後漢以降之尙書，事已詳前。

魏世，中書監始參大政。

漢代尙書乃士人，而中書以宦者爲之。魏佐漢，初建魏國，置秘書令，仍典尙書所奏。_{曹操自以漢相擅}_{政，則魏之祕書，}尋改爲中書，_{文帝受}_{禪後。}有令、有監，而亦不廢尙書。然中書親近，尙書疏遠。_{乃漢廷之陪臣}_{尙書，此亦化家爲國之一例。}後遂以中書替

東晉則侍中始優。

侍中本與中常侍齊體，亦內朝卑職。魏、晉置侍中四人，君出則護駕負璽或騎從，登殿則與散騎常侍對扶。備具顧問，且管門下眾事。東晉以後，皇帝以侍中常在左右，多與之議政事，不專任中書。於是又有門下，而中書權始分。

機要在中書、侍中，尚書執行政務。於是尚書轉為外朝，而中書、門下獨為天子所私近人。

下逮宋、齊，尚書、中書、侍中三者皆為輔臣。

這是秦、漢以來中央政府機構上一個極有重要意義的轉換。君權、相權即王室與政府。本為兩漢文治政體相輔為治之兩面。其間雖有畸輕畸重，如東漢之事歸臺閣，而公卿位望，依然為外朝冠冕。君、相對立，大體無變。魏、晉以來，政治意識墮落，政府變成私家權勢之爭奪場，於是君、相不相輔而相制。權臣篡竊，即剝奪相權，歸之私屬。如魏之用中書。然君臣猜忌無已，私屬所居，馴為要位。朝臣進一步，則王室退一步。又不得不別用私屬以為防。如東晉之轉任侍中。就其時之王室言，則削去相位，似乎便於專制；就其時之士族言，則各成門第，亦復迹近封建。結果則王室亦僅等一私家，如是則王室私人，亦只與封建時代家宰、家相一般。政府解體，君權、相權均不存在。

直要到政治意識再轉清明，政府漸上軌道，則君臣相與之意態亦變。其君不敢以私屬待其臣，其臣亦不復以私屬自居。君不以防制爲事，臣不以篡奪爲能。

君、相仍爲相輔成治，而非相剋成敵。其時則魏、晉以來的私機關，又一變而成政府正式的首領官，完全實替了秦、漢時代的相權，而卽以扶翼君權，共同組成一個像樣的政府。 其內包有王室。

這便是隋、唐統一之復現。

此種轉變，無異乎告訴我們，中國史雖則經歷了四百年的長期紛亂，其背後尚有活力，還是有一個精神的力量，卽是一種意識，或說是一個理性的指導。**依然使中國史再走上光明的路。**

唐代中央最高機關，依然是魏、晉以來的尚書、中書、門下三省。但他們現在已是正式的宰相，而非帝王之私屬。其職權分配，則中書掌定旨出命，命令權。門下給事中掌封駁，審駁權。尚書受而行之；施行權。

古代的宰相權，現在是析而爲三。

貞觀三年，「太宗謂羣臣曰：『中書、門下，機要之司，詔勅有不便者，皆得論議。比來但覩順從，不聞違異。但行文書，誰不可爲！』房玄齡等皆頓首謝。故事：凡軍國大事，中書舍人各書所見，中書侍郎、中書令省審之，給事中、黃門侍郎駁正之。上始申明舊事。」蓋此制亦始周、隋，非唐代新創也。

三者之中，又以侍中、門下省長官。中書令中書省長官。爲眞宰相。

凡軍國大事，中書舍人得先各陳所見，謂之「五花判事」，而中書侍郎、中書令審定之。政事堂有後門

此開明代九卿會議之始。惟九卿各有典司，即各有一成之見。如大兵大役，兵部、工部惟求其成，戶部則務求其省。中書舍人得其選，則歷中外，通衆理，彼此不致相妨。

自高宗晚節以來，天下文章道盛，中書舍人為文士之極任，朝廷盛選，諸官莫比。

通中書舍人院，宰相時得咨訪政事自廣。代宗時常衰為相，始塞絕之。

敕旨既下給事中，黃門侍郎復得有所駁正。此開明代抄參封駁之始。

〈通典：「百司奏抄，侍中既審，則駁正違失。詔勅不便，則塗竄奏還。此所謂『塗歸』也。」實際給事中即可行使「塗歸」之權。如德宗貞元中，給事中袁高不肯草制復召盧杞，封還詞頭，揭杞罪狀。文宗開成初，給事中盧載封還以郭任瑕出任刺史詔書，稱為「封駁稱職」是也。 其他例不勝舉。又按：漢哀帝封董賢，丞相王嘉封還詔書。此唐之門下封駁，即漢相權之證。後漢鍾離意為尙書僕射，數封還詔書，劉禕之嘗謂：「不經鳳閣鸞臺宣過，何名為勅！」劉竟以此賜死。又按：則天垂拱三年，鳳閣侍郎即中書侍郎改名。劉禕之嘗謂：「不經鳳閣鸞臺宣過，何名為勅！」劉竟以此賜死。

然可見天子詔勅，必經中書宣出，又必經門下副署。以相權節制君權，即以政府節制王室。唐制實淵源於漢代文治政府之意義而演出也。 然中宗仍可以有「斜封墨勅」，可見無「徒法自行」之法。

因此宰相常於門下省議事，謂之「政事堂」。 兩省先議定後奏聞，以免紛爭。

其後政事堂遷至中書省。

高宗時，裴炎以中書令執政事堂筆，「執筆」猶今之主席。遂有此舉。門下給事中所居，不於門下議事而於中書，乃相臣志在自專，先不使給事知之，待取中旨自然後封還，其勢較難，則塞默者多矣。然此下給事中封駁詔書仍時有其事。玄宗時，政事堂改稱「中書門下」，其政事印亦改「中書門下」之印。直到宋代，以爲故事。

宰相分直主政事堂筆。

肅宗時，每一人主十日；德宗時，改每日一人執筆。

尚書僕射　尚書省長官。　加「同中書門下三品」，後稱「同平章事」及「參知機務」等名，始得出席政事堂，方爲眞宰相。

自貞觀末無不加者，開元以來則罕見。

其餘他官參掌者無定員。

玄宗先天以前員頗多，開元以來常以二人爲限，多則三人。加「同中書門下三品」、「平

章」、「知政事」、「參知機務」、「參與政事」、「平章軍國重事」等。^{以官未及而人可用者參預朝政，略如近代之不}

尚書省有都堂，^廳以左、右僕射爲領袖。下分六部：東爲吏、戶、禮三部，左丞主之。西爲兵、刑、工三部，右丞主之。其二十四司，分曹共理，全國政務畢萃。

諸司官兼知政事者，午前議政於朝堂，午後理務於本司。

開元以來，宰相員少，資地崇高，又以兵、吏尙書，權位尤美，宰相多兼領之。但從容衡軸，不自銓綜。其選試之任，皆侍郎專之，尙書通署而已。

尙書六官，各有所職，儻無折中，則恐互相推避，互相炫匿，故總攝以宰相。宰相亦慮有未周，見有所偏，^{或則專且私。}乃先之以中舍之雜判，庶得盡羣謀而伸公論。又繼之以給事之駁正，復得塞違而繩愆。此等制度，可謂宏大又兼精密。

以中書、門下較漢代之宰相，以尙書六部較漢代之九卿，在政制上，不可謂非一種絕大之進步。

一則尙書六部，乃政府公職，^{吏、戶、禮、兵、刑、工，莫非國家政務要項。}而九卿則是王室私屬。^{九卿性質已述說於前。}從九卿

^{管部大臣也。}

轉變到六部，正是政府逐步脫離王室獨立之明證。

隋文開皇中，明令國子寺不隸太常。此等改變，正可反映時代之進展，以及當時人對政治意識之轉變。至於六部之外仍存九寺，（即九卿遺蛻。）舊名不廢，新資日加，職權重疊，自爲一弊。

二則漢初封建、郡縣雜行，中央直轄部分有限，後雖逐步統一，而郡國守相之權尚大，千里王畿，僅如一省。隋、唐則九州攬於一握，考課、獄訟、兵財諸端，繁不勝記。總以六卿，分以郎署，中央政府之擴大，爲事勢演進所逼出。於是六卿之上，必有佐天子以總理之者。一相嫌於專擅，且亦事冗不給；多相則互委，易生同異，以致撓敗。尚書置左、右僕射，分判六部，各治三官，可免上述之弊。而尚書惟在政務之推行，至於出命覆奪，尚有中書、門下。故曰三省之於宰相，六部之於九卿，不得不說是政制上之一進步。

如此宏大而精密的政治機構，正好象徵當時大一統政府之盛況。

至於政府無立法機關，則因中國政治，自秦、漢以下，本有一種理性之指導，法度紀綱粗建，無豪強之兼幷，無世冑、僧侶之專政；教育、選舉、考試與統治權常有密切之聯繫，不斷吸收社會俊秀分子，公開參政，使其新陳代謝，政府與民衆，即以此爲連鎖。舊朝以積久腐敗而傾覆，則新朝鼎新，去其泰甚，與民更始。歷史常在和平中進展；而民間大動

亂則往往只有倒退，別無長成。

從北朝儒學逐步轉變，而有唐代政府之規模，此便是中國史在和平中進展一顯例。至於隋末羣雄擾亂，只加時代以一種不可磨滅之傷痕。

代議制之所起，由於宰輔之權不重，無參署之制，政府負責無人，君主易於爲惡。此其一。中國自明代始無參署。稅法不夙定，輕徭薄賦不垂爲典則，掊克之術易施。此其二。中國漢、唐稅制皆明定頒布，且極輕。僧侶不務靜修而干政。此其三。中國惟元代有其病。貴族擅權，下情壅隔。此其四。中國自秦以下即無貴族。無審駁、監察、彈劾之官，則君主失德而莫正。此其五。中國自漢以來即力矯其弊。無拾遺、補闕、記注、經筵之官，則庶政違失而莫糾。六。此其中國自唐以下諸職亦漸備。傳衍淺，則無良法美意足資循式，無嘉言懿行以供考鏡。此其七。中國歷史傳衍之久，美政善俗，至德要道之闡述，自先秦以下即諸職盡立。考試權不獨立，闈冗在位，賢儁老死。此其八。中國歷史傳衍之久，美政善俗，至德要道之闡述，自先秦以下諸職亦漸備。文化之傳衍淺，則無良法美意足資循式，無嘉言懿行以供考鏡。其遇朝政闕失，在下者以爲乃人弊非法弊，故上下之情常通，不致於成敵抗之形。故中國政制無民選代議，不足即據此爲中國政制病也。

國能造成一廣土衆民之大國家，歷久而轉盛者在此。中來，已具規模。

二 地方政治之整頓

隋唐政府與秦漢之不同，其次則在地方政權方面。

兩漢地方政權，無異於古諸侯，並不一一轄於中央，因此演成漢末分崩的局面。經歷魏晉南北朝，中央政府既不像樣，而地方政治則更糟。

一、軍政、民政不分，州、縣官皆以武吏軍人爲之。

漢末及三國，多以諸部都尉爲郡。晉郡守皆加將軍、無者爲恥。梁、陳太守加督，加都督。《魏書甄琛傳》，琛表：按：在選洛後。「邊外小縣，所領不過百戶，而令、長皆以將軍居之。」

二、州、縣爲豪強私利而分割。

北齊天保七年詔：「魏自孝昌之季，祿去公室，政出多門。豪家大族，鳩率鄉部，託迹勤王，規自署置。或外家公主，女謁內成，昧利納財，啓立州、郡。」又北史張彝傳：「彝曾祖幸所招引河東人爲州，裁千餘家。旋罷入冀州，積三十年，析別有數萬戶。孝文謂彝曰：『終當以卿爲刺史，酬先世誠效。』」可見當時州、縣，儼如古代封建。

三、州、縣無限劃分，乃至領戶日削，有名無實。

天保七年詔：「百室之邑，便立州名；三戶之名，空張郡目。」〈周書〉〈盧辯傳〉，縣令分戶七千以上、四千以上、二千以上、五百以上、不滿五百五等。因此南北朝設縣，皆在千數百以上，較東漢尙過之。

要之魏晉南北朝一時期的地方政治，只在離心勢力下演進，逐步變成封建性之分割，而結果則地方政權轉而日趨削弱。一到隋唐，轉回頭來，地方政權正式再統轄於中央，而那時的地方政權，卻再不能像兩漢般的比較有其獨立性。以隋唐與兩漢相較，中央統治地方之權，更密更大，實爲中央集權更進一步之完成。在此方面，隋唐的統一政府，其實際內容，與秦漢又遠異。

唐代地方行政最低級爲縣，全國凡一千五百七十三縣。此據玄宗天寶初年。

較西漢略多二百餘縣，所增不到六分之一。武德初，上縣六千戶以上，中縣二千戶以上，下縣一千戶以上。開元中，改上縣六千戶以上，中縣三千戶以上，未滿三千戶爲下縣。漢制則以萬戶以上縣爲「縣令」，萬戶以下縣曰「縣長」。

縣以上爲州或郡。

州長官爲刺史，郡長官爲太守。自漢季以來，刺史總統諸郡賦政於外，猶如後代之巡撫、總督，較之漢代僅屬司察之任者權位大異。而隋唐刺史，則猶後代之知府及直隸知州，與太守僅爲互名，已無分別。此爲隋唐減削地方政權之一例。又唐制四萬戶以上爲上州，二萬戶以上爲中州，二萬戶以下爲下州。西漢一縣戶口，亦有四、五萬以上者。可見漢、唐太守權位之迥乎不侔。

西漢太守一郡戶口有多至二百萬以上者。

全國州府凡三百五十八。

較西漢增至兩倍外，此又唐代減削地方政權之一例。

隋郡一百九十，雖視兩漢爲多，然較南北朝已大減矣。唐則視隋又增。

上州刺史只從三品，即第六級官。中、下州刺史正四品。即第七級官。

刺史的地位權任，既遠非漢比，又掾吏辟署之權亦削，大部均歸中央。

北齊武平中，後主失政，多有佞幸，乃賜其賣官，分占州、郡，下及鄉官，多降中旨，故有敕用州主簿、郡功曹者。自後州、郡辟士之權浸移於朝廷。

後周蘇綽傳：「令刺史府官則命於天朝，其州吏以下，並牧守自

置」，則猶存古意。隋開皇三年，明令罷辟署，令吏部除授品官，爲州、郡佐官。唐雖間有辟署，然仕進之途大抵由科目矣。（沈既濟疏：「今諸道節度、都團練、觀察、租庸等使，自判官、副將以下皆使自擇，則辟吏之法已試於今，但未及州、縣耳。」韓佽傳云：「佽爲桂管觀察使，部二十餘州，自參軍至縣令三百餘員，吏部所補纔十一，餘皆觀察使量才補職」，則并州、縣亦有爲觀察所置者。然桂管偏區，自與腹地不同也。）

於是中央政務日繁，地方事權日輕。

牛弘問劉炫：「魏、齊之時，令史從容而已，今則不遑寧處，其事何由？」炫曰：「往者州惟置紀綱，郡置守、丞，縣惟令而已。其具僚則長官自辟。受詔赴任，每州不過數十。今則不然，大小之官悉由吏部，纖介之跡皆屬考功，所以繁也。」

這又是隋唐大一統政府與秦漢不同一要點。

第二十四章　新的統一盛運下之社會情態　盛唐之進士府兵與農民

要把握住盛唐社會情態，最好亦從當時幾項制度方面去看。

一　唐代之貢舉制

唐代士人出身，可分三途：一生徒，由學館。此沿漢代博士弟子制。二鄉貢，由州、縣。此沿漢代郡國察舉孝廉制。三制舉。此沿漢代賢良方正制，標目求才，由天子親臨試。

州、縣貢舉又分諸目，最著者有秀才、明經、進士。外有明法、明字、明算、一史、三史、開元禮等諸種。**貢舉每年一次，為求出身者所集中。**制舉無定期，不常有。學館往往有名無實，其生徒亦參加貢舉。

而尤以「進士」科為盛。

「秀才」須高才博學傑出始可應。貞觀中有舉而不第者，坐其州長，由是此科遂絕。「明經」只試帖經記誦，士人不貴。

貢士得懷牒自列於州、縣。

貢舉自北魏已推行，齊、隋選置多由請託，議者以爲「與其率私，不若自舉；與其外濫，不若內收」。是以罷州、府之權而歸吏部。

集試於中央。

初屬吏部考功員外郎，後以員外郎望輕，遂移禮部，以侍郎主之。事在開元二十四年。

這一個制度，亦像上舉尚書六部制以及州、縣劃分制度一般，同爲後世所遵用，直到清末，不能改變。

此制用意，在用一個客觀的考試標準，此項標準，一則求其公平，不容舞弊營私。二則求其預備之單純與統一，減免經濟上之限制，使貧民亦有出身。又間接助成國內風俗教化之統整，以輔成大一統政府之團結與鞏固。來不斷的挑選社會上優秀分子，使之參預國家的政治。

此制的另一優點，在使應試者懷牒自舉，公開競選，可以免去漢代察舉制必經地方政權之選擇。

在此制度下，可以根本消融社會階級之存在。人民優秀分子均有參政機會，新陳代謝，決無政治上之特權階級。

可以促進全社會文化之向上。政治權解放，民間因按年考試之刺激，而文藝、學術普遍發展。

可以培植全國人民對政治之興味而提高其愛國心。全國除王室有較永久之地位以外，國家政權全部公開於民衆。

可以團結全國各地域於一個中央之統治。各地域按名額獲得其進士參政權，而歷年全國各地士子羣集中央會試，對於傳播國家意識，交換地方情感，融鑄一體，更為有力。

這一個制度的根本精神，還是沿著兩漢的察舉制推進，並無差別，這是中國史意味深厚處。漢、唐繁盛的花朵，從同一根本上壅培出來。

不過是更活潑、更深廣的透進了社會的內層。

魏晉南北朝時期之門第，自一方面看，固若近似於古代封建勢力之復活。然自另一方面看，實為先秦、西漢以來士人地位之繼續增強。故至隋、唐而有普遍的貢舉制度之產生，此乃士人地位自門第下出頭而更展擴。故隋、唐之中央集權，可以謂政府地位之提高，而非王室地位之加隆。就全史之進程論，魏晉南北朝之門第勢力，在浮面則為一波折，在底層則依然沿文治之大潮流而滾進也。

二　唐代之租庸調制

由北魏之「均田」制演變而成唐代之「租庸調」制。高祖武德七年。

凡男女始生爲黃，四歲爲小，十六爲中，二十有一爲丁，六十爲老。丁年十八以上授田一頃，（五尺爲步，二百四十步爲畝，畝百爲頃。）內八十畝爲口分，年老還官。（郎北魏之「露田」。）二十畝爲永業。（樹榆、棗、桑等，郎北魏之「桑田」。）

授田者丁歲輸粟二石，謂之「租」。（此古粟米之徵，相當於漢之租。）

丁隨鄉所出，歲輸綾、絹、絁各二丈，布加五之一。輸綾、絹、絁者兼綿三兩，輸布者麻三斤，謂之「調」。（此古布帛之徵。「調」本興調、調發之義，相當於古之「賦」。漢有口賦，唐有戶調，其實一也。）

不役者日爲絹三尺，謂之「庸」。（此古力役之徵。）有事加役二十五日者，免調；加役三十日者，租、調皆免。通正役不過五十日。（相當於漢之役。）

這一個有名的租庸調制，所以爲後世稱道勿衰者，厥有數端。

第一在其輕徭薄賦的精神。

以租而言，孟子在戰國時，以什一之稅爲王者之政；而漢制則什五稅一，常收半租，則爲三十稅一。（此見漢代的實際政治，已較戰國學者託古改制的理想，更進一步的寬大。）若以畝收一石計，除去永業，田不論。唐制只是四十而稅一，較之漢制更輕更寬大。（以西晉開國百畝課田六十畝相比，減輕二十餘倍。八十石中收二石。）

以庸而言，漢制更役一歲一月，唐則只二十天，只有漢三分之二。（漢尚須爲正卒衞士一年，又有戍邊三天。唐因行府兵制，農民不須衞戍，比漢負擔更輕。）

調輸布帛，與漢口賦驟難相比。惟西晉戶調，丁男之戶，歲輸絹三匹、綿三斤，比唐多六

倍。北魏均田，一夫一婦調帛一匹，比唐亦多一倍。唐兼調綾、絁，上比稍有出入。要之唐之調法輕於魏、晋。

唐制庸、調並得視田登耗爲蠲免。

要論輕徭薄賦，中國史上首推唐代的租庸調制。在這一個制度下，農民自可安居樂業。

唐初不榷鹽，開元以下始課鹽，以左拾遺劉彤形表。然天寶、至德間，鹽每斗尚僅十錢。其後乃增至四十倍。天下之賦，鹽利居半。則唐興逾百年矣。

唐初無茶稅，建中以下始稅茶。唐初無酒禁，廣德以下始禁酒。唐六典謂「關呵而不稅」，則唐初待工商又甚優。隋亦所仰惟賦調，唐初仍隋制也。

又按：就中國史上之商人言之，西漢貨殖傳中人物，其在當時社會上之勢力，勿論矣。

即如東漢初，樊重家閉門成市，兵弩器械，資至百萬，光武資之起。其末年，蜀先主亦得中山大商張世平、蘇雙之助。而糜竺祖世貨殖，僮客萬人，資產鉅億。進妹於先主。奉奴客二千，金銀貨幣，以助軍資。則其時商人勢力，猶可想見。降及兩晋，多以朝廷大僚而兼營貨殖，如王戎、園田水碓，周徧天下。石崇甚至劫奪。是也。宋元徽中，張興世爲雍州刺史，還家，擁資三千萬。而爲蒼梧王所劫。世云：「廣州刺史但經城門一過，便得三千萬。」而梁武陵王紀都督益州，在蜀十七年，南開寧州、越巂，西通資陵、吐谷渾，殖其財用。黃金一斤爲餅，百餅爲簉，至有百簉；銀五倍之；其他錦罽繒采稱是。又得賈胡爲主金帛。

見北史何妥傳。

同時梁武弟臨川王宏，積錢百萬一聚，黃榜標之；千萬一庫，懸一紫標。如是三十餘間，計見錢已三億餘萬。北齊富商大賈以貨賄得仕宦，屢見史冊。隋、唐商業尤盛，而官吏以經商致巨富亦習見。自兩宋以下，此風似不揚。官吏兼務貨殖至巨富者始少，富商大賈在政治、社會各方面活動勢力亦漸絀。其趨勢蓋自唐中葉以後而始變。一則商稅日重，商利日薄。如唐代「公廨錢」（亦名「料錢」）有七分生利者。（當司令史番官迴易給利，計官員多少分給，貞觀時，褚遂良極論之，然其制終不革。開元六年，祕書少監崔沔議：「五千之本，七分生利，一年所輸，四千二百。兼算勞費，不啻五千。」唐武德以後，國家倉庫猶虛，應京官料錢，並給公廨本，令開元十六年詔：「天下負舉，祇宜四分收利，官本五分收利。」）可見當時社會利率之厚。宋王安石行新法，青苗市易皆收息二分，已為一時詬病，亦由其時社會一般利潤自低也。惟其利潤降低，故商人不能進至於大富，而官僚亦無從自商人處一轉手而攫多金。然論社會商業狀況，宋以下若轉較唐前為活潑。（市坊制度，皆至宋而廢弛。於是有夜市，有草市。此蓋都市人口增加，財富旺盛，交通便利，勞動生產力發達，故商業交易，隨時隨地而擴大。又如唐以前用錢絹，宋、元以下用銀鈔，皆可見商貨交易之後盛於前也。）蓋社會商業情況之盛衰，不必與商人所得利潤之高低為正比。故宋以下社會一般商業雖轉盛，而資本集中之趨勢則日減。二則貴族特權日削，官方則例日嚴，故宋、明權臣大僚，多務於厚擁田租而止。田租之視商利，固瞠乎後矣。偶有以貨殖見稱巨富，往往得罪，禍不旋踵。（如明初吳賈陸某，富甲江右，謂「積而不散，適以釀禍」，盡以與其徒沈萬三，身為道士以終。沈富敵國，明太祖因而罪之，謫戍雲南。）蓋社會貧富之懸殊，與貴族特權之存廢，亦相為比例而進退也。（此如海上貿易，宋非不如唐，然市舶司制度既立，則利入政府；）

官僚與商人，皆不能如唐人之多獲厚利。社會自唐中葉以下，既無特貴，亦無殊富，則力量漸趨平均，故此後社會之亂，如王仙芝、黃巢、張獻忠、李自成、洪秀全等，除卻軍隊變叛以外，大抵皆饑民之騷動。求如古社會之所謂豪傑起義者，亦渺不可得。此亦古今社會升降轉變一大節目也。欲知盛唐社會盛況，亦不得不注意及此，故附論及之。

租庸調制的第二優點，則為稅收項目之列舉分明。此惟漢代的租稅制度差可相比。自租庸調制破壞以後，更找不到此種項目分明之徵收制度。因此橫徵暴斂，可以隨時增加，有進無已。（有田則有租，有身則有庸，有戶則有調。）

更重要的一點，租庸調制的後面，連帶的是一個「為民制產」的精神。及丁則授田，年老則還官，「為民制產」與「為官收租」兩事並舉，此層更為漢制所不及。（漢租雖輕，然有無田者，亦須出口賦，應更役，不得已則出賣為奴，亡命為盜。唐無無田之丁戶，則無不能應庸、調之人民矣。）在租庸調制下之農民生活，其比較寬舒安恬之景象，可以想像而得。農民生活之寬舒安恬，蒸鬱而生整個社會之繁榮。盛唐時代之富足太平，自貞觀到開元一番蓬勃光昌的氣運，絕非偶然。

杜甫詩：「憶昔開元全盛日，小邑猶藏萬家室。稻米流脂粟米白，公私倉廩俱豐實」此盛唐社會之寫照也。安史之亂，李鄴說顏魯公，謂：「平時江、淮、河南錢帛聚於清河，

以贍北軍，謂之『天下北庫』。有布三百餘萬匹，帛八十餘萬匹，錢三十餘萬緡，糧三十餘萬斛。昔討默啜，甲兵皆貯清河，今有五十餘萬事。戶七萬，口十餘萬。」顏遂據以拒賊。許遠於睢陽，積糧六萬石，張巡因之以障江、淮。烏承恩以信都降史思明，親交兵馬倉庫，馬三千四，兵五萬人。當時州、郡猶富實如此。此後雖益衰，然藩鎮之殷實富厚，仍有遠非後世可冀及者。憲宗時，韓弘在汴為宣武節度使，獻馬三千，絹五千，雜繒三萬，金銀器千。而汴之庫廐尚有錢百餘萬緡，絹百餘萬匹，馬七千四，糧三百萬斛。穆宗時，劉整為盧龍節度使，獻征馬萬五千四。藩鎮財力殷盛，正見唐代積富於民之厚，故諸藩亦得自捍外寇而久存。顧亭林《日知錄》謂：「今日所以百事皆廢，正緣國家取州、縣之財，纖毫盡歸之上，而吏與民交困，遂無以為修舉之資，即如唐代驛舍，有沼、有魚、有舟^{孫樵書褒}^{城驛壁。}有池、有林、有竹；^{杜甫秦州}^{雜詩。}後代驛舍，殆如隸人之垣。」又曰：「余見天下州城，為唐舊治者，其城郭必皆寬廣，街道必皆正直；廨舍之為唐舊創者，其基址必皆宏敞。宋以下所置，時彌近者制彌陋。人情苟且，十百於前代矣。」今按：唐室富盛，固在中央不盡取之於州、郡，尤要者，更在中央不盡取之於民間也。

三 唐代之府兵制

「府兵」制度，沿自西魏、北周，至隋、唐而大成。

唐府兵制定於貞觀十年，天下十道，置折衝府六百三十四，而關內共有二百六十一。

> 府又分爲三等，上府千二百人，中府千人，下府八百。府數各說不同。陸贄謂：「諸府八百餘所，關中殆五百焉。」杜牧謂：「凡府五百七十四，有四十萬人。」皆與唐志不合。蓋自有增減變動耳。漢唐事箋謂：「以唐地志每州之府數計之，僅與杜牧同，其說當可據。」所以關中置府獨多者，固爲有強本弱枝之意，然亦由府兵制承襲周、隋，因其遺基，故獨以關內爲特盛也。

每府置折衝都尉一人，左、右果毅都尉各一人。

士以三百人爲團，團有校尉。五十人爲隊，隊有正。十人爲火，火有長。

民年二十爲兵，<small>此指府兵言，非指全體農兵言。</small>六十而免。每歲冬季，折衝都尉率之習戰。

府兵皆隷於諸衞。<small>唐踵隋制，設十六衞，將軍總三十員，屬官一百二十八員，以養武臣，其所部兵則散於諸府。</small>

凡當宿衞者番上，兵部以遠近給番，五百里爲五番，千里七番，二千里十番，外爲十二番。皆以月上。

按：漢衞卒以歲代，較唐爲優，唐太紛擾矣。唐制亦有簡留直衞者，則五百里爲七番，千里八番，二千里十番，外爲十二番，亦月上。

府兵制的優點，無事耕於野，番上宿衞；有事命將以出，事解輒罷。兵散於府，將歸於朝。_{府兵雖散在諸道，然折衝都尉並遙隷於諸衞，乃是內任官。漢郡國都尉不隷衞尉，乃外任官。此亦唐代中央集權較漢更進之一例。} 既免軍人專擅兵隊之弊，亦無耗財養兵之苦。

尤要者，府兵制並不是「全農皆兵」，而是「全兵皆農」。_{亦卽選農訓兵。} 西漢的全農皆兵制，一則教練不易精熟，二則事實上無需發動整個農民來充當兵役。唐制在整個農民中挑選其合格的充當府兵，既不需國家特別的俸給，_{因其附農於兵。}而一般農民從此可以脫免充兵的義務。

所以府兵制在一面說來是兵、農合一，_{如南朝募兵與北朝之部族兵，皆非兵農合一。}而在另一方面說則爲兵、農分離。_{漢以來農民，自歷史上之傳統觀念言之，皆有充當兵役之義務。自唐以下，則農民除納稅外，並無必充兵役之責任。此在一個社會和平文化進展之過程中，實爲應有之階段也。又唐以前兵、役不分，唐以下兵與役離。兵與役離，故兵精。宋之「廂兵」，依然兵、役不分，故不可用。}

府兵和進士，一文、一武。實爲農民出身發迹之兩條路徑。農民中家道殷實而身心武健者，可以加入府兵。_{貧弱戶在六等以下者，例不能應府選。}有聰明雋秀的子弟，在一家耕種餘閒中，_{如一家三丁，一丁可養兵，二丁可騰出讀書應科舉。}亦可讀書求學，走入貢舉門路。

古代社會中武力與智識兩項，爲貴族階級所專有，平民不得預。現在則武力與智識，卽從

平民階級中培養，而仍有其政治上特殊保護的地位。此即府兵制較西漢全農兵役制爲優之所在。

唐代的租庸調制，奠定了全國農民的生活。唐代的府兵制，建立起健全的武裝。唐代的進士制，開放政權，消融階級，促進了全社會的文化。唐代的政府組織，又把一個創古未有的大國家，在完全密而偉大的系統之下勻稱的、合理的凝造起來。事實勝於雄辯，盛唐的偉大，已在事實上明確表出。

唐人之偉大，可以唐六典、唐律，乃至如杜佑通典、其先開元時有劉秩政典，取周禮六官所職，分門撰書，爲通典所祖。和郡縣志等著作中覘之。自北方儒統中產生蘇綽、盧辯，繼之而有李文博、隋博陵人，著政道集十卷，大行於時。王通，隋文時獻太平十二策，歸而倣古作六經，又爲中說擬論語。困學紀聞謂：「世說其言清以浮，有天下分裂之象。」陳龍川謂：「文中子沒於隋大業十三年五月，是歲十一月，唐公入關，其後攀龍附鳳以翼成三百載之基業者，大略嘗往來於河汾矣。然智不足以盡知其道，而師友之義未成，故朝論有所不及。」今按：中說所傳唐初名臣多受業通之門下，此乃通後人妄爲之。然通自是一時大儒，惟亦非平地突起。當時北方儒風已達此境，則其書不傳。房玄齡友之。其聲氣染習，唐初諸臣，固不必定得之於通也。李吉甫元

至於唐太宗等幾個人物身上著眼去窺測，亦難得其真際。

再繼而有唐人對政治、社會上更堅實、更恢宏的建設。若或專從唐人之詩、文、藝術等，乃自唐代盛況下所孕育，非由此產生唐代之盛況。

此種政治、社會各方面合理的進展，後面顯然有一個合理的觀念或理想爲之指導。這種合理的觀念與理想，即是民族歷史之光明性，即是民族文化推進的原動力。他不必

在某一個人的事業上表出，而是在整個民族的長時期的奮鬪下，篤實光輝地產生。

從北魏到北周以及隋唐，逐步進展，光明在黑暗的氛圍中長養成熟，在和平的階級下達其頂點。至於社會不時的動亂，只是黑暗與盲目勢力給與歷史進展的一些波折。

要看當時中國民族新生命之復蘇，應在此等處著眼。

第二十五章 盛運中之衰象（上）　唐代租稅制度與兵役制度之廢弛

一項制度之創建，必先有創建該項制度之意識與精神。一項制度之推行，亦同樣需要推行該項制度之意識與精神。

此種意識與精神逐漸晦昧懈弛，其制度亦即趨於腐化消失。

<u>盛唐的命運</u>，由於當時各項新制度之創建，換言之，即某種意識與精神之達於具體現實化。神之達於具體現實化。<u>及此各項新制度日趨崩潰</u>，換言之，即某種意識與精神已喪失或轉變不復存在。<u>而盛唐之盛亦遂不可久保。</u>

一　由租庸調制到兩稅制

租庸調制的精神，不僅在於輕徭薄賦，而尤重於為民制產。

推行此項制度，必先整頓籍帳。正如北魏均田，必先成立三長制。

戶籍分九等，共三本。一留縣，一送州，一送戶部。此為租、調之根據。

計帳預定翌年之課役數。此為庸之根據。

武德六年制，「每歲一造帳，三年一造籍」。州、縣留五比，尚書省留三比。

凡戶口之新附、除籍、絕逃、籍沒、田畝之應退、應授，均須逐年認真辦理。此即政府上下對此制度必先有一番精神，更不可無一種相當之意識也。

杜佑《通典》以隋國計之富足，歸功於高頴建輸籍之法。按：頴在煬帝時奏：「人間課稅，雖有定分，年常徵納，除注恆多。長吏肆情，文帳出沒，既無定簿，難以推校。乃爲輸籍之樣，請遍下諸州。每年正月五日，縣令巡人，各隨近五黨、三黨共爲一團，依樣定戶上下。」帝從之，自是姦無所容。則頴之輸籍法，正有賴於詳密周勤之吏治。其時已有括正戶之舉，見蘇瓌傳。制度廢弛而求以法令挽回，苟不能喚起推行此項制度之精神與意識，則亦徒然。

到玄宗開元八年，乃重頒庸調法於天下。

唐自武后亂國以來，民避徭役，逃亡漸多。田移豪戶，官不收授。田亦稱是。州、縣希旨，張虛數，以正田爲羨，編戶爲客，歲終，籍錢數百萬緡。當時上下意識，已全不在輕徭薄賦與爲民制產上著想。徒借法令求得隱漏，與民爭財，如何得恢復往年創建租庸調制度時之精神！

是時天下戶未嘗升降。監察御史宇文融獻策，括籍外羨田、逃戶。

自占者給復五年，每丁稅錢千五百。諸道括得客戶八十餘萬，

然版籍之不整理如故。

丁口轉死非舊名，田畝移換非舊額，貧富升降非舊第，戶部徒以空文總其故書。

朝廷再不注意到民生疾苦，而徒務於追徵誅求。

舊制：人丁戍邊者蠲其租、庸，六歲免歸。玄宗方事夷狄，戍者多死不返。邊將怙寵，不以死申，其貫籍之名不除。天寶中，王鉷爲戶口使，遂案舊籍，除六年外，積徵其家三十年租、庸。肅宗末，租庸使元載又按江、淮籍，<small>以江淮雖經兵荒，其民比諸道猶有貲產。</small>舉八年租、調之違負及逋逃者，擇豪吏爲縣令督之。民蓄穀十斛則重足待命，或聚山林爲盜。

創建租庸調制度的意識與精神全不存在，而強欲以法令快上意，終不能有效。

其時政府則誅求苛刻，而社會則兼幷熾行。<small>此實一事之兩面。</small>

據天寶十四年統計，戶數共八百九十萬有奇，<small>按：此數卽多隱漏，不可靠，說見下篇。</small>而課者五百三十四萬有奇，不課者三百五十六萬有奇。口數共五千二百九十萬有奇，課者八百二十萬有奇，不課者四千四百七十萬有奇。不課者戶佔三之二，口佔六之五。<small>唐制：鰥、寡、孤、獨、廢疾，不課；九品以上官，不課；部曲、客女、奴婢，不</small>

課。豈有此等得佔三二、六五之理！

故杜佑謂：「開元、天寶以來，法令廢弛，幷兼之弊，有逾漢成、哀之間也。」據開元十一年詔，其時王公、百官、豪富，或招農民墾闢荒地，熟則擅爲私有；或非法收買口分、永業田；或私改簿籍，隱漏戶口，佔爲已有；或以自典貼及收奪以爲兼幷。租庸調制之破壞，蓋至此已達極點。

及安、史亂後，戶籍頓減，更難整理。

肅宗乾元三年，戶一百九十萬有奇，口一千六百九十萬有奇。較之天寶十四年之數，戶激減七百萬，（五去其四。）口激減三千六百萬，（三去其二。）戰亂耗折，亦不至如此之鉅。此亦以吏治廢弛，兼幷熾行，爲其一重要原因也。

於是租庸調制乃不得不廢棄而以「兩稅」制代之。代宗大曆元年詔：「天下苗一畝稅錢十五。」以國用急，不待秋，方青苗即徵之，號『青苗錢』。又有『地頭錢』畝二十，通名『青苗錢』。此即以畝徵稅也。五年始定法：「夏上田畝稅六升，下田四升。秋上田畝稅五升，下田三升。青苗錢畝加一倍。」此夏、秋分徵也。是皆「兩稅」制之先聲。一制度之創建，必有其開先，無突然出現之理。

「兩稅」制始於德宗建中元年，爲宰相楊炎所創。

史稱：「肅宗至德後，天下兵起，人戶凋耗，版圖空虛。賦斂之司，莫相統攝，綱目大壞。王賦所入無幾，科斂凡數百名。廢者不削，重者不去。吏因其苛，蠶食於人。富人多丁者，以宦學、釋老得免；貧人無所託，則丁存。故課免於上，而賦增於下。是以天下殘瘁，蕩爲浮人。鄉居土著者，百不四五。炎疾其弊，乃請爲兩稅法。」

其制：凡百役之費，一錢之斂，先度其數而賦於人，量出以制人。

戶無主、客，以見居爲簿；人無丁、中，以貧富爲差。 行商者，在所州、縣稅三十之一。

稅夏、秋兩徵。 夏輸無過六月，秋輸無過十一月。 租、庸、雜徭悉省。

其制簡捷明白，可以止吏姦；而未必能惠民生。

史稱兩稅制行，「人不土斷而地著，賦不加斂而增入，版籍不造而得其虛實，貪吏不誠而姦無所取，輕重之權始歸朝廷。」然當時識者如陸贄等極非之。惟以救時弊，竟不能革也。馬端臨謂：「因授田之名而重其戶賦，田之授否不常，而賦之重者已不可復輕，遂至重爲民病，此自魏至唐之中葉是也。自兩稅之法行而此弊革。」可見兩稅制在當時亦自有其所以爲補救之意。蓋既已不能爲民制產，則視民財力而課稅，亦不失爲公平之道也。

以此制與租庸調制比，租庸調制稅目分明，此則並歸一項。授田徵租之制，遂變爲僅徵租不授田。「爲民制產」之精意全失，而社會貧富兼幷，更因此而不可遏。陸贄奏議謂：「疆理隳壞，恣人相吞，無復畔限。富者兼地唐、宋莊園之成立卽由此。

數萬畝，貧者無容足之居。依託豪強，以爲私屬。貸其種食，賃其田廬。有田之家，坐食租稅。今京畿之內，每田一畝，官稅五升；而私家收租，殆有畝至一石者，是二十倍於官稅也。降及中等，租猶半之，是十倍於官稅也。」〔均節賦稅恤百姓奏。〕　按：當時私租額比租庸調舊制已增到二十倍，即官稅亦比租庸調制增高。兩種稅制下之社會經濟及其一般景況，自必激變，可想而知。又按：兩稅制戶不問主、客，惟以見居爲簿，此後所謂主戶、客戶者，乃全爲農田兼并下之一種新名詞。〔其先則是土著與流移寄居之別。〕南宋　胡宏〔五峯集與劉信叔書。〕論主、客戶之關係，云：「蜂屯蟻聚，亦有君臣之義。自都邑至於州，而縣，而都保，而主戶，自主戶至於客戶，遞相聽從，以供王事，不可一日廢。夫客戶依主戶以生，當供其役使，從其約束。客戶或稟性狼悖；或習學末作；或肆飲博，誘人妻女而逃；或丁口蕃多，衣食有餘，稍能買田宅三、五畝，出立戶名，便欲脫離主戶而去。」〔此見客戶亦自有獨立之私產與儲蓄，並有轉變其身分之可能，如史言北宋汜縣李誠莊客，「皆建大第高廩，更爲豪民」是也。客戶可免國家之徭役，故有獻產巨室以規免役者。然唐代有户錢，宋代有丁錢，彼等蓋仍爲國家之公民。故北宋主、客戶口丁數皆分別統計。此等特以經濟上之租貸契約關係而受主戶之管束，與漢代所謂奴隸、唐初所謂部曲戶者不同。若認客戶爲農奴，則失之。又莊園主亦自向國家納稅。大曆四年有「諸道將土莊田，緣防禦勤勞，一切從九等輸稅」之詔。其取利亦不過在私租重而官稅輕之間。此所謂「兼并」與「封建」之異。若以古代封建貴族目唐中葉以下之莊園田主，亦誤。〕此可見兩稅制行後農田兼并下之一種情態，若與口分、永業之制相比，自可想見世運隆污之殊也。〔北宋眞宗天禧五年，主戶六百餘萬，而客戶則達二百六十餘萬，已幾及主戶之半數。仁宗寶元元年，主戶六百四十餘萬，而客戶則三百七十餘萬，逾主戶之半數矣。佃農幾常佔全國戶數三分之二，則世運之慘澹可知。〕

又此制因出制入，與農業經濟之情況亦不合。

農產有常額，故三年耕，有一年之蓄，以備非常；水旱荒歉，則減免田租。今量出為入，則有不顧田收，隨意加徵之弊。此後租稅日重，頹勢不可復返矣。

以貨幣納稅，亦為妨農利商。

此制行，納稅人以所供非所業，必將增價以市所無，減價以貨所有。而豪家大商，積錢以逐輕重，農人將日困。楊炎此制，本以便政府，不為農民計也。穆宗時，用尚書楊於陵言，兩稅皆易以布帛、絲纊。五代時，吳徐知誥用宋齊邱言，稅收悉以穀、帛、紬、絹。於時皆稱惠益。宋代復輸錢，折變之制，大為民病。為絹者倍折而為錢，再折而為銀。銀愈貴，錢愈難得，穀愈不可售。使民賤糴而貴折，則大熟之歲反為民害，而民生無蘇息之日矣。

以後的稅制，只能沿著楊炎的兩稅制稍事修改，竟不能再回到租庸調制的路上去。正因一個制度的推行，必有與其相副的一種精神與意識，否則此制度卽毀滅不能存在。從北魏到唐初，在中國士大夫心中湧出的一段吏治精神，唐中葉以後已不復有，則相隨而起的種種制度，自必同歸於盡。

二　自府兵到方鎮與禁兵

府兵制度亦在同樣命運下消滅。換言之，府兵制度之破壞，全在時人對此制度所與的精神以及意識上之轉變。**舊制，諸衞將軍皆選勳德信臣。武后之世則多以外戚無能及降虜處之。**

貞觀時，府兵宿衞，太宗常引與共同習射。

上曰引諸衞將卒數百人，習射於顯德殿。諭之曰：「戎狄侵盜，自古有之。患在邊境小安，則人主逸遊忘戰。今朕不使汝曹穿池築苑，專習弓矢。居閒無事為汝師，突厥入寇為汝將。庶中國之民，可以少安。」由是人思自勵。數年間，悉為精銳。

其後本衞多以假姻戚家，役使如奴隸。

武后以來，承平日久，府兵為人所賤。百姓恥之，至蒸熨手足以避其役。番上者皆貧羸受雇而來。

舊制，折衝、果毅出身優越。馬周云：「折衝、果毅先入為中郎將，次始補郡守。」**後則歷年不遷，為士大夫所恥為。**

舊制，府兵征役得授勳級；死事，勑使弔祭，追贈官職。後則勳官、督役與白丁無別，死

事更不借問。賞既不行，並多偽勳舞弊。高宗時，劉仁軌、魏元忠等均已極論其事。魏云：「蘇定方定遼東，李勣破平壤，賞絕不行。將吏率多貪暴，所務惟狗馬，所求惟財物。」劉疏比論貞觀、顯慶異同尤詳切。

舊制，府兵皆富室強丁，始得為之。其後漸成貧弱，府兵出征不賞，則較農，民更苦瘁，自必貧弱。無力上番宿衞，遂至逃亡。

唐關內府兵已遠及朔方邊陲，武后時，番上者即已因貧不能自致。

舊制，四方有事則命將以出，事解輒罷，兵散於府，不失田業。其後則征鎮不息。先天二年詔：「往者分建府衞，計戶充兵，裁足周事，二十一入募，六十一出軍，多憚勞以規避匿。今宜取二十五以上，五十而免。屢征鎮者，十年免之。」雖有其言，而事不克行。

舊制，府兵戍邊三歲而代。其後則增至六年。以勞於途路，乃募能更住三年者，賜物二十段，謂之「召募」。遂令諸軍皆募，謂之「健兒」。事始玄宗時。天寶以後，戍兵還歸者無一、二。

杜甫詩：「一從十五北防河，便至四十西營田，去時里正與裹頭，歸來頭白還戍邊。」時戍者，多齎繒帛自隨，邊將誘之寄府庫。既擁兵自重，又雜使營私。晝則苦役，夜縶地牢，利其死而沒其財。李泌謂：「山東之人，懲天寶之苦，故甘心為賊藩鎮。用。」其虐如此，而不敢怨叛，以府兵自有家業，恐累親族也。

舊制，府士缺額，須隨時補足。以後則無人注意及此。

府兵制的創建與推行，一面是由於對國家武裝之深謀遠慮，一面是由於對農民生活之忠誠惻怛。在此兩種精神下，始可有府兵制之創建與推行。

社會和平既久，文治日隆，驕縱日恣，對國家武裝，不再有憂勤惕厲之感。非漫不關心，即窮兵黷武，濫用民力。對府兵本身，更沒有一種合理的人道觀念。從精神的轉變，影響到制度，使其不能存在。於是遂有所謂「彍騎」制。

「彍騎」制始於玄宗時張說之建策。_{彍騎之興，在開元十一年，初名「長從宿衞」，至開元十三年始有「彍騎」名。}

以當番衞士因貧弱逃亡略盡，請一切召募強壯，不簡色役，優爲條例。逋逃者爭來應募，旬日得精兵十三萬，分繫諸衞，更番上下，以實京師。此即以後所謂彍騎。

其實彍騎與府兵還是大同小異。一樣的於農家中挑募富強。_{旣以強壯募，又優爲條例，則富強仍兼有之。}一面授田耕種，一面輪番宿衞，惟與府兵制不同者，府兵遍及全國，彍騎則只在京師。府兵兼負征成，彍騎則專於宿衞。

彍騎只是府兵制之縮小範圍，正因其精神不够推行之故。

因爲彍騎還只是府兵制之縮小範圍，故至天寶以後，連彍騎亦不能存在。_{在上者精神不貫注，則經歷相當時期，折}

衝府依然無兵可交。以前召募的，現在仍然逃亡。

自此唐代只有所謂「方鎮」的邊兵，<small>開元二十五年始募丁壯，長充邊軍。</small>與中央的禁兵。

邊兵統於番將，禁兵統於宦官。他們既坐食優俸，吮吸人民的膏血，卻並不能對國家社會有絲毫貢獻，只促進唐室之亂亡，使中國史再鑽入黑暗的地獄中去。

劉蕡對策謂：「首一戴武弁，疾文吏如仇讐；足一蹈軍門，視農民如草芥。」唐末軍人意態如此。

唐代的租庸調制與府兵制，是兩個古代社會蛻變未盡的制度，大體精神頗與漢制爲近。

自唐以下，租稅與兵役都走入新方向，和漢、唐絕然不同。

租稅不整頓，農民生活無法繁榮；兵役不整頓，國家武裝無法健全。後世中國遂想望漢、唐之富強而不可幾及，這是重大的一種因素。

第二十六章 盛運中之衰象（下） 唐代政府官吏與士人之腐化

唐代的租庸調制和府兵制，結束了古代的社會。其政府組織和科舉制，則開創了後代的政府。但後兩者亦各有其流弊與缺點。

一 政權之無限止的解放

科舉制讓人自由應考，即是廣泛的開放政權。此制度容易引起士人充斥、官少員多之患。

而且唐初入仕之途極廣，科舉還不過是其間的一項。

高宗時劉祥道疏：「歲入流千五百，經學、時務比雜色人，三分不及一。」玄宗時楊瑒言：「唐興，二監〔指兩京之國子監。〕舉者千百數，當選者十之二」，考功覆校以第。謂經明行修，故無多少之限。今考功限天下明經、進士歲百人，二監之得無幾。且以流外及諸色仕者歲二千，通明經、進士十倍。」按：貞元十八年又敕：「自今以後，每年考試所取明經不得過百人，進士不得過二十人。」

於是「官員有數，入流無限，以有數供無限，人隨歲積」。_{高宗顯慶二年，黃門侍郎劉祥道奏語。}

劉祥道奏謂：「今內外文武官，一品以下、九品以上，一萬三千四百六十五員。年取五百人，三十年得一萬五千人，已有贓無少。」而當時每年入流數過千四百人。武后時納言魏玄同上疏：「諸色入流，歲以千計。羣司列位，無復新加，官有常員，人無定限。選集之始，霧積雲屯，擢敍於終，十不收一。」_{東漢以二十萬人舉一孝廉，即最盛時亦不逾三百人。}

其勢循至於爲人擇官，而非爲官擇人。其時則「官倍於古，士十於官，求官者又十於士。

於是「士無官，官乏祿，而吏擾人。」_{玄宗時劉秩語。}

通典云：「按格令，內外官萬八千八百五十員；而合入官者，自諸館學生已降，凡十二萬餘員。其外文武貢士，及應制、軍功、使勞、徵辟、奏薦，諸以親蔭等，大率約八、九人爭官一員。」

在此情勢下，政府的用人，遂至於徒循資格，推排祿位。

開元時選人漸多，有出身二十年不獲祿者。裴光庭爲吏部尚書，乃定循資格之制。自下

升上，限年躐級。其有異才高行，聽擢不次。然有其制，無其事。有司但守文奉式，循資例而已。庸愚沉滯者皆喜，謂之「聖書」。按：此制崔亮已行之於後魏，裴光庭以後，遂莫能革。

然而祿位仍有限，資格仍無窮。在政海角逐中，漸漸分成朋黨，而使在上者亦束縛困制，無可展布。

唐宰相猶得不次用人。代宗時，崔祐甫為相，日除十數人，未踰年，除吏八百員。或謗其所除多涉親故，祐甫曰：「進擬庶官，必量能補任，若素不知聞，何由察其言行？」識者是之。憲宗時，李吉甫為相，謂學士裴垍曰：「吉甫自尚書郎流落遠地十餘年，後進人物，罕所接識。君多精鑒，幸聞今之才傑。」垍取筆疏其名氏，得三十餘人，數月之內，選用略盡。當時翕然有「得人」稱。自文宗以下，朋黨議興，由是進用一官，遷除一吏，各相顧瞻，恐涉譏議。

以前的弊害，在於社會有特殊階級　門第。之存在，政權不公開，政治事業只操於少數人之手。現在的弊害，則因特權階級逐步衰落，社會各方面人平流競進，皆得有參政之機會，

而政權一解放，政治事業時有不易督責推動之苦。

德宗時沈既濟言近代之失「四太」，「入仕之門太多，世冑之家太優，祿利之資太厚，督責之令太薄。」此即申說當時政局之此種病象也。

以上所說，其先並不即是科舉制之弊病，只是科舉制亦在此種政權公開之趨勢下存在。此後科舉制逐步推進，入仕之途，逐步集中到科舉一門之下，則上述種種病痛，亦全由科舉制來保留。

照理論，國家一面公開政權，一面便應實施教育，好使兩者分途並進，此在貞觀初年頗有其意。

貞觀五年以後，太宗屢幸國學，增創學舍一千二百間。國學、太學、四門學，均增生員額。書、算各置博士。凡三千二百六十員。屯營飛騎，亦給博士，授以經業。高麗、百濟、新羅、高昌、吐蕃諸國，亦遣子弟請入國學。國學之內，八千餘人，其盛爲近古所未有。

但一到高宗、武后時，此風凌替。

舊唐書儒學傳：「高宗嗣位，政教漸衰，薄於儒術，尤重文吏。醇醴日去，華競日張。」《新書儒學傳謂其時「諸王、駙馬皆得領祭酒」，其腐敗可想。故劉祥道上疏，則天稱制，以權道臨下。不吝官爵，取悅當時。生徒不復以經學爲意，二十年間，學校頓時隳廢。

謂：「永徽以來，庠序諸生，未聞甄異，獎勵之道未周。」而中宗時，韋嗣立上疏，謂：「國家自永淳以來，二十餘載，國學廢散，胄子衰缺。時輕儒學之官，莫存章句之選。貴門後進，競以僥倖昇班。寒族常流，復因凌替弛業。」蓋武后「重用刑，輕用官」。楊嗣復語。韋氏當國，亦「擅擢士大夫」。楊瑒語。至太平公主亦常推薦天下士，謂儒者多夔狹，厚持金帛謝之，以動大議，遠近翕然歸嚮。經此數番搗亂，士風激變，儒業驟衰，而學校之政終於不振。唐太宗嘗問王珪：「近世爲國者益不及前古，何也？」對曰：「漢世尚儒術，宰相多用經術士，故風俗淳厚。近世重文輕儒，參以法律，此治化之所以益衰。」

唐高宗、武后以後之弊象，王珪已逆知之矣。

國家既無教育，而空懸一格以爲考試。此猶專據科舉言。諸色入流，以及世胄門蔭，並以無之。**而考試標準又漸漸趨重於進士科之詩賦。**

隋大業置進士科，試策問。唐初亦因之。高宗永隆二年，考功員外郎劉思立言：「進士

惟誦舊策，無實才。」遂詔進士先試雜文兩篇，通文律然後試策。所謂雜文，即詩賦之類。玄宗天寶十一載，詔：「進士帖經既通，乃試文、試賦各一篇，文通乃試策。」可見進士科在永隆以前止有對策；天寶以前有策、有詩賦；天寶以後有帖經、有策、有詩賦。說者謂隋以詩賦取士，未是。惟對策多可鈔襲，帖經惟資記誦，別高下、定優劣，以詩賦文律為最宜。故聰明才思，亦奔湊於此也。

開元以後，成為風氣。

開元以前，未嘗專尚進士科，故天下名士雜出他途。開元以後始尊崇之，故當時名士中此科者十常七、八。其後則公卿非進士出身不為美。開元二十五年敕：「進士以聲韻為學，多昧古今；明經以帖誦為功，罕窮旨趣」，是當時未嘗不知其流弊，而無以為變。

全國上下尚文之風日盛，尚實之意日衰。

此亦武后時開之。史稱：「永淳以來，臺閣髦彥無不以文章達，而中書舍人尤為朝廷盛選，諸官莫比。」相傳武后天授元年，壽春郡王盛器兄弟初出閣，同日受冊，有司撰儀注，忘載冊文。及百寮在列，方知闕禮，宰臣相顧失色。中書舍人王勃立召小吏五人，各令執筆，口授分寫，同時須俱畢。詞理典贍，時人歎服。當時所豔稱之故事率如此。又，自王通至王勃，一家學術之變，即可覘世尚也。

三教珠英，文學士李嶠、閻朝隱、徐彥伯、張說、宋之問、崔湜、富嘉謀等二十六人助武后詔張昌宗撰

成之。閻朝隱爲武后禱疾少室山，沐浴伏身俎盤，爲犧請代。宋之問等至爲易之奉溺器。二張誅，朝官房融、崔神慶、崔融、李嶠、宋之問、杜審言、沈佺期、閻朝隱等皆坐竄逐。後之問又諂事太平公主見用。安樂公主權盛，復往諧結。此可見當時朝士風習矣。

詩賦日工，吏治日壞。

杜佑通典論此，曰：「國家貞觀中，有戶三百萬。至天寶末，百三十餘年，纔如隋氏之數。聖唐之盛，邁於西漢，天下編戶合踰元始之間，而名籍所少三百餘萬。直以選賢授任，多在藝文。才與職乖，法因事弊。隳循名責實之義，闕考言詢事之道。習程典，親簿領，謂之淺俗；務根本，去枝葉，目以迂闊。職事委於羣胥，貨賄行於公府，而至此也。」

長慶初，給事中丁公著告穆宗：「國家自天寶以後，風俗奢靡，宴處羣飲，以諠譁沈湎爲樂。居重位、秉大權者，優雜侲肆於公吏之前，曾無愧恥。公私相效，漸以成俗。由是物務多廢。」此可與杜佑之言相參證。重藝文，習奢靡，其事亦相因也。

唐代政治界的風習，大有從北朝經術轉向南朝文學的意味。這亦是唐代盛運中衰徵之一。

宋神宗譏唐太宗「爲文學庚信」，鄭毅夫謂太宗「文章纖靡，不與功業稱」。煬帝雖好文，而猶能矯南士之弊；太宗轉溺南風。南方之文采風流，終於戰勝北人之樸厚，爲隋、唐統一盛運中一極可注意之事。又會昌四年中書門下奏：「齋月斷屠，出於釋氏。國初風俗，猶近梁、陳。卿相大臣，頗遵此教。」即孔穎達諸人爲五經正義，亦多行南廢北。

二 政府組織之無限止的擴大

政權無限制解放，同時政府組織亦無限制擴大。時則有三省、九寺、一臺（御史）、五監（國子、少府、軍器、將作、都水）。唐代的政府組織，其第一可見的缺點，即為重規疊矩，有許多駢拇無用的機關。

范祖禹謂：「既有太尉、司徒、司空，而又有尚書省，是政出於二。既有尚書省，又有九寺，是政出於三。本朝裕陵神宗。好觀六禮，元豐官制盡用之。中書造命，門下審覆，尚書奉行，機事往往留滯，上意亦頗以為悔。」

六部與九寺，職權即多重疊。

太常、宗正、鴻臚可入禮部，光祿、衞尉、太僕可入兵部，大理即廷尉。入刑部，司農入戶部，少府入工部。大體均可消併。

北周書：「太祖以漢、魏官繁，思革前弊。大統中，命蘇綽、盧辯依周制改創其事。」通典謂：「後周依周禮置六官，而年代短促，人情相習已久，不能革其視聽，故隋氏復廢六官，多依北齊之制。官職重設，庶務煩滯。加六尚書似周官之六卿，又更別立寺監，則戶部與太府分地官司徒職事，禮部與太常分春官宗伯職事，刑部與大理分秋官司寇職

事，工部與將作分多官司空職事。自餘百司之任，多類於斯。欲求理要，實在簡省。」

今按：九寺乃古代封建政治之遺骸，為王室之僕傭。南北朝中央勢微，王室衰替，則九寺職權日失其緒。西魏王室最為單孤，故北周君臣獨有意於模古更新。惜乎隋代不能完此美意，隋文存心蔑其前代，改襲北齊，而六尚之制，實則仍蹈北周六卿之體貌，則無怪與九寺為複沓，有如杜氏之譏矣。唐興諸儒，亦未能窮究治要，遂使九寺駢拇，依然存在。玄宗時制唐六典，雖亦意准周禮，不知九寺固非周禮所有，仍不能蕩滌更新，是則北周君臣一番創作之精神，實未為隋、唐所接納也。故隋、唐而後，中國史上雖不復有古昔封建時代之貴族，而仍存古昔封建遺蛻之王室。其詳見論下益卑，上益崇，君尊臣屈，一成不革，又豈獨官職之重疊而已！是亦讀史者所宜大與惋惜之事也。漢制。

新機關產生，舊機關不取消，造成冗官坐食，不僅有損國帑，同時還妨礙整個政治效能之推進。

唐官有流內、視流內、流外三者之別。九品以外別置九級，自動品以至九品，謂之「流外」。「視流內」亦自分上、下，共三十階，謂之「流內」。官置九品，品各有正、從，四品以下又正、從。無

之別。散官不帶職事，給俸祿，與朝會，班列依本品之次。如開府儀同三司、光祿大夫、驃騎三司，是也。又有職事官與散官、勳官至九品。勳罷劇就閒者居之。如開府儀同三司、班列依本品之次。皆崇官盛德，動

之別。又有正官、階高官卑稱「行」，階卑官高稱「守」。官、階同，無官出於周、齊交戰之際，本以酬戰士。其後漸及朝流。如上柱國、柱國、上護軍、護軍、輕車都尉、騎都尉等。

「行」、
「守」字。

試官、未爲正命，始於武后時，藉以收人心。當時諺曰：「補闕連車載，拾遺平斗量，把推侍御史，腕脫校書郎」，其濫可想。**員外官** 時。俸祿減正官之半，亦始武后時。李嶠爲尚書，員外郎至二千餘員。盧懷愼神龍中疏：「京諸司員外官數十倍，近古未有。」又有「同正員」，祿俸賜與正官同，惟無職田。**之別**。中宗時，韋后、太平公主用事，於側門降墨敕斜授官，號「斜封官」，亦數千員。李朝隱爲吏部員外郎，執罷千四百員，怨誹讙然。

貴族門第特權階級逐步取消，政權官爵逐步公開解放，引起了官僚膨脹的臃腫病。

歷代官數

漢　　十三萬二百八十五員。 哀帝時數，州郡胥吏在內，兼諸府。

後漢　七千五百六十七員。

晉　　六千八百三十六員。

宋　　六千一百七十二員。

齊　　二千六百六十三員。

太宗省內、外官，定制七百三十員。 此據百官志。新書曹確傳則云：「太宗著令，文武官六百四十三。」而杜佑通典計唐文武官及諸色胥吏等總三十六萬八千六百六十八人。 元和六年宰臣李吉甫奏：「自漢及隋，十有三代，攝其官員，皆少於國家所置。」

後魏　　七千七百六十四員。

北齊　　二千三百二十二員。

後周　　三千九百八十九員。

唐　　　一萬八千五百員。內官二千六百二十，外郡縣
　　　　官一萬六千一百八十五。

隋　　　一萬二千五百七十六員。內官二千五百八十一，外
　　　　郡縣官九千九百九十五。

與官員日增相因並起的現象，便是官俸日高。

唐初依品制俸，官一品月俸錢三十緡，職田祿米不過千斛。開元時一品月俸至
二十六千。天寶數倍於開元，大曆又數倍於天寶，而建中又倍於大曆。大曆中，權臣月
俸至九千緡。元載爲相，以仕進者多樂京
師，惡其逼己。厚增外官俸，刺史月給或至千緡。至常衰相，乃加
京官俸，歲約十五萬六千緡，又加諸道觀察使、都團練使、副使以下料錢，使上下有紋。
李泌爲相，又增百官及畿內官月俸。復置手力資課歲給錢。左右衞上將軍以下，有六項雜給：一糧米，二
鹽，三私馬，四手力，五隨身，六春冬服。射生、神策大將增以鞋。
至會昌，三師至二百萬，三公百六十萬，侍中百五十萬，中書令、兩省侍郎、
兩僕射百四十萬，尚書、御史大夫百萬，節度使三十萬，上州刺史至八萬。建中時，沈旣濟
言：「天下財賦
耗數之大者惟二事：最多者兵資，次多
者官俸。其餘雜費，十不當二事之一。」州、縣官有手
力雜給錢。

這一個趨勢，愈走愈失其本意，遂致做官只是發財分贓，而不是辦事服務。

一方面又因用人進退之權，完全集中於中央，欲求精密而反不精密。

漢有辟除，故選部不勞。自隋一命之官皆授之朝廷，州郡之官悉歸於吏部，唐承而不革。

按：唐代仕宦多由科目，而辟署亦時有之。有既為王官而被辟者，如張建封辟許孟容、李德裕辟鄭畋、白敏中辟王鐸是也。有登第未釋褐入仕而被辟者，如董晉辟韓愈是也。有特招智略之士，如裴度於柏耆、杜慆於辛讜是也。所謂隱逸智略之士，亦多起於白衣。故劉蛻言：「唐有天下，諸侯自辟幕府，惟其才能，不問所從來。而朝廷常收其俊偉，以補王官之闕。宋時雖有辟法，然白衣不可辟，有出身未歷任者不可辟；可辟者復拘以資格，限以舉主，去古法愈遠。而倜儻弛之士，少得自遠矣。」

其法始於孟冬，終於季春，天下之士奔走往來，秋往而春歸。歸裝未卸，選期又至。是以遠者、貧者、老者多不能至。至者千百，而授者不能什一。有出身二十年不得祿者。羣天下之士，決於一、二有司之目，察其貌言，考其書判，任公力所不逮，容私何所不至。請託縱橫，奸偽百出。然唐之考課，尚為後世稱美。其法有四善、以著其德行。二十七最，以著其才術。相為乘除而分九等。上者加階，次進祿，下奪祿，又下解任。置知考使，常以宰相董其任。每能以物望取人而不疑於有司。故唐賢每言選舉之弊，而於考課無異議。

盧承慶考內外官，一官督運漕，風失米，盧考之曰：「監運損糧，考中下。」其人容止自若，無一言而退。盧重其雅量，改注曰：「非力所及，考中中。」既無喜容，亦無媿詞。又改注曰：「寵辱不驚，考中上。」此尤唐代考課中之嘉話也。

而授官任賢之事，漸變為挨資得官。

劉秩云：「古者封建諸侯，自卿以降，各自舉任。漢室佐史，皆牧守選辟。近則一命拜免，必歸吏部，按名授職，猶不能遣，何暇採訪賢良，搜覈行能？」

中央政府規模擴大，政權集中，官僚充塞，階資增多；地方官權位日落，希求上進的自然羣趨中央，遂連帶引起重內輕外之習。

此弊貞觀時即甚顯。若推溯言之，則遠始晉代。晉李重雜奏議（羣書治要、藝文類聚引）：「秦、漢倚丞相，任九卿，雖置五曹尚書令、僕射之職，始於掌封奏以宣內外，事任尚輕。故漢宣稱『所與爲治，惟良二千石』。其有殊效，璽書勉勵，或賜爵進秩，禮遇豐厚。及至東京，尚書位漸優顯，然令、僕出爲郡守，鍾離意、黃香、胡廣是也。郡守入爲三公，盧延、第五倫、桓虞、鮑昱是也。近自魏朝名守，杜畿、滿寵、田豫、胡質等，居郡或十餘年，或二十年，多以散官補黃門中書郎，今皆數等而後至。百事等級逾多，遷補轉徙如流，能否無以著，黜陟不得彰。此爲治之大弊。夫階級繁多而冀官久，官不久而冀治功成，不可得也。」此亦古人『荀善其事，沒世不徙官』之義。內官之貴，於今最隆。太始以前，居郡補中二千石，假節猶不去郡。馬周上疏：「古者郡守、縣令，皆選賢德，或由二千石高第入爲宰相。今獨重內官，刺史多武夫勛人，或京官不稱職始補外。」張九齡玄宗時疏云：「京輔近處州刺史，猶擇人，縣令或備員。其餘江、淮、隴、蜀、三河等處，武夫流外，積資得官，盡爲刺史。縣令以下固不勝言。但於京官中爲閒散者，或身有累，在職無聲，用於牧守，以爲斥逐。」

中央政府固易趨腐化，而地方政權更難整頓。唐代的地方吏治，因此不易與西漢相比。

西漢選用分於地方；唐則專於吏部，因此選擇不精，並不負責。西漢官少，階位疏闊，

故能久於任職而專責成；唐則官多階位密，故速於遷調，而又多掣肘。

盧懷愼中宗時疏：「比來州牧上佐，及兩畿縣令，罕終四考。在任多者一、二年，少者三、五月，遽即遷除。」其弊至此。又按：梁朱异立法，分諸州爲五品，而使頑懦者困邊民、開邊釁。後世南荒、北鄙寇亂不息，莫不自令召之。」唐制州、縣亦有畿、赤、望、緊、上、中、下、雄之別；明則有邊、腹、衝、疲繁調除之法。然邊重於腹，瘠重於饒，爲階級，又重官位而不重官職之病也。漢縣令有遷郡守者（王遵、魏相），有遷刺史者（朱博），有遷諫大夫者（劉輔），有遷京輔都尉者（趙廣漢），有遷御史中丞者（薛宣），亦有吏民所愛，增秩復留者（焦延壽）。地方下級官吏之地位，乃爲後世不可想望。以安富逐巧宦之欲，而使頑懦者困邊民、開邊釁。論者謂：「凡異國降人邊陲之地悉爲下州，任官者腹，饒爲上，邊、瘠爲下，何以勸能吏而賤貪風？此等皆多

在這一種繁委業脞的政治情況之下，很容易叫人放棄了宏綱闊節，而注意到簿書案牘上去。

牛弘問劉炫：「令史百倍於前，判官減則不濟，何也？」炫曰：「古人委任責成，歲終考其殿最，案不重校，文不繁悉，府史之任，掌要目而已。今之文簿，恆慮覆治。鍛煉若其不密，萬里追證百年舊案。故諺云：『老吏抱案死。』事繁政弊，職此之由。」則此種景象，自隋已有之也。張九齡云：「始造簿書，備人遺忘，今反求精案牘，不急人才，何異遺劍中流，而刻舟以求？」

一面在分別流品，看不起吏胥；_{諸司令史皆流外。}一面卻把實際的政務，都推放在吏胥手裏，_{薄書案牘，皆其所掌。}這一個情形，自唐以下遂莫能革。

政府的擴大現象中，更可詫駭的，是王室生活之奢靡。太常所屬樂人有數萬員。

〈唐書〉〈禮樂志〉：「唐之盛時，凡樂人、音聲人、太常雜戶子弟隸太常及鼓吹署，皆番上，總號『音聲人』，至數萬人。」按：李嶠疏：「太常樂戶已多，復求訪散樂，獨特毅鼓者已二萬餘員。」此在中宗時。至宣宗大中初，尚有太常樂工五千餘人，俗樂一千五百餘人。

卤簿用二萬二千二百二十一人。詳唐書禮樂志。

供膳至二千四百人。漢太官令宰士二百人。

宦官、宮女之盛，遂爲唐政腐敗一要端。詳另述。

種種病痛，自貞觀以後，經過高宗之懈弛，武后之放恣，歷中宗韋后之亂，到玄宗時陸續呈露。然苟有大有爲的政府，儘可革新，並非死症。不幸玄宗在盛大光昌的氣運之下，始則肆意開邊，繼則溺於晏安，上述各病痛，反而加甚益厲，遂致終於激起安、史的大變。

第二十七章　新的統一盛運下之對外姿態　唐初武功及中葉以後之外患

一　安史之亂以前

中國在其統一盛運之下，對外理可有相當之發展。

唐初強敵，厥為北方之突厥。

突厥，即漢之「丁零」，世居金山，即阿爾泰山之南。初臣於柔然，蠕蠕。後漸強。然。擊滅柔然。周、齊爭結姻好，傾府庫事之。周、齊使于突厥，遇其喪，剺面如其國臣。

其汗佗缽益驕，謂其下曰：「我在南兩兒常孝順，何患貧也？」

傅奕曰：「自劉、石至後周，皆北狄種類，相與婚姻。高氏聘蠕蠕女為妻，宇文氏以突厥女為后。北齊供突厥歲十萬匹，周氏傾國事之，錦衣玉食長安者恆數千人。」

隋代突厥內侵，突厥汗沙缽略妻宇文氏女，曰千金公主。為隋所破。嗣突厥內亂，沙缽略歸附。千金公主賜姓楊氏，改封大義公主。

此在平陳前。

後突厥汗染干　來求婚，隋使殺千金公主而妻以宗室女安義公主。後拜爲啓民可汗。安義公主死，又妻以義成公主。

<small>沙鉢略之子，據通典則爲沙鉢略弟處羅侯之子。</small>

大抵突厥其勢驟盛，而政治組織，不能堅凝，自分東西，時生內亂。而中國已趨統一，突厥遂終於屈服。

突厥政治組織遠不逮匈奴。匈奴「單于」一統，突厥則分據一方者皆稱「可汗」，其尊卑與「大可汗」不甚殊。楊忠與突厥伐齊還，言於周武帝，曰：「突厥首領多而無法令，何謂難制馭？」頡利入寇，唐太宗謂：「突厥衆而不整，君臣惟利是視。可汗在水西，而酋帥皆來謁我，我醉而縛之甚易。」李百藥云：「突厥雖云一國，然其種類區分，各有酋帥。」此乃突厥在隋、唐初年所以雖盛而遽摧之故。

煬帝大業三年，幸楡林，啓民來朝。帝親巡雲中，幸啓民所居。<small>在今馬邑。</small>　啓民躬爲帝削帳外草。

隋末，中國亂離，中國人多往歸突厥，始畢可汗<small>啓民子。</small>遂復盛。

史稱其「控弦百萬，東自契丹、室韋，西盡吐谷渾、高昌」，蓋北方幾於混一。

唐高祖起太原，請兵於突厥。曰：「若入長安，土地民眾歸唐，金玉繒帛歸突厥。」突厥遣二千騎助師。時羣雄如竇建德、薛舉、劉武周、梁師都、李軌、王世充等悉臣尊之。

唐初，突厥遂屢為邊患。

武德七年，突厥又入寇。或勸高祖燒長安避之，以太宗諫而止。九年，突厥十萬騎至渭水上，太宗與房玄齡等六騎詣水濱，與其酋頡利隔水語，卒盟而歸。啓民弟。

然突厥勢雖張，其內政未臻凝固。貞觀元年，鐵勒、薛延陀、回紇諸部皆叛。頡利遣突利討之，敗歸，頡利拘之十餘日。

頡利又與突利失和。並逢大雪，羊、馬皆死。華人逃北者亦屯聚山險。啓民子。

三年，命李靖出討。時突厥北部諸姓多叛頡利，歸薛延陀，唐乘機拜其酋夷男為真珠可汗。薛延陀既彊，

四年，進擊定襄，以精騎一萬夜襲。頡利被俘。先後僅半年。

突厥自弱，請和親，唐因而討之。六總管師十餘萬，皆受靖節度。靖驍騎三千，先出馬邑以逼之。

男女來降者十萬口。其酋長至者，皆拜將軍、中郎將，布列朝廷，五品以上百餘人，殆與朝士相半。因而入居長安者近萬家。

突厥既破，其部落或走薛延陀，或走西域，而四夷君長，遂詣闕請帝為「天可汗」。唐至此即威震塞外。

貞觀十五年，李勣以精兵三千。討破薛延陀。二十年，滅之。薛延陀之盛，始貞觀二年，立國既促，滅之自易。薛延

陀既滅，回紇徙居突厥故地而未強，時中國得暫安。

十四年，滅高昌，設安西都護府。十八年，破焉耆。二十二年，破龜茲。唐之聲威，達於蔥嶺。

高宗時滅西突厥，唐之威力遂踰蔥嶺，西及波斯。高麗亦於高宗時內服。

時蠻夷多內屬，卽其部落爲羈縻府州，多至八百五十有六。又於沿邊設六都護分統之。

　唐對外極盛時代之六都護府

北庭都護府　屬隴右道。

安西都護府　屬隴右道。

單于都護府　屬關內道。

安北都護府　屬關內道。

治庭州，　今新疆孚遠縣北。領天山以北諸府州。金山以西。　長安二年設。

治龜茲。　今新疆庫車縣，先治西州，今吐魯番。領西域諸府州。自天山南路至波斯以東。　設於貞觀中，爲最先。

治雲中，　今綏遠歸綏縣城南。領磧南諸府州。陰山之陽，黃河之北。　貞觀二十一年設燕然都護府，龍朔三年名雲中都護府，麟德初改。

治金山，　阿爾泰山境，開元二年移治中受降城。領磧北諸府州。　龍朔中，分燕然都護府之磧北，領回紇者更號瀚海都護府，總章二年更名。

四四八

治平壤，設於總章初。　朝鮮境。開元二年徙平州，天寶二年又移於遼西故郡城。領高麗諸州府。

安南都護府　屬嶺南道。

治交州，設於調露初。　安南境。領交趾府州及海南諸國。

其餘則統於營州、契丹、奚、室韋、靺鞨部落隸屬之。　松州、西羌別種党項等隸之。　戎州、南中諸蠻隸之。　黔州、亦治諸蠻。　等都督府。

唐地東西九千五百一十一里，南北一萬六千九百一十八里爲極盛。南、北皆如前漢盛時，東不及而西過之。

唐代武功之盛，其關於國內政治之修明，民力之富厚，已詳前述。別有一事當附論者，則爲當時馬匹之繁殖。馬盛無如後魏。太武太延二年，於雲中置野馬苑。平朔方、隴右，以河西水草善，以爲牧地。馬三百餘萬匹，橐駝半之。孝文遷洛，宇文福爲都牧給事，規石濟以西、河內以東，據黃河南北千里爲牧地。歲自河西徙牧漸南，欲其習水土。高歡說爾朱榮，謂：「聞公有馬十二谷，色別爲羣，將此竟何用？」時江、淮有馬不過數十萬，強弱之形即此而見。宋周朗上書獻讜言，謂：「人知不以羊追狼，蟹捕鼠，而令重車弱卒與肥馬悍胡相逐，其不能濟固宜。既兵不可去，車騎應蓄。」唐馬政殆承北朝遺風，故亦稱盛。唐初太僕少卿張萬歲領羣牧，自貞觀至麟德四十年間，馬七十萬六千四。此據張說羣牧頌。舊唐書卷一四一云：「四十萬四在

河、隴間。」

置八使，設四十八監，布於河曲豐曠之野，乃能容之。玄宗開元初，惟得二十四萬匹，至十九年復成四十四萬匹。（東封，取牧馬數萬匹，色一隊，相間如錦繡。每）

時卽「步軍皆有私馬」。（舊唐書高仙芝傳。）

魏元忠云：「師行必藉馬力，不數十萬不足與虜爭。」

杜牧謂：「冀州產健馬，下者日馳二百里，所以兵常當天下。」言。（罪）

郭子儀謂：「吐蕃之來，稱四節度，將別萬人，人兼數馬。臣所統士不當賊四之一，馬不當賊百之二。」唐自失河隴，失冀北，而惟恃歲市回鶻之羸馬，則國力亦遂不競。〈鹽鐵論：「一馬伏櫪，當中家六口之食，亡丁男一人之事。」宋代產馬地皆歸遼、夏，中原畜馬費不貲，而氣不高肅，地不寬曠，水草不豐，馬不肥健。唐、宋國力進退，此亦一因。

然國運展擴，亦有其相當的限度。中國以農立國，地兼寒、溫、熱三帶，國內貿易足可自給，國外通商非必需。往往以我日用品易彼奇珍異玩，徒足引起國內之貧富不均，以及風俗之奢華，而於整個國民生計，無大補益。故對外戰爭，除防止侵略外，常無所利。（殖民、通商，皆非當時所急需。）

惟因國力豐盈，往往易於激起君主之好大喜功，而流於窮兵黷武。（煬帝卽因此失敗。太宗之伐高麗，亦超過國防戰爭之外，魏徵，李大亮等均有諫諍。）

弊中國以事四夷，已爲高宗、武后以來一輩人所不滿。（神功元年，狄仁傑上疏，請捐疏）

勒等四鎮以肥中國，又請罷安東以實遼西；停江南之轉輸，慰河北之勞弊。事並不行。

至玄宗時，國內益臻安富，而朝廷之對外經營，亦益趨積極，於四邊境置十節度經略使。

一、安西節度使　今新疆。　撫寧西域，統制龜茲、焉耆、于闐、疏勒四鎮。兵二萬四千人。

二、北庭節度使　今新疆孚遠。　統瀚海、天山、伊吾三軍，防制突騎施、別部。西突厥堅昆、默啜。兵二萬人。

三、河西節度使　今甘肅武威。　隔斷羌、胡之交通。兵七萬三千。

四、朔方節度使　今寧夏靈武。　捍禦北狄。兵六萬四千七百。

五、河東節度使　今山西太原。　與朔方掎角，以禦突厥、北狄。兵五萬五千。

六、范陽節度使　今北平。　臨制奚、契丹。兵九萬一千四百。

七、平盧節度使　今熱河朝陽。　鎮撫室韋、靺鞨。兵三萬七千五百。

八、隴右節度使　今青海樂都。　備禦吐蕃。兵七萬五千。

九、劍南節度使　今四川成都。　西抗吐蕃，南撫蠻獠。兵三萬九百。

十、嶺南五府經略　今廣東廣州。　綏靖夷獠，以鎮南海諸國。兵萬五千四百。

上列十節度經略使，共兵額四十八萬六千九百人。

開邊太廣，則邊兵不得不增。而府兵制既壞，此等邊兵多出招募。一面形成外強中弱之勢，一面又因坐養巨額軍隊，而影響及於全國之經濟。

每郡官倉粟多者百萬石，少不減五十萬石，至天寶末無不罄。

每歲用衣千二十萬匹，糧百九十萬斛。時關輔及朔方、河、隴四十餘郡，河北三十餘郡，

開元初，每歲邊費約用錢二百萬貫。及末年，至一千萬貫。天寶末，更加四、五百萬。

唐制，州、郡。縣以上有十道按察使，本爲都督，以權重改。督察地方行政。開元中，或加採訪、觀察、

處置、黜陟等名目；此皆理民事。至邊疆，有事出征，則有大總管；無事鎮守，則有大都

督，主兵事。兵之戍邊者，大曰「軍」，小曰「守捉」，曰「城」，曰「鎮」，皆有使。總之者曰「道」，有大將一人，卽大都督。高宗永徽以後，都督帶使持節，

猶全權印信。時猶未以名官。及景雲二年，賀拔延嗣爲涼州都督、河西節度使，始有「節度使」官名。謂「節度使」。然亦止統兵，不侵及民事。邊帥皆

用忠厚名臣，不久任，不兼統。功名著者，往往入爲宰相。唐初如李靖、李勣、劉仁軌、郭元振、婁師德等。開元以來如薛訥、張嘉貞、王晙、張說、杜暹、蕭嵩、李適之等。

開元以來，邊將久任，十餘年不易。乃朔方、隴右、河東、河西諸鎮皆置節度使，以數州

爲一鎮，節度使卽兼統此數州，而州刺史盡屬之。故節度使多兼按察、安撫、度支諸使，

土地、人民、甲兵、財富皆有之。此爲地方政制上一大變化。又玄宗相李林甫，嫌儒臣

以戰功進，尊寵間己，乃請顯用蕃將，於是諸道節度多用胡人，如安祿山、高仙芝、哥舒翰等。其所帶鎮兵，間亦雜有大量之胡卒。其先本用兵防胡，其後乃變爲縱胡爲兵，全失本意。

近人有主李唐爲蕃姓者，其事信否無確據。然唐高祖李淵母獨孤氏，太宗母竇氏，外祖母宇文氏，高宗母長孫氏，玄宗母竇氏，皆胡族也。則李唐世系之深染胡化，不容諍論。太宗貞觀十八年，突厥俟利苾可汗來降，有衆十萬，自請處勝、夏之間，亦北朝家庭女權伸張之遺風。如武、韋、太平公主等，亦北朝家庭女權伸張之遺風。唐人對種族觀念，亦頗不重視。即據宰相世系表九十八族三百六十九人中，其爲異族者有十一姓二十三人。據丁文江中國列代人物之地理分布統計，前漢外族比數爲·九六，後漢·二一，唐三·九，宋·六一，南宋○，明·九七。時人遂有「華、戎閥閱」之語。舊唐書七十二李守素傳。柳沖論人物，亦分山東、江左、關中、代北四部。見陵餘業考。崔愼猷宣、懿時。至謂：「近日中書，盡是蕃人。」指白敏中，畢諴。又唐初已多用蕃將，見舊書王毛仲傳，開元八年勅：「于唐人既不嚴種姓之防，又不能注意於國家民族的文化教育，而徒養諸胡爲爪牙，欲藉以爲噬搏之用，唐武宗尚命李德裕爲異域歸忠傳。則宜釀成此曠兩京及諸州揀取十萬人，務求灼然驍男，不須限以蕃、漢。」甚至禁軍亦雜用蕃卒。建成募幽州突厥兵三百，納宮中。貞觀百騎亦爲蕃口，見陵餘業考。

如太宗子承乾行徑可證。即唐初女禍頻仍，以德治之，則可使如一家。」唐室之夷、夏一視，自始既然。曰：「夷狄亦人耳，與中夏不殊。唐人許之，

古未有之大禍矣。

安祿山本營州雜胡，而玄宗授以大權。

開元二十九年爲營州都督，天寶元年兼平盧節度使，天寶三年兼范陽節度使，九年賜封東平郡王，唐將帥封王始此。兼河北道採訪處置使，十年兼河東節度使，幾乎今遼寧、熱河、河北、山西諸省盡入其掌握。

又以蕃將三十二人盡代去其部下之漢將。祿山事迹，「祿山專制河朔，其中契丹委任尤重。一國之權，十得二、三。行軍用兵，皆在掌握。」

擁兵至十八萬。內雜同羅、奚、契丹、室韋諸族。祿山養諸族「曳落河」八千餘人爲假子，其軍號「父子軍」。

安祿山的勢力，是唐室用中國財富豢養成的胡兵團。此種胡兵團，只腋吸了唐室的膏血，並沒有受到唐室的教育。他們一旦羽翼成長，自然要撲到唐室的內地來。所謂安、史之亂，終於天寶十四年的十一月爆發。

安、史之亂，蔓延大河南北，延及九年。討平安、史亂的諸將，亦幾乎盡是胡人。惟郭子儀乃漢人。其他如李光弼，契丹人。僕固懷恩，鐵勒之僕骨族。渾釋之，渾族。王思禮，高麗族。賀蘭進明，鮮卑人，荔非元禮，羌人。安抱玉，安息人。白孝德，龜茲人。

安、史餘孽以及討安、史有功的將領，全部擁兵割地，造成此後藩鎮之禍。而藩鎮的籍

貫，亦幾乎大部分是胡人。_{詳下}

詳下章。

唐代的中葉，一面好大喜功，無限止的開邊；一面又寬大為懷，全泯種姓之防；宜乎食此惡果。

二　安史之亂以後

唐人以過分的開邊，激起內亂。及中國內部發生動搖以後，而其對外情勢，遂突然大變。

最為中國患者為回紇。

回紇其先本匈奴，元魏時號高車，或曰敕勒，居薛延陀北。突厥亡，惟回紇與薛延陀最強。及攻殘薛延陀，幷有其地。遂南蹂賀蘭山境。

安祿山反，肅宗乞兵於回紇，東京慘遭焚掠。

唐與回紇約曰：「克城之日，土地士庶歸唐，金帛子女皆歸回紇。」此等條約，唐高祖

兵，已先有之。入長安，借突厥

大軍入西京，葉護_{回紇太子。}欲如約。廣平王俶_{肅宗長子，時為天下兵馬元帥，後改名豫，即位為代宗。}拜於葉護馬前，曰：「今始得西京，若遽俘掠，則東京之人皆為賊固守。願至東京如約。」後入東京，回

紇遂縱兵大掠。

　廣平王欲止，不可；著老以繒錦萬疋賂之，始止。

自此唐歲遺回紇絹二萬匹。　　肅宗死，代宗立。又徵回紇兵討史朝義，太子見辱。

　　使就朔方軍受之。

寶應元年，

雍王适，　代宗太子，即位爲德宗，時爲天下兵馬元帥。　與僚屬從數十騎往見回紇可汗於河北，可汗責王不拜舞。

　藥子昂對以「禮不當然」。回紇將車鼻曰：「唐天子與可汗約爲兄弟，可汗於雍王，叔父也，何得不拜舞？」子昂曰：「雍王，天子長子，今爲元帥，安有中國儲君向外國可汗拜舞乎！且兩宮在殯，不應舞蹈。」力爭久之。鞭其從

臣至死。

　藥子昂、魏琚、韋少華、李進各鞭一百。以适年少未諳事，遣歸營。琚、少華均一夕而卒。

回紇再入東京，又肆行殺掠。

自此回紇至橫於長安，唐不能禁。

　士女皆遁保聖善、白馬二寺塔避之，回紇燒塔，傷死者萬計，火燄累旬不止。時中國軍亦因回紇爲暴而掠汝、鄭間，鄉不完廬，皆蔽紙爲裳，更虐於回紇。

回紇留京師者常千人，商胡僞服而雜居者倍之。縣官日給饔餼。殖貨產，開第舍，市肆善利皆歸之。日縱暴橫，吏不敢問。

廣德元年，回紇十五人犯含光門，突入鴻臚寺，門司不敢遏。

永泰元年，僕固懷恩誘回紇、吐蕃入寇，郭子儀說回紇共攻吐蕃。是歲，回紇胡祿都督等二百餘人入見，前後贈賚繪帛十萬匹；府藏空竭，稅百官俸以給之。

大曆七年正月，回紇使者擅出鴻臚寺，掠人子女；所司禁之，攻擊所司，以三百騎犯金光、朱雀門。是日，宮門皆閉。代宗遣中使諭之，乃止。七月，回紇又擅出鴻臚寺，逐長安令邵說，至含光門街，奪其馬。說乘他馬去，弗敢爭。

每歲和市，無異於行賂。

自乾元以來，回紇歲求和市，一馬易四十縑，馬動至數萬匹，皆駑瘠無用。唐不能盡市，回紇待遣、繼至者，常不絕於鴻臚寺。大曆八年，代宗命盡市之。七月，回紇辭歸，載賜遣及馬價，用車千餘乘。八月，復遣使者以馬萬匹來，有司請只市千匹，郭子儀以爲逆其意太甚，自請輸一歲俸爲國市之。終於十一月命市六千四。

直到德宗時，回紇始稍衰。

回紇本來風俗樸厚，及得唐賂，可汗始自尊大，築宮殿以居，婦人有粉黛文繡之飾。中

國爲之虛耗，而虜俗亦壞。文化不長進的民族，驟與以物質上的享受，只是害了他。

然而唐代還是不得不與回紇和親。

李泌請北和回紇，南通雲南，西結大食、天竺，以困吐蕃，凡十五餘對，德宗始允。以咸安公主妻其可汗，歸其馬價絹五萬匹。回紇上書，「昔爲兄弟，今婿乃半子，願爲唐捍西戎。」<small>吐蕃。</small>

<small>不忘寶應之恥，然知恥無勇，亦徒然也。</small>

唐中葉以後的外患，回紇以外，尚有吐蕃。

至文宗開成後，回紇內亂，遂不振。

高宗時吐蕃連西突厥餘衆，逼安西都護府，天山南路盡沒。

吐蕃，今西藏地。貞觀時，其君棄宗弄贊英略有大志，太宗妻以文成公主。時唐破吐谷渾、高昌，徙安西都護於龜茲，<small>初治西州，貞觀十四年平高昌，以其地置。高宗顯慶三年，徙置龜茲。</small>統于闐、焉耆、疏勒，號「安西四鎮」。

玄宗時，收黃河積石，置神策軍於臨洮西，置澆河郡於積石西，置宛秀軍實河曲地，置朔方、隴右、安西、北庭諸節度使以禦吐蕃。極輪臺、伊吾，所在屯田積粟。

軍城戍邏，萬里相望。

中國無斥候警，幾四十年。是時中國盛強，自長安遠門（西面北來之第一門），西盡唐境，萬二千里，閭閻相望，桑麻翳野，天下稱富庶無如隴右。

自此屢爲邊寇。

安祿山反，潼關失守。盡徵河、隴、朔方鎮兵入國靖難，營謂之行。邊州無備，吐蕃乘間侵盜。

數年之後，鳳翔以西，邠州以北，盡爲蕃戎之地，涇沒者數十州。

肅宗時歲入寇。

永泰元年僕固懷恩誘之入寇。

是年，劍南西山諸州亦入於吐蕃。

代宗康德元年，隴右地盡亡。又進圍涇州，破邠州，入奉天，代宗幸陝。吐蕃入長安，立廣武王承宏爲帝，改元，擅作赦令，署官吏，留京師十五日，大掠乃去。長安中蕭然一空。

唐以藩鎮未靖，乃與吐蕃和，盟於清水。甘肅。約唐地涇州右盡彈箏峽，今甘肅平涼，縣西百里。隴州右極清水，甘肅清水，縣西。鳳州西盡同谷，甘肅成縣。劍南盡西山、山。大度水。四川西部，小金川，上流卽四川大、下流於樂山（卽嘉定）入江。

然其後仍數寇，涇、隴、邠、寧，民物蕩然。

武宗後，吐蕃始衰。

宣宗時，始復秦隴、河湟之地。然自此唐亦垂亡。

唐中葉以後的外患，大要在西北，而東北有契丹、奚、室韋、靺鞨諸族，其勢亦漸盛。惟因藩鎮擅地，務自安，障戍斥候甚謹，不生事於邊，俾可專力內向。故諸族亦鮮入寇。然休養生息，日以繁滋。

尤著者爲渤海，本粟末靺鞨，寶應元年詔爲國，有五京、十五府、六十二州地。其國數遣諸生詣京師太學，習識古今制度，遂爲海東盛國。

唐以後中國的外患，遂自西北漸漸轉移到東北來。

就文物氣象而言，西北已耗竭不振，而東北精華未泄，元氣猶存。此因西北經吐蕃長期蹂躪，兵燹之餘，自不如東北之完固。而此後所謂東北之外患，其內裏乃無不挾有中國社會自身力量之一部分。

第二十八章　大時代之沒落　唐中葉以後政治社會之各方面

盛唐的光輝，終於因安、史之亂而沒落。自此以往，唐室政治，常在黑暗與混亂的狀態下敷衍或掙扎。

一　唐中葉以後之藩鎮

唐自安、史之亂以後，武夫戰卒，以功起行陣，列爲侯王者，皆除節度使。由是方鎮相望於內地，大者連州十餘，小者猶兼三、四。自國門以外，幾乎盡是方鎮的勢力。

而此等武人中，多半又是歸化的胡人。

開元前，胡人爲節度使者二人。天寶間九人，肅宗時八人，代宗時九人，德宗時十七人，憲宗時七人，穆、敬、文、武、宣時共十二人，懿、僖時十二人，昭宗時九人，先後共八十四人。

此等胡人，大抵全未受到國家好好的教育，而驟付以極大的權任。他們中間好一點的，是傲慢不受命令，壞的便生心反叛。

著者如李光弼，_{本營州契丹，其父始仕中國，在武后時。}與郭子儀齊名，封臨淮王，知河南、淮南東、西、山南東、荊南五道節度行營事。吐蕃寇京師，不赴援。拜東都留守，不就任。晚節不終。_{因與宦官魚朝恩、程元振嫌隙。}又如僕固懷恩，_{鐵勒人，其祖始仕中國，在貞觀時；世襲都督。}一門死王事者四十六人，封大寧郡王，官至尚書左僕射，兼中書令，河北副元帥，朔方節度使。_{又進拜太保。}恐賊平寵衰，請裂河北分大鎮以授安、史餘孽，遂成後患，而懷恩自身亦終於一反。

在戡平安、史的功臣，尚且如此，至於安、史餘孽得授節鎮者，更不堪問。唐平安、史，本未能搗其巢穴。

至德元年李泌語肅宗：「令李光弼自太原出井陘，郭子儀自馮翊入河東，則史思明、張忠志不敢離范陽、常山，安守忠、田乾真不敢離長安。以兩軍繫其四將。又敕子儀勿取華陰，使兩京之道常通。然後以所徵兵軍於扶風，與郭、李互出擊之，使賊往來疲於奔命。賊至則避其鋒，去則乘其弊。不攻城，不遏路。然後命師並塞北出，與李師南北掎

角，取范陽，覆其巢穴。」時肅宗以太子受禪位，急欲收復兩京，自見功，遂不用。

又以封其降將，遂成河北之藩鎮。

一、成德　有恆、趙、深、定、易諸州。

始封張全忠，賜名李寶臣，本范陽內屬奚人。更二姓，傳五世，至王承宗契丹。入朝。明年，王廷湊回紇。反，傳六世。

二、盧龍　有幽、莫、嬀、檀、平、薊諸州。

始封李懷仙，柳城胡。更三姓，傳五世，至劉總入朝。六月，朱克融反，下歷八姓，多以牙將偏裨殺主自代。

三、魏博　有魏、博、德、滄、瀛諸州。

始封田承嗣，盧龍人。傳五世，至田弘正入朝。十年復亂，更四姓，傳十世。

此即所謂「河北三鎮」。彼輩皆擁勁卒，自署吏，諸州、縣各置鎮將領事，收刺史、縣令權。不貢賦，結婚姻，相聯結。

四、淄青　在河南道東部，有淄、青、齊、海、登、萊、沂、密、德、棣諸州。

始封李懷玉，賜名正己，高麗人。傳五世而滅。

又其次有滄景、宣武、彰義、澤潞等，各傳三、四世不等。

田承嗣在魏博，舉管內戶口壯者皆籍為兵，惟使老弱耕稼，數年間有衆十萬。又選其驍健者萬人自衞，謂之「牙兵」。其它諸鎮率類此。

至德宗時而第一次事變起。

初，田承嗣卒，代宗末。由李寶臣請以其姪田悅繼。及是李寶臣卒，子惟岳謀襲位，自為留後，田悅為代請，不許。田悅、李惟岳、李正己聯合叛命。李正己卒，子納襲位。惟岳將王武俊契丹人。殺惟岳降，嗣又叛。又加入盧龍朱滔，舉滔為盟主，各自稱王。武俊，趙王。納，齊王。滔、冀王。悅、魏王。命淮西節度使李希烈遼西。討之，而希烈亦擁衆反。下都元帥。擁朱泚入長安。號建興王，天下。朝廷又發涇原兵討之，以未得厚賜，不滿，亦反。五賊株連半天下。朱泚稱大秦皇帝。德宗奔奉天，下詔罪己，大赦王武俊、李納、田悅、朱滔，專討朱泚。

自此朝廷遂行姑息之政。

李納卒，子師古立；王武俊卒，子士眞立。諸鎮惟去王號，專擅益驕，而朝廷益弱。德宗在位二十六年，志大才小，心褊意忌，姑息藩鎮，聚斂貨財，委任宦官，皆其弊政也。

至憲宗時而朝廷與藩鎮之衝突又起。

初，憲宗深矯德宗姑息之弊，始用兵討蜀，（劉闢，在元年。）又誅李錡。（自浙西觀察使爲鎮海節度使，廣兵自保，選有材力善射者，謂之「挽硬隨身」；胡、奚雜類，謂之「藩落健兒」；給賜十倍他卒。見誅在二年。）時魏博田季安卒，其裨將田興（後賜名弘正。）舉六州歸命。（在九年。）而彰義軍（在淮西。）節度使吳少陽卒，子元濟自稱知軍事，憲宗下詔討之。（徐州自王智興召募凶豪之卒二千，號銀刀、雕旗、門槍、挾馬等軍，後漸驕，時把板爲之唱歌。其徒日費萬計，每有實宴，必先飫以酒食。祁寒暑雨，厄酒盈前。然猶喧噪，動謀逐帥。在七年。）

宰相武元衡，爲淄青帥李師道所遣刺客殺於道。裴度傷首，然朝意討伐勿輟，度自出督師。事歷五年平。

於是諸鎮相率歸命。（成德王承宗卒，弟承元歸命，在十五年。前年，專討李師道，其部將劉悟斬之以降。憲宗卒未三年，諸鎮又亂。）元和號唐室中興。然憲宗在位十五年，十四年始平李師道，翌年爲宦官所弒。

王延湊據成德。（田弘正既歸命，朝命移鎮成德，廷湊殺之。山東、河南之輕重，常懸在魏，地形使然。田興忠誠歸命，爲唐室復收河北最好機會，命其移鎮，實爲失策。）

史憲誠據魏博。（奚人。）

朱克融據盧龍。（朱滔孫。）

自此迄於唐亡，不能復取。藩鎮擅權，先後約一百四十年。始於河朔三鎮，及其末，則國門以外，皆爲強敵。

其先是鎮將挾兵以抗朝命，漸次鎮將亦爲驕兵所制。

其第一個最大的影響，厥爲藩鎮政權下之社會經濟的破產。

田弘正最爲忠誠，厚於骨肉，其兄弟子姪在兩都者數十人。競爲侈靡，日費約二十萬。昭義澤潞。土瘠賦重，人皆困匱，無以贍軍。李抱眞爲節度，乃籍戶，丁男三，選一有材力者，免其租徭，給弓矢，令農隙分曹角射，歲終會校，示以賞罰。比三年，得成卒二萬，雄視山東。時稱「昭義步兵冠天下」。然武人私廚，日費米六千石，羊千首，酒數十斛，以爲常。舉數隅可以推其全。又按：唐武臣豪侈，不僅在外之節鎮爲然。史稱：「安、史之亂，法度墮弛，內臣戎帥，競務奢豪。亭館第舍，力窮乃止。」馬璘經始中堂，費錢二千萬貫。馬璲資貨甲天下。王鍔家財富於公藏。李晟子湛，累官至右龍武大將軍，恣爲豪侈，積債數千萬。其子貸回鶻一萬餘貫不償，爲回鶻所訴。文宗怒，貶湛爲定州司法參軍。而郭子儀尤以豪侈聞。歲入官俸二十四萬貫，私利不計。其宅在親仁里，居

弘正董魏鎭之貨以供之，相屬於道。昭宣帝時，羅紹威召朱全忠至魏，留半歲，供億所殺牛、羊、豕近七十萬，資糧稱是，所賂遺又近百萬。全忠返大梁，紹威饋運，自魏至長蘆五百里不絕。所過驛亭，供酒饌、幄幕、什器。上下數十萬人，無一不備。蓄積一空。

盧從史日具三百人膳餉牙兵。

潞人苦之。汴軍牙兵二千人，皆日給酒食，物力爲之屈。

園乃璲子暢所獻舊第也。

白樂天詩：「不見馬家宅，今作奉誠園。」

里中四分之一，中通永巷，家人三千。前後賜良田美器、名園甲館、聲色珍玩，堆積羨溢，不可勝紀。大曆二年，子儀入朝，代宗詔賜頓�‧腳局。宰相元載、王縉，僕射裴冕，戶部侍郎第五琦，京兆尹黎幹等各出錢三十萬宴於子儀第。時田神功亦朝覲在京，並請置宴。於是魚朝恩及子儀、神功等更迭治具，公卿大臣列席者百人，一宴費至十萬貫。

據此以推踞地自雄、不服朝命之藩鎮，更可想也。

其第二個更大的影響，則爲藩鎮政權下之社會文化水準之降低。

杜牧〈范陽盧秀才墓誌〉云：「秀才盧生，自天寶後三代，或仕燕，或仕趙，兩地皆多良田畜馬。生年二十，未知古有人曰周公、孔夫子者。擊球飲酒，射馬走兔，語言習尚，無非攻守戰鬥之事。」杜佑建中時上省議亦云：「田悅之徒，並是庸瑣，暴刑暴賦，惟恤軍戎，衣冠士人，遇如奴虜。」田弘正上表則曰：「臣家本邊塞，累代唐人，馳驅戎馬之鄉，不覩朝廷之禮。伏自天寶已還，幽陵肇亂，山東奧壤，悉化戎墟。官封代襲，刑賞自專」云云。據此諸條，可以想像當時河北之狀況。在上則藩鎮擅權，擁兵自全，既與中央隔絕。在下則故家大族均隨仕宦而不返，其留者則威脅利怵，習焉忘故，遂自視猶羌狄。張弘靖爲盧龍節度使，始入幽州，俗謂安祿山、史思明爲「二聖」，弘靖欲變

其俗，乃發墓敗棺。眾滋不悅，范陽終以復亂。此在穆宗長慶初，距安、史作亂已六、七十載，其土俗猶如此，則此後更可想。故史孝章諫其父憲誠曰：「天下指河朔若夷狄然。」其與整個中國文化隔閡，至於如此，其影響至五代、宋時而大顯。此誠中國古史上至要一大關鍵也。

五胡亂華之際，胡酋尚受中國教育，尚知愛中國文化，尚想造出一像樣的政府，自己做一個像樣的帝王。彼等尚能用一輩中國留在北方的故家大族，相與合作。唐代的藩鎮，其出身全多是行伍小卒，本無教育，亦無野心，此指文化上的野心。並不懂如何創建像樣的政治規模，只是割據自雄。有地位、有志氣的士人，全離開了他們的故土，走向中央去。彼等亦不知道任用士人，只在農民中挑精壯的訓練成軍，再從軍隊中挑更精壯的充牙兵，更在牙兵中挑尤精壯的做養子。李希烈有養子千餘人。如是腥削農村來供養軍隊，層層駕御。黑暗的勢力，亦足維持到百年以外。除非農村經濟徹底破壞，這一個武裝統治的勢力，還可存在。唐天祐三年，梁攻滄州，劉仁恭調其境內凡男子年十五以上、七十以下，皆黥其面，士人則文其腕或臂，得二十萬人。此為河北藩鎮勢力最後之一幕。待社會上壯丁已盡，則武力統治不得所憑依，亦只有崩倒也。（五代史補謂：「健兒文面自朱溫始。」蓋梁、燕略同時。）因其轄地之小，並不像中央政府之廣土眾民。故不感覺要政治人才，更不感覺要文化勢力。如是，則大河北岸從急性的反抗中央病，變而為慢性的低抑文化病。從此以下的北方中國，遂急

激倒退，直退到在中國史上_{尤其是在文化上。}變成一個不關重要的地位。這全是一百五十年武人與胡人兵權統治之所賜。_{後人尙以爲藩鎭可爲唐室捍禦外患，卻忘了他的代價。}

藩鎭跋扈，另一個影響，使朝廷亦不得不竭財養兵。

唐代錢穀之政，其初專屬戶部。中葉以後，始令他官主判，遂各立使名。如轉運使、水陸運使、_{專司轉漕。}鑄錢使、_{專掌鼓鑄。}等。而度支使、鹽鐵使、判戶部，當時謂之「三司」。專主財用出納，皆命重臣領使，後遂以宰相兼之。唐代理財名臣如劉晏、_{肅、代時。}第五琦、_{代宗時。}楊炎、_{代、德時。}皆出於其時。_{其他尙有靑苗使、稅地錢物使、租庸使、常平使、兩稅使等諸名。}而德宗之苛稅，至括富商錢、_{建中三年。}稅間架、_{建中四年。每屋兩架爲間。}除陌錢、_{公私給與賣買，每緡官留五十錢。}等，屢見疊出。

憲宗元和時，供賦稅者八道，_{浙西、浙東、宣歙、江西、鄂岳、福建、湖南。}凡百四十四萬戶，_{比天寶、開元四之一。}而兵食於官者八十三萬，_{加天寶三之一。}通以二戶養一兵。至穆宗長慶時，戶三百三十五萬，兵九十九萬，通以三戶奉一兵。

孫樵云：「度率中五戶，僅能活一兵」，則唐室財政之窘可知。於是有鹽鐵、和糴、鑄錢、括田、榷利、借商、進奉、獻助，靡所不至。

其方鎮兵奉命征討，出境即仰度支供餽。

德宗時，出境又加給酒肉，本道糧仍給其家，一人兼三人之給。故將士利之，纔�境即止，月費至錢百三十餘萬緡。

每小捷，輒張其數以邀賞，實欲困朝廷而緩賊。

穆宗長慶二年，白居易疏：「聞魏博一軍，累經優賞，兵驕將富，莫肯為用。況其軍一月之費，計實錢近二十八萬緡！」今按：田弘正歸命，即賞錢百五十萬緡。

朝廷財力竭，則以官爵賞功。

諸將出征，皆給空名告身，自開府、特進、列卿、大將軍下至中郎將，聽臨事注名。

唐會要五十七：「天寶以來，每年以軍功授官者十萬數，六十員。無何，吏部司封、司勳，兵部各置十員。大曆以後，諸道多自寫官告，寫書官無事，遂罷。

相統攝，不復計官資高下。大將軍告身一通，纔易一醉。凡應募入軍者，一切衣金紫。

朝士僮僕，多衣金紫稱大官，而執賤役。

張巡在雍邱，一縣千兵，大將六人，官皆開府、特進。德宗避難奉天，渾瑊童奴黃岑力戰，封渤海郡王。儁、昭時，有「捉船郭使君，看馬李僕射」。

至於動議裁兵，則相聚山澤爲盜，利未見而禍已成。

穆宗時，兩河底定，宰相蕭俛與段文昌謂武不可黷，勸帝偃革尚文，乃密詔天下鎮兵，歲限十之一爲逃死不補，謂之「銷兵」。既而籍卒逋亡無生業，嘯聚山林爲盜賊。會朱克融、王延湊亂燕、趙，一日悉收用之。朝廷調兵不充，乃召募市人，烏合，戰輒北，乃復失河朔。府兵制非吏治上軌道不能行，即裁兵亦非政治有整個辦法，則往往害轉勝於利也。

禁軍糧乏，至脫巾呼於道。

貞元二年，關中倉廩竭，禁軍或自脫巾呼於道，曰：「拘我於軍而不給糧，我罪人耶？」會韓滉三萬斛至陝，德宗喜，遽謂太子曰：「米已至陝，吾父子得生矣。」

而廩賜既優，則遂以營籍爲利藪。

長安貴家高貲子弟，乃至行賄賂，竄名軍籍，世襲罔替。既避賦役，又侈服怒馬以詫於市里。一旦寇來，則哭於家，出貲雇販區病坊代行。

這全是唐代黷武政策所招的懲罰。

唐藩鎮興滅簡表

鎮名／時代	肅	代	德	憲	穆	敬文武宣懿僖昭
盧龍　治幽州。後改曰幽州，兼稱范陽。		李懷仙 李希彩 朱泚 朱滔（泚弟）	1 朱滔	2 劉總 3 劉濟	劉總 張弘靖 朱克融（滔族孫）	朱克融、李載義、楊志誠、史元忠、陳行泰、張絳、張仲武、（子）直方、張允伸、張公素、李茂勳、（子）可舉、李全忠、（子）匡威、匡籌。并於李克用，使劉仁恭為帥。
成德　治恆州。		1 李寶臣	1 李惟岳 1 王武俊	2 王士真 3 王承宗	田弘正 王延湊（武俊養子）	凡百年，并於李存勗。（子）景崇、（子）鎔。一姓相襲，
魏博　治魏州，一名天雄軍。		田承嗣	田悅（承嗣姪） 1 田緒（悅從弟）	2 田季安 1 田弘正（承嗣姪）	2 田布 史憲誠	何進滔、（子）重順、（弘敬）、（子）全皞、韓君雄、（子）簡、樂彥禎、羅弘信、（子）紹威、并於朱全忠。
昭義　始治相州。後治潞州，改名澤潞。		薛嵩 薛崿（嵩弟） 并於田承嗣			劉悟（李師道將）	（子）劉從諫、（從子）積，三傳而滅。（在武宗時。）孟方立，并於李克用、朱全忠。

藩鎮						結局
平盧淄青 治青州。後治鄆州。	侯希逸	侯希逸 李正己	1李正己 2李納 3李師古	3李師道 （滅亡）		王敬武、王師範、并於朱全忠。
彰義 治蔡州，即淮西，一名淮寧。		李忠臣 李希烈	李希烈 陳仙奇 吳少誠	吳少誠 1吳少陽 （少誠養弟） 2吳元濟 （滅亡）		其地歸朱全忠。
義武 治定州。			1張孝忠 （李惟岳將）	2張茂昭 （入朝）		王處存、（弟）處直，并於李克用。
滄景 治滄州，一名橫海。			1程日華 （張孝忠牙將） 2程懷直 1程懷信 （日華姪）	2程權 （入朝）		
宣武 治汴州。		1劉玄佐	2劉士寧 1李萬榮 2李迺			

唐各道節度使表

唐貞元十四年，賈耽十道錄，凡三十節度，十一觀察，與防禦、經略、以守捉稱使者凡五十。元和六年，李吉甫上郡縣圖，自京兆至隴右道，凡四十七鎮。王彥威說，則謂自至德迄元和，天下觀察十，節度二十有九，防禦四，經略三。其後紛紜變更無常制。今據元和志列其四十七鎮如下：：

關內道：鳳翔　治鳳翔府。

靈武（朔方）治靈州。　夏綏銀（定難）治夏州。

涇原　治涇州。　邠寧　治邠州。　鄜坊　治鄜州。

振武　治單于都護府。　豐州（天德軍）治豐州或天德。

河南道：陝虢　治陝州。

徐泗（武寧）治徐州。　汴宋（宣武）治汴州。　鄭滑（義成）治滑州。　廊坊　治廊州。

蔡州（淮西、彰義）治蔡州。　淄青（平盧）治鄆州。　陳許（忠武）治許州。

河東道：河中　治河中府。　河東　治太原府。　澤潞（昭義）治潞州。

河北道：河陽　治懷州。　魏博（天雄）治魏州。　恆冀（成德）治恆州。　易定（義武）治定州。

滄景（橫海）治滄州。　幽州（盧龍）治幽州。

山南道：荊南　治荊州。　金商　治金州。　山南東　治襄州。　山南西　治興元府。

淮南道：淮南　治揚州。

江南道：浙西（鎮海）治潤州。　浙東（義勝）治越州。　鄂岳（武昌）治鄂州。　江西　治洪州。

宣歙（寧國）治宣州。　湖南（欽化、武安）治潭州。　福建（威武）治福州。　黔州（武泰）治黔州。

劍南道：西川　治成都府。　東川　治梓州。

嶺南道：嶺南 州治廣。　容管 州治容。　桂管 治桂州。　邕管 治邕州。

安南（靜海） 州治交州。

隴右道：隴右 州治鄯州。　河西 治涼州。　安西 治龜茲。　北庭 州治庭。

（安、史亂後隴右四節度陷席吐蕃，而鳳翔節度常帶隴右之名，故稱四十七鎮。）

唐藩鎮胡籍表：

（一）睿宗景雲時

賀拔延嗣　鮮卑　河西

（二）玄宗開元時

阿史那獻　突厥 碛西　突厥

（三）玄宗天寶六年後 因李林甫言，多用胡人。

安思順　突厥　河西

李獻忠　回紇 朔方　朔方、河西。

安祿山 母突厥，父胡，本姓康，蓋出西域康國。 平盧、范陽、河東。

夫蒙靈詧　羌　安西

哥舒翰　突厥哥舒部　隴右

高仙芝　高麗　安西四鎮

鮮于仲通　未詳，或非胡人。　劍南
趙國珍　牂柯夷　黔中

（四）肅宗時　以平亂功封者。

史思明　突厥　范陽
李光弼　契丹　河東　代宗時爲河南、淮南等節度使。

王思禮　高麗　關內、澤潞。
賀蘭進明　鮮卑　河南

荔非元禮　羌（見姓纂。）　鎮西、北庭。
安抱玉　安息　鄭東

僕固懷恩　回鶻僕骨部　朔方代宗時朔方叛。
白孝德　龜茲　鎮西、北庭

（五）代宗時

僕固瑒　回鶻僕骨部　行營
李寶臣　奚　成德

李懷仙　柳城胡　幽州盧龍州
李正己　高麗　淄青至德宗時淄青抗命。

李光進　契丹　滑濮、渭北。
鮮于叔明　未詳，或非胡人。　東川

李抱玉　安息　澤潞、鳳翔。
李寶臣　奚　成德

（六）德宗時

李惟岳　子寶臣　奚　成德
李納　子正己　高麗　淄青

李懷光　靺鞨　朔方
王武俊　契丹　成德

張孝忠　奚　義武
李抱貞　安息　昭義

姓名	族屬	地區	姓名	族屬	地區
哥舒曜	突厥哥舒部	東都汝州	渾瑊	回鶻渾部	京畿、渭北。
尚可孤	鮮卑	商州	駱元光	安息	鎮國軍
論惟明	吐蕃	鄜坊	裴玢	疏勒	山南西道
萬紐于頔	鮮卑	山南東道	李師古	高麗	淄青
王士眞（武俊子。）	契丹	成德	張茂昭	奚	義武

（七）憲宗時

姓名	族屬	地區	姓名	族屬	地區
李光進	回鶻阿跌部	振武	李師道（納子）	高麗	淄青
王承宗（士眞子）	契丹	成德	李惟簡	奚	鳳翔隴右
李光顏	回鶻阿跌部	忠武、義成。	渾鎬	回鶻渾部	義武
渾鎬	回鶻渾部	天德軍			

（八）穆、敬、文、武、宣時

姓名	族屬	地區	姓名	族屬	地區
王承元	契丹	義成	王廷湊	回鶻阿布思族	成德
史憲誠	奚	魏博	張茂宗	奚	兗海沂
史孝章	奚	相衞澶	王元逵（廷湊子）	回鶻阿布思	成德
元稹	鮮卑	武昌	苻澈	氐	河東

姓名	族屬	地區
王紹鼎（元逵子）	回鶻阿布思	成德
李承勳	契丹	涇原
王紹懿（元逵子）	回鶻阿布思	成德
米暨	西域米國	夏州

（九）懿、僖時

姓名	族屬	地區
王景崇（紹鼎子）	回鶻阿布思	成德
于琄	漢、鮮混種。	平盧
李可舉	回鶻	幽州盧龍州
契苾璋	回鶻契苾羽部	振武
支詳	月氏	感化
王鎔（景崇子）	回鶻阿布思	成德
李國昌	沙陀	振武
李茂勳	回鶻	幽州盧龍
拓拔思恭	党項羌	夏綏
赫連鐸	胡、鮮雜種。	雲中
李克用	沙陀	雁門、河東。
李克修	沙陀	昭義

（十）昭宗以迄唐亡

姓名	族屬	地區
李存孝	胡	邢洺
李思孝	党項羌	保大
李思諫	党項羌	定難
賀德倫	河西胡	魏博
雷彥恭	武陵洞蠻	武貞
劉崇龜	匈奴	清海
李思敬	党項羌	保大
雷滿	武陵蠻	武貞
雷彥威	武陵蠻	武貞

二 唐中葉以後之宦官

唐室在統一盛運之下，一方面窮兵黷武，既招徠四夷，又以寬大爲誇張，蕩除中外之防，遂召武人胡人之禍，已如上述。而唐室在統一盛運下，又有一不良習氣，則爲王室生活之驕奢。因此連帶引起宦官之跋扈。

歷史上宦官擅權，與王室驕奢成正比。東漢、唐、明三代皆是。西漢與宋代之王室，皆能制節謹度。東晉、南朝王室不像樣，故均無宦寺擅權。

唐宦官之盛，兆自武后，而極於玄宗。

太宗時，內侍不立三品官，不任以事，又定制無得踰百員。員，小黃門十人而已。漢永平之際，中常侍四 武后時，稍增其人。至中宗，黃衣乃二千員，官服黃。唐制流外 七品以上員外置千員；惟衣朱紫者尚少。品以上 唐制三

服紫色，四品服緋，五品服淺緋。玄宗時，則宮嬪至四萬。此見新唐書。白樂天長恨歌：「後宮佳麗三千人。」杜子美劍器行：「先帝侍女八千人。」宦官黃衣以上三千，衣朱紫者千餘。袁紹盡誅宦官，無少長皆死，僅二千餘人。甲舍名園，上腴之田，中人所名半京畿。時諸王、公主羣呼高力士爲「翁」，戚里諸家尊曰「爹」；肅宗在東宮，亦呼之「二兄」。建佛寺、道觀各一所，鐘成，宴公卿，一扣納禮錢十萬。有至二十扣者，少亦十扣。

蕭、代以後，宦官寖橫用事。

李輔國在肅宗時稱「尚父」、矯詔遷上皇。玄宗。於西內，以憂鬱崩。肅宗崩，殺王后，進爵爲王。代宗時，程元振、魚朝恩用事，譖罷郭子儀兵柄，又譖來瑱賜死。李光弼幾乎叛朝。

及德宗時，宦官遂握兵柄。

德宗以涇師朱泚。之變，倉卒不及徵集，還京後，以神策、天威等軍置護軍中尉、中護軍等官，於是禁軍遂歸宦寺。

其後又有樞密之職，承受詔旨，出納王命。始德宗末、憲宗初。

宦寺既握兵權，又外結藩鎮，帝王生死，遂操其手。

憲宗被弑後，穆、敬、文、武、宣、懿、僖、昭八世，宦官立者七君。除敬宗亦為宦官所弑。而敬宗
用李訓、鄭注謀誅宦官，不成，自嘆：「周赧、漢獻尚受制強臣，今受制家奴，更為不
如。」唐自肅宗後，未嘗有正式之皇后，奉上尊號。文宗崩，仇士良等廢太子，立武
宗。武宗崩，諸宦官廢皇子，立宣宗。史所載諸后，皆由所生子為帝，宣宗崩，遺命立夔王，王宗實等廢之，立懿宗。宰輔隔在外廷，皇子素無
威寵，亦唐代宦官得肆行無忌之一因。

唐室諸帝在其盛運中所表現者，則為女禍。

太宗納元吉妃楊氏。長孫皇后薨，太宗欲立楊氏為后，以魏徵諫而止。高祖從父兄子盧
江王瑗反誅，其姬亦入侍太宗。武后為太宗才人，而高宗納之。韋后私通武三思。玄宗
年六十而納其子壽王妃楊氏。當時朝臣亦不甚論列，蓋倫理觀念似非唐人所重。

衰象漸臨，唐之諸帝乃醉心於服丹藥，求長生。憲宗即其一人。在其驕縱的生活下，宦寺自應佔
重要的地位。

武宗時，仇士良以左衛上將軍、內侍監致仕，其黨送歸私第，士良教以固權寵之術。曰：
「天子不可令閑，常宜以奢靡娛其耳目，使日新月盛，無暇更及他事，然後吾輩可以得
志。慎勿使之讀書，親近儒生。彼見前代興亡，心知憂懼，則吾輩疎斥矣。」其黨拜謝

而去。今按：唐代王室奢蕩，直至晚運勿替。懿宗時，好音樂。殿前供奉樂工常近五百人，每月宴設不減十餘，水陸皆備。每行幸，內外諸司扈從者至十餘萬人。

三　唐中葉以後之朝士與朋黨

唐代士人，一面在北朝吏治與南朝文學的兩種風氣轉換之下徘徊，此以略論於前。一面則在貴族門第與白衣庶族的兩種勢力消長之下鼓盪。

南北朝門第勢力，在唐初依然有其相當的力量。只在他們歷次編撰氏族譜志的一事上可以看出。

太宗至以朝廷官爵與社會門第爭崇卑。

貞觀中，太宗命高士廉等修氏族志，進上。太宗曰：「我與山東崔、盧、李、鄭，舊既無嫌，為其世代衰微，全無冠蓋，猶自云士大夫，我不解人間何為重之？至今猶以崔、盧、王、謝為重。我平定四海，天下一家，凡在朝士，皆功效顯著，或忠孝可稱，或學藝通博，所以擢用。見居三品以上，欲共衰代舊門為親，縱多輸錢帛，猶被偃仰。我今

特定族姓者，欲崇重今朝冠冕，何因崔幹猶爲第一等？卿等不貴我官爵耶？不須論數世以前，止取今日官爵高下作等級。」遂以崔幹爲第三等。書成一百卷，詔頒於天下。然當時朝中名臣如房玄齡、魏徵等，皆自與山東望族攀姻。舊門第之名望，終不爲減。

其後又屢經修動。

高士廉氏族志頒下，時稱允當。李義府恥其家世無名，乃奏改此書。許敬宗等以其書不敍武后本望，贊成之。立格云：「皇朝得五品官者，皆升士流。」於是兵卒以軍功致五品者，盡入書限。更名爲姓氏錄。縉紳士大夫恥被甄敍，號其書爲「勳格」。先天二年，蕭至忠爲中書令，又與柳沖等撰姓氏系錄二百卷。此後韋述又別撰開元譜二十卷。其後有元和姓纂。

當時門第仕進，亦較進士等科第爲易。

高宗時魏玄同疏：「今貴戚子弟，例早求官。髫齔之年，已腰銀艾；或童丱之歲，已襲朱紫。弘文、崇賢之生，千牛輦腳之類，課試既淺，藝能亦薄。而門閥有素，資望自高。」書奏不納。玄宗時，源乾曜上疏：「形要之家，併求京職；俊乂之士，多仕外官。王道平分，不克如是。」

建官要職，仍多用世家。大臣恩廕，得至將相。故唐代宰相，尚可以世系列表。

山堂肆考云：「唐宰相三百六十九人，九十八族。其間裴氏五房，崔氏十房，張氏、趙郡李氏皆得宰相十七人。韋氏九房十四人。王氏三房十三人。劉氏七房十二人。隴西李氏四房，唐宗室三十七房，以及楊氏、杜氏皆得十一人。蕭氏二房得十人。鄭氏二房九人。盧氏八人。竇氏二房及魏氏、陸氏皆六人。武氏、蘇氏五人。高、韓、趙、郭皆四人。三人而下者不與。」

可見唐代政權，尚與門閥有至深之關係。

按：唐初如英、衞之類，其子尚襲封。中葉以後，此制盡廢。門閥世襲，在政治上之客觀地位已取消。又永徽元年，尚書左僕射褚遂良，無限正庶。求賢之務，有異承家。河北風俗頓乖。嫡待庶若奴，妻御妾若婢。降及隋代，斯流遂遠，獨孤后普禁庶子不得入侍。聖朝人以才進，不論嫡庶。今簡千牛舍人，方爲此制，於理未安。母以子貴，子不緣母。唯才是用，人自甘心。」云云。既主專簡賢才，不問嫡庶，則門廕世襲之制終必替，公開考選之法終必盛。兩種制度之轉換，其後面必有與之相應符之思想及理論也。」又按：唐初爭論封建極烈。封德彝謂：「內外羣官，選自朝廷，擢士庶以任之，澄水鏡以鑒之。年勞優其階品，考天下爲私，殊非至公馭物之道。」李百藥謂：「先朝敦睦九族，一切封王，蓋以績明其黜陟，用賢之路斯廣。」馬周謂：「以堯、舜之父，猶有朱、均之子。儻有童孩嗣職，萬一驕愚，則兆庶被其殃，國家受其敗，愛之適以傷之。」太宗卒聽諸臣言不封建。又欲割地封功臣，長孫無忌等力辭乃止。就當時民治意識言，已知封建與門第皆無復興之望矣。　惟歷史變化以漸不以驟，故門閥勢力尚而延蟬。　玄宗屢欲相崔琳、盧從

愿，以其族大，恐附離者衆，卒不用。門族上爲帝王所忌，下亦不爲寒士所護，則其漸趨衰微，亦必然之勢也。

此等門第，以累世仕宦，又逢盛世，其生活豪華，亦可想見。

韋氏世爲關中著姓，人物衣冠，奕世榮盛。韋安石子陟，始十歲，拜溫王府東閣祭酒，加朝散大夫。陟門第豪華，早踐清列，侍兒閹閣，列侍左右者十數。衣書藥食，咸有典掌。輿馬僮奴，勢侔於王家主第。每食，視庖中所棄，其直猶不減萬錢。然家法修整，勑子允就學，夜分視之。其子勤，且日問安，色必怡；稍怠，則立堂下不與語。雖家僮數十，然應門賓客，必允主之。此乃門第與王室、宦寺、武人不同之處也，甚可注意。

至於進士們的身分，本不甚高。考試的儀式，已與他們以許多近於侮辱的暗示。

舒元輿憲宗元和中上論貢士書，謂：「臣得備下土貢士之數，到闕下月餘，待命有司，始見貢院懸版樣，立束縛檢約之目，勘磨狀書，劇責與吏胥等倫。臣幸狀書備，不被駁放，得引到尚書試。試之日，見八百人，盡手攜脂燭水炭洎朝晡餐器，或荷於肩，或提於席。爲吏胥縱慢聲大呼其名氏，試者突入，棘圍重重。乃分坐廡下，寒餘雪飛，單席

而其卑躬屈節之態，亦已可憐。

　　陸贄知貢舉，梁肅、崔元翰所薦皆取。韓愈負文名，延譽舉子，往往得售。

所以求延譽。

　　薛登天授中上疏：「方今舉士，明詔方下，固已馳驅府寺之廷，出入王公之第。陳篇希恩，奏記誓報。故俗號舉人，皆稱『覓舉』。」

故進士乃稱「覓舉」，

　　「公卷」者，進士得先投所爲文於京師達者，釆名譽，觀素學。及臨試，可以不問試藝高下，專取知名士，謂之「通榜」。其榜帖可託人爲之。如鄭灝都尉第一榜，託崔雍員外爲榜帖。又杜黃門主文第三場，由舉子袁樞爲榜帖，樞自列爲狀元。榜帖猶言名錄。

而且唐代科舉，本備仕途之一格，故一切規程並不甚嚴。其時有所謂「公卷」與「通榜」之制。

　　在地。唐、虞闢門，三代貢士，未有此慢易。」

文獻通考引宋江陵項氏安世曰：「風俗之弊，至唐極矣。王公大人，巍然於上，以先達自居。天下之士，什什伍伍，戴破帽，騎蹇驢，未到門百步，輒下馬，奉幣刺，再拜以謁於典客者，投其所爲之文，名之曰『求知己』。如是而不問，則再如前所爲，名之曰『溫卷』。如是而又不問，則有執贄於馬前，自贊曰『某人上謁』者。」按：韓愈一代名臣，其三上宰相書、拜北平王於馬前之類，皆是當時風氣也。

甚至有走門路，通關節，求必得，而既得則肆意輕薄者。

高鍇爲禮部侍郎，知貢舉閱三歲。第一榜裴思謙以仇士良<small>宦官。</small>關節，取狀頭，鍇庭譴之。思謙回顧厲聲曰：「明年打脊取狀頭。」第二年，鍇誠門下不得受書題。思謙自攜士良一緘入貢院，易紫服，趨至階下，白曰：「軍容有狀薦裴思謙秀才。」鍇接書，曰：「狀元已有人，此外可副軍容意。」思謙曰：「卑吏奉軍容處分，裴秀才非狀元，請侍郎不放。」鍇俯首良久，曰：「然則略要見裴學士。」思謙曰：「卑吏即是。」鍇不得已從之。思謙及第後，宿平康里，賦詩曰：「銀釭斜背解明璫，小語低聲賀玉郎。從此不知蘭麝貴，夜來新惹桂枝香。」

惟進士因公開考試得官，被視爲正路，到底在政治上佔到他應有的地位。此如東漢「孝廉」一樣。中國史自向合理的路進展，此是一證。至於文學之風日盛，以及門第勢力日衰，則爲進士科日益得勢後應有之現象也。中唐以後，進士科遂最爲榮重。於是進士科舉與門第任子之兩途，在政治上自然發生衝突。此即形成穆宗以後的一段朋黨之爭。

朋黨啓端，即由於考試舞弊。

長慶初，錢徽典貢舉，李宗閔托所親於徽。時李德裕、李紳、元稹在翰林，共白徽取士不實，宗閔亦坐貶。由是結嫌怨，植黨相磨軋凡四十年。是年四月詔：「國家設文學之科，本求才實，苟容僥幸，則異至公。訪聞近日浮薄之徒，扇爲朋黨，謂之『關節』。干擾主司，每歲策名，無不先定。永言敗俗，深用興懷。」即爲此事發。

門生、座主，遂爲朋黨標目。

唐貢舉之士，以有司爲「座主」，而自稱「門生」。會昌三年中書覆奏：「國家設文學之科，求眞正之士，豈可懷賞拔之私惠，忘教化之根源？自謂門生，遂爲朋比。樹黨背公，靡不由此。」按：明代亦有「座師、門生」之稱，其黨禍亦不減於唐時。

李德裕惡進士，他的言論，卻代表了門第勢力最後的呼聲。

德裕嘗論公卿子弟艱於科舉。武宗曰：「向聞楊虞卿兄弟朋比貴勢，妨平進之路。昨黜

楊知至、鄭朴等，抑其太甚耳。有司不識朕意，不放子弟，即過矣。」德裕曰：「鄭肅、

封敖子弟皆有材，不敢應舉。臣無名第，不當非進士。（德裕以父廕爲備身千牛，或勸應舉，德裕言：「好牛馬不入行。」蓋世家子弟可不藉科目而顯，至是猶然。）然臣祖（李栖筠。）天寶末以仕進無他伎，勉強隨計，一舉登第。自後家不置文選，蓋惡

其不根藝實。朝廷顯官，須公卿子弟爲之。何者？少習其業，自熟朝廷事，臺閣之儀，

不教而自成；寒士縱有出人之才，固不能閑習也。」

他以文選不足爲取士標準，固有理由。然當從此推進一層，爲國家建立教育人才之至計。

時應進士試者，僅知工詩賦謀進取而已。獨一韓愈唱爲古文，曰「文以載道」，「爲古之文，將以學古之道也」；又以師道自

居，當世怪笑之。人有請師柳宗元者，宗元謝不迭，謂：「世人之詫師道，猶如蜀犬之吠日也。」稍知事學問，則入寺訪釋

子論佛理，或訪道士求長生耳。世家子弟猶知循禮法，又熟聞朝廷典制掌

故，宜乎德裕之以此自傲矣。直到北宋，始將韓愈一番意思發揮光大。

又次當謀考試制度之整頓與改進。

此亦至北宋而始有。如考試之糊名，

與科目之改進士詩賦爲經義等。

不應倒退轉來只想任用公卿子弟，爲門第苟延殘喘。

鄭覃以經術位宰相，亦深嫉進士浮薄，屢請罷之。文宗曰：「敦厚、浮薄，色色有之。

進士科取人二百年矣，不可遽廢。」今按：鄭覃、李德裕皆不喜進士，爲李宗閔、牛僧

孺所排抑。

當時政治上最患者是有資格做官的人太多，因此而朝廷不尊，宰相權不重，政事不易推行。故主張排抑進士者，同時常是主張裁減官吏，而亦帶有主張貴族政治的意味，李德裕即其代表。

德裕大意欲尊朝廷，肅臣下，而使政出宰相。深嫉朋黨，嘗謂：「省事不如省官。省官不如省吏。」乃請罷郡、縣吏二千餘員，衣冠去者皆怨。德裕父李吉甫，亦疾吏員廣，謂：「置吏不精，流品厖雜。存無事之官，食至重之稅。職局重出，名異事離者甚衆。財日寡而受祿多，官有限而調無數。」奏省冗官八百員，吏千四百員。德裕政見，正承其家教而來。所惜者不能從一更高的理論上出發，則不免為一種代表門第勢力之政論也。

李德裕的見解，雖不免褊狹。

文獻通考引李德裕論「朝廷顯官，須公卿子弟為之」一節，評云：「德裕之論偏異如此。」

今按：德裕時代與馬端臨時代絕不同，故德裕議論，在端臨視之，覺可詫異。此是歷史進展。若自東晉、南北朝人看德裕議論，便全不感其可異矣。

然當時進士浮薄，則實為不可否認之事實。

晚唐以「輕薄」、「浮薄」爲詬厲朝臣之口頭禪，故朱全忠斥御史大夫趙崇，謂爲「輕薄之魁」；李振勸朱全忠殺朝士，亦以「浮薄」爲罪名。馬端臨謂：「進士科當唐之晚節，尤爲浮薄，世所共患。」

鄭綮以「歇後」爲相，可以整個看出唐末的政局。

鄭綮爲相，省史走其家上謁，綮笑曰：「諸君誤矣，人皆不識字，宰相亦不及我。」史言不妄，俄聞制詔下，歎曰：「萬一然，笑殺天下人！」既視事，宗戚詣慶，搔首曰：「歇後鄭五作宰相，事可知矣。」按：綮每以詩謠託諷時政，本善詩，其語多俳諧，故使落調，世共號「鄭五歇後體」。中人有誦之昭宗前者，昭宗意其有所蘊未盡，故超用之。史稱綮「立朝侃然，無復故態，而不爲人所瞻望，纔三月，以疾乞骸」。或問鄭綮：「相國近有詩否？」答曰：「詩思在灞橋風雪中、驢子上，此處那得之？」太原兵至渭北，朝廷震恐，急於攘卻之謀，綮請於文宣王字號中加一「哲」字。其爲盧州刺史，黃巢掠淮南，綮移檄請無犯州境，巢笑爲斂兵。唐末文人輕薄，綮已爲其中之卓者。要之亦不足擔當國家重任。黃巢兵逼潼關，士子方流連曲中待試，爲詩云：「與君同訪洞中仙，新月如眉拂戶前。領取嫦娥攀桂子，任他陵谷一時遷。」黃宗羲〈行朝錄〉序謂：「其時中土文人

無心肝如此！」尤可為輕薄作例。較之鄭繁，抑天壤矣。

至於黃巢、李振等，皆是屢舉進士不第的人物，結果進士清流，遂受極禍。

巢粗涉書傳，屢舉進士不第，遂為盜。李振亦屢舉進士不中第。朱全忠入汴，振勸盡誅搢紳，曰：「朝廷所以不理，良由衣冠浮薄之徒，紊亂網紀。」全忠然之，於是門胄高華，或科第自進，居三省臺閣，以名檢自處，聲迹稍著者，皆指為浮薄，貶辱無虛日。搢紳為之一空。又曰：「此輩自謂清流，宜投之黃河，使為濁流。」全忠笑而從之，聚裴樞、獨孤損等朝士貶官者三十餘人，一夕盡殺之，投屍於河。

但晚唐進士的輕薄，只是一時事象，推不翻以公開考選來代替門蔭世貴的理論。宋以後，進士考試遂獨佔了政治上的崇高地位。

嚴華、夷之防，（民族觀念之提醒。）重文、武之別，（中唐以迄五代的武人，代表了不受教育，不講道理。宋代下的重文輕武，只是要人人讀書，受教育、懂道理，並不是絕對的認為可以去兵廢戰。）裁抑王室貴族之奢淫，（太監自然無地位。）讓受教育、講道理的讀書人（徒事詞章者不算。）為社會之中堅，

這是宋以下力反唐人弊病的新路徑。

第三十章　黑暗時代之大動搖 黃巢之亂以及五代十國

一　流寇與唐室之傾覆

唐末的中國，用橫剖面來說，大體可分為三部：一是大河以北的藩鎮所轄地。二是大河以南唐兩京及其迤東一帶。三是長江以南。

藩鎮所轄地，雖則文化、經濟逐步破毀，然以極單純的武力來壓制較小的區域，一時不致搖動。中部兩京及其迤東一帶，經安、史亂後，殘破最甚。

代宗聽程元振謀遷洛京，郭子儀諫曰：「東周之地，久陷賊中。宮室焚燒，十不存一。百曹荒廢，曾無尺椽。中間畿內，不滿千戶。井邑榛棘，豺狼所嗥。東至鄭、汴，達於徐方，北自覃、懷，經於相土，人煙斷絕，千里蕭條。」劉晏與元載書：「函、陝凋殘，東周尤甚。過宜陽、熊耳至武牢、成皋五百里中，編戶千餘而已。居無尺椽，人無烟爨。蕭條悽慘，獸遊鬼哭。」

江南爲財賦所出。

蕭、代中興，卽靠東南之財賦，自此唐政府始仰東南財賦維持。至元和，東南財賦始重。

韓愈謂：「當今賦出天下，而江南居十九」是也。至咸通又加甚，故陸龜蒙言：「元和中國家用兵，江南之賦已重，逮今盈六十年，賦又數倍於前也。」

大時代沒落之大騷亂，卽在中部發動而蔓延遍及於南部。

其先已有裘甫起浙東，龐勛以徐泗兵戍桂林作亂，自湘浮江下掠淮南至徐州，皆不久卽平。

王仙芝先發。

聚盜起濮陽，陷曹、濮、鄆諸州，歷陳、許、襄、鄧，陷江陵、洪州，王鐸斬之於亳州。

先後歷五年。_{僖宗乾符元年至五年。}

次之爲黃巢。

巢，曹州冤句人，王仙芝同里，以販鹽爲生。王仙芝既死，巢即繼統其衆。攻亳州不下，襲沂州，過淮南，掠襄邑，寇葉、陽翟。軍敗乞降，又叛去。從宣州 城。安徽宣 寇浙東，踰江西，破虔、吉、饒、信等州。趨建州，陷桂管，進寇廣州。會大疫北還。自桂編大筏沿湘下衡、永，破潭州。沙。長 渡江，攻鄂州，昌。武 轉掠江西。再入饒、信，陷婺、睦、宣州。由采石渡江，又渡淮攻汝州，陷東都，攻潼關，陷京師。羣臣迎謁灞上，巢從騎士數十萬，安祿山陷東都，兵五萬。黃巢攻關，兵六十萬。 國號大齊。嗣敗而東，衆猶十五萬，略鄧、許、孟、洛，東入徐、兗。數十州人大饑，倚死牆塹，賊俘以食，日數千人，以巨碓糜骨皮，并啖之。 先後凡七年。巢中和四年死，連王仙芝共十一年。

又次之爲秦宗權。

宗權師行未嘗轉餉。每指鄉聚，曰：「啖其人，可飽吾衆。」官軍迫躡，獲鹽尸數十車。其師亦遍擾南中各地，寇荊南，攻襄州，破東都，寇淮、肥，略江南，亂岳、鄂，自關中薄青、齊，南繚荊、郢，北亙衞、滑，千里無舍煙。 先後凡五年。連前共十六年。

經此十幾年的大騷亂，唐代三百年的統一政府，終於傾覆，世襲的節鎮，徧及東南，而有所謂五代十國。時江、淮之間，廣陵富甲天下，亦經亂四、五年不息，雄富掃地。

二　五代十國

五代十國之國都及據地

國號	國都	據地
梁	汴	河南、關內、河東一部、河北一部、山南等地。有州七十八。
唐	洛陽	河東、河南、關內、河北、隴右、山南、劍南等地。有州百二十三。
晉	汴	同唐。除幽、薊十六州，有州百有九。
漢	汴	同晉。有州百有六。
周	汴	河東、河南、關內、河北、隴右、山南、江北等地。有州一百一十八。
吳	廣陵 後徙金陵。	淮南、江南兩道。有州二十八。

南唐	前蜀	後蜀	南漢	楚	吳越	閩	荊南	北漢
金陵	成都	成都	番禺	長沙	杭	侯官	江陵	太原
同吳。後失江北。有州二十一。	劍南、山南兩道。有州四十六。	同前。	嶺南六管。有州四十七。	湖南、嶺北地。有州十五。	浙東、西。十三州。	全閩。有州五。	荊南及歸峽。有州三。	太原以北。十州。

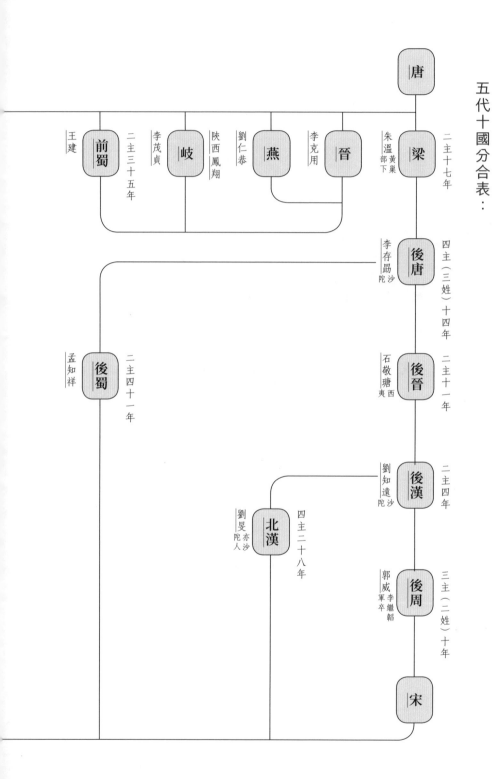

五代十國分合表：

唐

梁　二主十七年　朱溫　黃巢部下

晉　李克用

燕　劉仁恭

岐　陝西鳳翔　李茂貞

前蜀　二主三十五年　王建

後唐　四主（三姓）十四年　李存勗沙陀

後晉　二主十一年　石敬瑭西夷

後蜀　二主四十一年　孟知祥

後漢　二主四年　劉知遠沙陀

北漢　四主二十八年　劉旻亦沙陀人

後周　三主（二姓）十年　郭威軍卒　李繼韜

宋

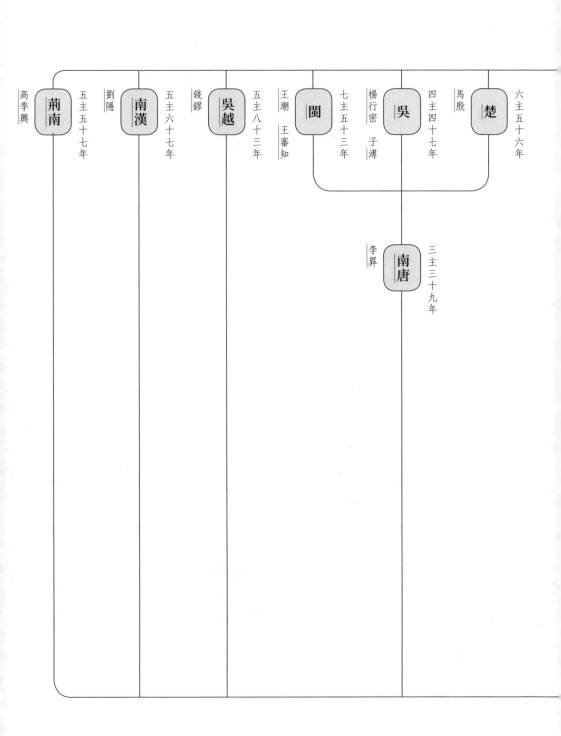

楚　六主五十六年　馬殷

吳　四主四十七年　楊行密　子溥

閩　七主五十三年　王潮　王審知

吳越　五主八十三年　錢鏐

南漢　五主六十七年　劉隱

荊南　五主五十七年　高季興

南唐　三主三十九年　李昇

五代帝系表

（一）後梁

後梁凡二主，十七年。

（二）後唐

後唐凡四主，十四年。

（三）後晉

後晉凡二主，十一年。

（七）
一　高祖　石敬瑭

（四）
二　出帝

（四）後漢

（一）
一　高祖　劉知遠

（三）
三　隱帝

後漢凡二主，四年。

（五）後周

一　太祖郭威　二　世宗　三　恭帝

（三）　（六）　（一）

後周凡三主，十年。

此所謂五代十國，其實只是唐室藩鎮之延續，惟其間有極可注意者數事。

一、關中自李茂貞昭宗時，鎮鳳翔，再犯闕，封岐王，爲朱全忠所敗，遂不振。以外，別無割據之雄，此足證西北一帶之殘破，至是已不夠割據建國之資力。長安代表周、秦、漢、唐極盛時期之首腦部分，常爲中國文化之最高結集點。自此以後，遂激急墮落，永不能再恢復其已往之地位。

二、不僅陝西如此，即甘隴一帶文物亦臻破滅。河西自武帝始置郡、縣。東漢以來，民物富庶，與中州不殊。晉代自張軌以後，呂光、禿髮、沮渠迭據建國，經制文物，俱能仿效中華。亦因其地貨賄殷富，可以無求於中土，故能五涼相繼，與五胡角立。而中州人士，多往避難，見其風土之可樂。唐天寶以後，河西、隴右沒於吐蕃。大中、咸通復河湟，而名存實亡。五代以及於宋，河隴爲西夏所據。元昊雖倔強構逆，其土地亦過於五涼，五涼止有河西五郡，無靈、夏，元昊有夏、寧、綏、宥、靜、靈、鹽、勝、會、甘、涼、肅、瓜、沙等州。慶曆初，復陷豐州。其地東據河，西至玉門，南臨蕭關，北控大漠，延袤萬里。然苟絕其歲賜

互市，則不免衣皮食酪，幾不能以爲國。是以亟亟屈服，北事遼，南事宋，僅足自存。蓋河西自唐中葉以後，淪於異域，漸化爲龍荒沙漠之區，無復昔之繁華。甘、涼之間以諸河爲漑。興靈有古渠曰「唐梁」，曰「漢源」，皆支引黄河，仍是漢、唐人遺烈也。自長安既毀滅，中原之風聲氣習，文物禮樂，益與甘、涼隔絕，遂若有夷、夏之分，儕荒復數百年。中國西北部文物驟衰，實爲唐中葉以後一極要之轉變。

三、五代中只後唐都洛陽，尚是東周、東漢、西晉、北魏之舊都。其他四代皆都汴，開封。 直到宋代不能遷都。其理由下詳。 此證黄河流域之氣運，不僅關中以西不復興，即中部洛陽一帶亦不夠再做文化、政治的中心點。中國社會的力量，漸漸退縮到東邊來。

四、五代均在黄河流域，十國除北漢。 均在長江以南。五代名義上雖上承唐，下啓宋，號爲王室遞禪之正統，其實前後五代，共止五十四年，而已有八姓、十三君。就其開國之君而言，三位是胡人，唐、晉、漢。 漢亦是胡也。北一位是流寇，梁。 一位是募兵，周。 正可說明那時的北方中國，已到了最不像樣的時代。而南方九國，十國，除北漢，只九國。 其中過半數以上，每一國之年代，皆超過五代之全時期；其少數亦均超過五代全時期之一半。文物隆，還有一個樣子。自此以後，南方社會，逐漸漸跨駕到北方社會的上面去。此和南北朝情形又不同。尤著者，如吳越錢鏐之大興水利，江、浙一帶，至宋遂爲樂土。宋太祖建隆元年，有戶九十六萬餘，嗣平荆南、湖南、蜀、廣南、江南，得戶一百六十萬。蜀五十餘萬，江南六十餘萬，即兩地戶數已超過中原矣。此亦與三國、南北朝相異也。又如南漢劉巖所用刺史無武人，皆北方所萬不能及也。而南唐文物，尤爲一時之冠。

五、是晉石敬瑭稱臣契丹，事以父禮。 割贈幽、薊十六州。自此下至元順帝退出中國，其間凡

四百二十四年，那一帶土地，可以說長受異族的統治。雖此諸族均受漢化，然要之不能與中國本部相比。若嚴格言之，則此十六州中之某幾部分，自安、史以來，早已不能直接沾受到中國傳統政治與文化之培養。如是則先後幾將及六百年之久。

十六州名如下：

幽　今北平。

薊　河北薊縣。

瀛　河北河間縣北。

莫　河北任丘縣北。

涿　河北涿縣。

檀　河北密雲縣北。

順　河北順義縣。

新　察哈爾涿鹿縣。

媯　察哈爾延慶縣。

儒　察哈爾宣化縣。

武　察哈爾宣化縣。

雲　山西大同縣。

應　山西應縣。

寰　山西朔縣東。

朔　山西朔縣。

蔚　察哈爾蔚縣。

幽、薊、瀛、莫、涿、檀、平、順為山前八州，新、媯、儒、武、雲、應、朔、蔚為山後八州。平州先沒，劉仁恭以營、平二州遺契丹，在石晉前。山前八州增營為九。

寰。又應、朔、寰、雲、蔚，亦稱代北。瀛、莫，周世宗已復取之；應，後唐明宗時。寰州幷於應。故十六州或數平，或數寰州幷於應。瀛、莫，周世宗已復取之；為宋河間、文安郡地。

　　全祖望燕雲失地考，謂石晉所賂不止十六州。

十六州既為外族所踞，從此中國北方迤東一帶之天然國防線，全部失卻，大河北岸幾無屏障。惟山西尚有雁門內險，為中國所有。然宋都汴京，地偏東，仍非山西所能掩護。中國遂不得不陷於天然的壓逼形勢下掙扎。借援外兵，引入內地，唐代亦屢有其事。後世責石敬瑭不當借援契丹，卻忘了石敬瑭自身早是一個胡人。

　　其於耶律德光自稱「兒皇帝」，為之假子，亦自安祿山以來相沿遺風。

唐代對於民族觀念之不重視，流害遂至於

後唐並七國圖
（公元 923-936年）

後晉七國後漢六國合圖

（公元 936－947－950年）

後周並七國圖
(公元951-960年)

此。唐人政制，均沿北朝周、隋。惜當時北朝周、隋諸儒，以環境關係，未能發明民族華、夷之防，唐人遂亦模糊過去，以

六、是中國東北部契丹族之驟盛。

三　契丹之興起

中國的東北，在歷史上很早便有其地位。殷商箕子卽避地朝鮮半島。戰國時，遼河兩岸全屬燕國版圖。燕並略屬眞番、朝鮮，爲置吏築障。（見漢書地理志。戰國策已謂「燕東有朝鮮、遼東」。）眞番卽此後漢武所置四郡之一，地跨今鴨綠江。朝鮮乃平壤故名。則燕遼東邊界，較今中、韓國界爲遠。

秦長城東端，直至樂浪。此見晉書地理志。樂浪亦漢武置四郡之一，今黃海、平安二道地也。

人衞滿自王其地。漢初，遼東與朝鮮以浿水（今大同江）爲界；秦界則更在浿水東。此如尉佗之王南粵。

漢武既滅衞氏，以其地置眞番、玄菟、南道。今咸鏡樂浪、臨屯秦亂，中國地在今漢四郡。三國時，公孫度王於遼東。此乃中國內部之割據分裂，惟因地遠，故獨立以後，乃與內地交涉較疏。公孫氏傳四世，晉初仍屬中國爲郡縣，自戰國以來五百年矣。五胡慕容氏亦起遼東，而其漢化之程度，較之劉淵匈奴五部久居山西者有過之無不及。可見其時遼河東、西地帶之文化，較之內地河北、山西一帶，無多遜色。唐安東都江北。護府設治在平壤。亦朝鮮境。其後經安、史之亂，中央與東北的關係永爲隔絕。然東北漢族文化根基已深，故渤海建國十餘世，乃有五京、十五府、六十二州之規模。可證其國全是城郭耕稼，用其部族的武力，與漢人的經濟、文化相結合，而凝成一個較進步的國家。

國史大綱

五一一

其事略如五胡與北魏。又按：渤海自唐武氏聖曆二年，迄後唐明宗天成三年，前後十二世，二百三十年；而契丹自天贊四年閏十二月丁巳興兵，至翌年正月辛未，渤海王卽降，前後僅半閏月。渤海臣門藝之言曰：「昔高麗盛時，士三十萬，今我衆比高麗不過三之一。」蓋渤海種人不繁，又建國旣久，不尚武事，故其亡忽。（渤海故都在今吉林寧安府，牡丹江畔之東京城。其城不依山險，而位於四面開朗之原地，亦渤海以和平立國之一證也。）其後遼滅於金，亦數年事。此皆由其立國本多賴漢人，漢人不爲效死，故易滅也。其後劉豫向金乞師，金調渤海漢兒軍五萬應之。金亮南侵，先計女眞、契丹、奚三部衆，又起中原漢兒與渤海軍共十七路。而渤海一軍卒叛歸會寧。大金國志引許亢宗奉使行程錄，第三十三程：「自黃龍府六十里至托撒孛菫寨府，爲契丹東寨。當契丹強盛時，擒獲異國人，則遷徙散處於此。南有渤海，北有鐵離，吐渾，東南有高麗，靺鞨，東有女眞，室韋，北有烏舍，西北有契丹、回鶻、黨項，西南有奚。故此地雜諸國俗。凡聚會處，諸國人言語不通，則各爲漢語以證，方能辨之。」此可證渤海建國本依漢人，及漢族在東北方面文化勢力之盛。

契丹建國亦和渤海情形略相仿。

契丹　其先出自鮮卑，爲宇文氏別種，遞屬於突厥、回鶻。**很早卽爲一種耕牧兼營的民族。**遼史稱：「皇祖匀德實，爲大迭烈府夷離堇，喜稼穡，善畜牧。」又云：「太祖仲父述瀾，始興版築，置城邑，教民種桑麻，習織組。」

耶律阿保機　卽遼太祖。　**建國，自始卽依仗漢人之歸附。**

時劉守光暴虐，幽、涿之人多亡入契丹，阿保機爲建漢城，在炭山東南灤河上。有鹽鐵之利，其地可植五穀。**阿保機率漢人耕種，治城郭、邑屋、廛市，如幽州制度，遂基之以併八部。契丹始建國。**

滅渤海，史稱「得城邑之居百有三」，事在明宗天成元年。是歲遼太祖阿保機卒，距宋興尚四十三年。**其後耶律**

及其立皇都，地在臨潢。今熱河東北，西遼河上流，巴林旗境。神冊三年，卽梁末帝貞明四年，距宋興尚四十二年。事在……**已經是一個規模很像樣的國家。**其會李克用於雲中，以兵三十萬。伐代北，兵四十萬。後事在唐天祐二年，距宋興五十五年。

德光　阿保機子，遼太宗。**又得幽、薊十六州。**並得晉歲輸金、帛三十萬。距宋興亦二十六年。**其官制分南、北院，北面治宮帳、**

部族、屬國之政，南面治漢人州縣、租賦、軍馬之事。襲用唐制三省六部、臺院寺監、諸衞東宮之官，藉以招徠中國人。然共國任事，則惟宗室耶律、外戚蕭氏二族。

以耶律德光與石敬瑭、劉知遠相較，一樣是胡人，一樣不瞭解中國傳統文化，然而耶律德光的政治成績要比石敬瑭、劉知遠好得多。此因耶律德光誠心想模仿中國，而石敬瑭、劉知遠還只是想用兵力霸住地位。此正是唐藩鎮與五胡、北朝之相異點。因一面有理想求上進，一面無理想只求霸佔。所以想上進者，因其為一部族中之優秀領袖，能知為遠大永長之計。所以只想霸佔者，因其本來出身行伍，徒藉兵強馬大，非有遠志。

遼廷多用漢人，如太祖之於韓延徽，太宗之於張礪。范仲淹疏：「契丹得山後諸州，皆令漢人為官守。」**諸帝皆通漢學，遼族亦多好文學。**

以遼與北朝比，則遼之文化尚遠遜北朝。此因北朝時中國門第勢力未衰，故雖在部族統治下，而漢族文化仍得發榮滋長。契丹建國時，中國社會已無門第勢力，故契丹雖亦酌取漢化，而漢人則並不能自保其文化之傳統，以與異部族之統治勢力相抗衡。蓋北朝大體上猶是漢人為主，而遼則漢人為屬矣。

參看廿二史劄記。

其後遼國遂備五京之制。宋統一前，遼已有上京、南京、東京三京。

上京。梁貞明四年，阿保機始城臨潢，謂之「皇都」。晉天福初，德光稱爲「上京」。**在臨潢。**今熱河林西縣東南。

中京。宋景德四年，晉天福初，隆緒城遼西爲「中京」，自上京徙都。**在大定。**今熱河省東南部喀喇沁旗境，平泉縣東北大寧城。

東京。後唐天成三年，德光稱遼陽城爲「南京」。晉天福初，改曰「東京」。**在遼陽。**卽遼陽縣治。

南京。晉天福初，升幽州爲「南京」，又謂之「燕京」，常爲行都。**在析津。**今北平。

西京。宋慶曆四年，宗眞（興宗）以雲州爲「西京」。**在雲州。**今山西大同。

境內有州、軍、城百五十有六，縣二百有九。東至海，西至金山，曁流沙，北至臚朐河，南至白溝，方萬餘里。**有兵一百六十四萬，**勝甲冑者盡籍爲兵，皮室、屬珊二軍尤重，各隸精兵數十萬。屬珊軍則擇蕃、漢精騎爲之也。**部族屬國之兵不與焉。遼國直是一個漢族分化的國家。**

要之，遼之立國，與漢初匈奴、唐初突厥均不同。

胡嶠陷北記：「上京所謂西樓，有邑屋、市肆。交易無錢而用布。有綾、錦諸工作。宦者、翰林、技術、敎坊、角觝、秀才、僧尼、道士等，皆中國人，而幷、汾、幽、薊之人尤多。」又按：遼史儀衞志，記晉高祖使馮道、劉昫冊應天太后、太宗皇帝，其聲器與法駕，同歸於遼。又德光入汴，收法物。秦、漢以來帝王文物，盡入於遼。周、宋按圖更製，乃非故物。此卽太宗紀所載「大同元年三月，晉諸司僚吏、嬪御、宦寺、方伎、百工、圖籍、曆象、石經、銅人、明堂刻漏、太常樂譜、諸宮縣、鹵簿、法物及鎧仗，悉送上京」是也。

中國的東北方，爲安、史以來長期的藩鎮割據所隔絕，久不與中國中央相通。此一部分人逐漸與異部族武力相結合，而形成一個新國家。故云與北這一個國家，遂還爲中國本部之強敵。這又是此下歷史上一個重要的變端。

四　中原民眾之疾苦

七、是當時中國黃河流域民眾疾苦之加深。

黃河流域的民眾，經黃巢、秦宗權大亂之後，繼續還是經受武人、胡人的不斷爭奪，橫征暴斂，火熱水深，幾乎難於想象，難於形容。

在政事極端無望之下，有一個張全義。

東都經黃巢之亂，遺民聚爲三城以相保。繼以秦宗權、孫儒殘暴，僅存壞垣而已。唐僖宗光啓三年，張全義爲河南尹，初至，白骨蔽地，荆棘彌望，居民不滿百戶。全義麾下纔百餘人。乃於麾下選可使者十八人，命曰「屯將」。人給一旗、一榜，於舊十八縣中，令招農戶自耕種，流民漸歸。又選可使者十八人，命曰「屯副」。民之來者撫綏之，無重刑，無租稅，歸者漸眾。又選諳書計者十八人，命曰「屯判官」。不二年，每屯戶至數

千。於農隙選壯者教之戰陣，以禦寇盜。五年之後，諸縣桑麻蔚然，勝兵大縣至七千人，小縣不減二千人。乃奏置令佐以治之。全義為政明察而寬簡，出見田疇美者，輒下馬與僚佐共觀之，召田主勞以酒食。有蠶麥善收者，或親至其家，悉呼出老幼，賜以茶綵衣物。民間言：「張公見聲伎未嘗笑，獨見佳麥良繭則笑耳。」在洛四十年，遂成富庶。

張全義媚事朱溫，妻妾子女為其所亂，不以為愧。及唐滅梁，又賄賂唐莊宗、劉后、伶人、宦官等，以保祿位。然時稱名臣元老，以其猶能以救時拯物為念也。楊凝式贈全義詩曰：「洛陽風景實堪哀，昔日曾為瓦子堆。不是我公重葺理，至今猶是一堆灰。」馮道歷事五朝八姓十一君，當時羣尊為長者。死年七十三，談者美之，謂與孔子同壽，其時能壽當真不易。亦以道能周旋有所存濟也。其對耶律德光曰：「此時百姓，佛出救不得，惟皇帝救得。」論者謂道一言免中國人於夷滅。世運至此，何可更以節義廉恥責當時之人物！

其他如鄭韜光事十一君，壽七十。馬胤孫號為「三不開」，一不開口議論，二不開印行事，三不開門延士大夫。

在政事極端無望之下，還有一個馮道。

民生其間，直是中國有史以來未有之慘境。

五　中國之南北分裂

至於北方的遼國，政治比較上軌道，其田制有「公田」、有「私田」、有「在官閑田」之別。

統和中，耶律昭言：「西北之衆，每歲農時，一夫偵候，一夫治公田，二夫給糺官之役。」當時沿邊各置屯田戍兵，易田積穀以給軍糧。太平七年詔：「諸屯田不輸稅賦」，此公田制也。又統和七年詔：「山前後未納稅戶，並於密雲、燕樂兩縣占田置業入稅」，此私田制也。十五年，募民耕灤河曠地，十年始租；此在官閑田制也。

遼自初年卽稱農穀充羨，有振饑恤難之政。景宗保寧七年，漢有宋兵，使來乞糧，詔賜粟二十萬斛。使耕種之外有鹽。

太祖漢城在炭山南，有鹽池之利，卽後魏之滑鹽縣。其後得十六州地，瀛、莫在焉，始得河間煮海之利。有鐵冶。